L'ANNÉE OÙ J'AI VÉCU SELON LA BIBLE

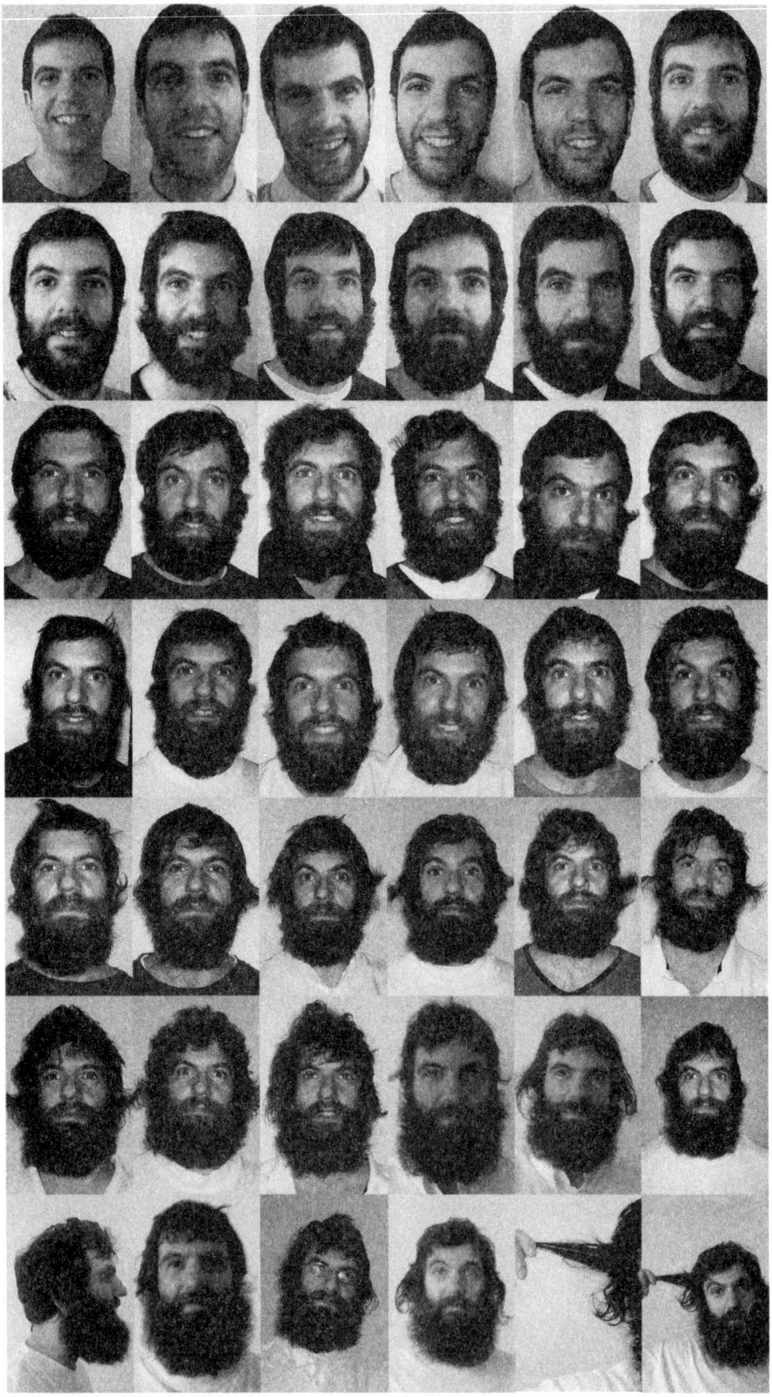

A. J. JACOBS

L'ANNÉE OÙ J'AI VÉCU SELON LA BIBLE

Ou l'humble quête d'un homme qui chercha à suivre la Bible aussi littéralement que possible

Document traduit de l'américain
par Yoann Gentric

Éditions **Jacqueline Chambon**

Titre original :
The Year of Living Biblically
One Man's Humble Quest to Follow the Bible as Literally as Possible
Editeur original :
Simon & Schuster, New York

ISBN 978-2-7427-7773-0

Pour Julie

INTRODUCTION

Au moment où j'écris ces mots, je porte une barbe qui me fait ressembler à Moïse. Ou à Abraham Lincoln. Ou à Ted Kaczynski. On m'a pris pour les trois.

Pas une barbe bien entretenue, socialement acceptable. Une masse exubérante qui m'assaille les orbites et me pend au menton comme un linge.

Je ne m'étais jamais autorisé à me laisser pousser les poils auparavant et ce fut une expérience aussi étrange qu'instructive. J'ai intégré une société secrète de barbus – nous nous saluons d'un signe de tête quand nous nous croisons dans la rue, avec un demi-sourire de connivence. Des inconnus sont venus à moi pour la caresser, comme un chiot labrador ou un ventre de femme enceinte.

J'ai souffert pour ma barbe. Elle s'est fait coincer dans la fermeture Eclair de ma veste et tirer par la poigne étonnamment ferme de mon fils de deux ans. J'ai passé un temps fou en interrogatoires aux contrôles de sûreté des aéroports.

On m'a demandé si j'étais un lointain descendant de la femme à barbe. ZZ Top revient sur le tapis au moins trois fois par semaine. Des passants m'ont crié : "Yo, Gandalf !" Quelqu'un m'a pris pour Steven Seagal, chose curieuse, puisqu'il est toujours rasé de près.

J'ai dû affronter la chaleur et les démangeaisons. J'ai dépensé le salaire d'une semaine en baumes, poudres, onguents et lotions. Ma barbe a temporairement servi de refuge aux crèmes de cappuccino et autres soupes aux lentilles. Ce qui en a ému certains. A ce jour, deux fillettes ont éclaté en sanglots et un petit garçon s'est caché dans les jupes de sa mère.

Pourtant, je ne veux de mal à personne. Ma pilosité faciale n'est que la manifestation la plus visible du voyage spirituel que j'ai entrepris il y a un an.

Telle fut ma quête : atteindre le summum de la vie biblique. Ou, plus précisément, suivre la Bible aussi littéralement que possible. Observer les dix commandements. Être fécond et multiple. Aimer mon prochain. Acquitter la dîme de mes revenus. Mais aussi me plier à ces règles qu'on néglige trop souvent : éviter de porter des vêtements tissés de fibres différentes. Lapider les adultères. Et, bien sûr, ne pas raser les coins de ma barbe (Lévitique 19,27). J'essaie d'obéir à la Bible dans son entier, sans pinailler.

Pour le contexte : j'ai grandi à New York au sein d'une famille tout ce qu'il y a de plus laïque. Officiellement, je suis juif, mais je le suis à peu près autant que le Bistro Romain est un restaurant italien. C'est-à-dire : pas tellement. Je n'ai pas fréquenté d'école hébraïque, pas mangé de pain azyme. Le seul rite vaguement juif auquel ma famille ait jamais sacrifié, c'est ce paradoxe classique de l'assimilation : une étoile de David au sommet de l'arbre de Noël.

Non que mes parents aient décrié la religion. Simplement, la religion n'était pas faite pour nous. C'est vrai quoi, on était quand même au XXe siècle. Chez nous, la spiritualité était presque taboue, au même titre que le salaire de mon père ou les cigarettes aux clous de girofle de ma sœur.

Mes rares contacts avec la Bible furent brefs et superficiels. Il y eut notre voisin de palier, le pasteur Schulze, un ministre luthérien plein de bienveillance dont la ressemblance avec Thomas Jefferson était frappante. (Soit dit en passant, le fils du pasteur Schulze est devenu acteur et, curieusement, a fini par jouer le rôle du prêtre sinistre dans la série *Les Soprano.*) Le pasteur Schulze racontait de formidables histoires de sit-in à la fac, dans les sixties, mais dès qu'il commençait à parler de Dieu, pour moi, c'était de l'hébreu.

J'ai assisté à quelques bar-mitsvah, passant la cérémonie à rêvasser et à essayer de deviner qui était chauve sous sa kippa. J'étais présent aux obsèques de mon grand-père paternel qui, à ma grande surprise, étaient conduites par un rabbin. Comment le rabbin pouvait-il faire l'éloge d'un homme qu'il n'avait jamais connu ? C'était troublant.

Voilà, pour ce qui est de mon enfance, c'est à peu près tout.

J'ai été agnostique avant même de savoir ce que ce mot signifiait. Cela tenait en partie au problème du mal. Si Dieu existait, pourquoi tolérait-Il la guerre, la maladie et mon institutrice, Miss Barker, qui nous avait obligés à vendre des gâteaux sans sucre à la kermesse ? Mais surtout, l'idée de Dieu paraissait superflue. Que faire d'une déité invisible, inaudible ? Peut-être bien qu'Il existe, mais de toute façon nous ne le saurons jamais au cours de cette vie.

La fac n'a guère contribué à ma formation spirituelle. J'ai fréquenté une université laïque où vous avez plus de chances d'étudier la sémiotique des rituels wiccans que la tradition judéo-chrétienne. Et lorsqu'il nous arrivait de lire la Bible, c'était en tant que texte littéraire, comme un vieux livre poussiéreux, aussi véridique que l'est *Le Paradis perdu* de John Milton.

Bien sûr, nous avons appris l'histoire des religions. Comment la Bible a sous-tendu nombre des plus grandes réussites de l'humanité : le mouvement des droits civiques, les œuvres de bienfaisance, l'abolition de l'esclavage. Et, naturellement, comment elle a servi à justifier le pire : guerres, génocides, asservissement.

Pendant longtemps, j'ai pensé que la religion, aussi bonne soit-elle, était bien trop risquée pour notre monde moderne. Les dangers de dérive étaient trop grands. J'imaginais qu'elle disparaîtrait peu à peu, comme tant d'autres archaïsmes. La science était en marche. Un jour prochain, nous connaîtrions tous un nouveau siècle des Lumières, un paradis où la moindre décision serait frappée au coin d'une implacable logique à la Monsieur Spock.

Comme vous l'aurez peut-être remarqué, je me fourrais le doigt dans l'œil jusqu'au coude. L'influence de la Bible – et de la religion en général – reste très grande, peut-être est-elle même plus grande qu'à l'époque de mon enfance. Ces dernières années, la religion est donc devenue pour moi une idée fixe. La moitié de la population mondiale est-elle victime d'une illusion monumentale ? Ou ma cécité spirituelle est-elle un défaut majeur de ma personnalité ? Et si je passais à côté d'une partie de l'expérience humaine, comme quelqu'un qui traverserait l'existence sans jamais écouter Beethoven ou tomber amoureux ? Plus grave encore, j'ai désormais un fils – si mon manque de religion est un tort, je ne voudrais pas le lui transmettre.

Je savais donc que je voulais explorer la question religieuse. Il ne me restait plus qu'à trouver comment.

L'idée a germé grâce à un membre de ma famille : mon oncle Gil. Ou plutôt mon ex-oncle. Gil a divorcé de ma tante quelques années après leur mariage mais reste la figure la plus controversée de la famille. Si ma parentèle est ultra-laïque, Gil compense, car je le soupçonne d'être l'homme le plus religieux du monde. C'est un omnivore spirituel. Il a commencé juif, est devenu hindou, s'est institué gourou, est resté huit mois sans rien dire, assis sur un banc dans un parc de Manhattan, a fondé un culte hippie dans l'arrière-pays new-yorkais, a viré évangéliste, et, depuis sa dernière incarnation, vit en juif ultra-orthodoxe à Jérusalem. J'ai peut-être oublié une phase – je crois qu'il a aussi essayé le shinto. Mais vous voyez le topo.

A un moment de son parcours spirituel, Gil a décidé de lire la Bible de façon littérale. Complètement littérale. La Bible dit "tu lieras l'argent dans ta main" (Deutéronome 14,25 [RSV]), alors Gil a retiré trois cents dollars à la banque et les a attachés à sa paume avec de la ficelle. La Bible dit de faire des houppes aux coins de ses vêtements (Nombres 15,38), alors Gil a acheté du fil à la mercerie, a fabriqué quelques pompons, et les a cousus au col de sa chemise et au bout de ses manches. La Bible dit de donner de l'argent à la veuve et à l'orphelin, alors il s'est promené dans les rues en demandant aux gens s'ils n'étaient pas veuve ou orphelin, afin qu'il puisse leur donner un peu de cash.

Il y a environ un an et demi, alors que nous déjeunions dans une sandwicherie, j'ai raconté à mon ami Paul l'étrange vie de l'oncle Gil, et j'ai eu mon épiphanie. *Bon sang mais c'est bien sûr.* Il fallait qu'à mon tour je suive la Bible à la lettre. Et ce pour plusieurs raisons.

Premièrement, et puisque la Bible m'enjoint de dire la vérité (Proverbes 26,28), j'avoue que l'une de mes raisons était d'écrire ce livre. Il y a quelques années, j'ai sorti un bouquin où il était question de lire l'*Encyclopaedia Britannica* en entier, de A à Z – ou, plus précisément, de a-ak (musique d'Asie orientale) à Żywiec (ville du sud de la Pologne, bien connue pour sa bière). Et après ? Explorer le livre le plus influent du monde, le plus grand best-seller de tous les temps, la Bible, me parut la seule aventure intellectuelle digne de succéder à celle-ci.

Deuxièmement, ce projet serait mon visa pour le monde spirituel. Je n'allais pas seulement étudier la religion. J'allais la vivre. Si j'avais, comme ils disent, un trou en forme de Dieu dans le cœur, cette quête me permettrait de le combler. Si je recelais une part mystique, cette année la ferait éclater au grand jour. Si je voulais comprendre mes ancêtres, ce serait l'occasion de vivre comme eux – en moins lépreux.

Enfin, troisièmement, ce projet me permettrait de creuser l'immense et fascinante question du littéralisme biblique. Des millions d'Américains déclarent prendre la Bible au pied de la lettre. D'après un sondage Gallup de 2005, le chiffre avoisine les 33 % ; en 2004, un sondage *Newsweek* plaçait la barre à 55 %. Une interprétation littérale de la Bible - à la fois juive et chrétienne - oriente la politique américaine aussi bien au Moyen-Orient qu'en matière d'homosexualité, de recherche sur les cellules souches, d'avortement - et jusqu'à la régulation de la vente de bière le dimanche.

Mais je soupçonnais presque tout le monde d'avoir le littéralisme sélectif. Les gens exhumaient les passages qui correspondaient le mieux à leurs convictions, qu'elles soient de droite ou de gauche. Pas moi. Non sans une certaine naïveté, je pensais éplucher les couches d'interprétation qui recouvrent les Ecritures pour mettre à nu la Bible véritable. Je serais l'intégriste suprême. Je ne reculerais devant rien. En faisant exactement ce que la Bible recommande, je découvrirais ce qu'elle renferme de grand et d'éternel, et ce qu'elle a de périmé.

J'ai confié mon projet à Julie, mon épouse, et l'ai prévenue que cela risquait d'avoir un impact non négligeable sur notre vie. Elle n'a pas montré les dents, ne s'est pas arraché les cheveux. Tout juste a-t-elle exhalé un léger soupir. "J'espérais confusément que ton prochain livre serait une biographie d'Eleanor Roosevelt, ou un truc du genre."

Tout le monde – famille, amis, collègues – fut pris de la même angoisse : que je n'en revienne pas. Que je finisse par élever des abeilles dans un monastère, ou m'en aille occuper la chambre vacante dans l'appartement de mon oncle Gil, à Jérusalem.

Dans un sens, ils n'avaient pas tort de s'inquiéter. On ne peut pas passer douze mois immergé dans la religion sans en être affecté. Du moins pas moi. Disons les choses ainsi : si mon ancien moi prenait un café avec mon moi actuel, ils n'auraient aucun mal à s'entendre, mais sortiraient probablement tous deux du Starbucks en secouant la tête et en se disant : "Ce type est à côté de la plaque."

Comme la plupart des pérégrinations bibliques, cette année m'a valu des détours que je n'aurais jamais soupçonnés. Je ne m'attendais pas à garder des moutons en Israël. Ni à dorloter un œuf de pigeon. Ni à trouver du réconfort dans la prière. Ni à entendre des amish raconter des blagues sur les amish. Je ne m'attendais pas à me découvrir si imparfait. A rencontrer une telle étrangeté dans la Bible. Et je ne m'attendais pas, comme le dit le Psalmiste, à y trouver ma joie et mon refuge.

LES PREPARATIFS

Il la lira tous les jours de sa vie…

DEUTÉRONOME 17,19

A la date fort arbitraire, je l'avoue, du 7 juillet 2005, j'entame mes préparatifs. J'attrape une bible reléguée dans un coin de mon étagère. Je ne me rappelle même pas où je l'ai dégotée, mais on dirait l'idée platonicienne de la Bible. Comme celles qu'on utilise dans les westerns des années cinquante pour empêcher la balle de transpercer la poitrine du héros. Sur la couverture, les mots "Sainte Bible" sont frappés en lettres d'or défraîchies. Les pages, fines comme du papier toilette, me rappellent ma chère encyclopédie. La reliure de cuir noir sent exactement comme les sièges de la Plymouth Valiant 1976 de mes parents. C'est bon, c'est rassurant.

Je l'ouvre. Sur la page de titre figurent les mots : "Ce livre est offert à…" suivis, en lettres rebondies, du nom de mon ex-petite amie. Oups. Il semblerait que j'aie, par mégarde, chouré la première bible de mon ex. Enfin, j'espère que c'était par mégarde. Cela fait dix ans que nous avons rompu et je ne me souviens plus. En tout cas, ce n'est pas bon signe. La moindre des choses serait de la lui renvoyer quand j'aurai fini.

J'ai déjà lu des passages de la Bible par le passé, mais jamais la totale, jamais de bout en bout, de la Genèse à l'Apocalypse. Je m'y attelle donc pendant quatre semaines, cinq heures par jour. Par chance, je suis rompu aux lectures marathons depuis mon projet *Britannica*, j'y prends donc un plaisir nostalgique.

Au fil de ma lecture, je rentre dans mon PowerBook la moindre règle, indication, suggestion, le moindre conseil biblique qui me tombe sous la dent. Quand j'arrive à la fin, la liste est très longue. Elle fait soixante-douze pages. Plus de sept cents règles. Le champ couvert est ahurissant. Tous les aspects de mon existence en seront affectés – ma façon de parler, de marcher, de me laver, de m'habiller, de prendre ma femme dans mes bras.

Nombre de ces règles vont me faire du bien et, je l'espère, me rendront meilleur d'ici la fin de l'année. Je pense à : ne pas mentir ; ne pas convoiter ; ne pas voler ; aimer son prochain ; honorer ses parents. Et des douzaines d'autres. Je serai le Gandhi de l'Upper West Side.

Mais j'ai l'impression qu'il y en a aussi un paquet qui ne me rendront pas du tout plus vertueux. Seulement plus étrange, plus obsessionnel, plus prompt à m'aliéner famille et amis : prendre un bain après l'amour ; ne pas manger les fruits d'un arbre planté il y a moins de cinq ans ; payer chaque jour son salaire au travailleur.

Enfin une bonne partie de ces règles est non seulement déconcertante, mais contraire aux lois fédérales. Telles que : détruire les idoles. Tuer les magiciens. Sacrifier des bœufs.

Je m'engage dans un projet monstre. J'ai besoin d'un plan d'attaque. Il faut que je fasse des choix.

1. Quelle version de la Bible utiliser ?

La bible que j'ai tirée de mon étagère s'appelle la *Revised Standard Version*, une traduction qui s'avère jouir d'une grande autorité, issue de la fameuse *King James Version* de 1611, mais dépoussiérée de la plupart de ses archaïsmes linguistiques.

C'est une bonne base. Mais ce n'est que l'une des très, très nombreuses versions disponibles – il y en aurait *trois mille* rien qu'en anglais. L'un de mes objectifs est de découvrir ce que la Bible dit vraiment, je ne saurais donc me fier à une seule traduction. Je veux en comparer au moins quelques-unes parmi ces trois mille.

Je me rends dans une librairie biblique de Midtown. C'est un immense supermarché éclairé au néon, avec une longue file de caisses à la sortie. Mon vendeur s'appelle Chris, il a la voix douce et le corps d'un champion olympique d'haltérophilie. Il me montre des tables couvertes de bibles de toutes formes, tailles, et partis pris linguistiques – de l'anglais sans détour de la *Good News Bible* à la cadence majestueuse de *La Bible de Jérusalem*.

Il pointe le doigt vers une version qui pourrait m'intéresser. Elle a été conçue pour ressembler à s'y méprendre à un magazine pour adolescentes : un mannequin séduisant (quoique à manches longues) orne la couverture, à côté de gros titres tels que "Quel est votre QI spirituel ?" Ouvrez-la et vous tomberez sur des encadrés du style "Rébecca la manipulatrice".

– Celle-là est très bien si vous n'osez pas lire la Bible dans le métro, dit Chris. Les gens ne devineront jamais ce que c'est.

Voilà un argument de vente étrange et poignant. On sait qu'on se trouve dans une ville sans Dieu lorsque, pour une grande personne, il est plus convenable de lire un magazine pour midinettes que la Bible.

Je quitte le magasin avec deux pleins sacs d'Ecriture sainte. Mais ma fièvre acheteuse ne s'arrête pas là. Une fois rentré, je vais sur Amazon et me procure plusieurs traductions juives du texte, ainsi qu'une demi-douzaine de commentaires. Par précaution, je commande *La Bible pour les nuls* et *Le Guide complet de la Bible pour les idiots* – tout ce qui se fait pour les gens dont le Q.I. plafonne à 80.

Sans parler des bibles envoyées par mes amis. L'un d'eux m'envoie *La Bible tout terrain*, imperméable, afin que je puisse étudier les Ecritures même pendant les inondations et autres événements météo décrits dans l'Ancien Testament. Un autre m'offre une version hip-hop où le Psaume 23 commence par "Le Seigneur déchire grave" (la traduction traditionnelle étant "Le Seigneur est mon berger").

Bref, je vais pouvoir "jurer sur une pile de bibles", comme on dit*, qui m'arrive presque à la taille.

2. Suivre la Bible à la lettre, qu'est-ce que ça veut dire ?

Prendre la Bible au pied de la lettre – au mot, pour argent comptant, au sens propre – n'est pas seulement intimidant. C'est aussi dangereux.

---

* Allusion à l'expression idiomatique *To swear on a stack of Bibles*, équivalent de "jurer devant Dieu" ou "jurer ses grands dieux". *(Toutes les notes sont du traducteur.)*

Qu'on en juge : au IIIe siècle, le savant Origène aurait interprété littéralement Matthieu 19,12 – "Il y a des eunuques qui se sont eux-mêmes rendus tels à cause du Royaume des Cieux" – et se serait castré. Il est ensuite devenu l'un des plus grands théologiens de son époque – et un tenant de la lecture métaphorique.

Autre exemple : au milieu du XIXe siècle, quand l'anesthésie a été introduite pour les parturientes, ce fut un tollé. Pour beaucoup, cela violait la parole de Dieu au verset 3,16 de la Genèse : "Je multiplierai les peines de tes grossesses, dans la peine tu enfanteras." Si Julie et moi devions avoir un autre enfant, oserais-je m'interposer entre elle et l'aiguille péridurale ? Jamais de la vie.

Il y a fort à parier qu'à un moment ou l'autre de l'histoire, chacun des passages de la Bible a été pris au pied de la lettre. J'ai décidé que je ne pouvais pas faire ça. Ce serait fallacieux, inutilement désinvolte et déboucherait sur des mutilations. Non, j'ai une meilleure idée : je vais m'efforcer de découvrir l'intention originelle des règles ou enseignements bibliques, et c'est elle que je suivrai à la lettre. S'il ne fait aucun doute que le passage est métaphorique – et je tiendrai pour tel celui sur les eunuques – alors je ne le respecterai pas au mot près. Mais s'il y a le moindre doute – comme c'est bien souvent le cas – je préférerai pécher par excès de littéralisme. Puisqu'il est écrit "tu ne mentiras point", je m'efforcerai de ne pas mentir. Puisqu'il est demandé de lapider les blasphémateurs, je m'armerai de cailloux.

3. Dois-je obéir à l'Ancien Testament, au Nouveau, ou aux deux ?

Une bonne part, la plupart peut-être des enseignements des deux Testaments sont similaires, mais il existe des différences significatives. J'ai donc décidé de scinder ma quête en deux.

Je consacrerai la majeure partie de mon année – à peu près huit mois – à l'Ancien Testament, puisqu'il contient le plus gros des règles bibliques. L'Ancien Testament est composé de trente-neuf livres qui mêlent récit, généalogie, poésie, et une ribambelle de lois. A eux seuls, les cinq premiers livres – les livres de Moïse – renferment des centaines de décrets, dont les dix commandements et certains des plus primitifs, semble-t-il, comme l'exécution des homosexuels. Sans parler des conseils d'inspiration divine qui figurent dans les livres les plus tardifs. Les Proverbes – qui recueillent la sagesse du roi Salomon – proposent des préceptes pour le mariage et l'éducation des enfants. Les Psaumes nous enseignent comment rendre le culte. Je me conformerai à tout ça. Du moins j'essaierai.

Comme je suis officiellement juif, je me sens beaucoup plus à l'aise pour vivre et écrire autour de l'Ancien Testament. (Ou la Bible hébraïque, comme beaucoup de juifs préfèrent l'appeler, parce que *ancien* sous-entend "dépassé" et *nouveau* "amélioré"). Mais au cours des quatre derniers mois de l'année, j'aimerais explorer – au moins en partie – les enseignements de la Bible chrétienne, du Nouveau Testament.

Le méconnaître, ce serait méconnaître la moitié de l'histoire. Le mouvement évangélique et son interprétation littérale de la Bible ont une influence considérable, tant pour le meilleur (ils ont plaidé avec force pour une intervention au Darfour) que, à mes yeux de non-croyant, pour le pas franchement bon (des fondamentalistes d'extrême droite pilotent le mouvement créationniste).

Naturellement, il y a les littéralistes chrétiens les plus célèbres – les conservateurs de la mouvance Jerry Falwell/Pat Robertson. J'ai prévu de les rencontrer plus tard dans l'année. Mais je veux aussi me pencher sur des groupes évangéliques tels que les "Red-letter Christians", qui mettent en avant ce qu'ils appellent une adhésion littérale aux enseignements de Jésus en matière de compassion, de non-violence et de redistribution des richesses.

Le Nouveau Testament contient-il seulement un code de lois ? La question est ouverte – tout dépend de ce que vous entendez par "lois" – mais on y trouve de nombreux enseignements qui ont été suivis de façon plus ou moins littérale, des “tends l’autre joue” et “aime ton ennemi” de Jésus au décret de l’apôtre Paul qui commande aux hommes de porter les cheveux courts. J’avoue que je n’ai pas encore réglé tous les détails de la partie Nouveau Testament, mais j’espère pouvoir le faire lorsque j’aurai trouvé mes marques spirituelles.

4. Dois-je avoir des guides ?

La Bible dit : “Il n’est pas bon que l’homme soit seul.” En plus, je me lance à l’aveuglette dans cette affaire. Alors, en l’espace de quelques semaines, je mets sur pied un comité d’experts spirituels : rabbins, pasteurs, prêtres, les uns conservateurs, les autres à un gros mot de l’excommunication. Certains sont des amis d’amis, d’autres des noms croisés dans mes lectures parabibliques. Je les consulterai le plus possible.

Qui plus est, je me promets de sortir un peu de chez moi. Je rendrai visite à quelques groupes qui, chacun à leur façon, prennent la Bible à la lettre : les juifs ultra-orthodoxes, l’antique secte des Samaritains et les amish, entre autres.

Mes guides me fourniront des conseils et du contexte. Mais ils n’auront pas le dernier mot. C’est la Bible qui l’aura. Je ne veux suivre aucune tradition particulière de façon exclusive. Ça peut sembler naïf ou peu judicieux, mais je veux découvrir la Bible par moi-même, tant pis si ça suppose d’emprunter de longs et fastidieux détours. “Religion maison”, comme l’appelle un ami. Peut-être que je serai plus sensible à la beauté de telle ou telle tradition. Ou peut-être que je fonderai ma propre secte judéo-chrétienne. Je ne sais pas.

Comme je m’y attendais, tout le monde n’est pas enthousiasmé par mon projet. Ma tante Kate – qui est restée juive orthodoxe après avoir divorcé du très controversé Gil – m’a traité de *meshuggè*, comme disent les nôtres – de cinglé.

J’ai évoqué l’idée devant Kate pour la première fois au début du mois d’août. Nous étions dans la maison de mon grand-père, assis à la grande table de la salle à manger. Kate venait de se changer après avoir fait un saut dans la piscine. (La pudeur la retenant de porter un maillot de bain, elle avait plongé avec sa longue robe noire bouffante. Impressionnant. L'habit semblait assez lourd pour faire couler un maître nageur.) Lorsque j'ai exposé les prémices de mon livre, elle a froncé les sourcils jusqu'aux cheveux et lâché : "Non ?"

Puis elle a ri. Je crois qu'elle était en partie heureuse qu'un membre de notre famille impie s'intéresse un peu à la religion.

Après quoi, elle s'est inquiétée : "Tu fais fausse route. Tu as besoin de la loi orale. Tu ne peux pas te contenter de la loi écrite. Sans la loi orale, ça n'a pas de sens."

La position traditionnelle des juifs est la suivante : la Bible – ou loi écrite – a été prise en sténo. Elle est si condensée qu'elle est presque cryptée. C'est là que la loi orale intervient. Les rabbins ont déchiffré la Bible pour nous dans des livres comme le Talmud, tirés des enseignements oraux des anciens. Quand la Bible commande de "se reposer" le jour du shabbat, nous avons besoin des rabbins pour nous dire ce que "se reposer" signifie. Peut-on faire de l'exercice ? Cuisiner ? Faire un tour sur eBay ?

Sans les rabbins, je suis comme le protagoniste de cette série du début des années 1980, *Ralph superhéros* – il avait trouvé un beau costume rouge qui lui donnait tous les superpouvoirs, mais comme il avait perdu le mode d'emploi, il se prenait un mur chaque fois qu'il volait.

Certains chrétiens conservateurs ont également été déconcertés par mon entreprise. Pour eux, je ne pouvais pas vraiment comprendre la Bible si je n'admettais pas la divinité du Christ. Pour eux, nombre de ces lois – celles sur les sacrifices d'animaux, par exemple – ont été rendues caduques par la mort de Jésus.

Et, de fait, j'ai commencé à douter. Ils n'avaient pas tort. Je me suis senti déchiré, j'ai commencé à m'inquiéter de mon approche, de mon ignorance monumentale, de mon impréparation, des nombreuses bourdes que je n'allais pas manquer de commettre. Et plus je lisais, plus je comprenais que la Bible n'était pas un livre comme les autres. C'est le livre des livres, comme l'appelle l'un de mes commentateurs. J'adore mon encyclopédie, mais elle n'a pas donné naissance à des milliers de communautés fondées sur son texte. Elle n'a pas informé les actions, les valeurs, la mort, les amours, les guerres et les coutumes de millions de gens trois millénaires durant. Personne n'a été exécuté pour avoir traduit l'encyclopédie, comme le fut William Tyndale lorsqu'il publia la première édition largement diffusée de la Bible en anglais. Aucun président n'a jamais prêté serment sur l'encyclopédie. C'est pour le moins intimidant.

Heureusement, j'ai reçu les encouragements de deux de mes conseillers préférés. A commencer par le révérend Elton Richards, le père de mon ami David, qui venait de prendre sa retraite après avoir été pasteur d'une congrégation luthérienne à Des Moines, Iowa. Il se présente maintenant comme un "pasteur par passe-temps". Je lui ai parlé des sceptiques.

"Tu n'as qu'à leur dire que tu as faim et soif. Tu ne prendras peut-être pas place au même banquet qu'eux, mais tu as faim et soif. Ils ne devraient pas t'en blâmer."

J'adore sa façon de parler. Peut-être qu'à la fin, je saurai manier de grandioses métaphores alimentaires comme le révérend Richards.

J'ai aussi petit-déjeuné avec le rabbin Andy Bachman, un homme génial qui dirige l'une des plus grandes synagogues de Brooklyn, la Congrégation Beth Elohim. Il m'a raconté un *midrach* – une histoire ou légende qui n'est pas dans la Bible en tant que telle mais traite d'événements bibliques. Celui-ci concerne le partage de la mer Rouge.

"Nous avons tous en tête la scène des *Dix Commandements* avec Charlton Heston : Moïse brandit sa canne et les eaux se retirent. Mais ce *midrach* explique que ça ne s'est pas passé comme ça. Moïse a brandi sa canne, mais la mer ne s'est pas ouverte. Les Egyptiens arrivaient, et la mer ne bougeait pas. Alors un Hébreu du nom de Nahshôn a tout bonnement marché dans l'eau. Il s'est enfoncé jusqu'aux chevilles, puis jusqu'aux genoux, à la taille, aux épaules. Et au moment où l'eau allait lui rentrer dans les narines, la mer s'est ouverte. Moralité : il faut parfois se jeter à l'eau pour que les miracles se produisent."

C'est ce que j'ai fait. Et voici ce qui est advenu.

THE HOLY BIBLE
Good News Bible GNT
NEW REVISED STANDARD VERSION
The Bible
DUMMIES
The Bible
The New Oxford
Annotated Bible
THE BIBLE
STRONG'S

PREMIER MOIS : SEPTEMBRE

Crains Dieu et observe ses commandements,
car c'est là le devoir de tout homme.

ECCLÉSIASTE 12,13

C'est le premier jour, et j'ai déjà le sentiment d'avoir la tête sous un mètre d'eau.

J'ai choisi de démarrer le 1er septembre, et à peine ai-je ouvert les yeux que la Bible engloutit mon existence. Je ne peux rien faire sans craindre de transgresser une loi biblique. Avant ne serait-ce que d'inspirer ou d'expirer, je dois parcourir une longue liste mentale de règles à respecter.

Ça commence lorsque j'ouvre mon placard pour m'habiller. La Bible interdit aux hommes de porter des vêtements de femme (Deutéronome 22,5), par conséquent ce sweat-shirt de Dickinson College est à exclure. A l'origine, il appartenait à ma femme.

La Bible commande d'éviter de porter des vêtements tissés de fibres différentes (Lévitique 19,19), je n'ai donc plus qu'à remiser mon tee-shirt coton-polyester d'*Esquire**.

Et mes mocassins ? Ai-je le droit de porter du cuir ? Je vais dans le séjour, allume mon PowerBook et ouvre mon fichier "Règles bibliques". Je descends jusqu'à celles qui concernent les animaux. Les peaux de porc et de serpent sont sujettes à

* Magazine masculin où la photo de charme s'allie notamment à une ancienne tradition littéraire, puisque y ont contribué des écrivains comme Ernest Hemingway, F. Scott Fitzgerald, Raymond Carver ou Norman Mailer.

caution, mais apparemment, le bon vieux cuir de vache est autorisé.

Mais – minute – ai-je seulement le droit d'utiliser mon ordinateur ? Comme vous l'aurez deviné, la Bible n'aborde pas spécifiquement le problème, j'avance donc un oui prudent. A l'occasion, je pourrai toujours prendre un moment pour essayer les tablettes de pierre.

Et là je faute. Je ne suis pas debout depuis une demi-heure que je m'enquiers déjà des ventes de mon dernier livre sur Amazon. Ça représente combien de péchés ? Orgueil ? Envie ? Cupidité ? J'en perds le compte.

Je ne m'en tire guère mieux à la boutique de reprographie. J'aimerais faire une demi-douzaine de photocopies des dix commandements à scotcher un peu partout dans l'appartement, en pensant que ça me fera un bon aide-mémoire.

La Bible dit que l'homme de bon sens est "lent à la colère" (Proverbes 19,11). Alors quand j'arrive là-bas en même temps que cette quadragénaire maigrelette qui pique pratiquement un sprint vers le comptoir pour me coiffer au poteau, je m'efforce de garder mon calme.

Et lorsqu'elle demande à l'employée de lui copier quelque chose sur la seule et unique machine en état de marche, j'essaie de passer outre. Et lorsqu'elle exhibe une liasse de papier qui ressemble aux œuvres complètes de J. K. Rowling et la flanque bruyamment sur le comptoir, je m'exhorte au calme en moi-même : "Lent à la colère, lent à la colère."

Après quoi elle se fend d'une question compliquée, rapport à la qualité du papier…

Je me fais ce rappel : tu te souviens de ce qui est arrivé aux Israélites qui attendaient Moïse, parti sur la montagne pendant quarante jours ? Ils ont perdu patience, perdu la foi, et ont été châtiés.

Et avec ça, elle paie par chèque. Et demande une facture. Et que la facture soit paraphée. Les Proverbes – un recueil de pensées de l'Ancien Testament – prétendent que sourire rend heureux. Chose que les études psychologiques confirment. Alors je reste planté là, un sourire de steward figé sur le visage. Mais au-dedans, je suis bouillant de colère.

Je n'ai pas que ça à faire. J'ai encore soixante-douze pages de tâches bibliques à accomplir.

Je parviens finalement au comptoir et donne un dollar à la caissière. Elle puise mes trente-huit cents de monnaie dans le tiroir et me les tend.

– Euh, vous pourriez les poser sur le comptoir ?

Elle me jette un regard noir. Je ne suis pas censé toucher les femmes – j'y reviendrai – j'essaie donc simplement d'éviter un contact des doigts inutile.

– J'ai un rhume. Je ne voudrais pas vous contaminer.

Un parfait mensonge. J'essaie d'éviter un péché et j'en commets un autre.

En rentrant à la maison, je passe devant un panneau où l'on voit deux personnes nues, au teint éclatant, cramponnées l'une à l'autre. C'est une pub pour une salle de gym. Les enseignements de la Bible en matière de sexualité sont compliqués et je n'ai pas encore eu le temps de les démêler. Mais en attendant, il me paraît plus sûr d'éviter la concupiscence. Je fixe le sol pendant le reste du trajet.

Une fois rentré, je décide de rayer de ma liste le verset 15,38 des Nombres : faire des houppes aux bords de ses vêtements. Suivant l'exemple de mon ex-oncle Gil, j'avais commandé des pompons sur un site internet à l'enseigne du "Pompon sans Peine". Ils ressemblent à ceux qu'il y avait aux coins des coussins en tapisserie de ma grand-mère. Je passe dix minutes à les accrocher avec des épingles à nourrice aux manches et à l'ourlet de ma chemise.

Le soir venu, je suis claqué. J'ai à peine l'énergie d'écouter Julie parler de l'US Open – et même cette conversation-là est éprouvante. Je dois veiller à ne pas mentionner Venus Williams, puisqu'elle tient son nom de la déesse romaine de l'amour, et que cela violerait Exode 23,13 (ne pas mentionner le nom d'autres dieux).

Au moment d'aller me coucher, je me demande si oui ou non, aujourd'hui, j'ai fait un pas vers l'illumination. Probablement que non. J'étais tellement obsédé par les règles – dont la plupart me semblent encore complètement délirantes – que je n'ai pas eu une minute pour penser. Je suis peut-être comme un apprenti conducteur qui garde les yeux rivés au tableau de bord, trop nerveux pour contempler le paysage. Mais ce n'est que le premier jour.

« Soyez féconds, multipliez… »

GENÈSE 1,28

2e jour. Ma barbe pousse rapidement. Je commence à avoir l'air un peu pouilleux, à mi-chemin entre l'intello branché de Brooklyn et le type qui passe ses journées à jouer aux courses. Ce qui me va très bien. J'apprécie cette suspension du rasage. Je vais peut-être passer un temps fou à toutes sortes de devoirs bibliques, mais au moins je ne perdrai pas trois minutes devant le miroir tous les matins.

Pour mon petit-déjeuner, j'attrape une orange dans le réfrigérateur. M'alimenter risque d'être délicat, cette année. La Bible interdit beaucoup de choses : porc, crevettes, lapin, aigle et balbuzard, entre autres. Mais les agrumes, ça va. En plus, on en mange depuis les temps bibliques – l'un de mes bouquins raconte même que le fruit défendu du jardin d'Eden était une orange. Ce n'était assurément pas une pomme – il n'y en avait pas au Moyen-Orient à l'époque d'Adam.

Je prends place à la table de la cuisine. Julie feuillette les pages "Sortir" du *New York Times*, en quête d'un film pour samedi soir.

– Et si on allait voir *The Aristocrats* ? propose-t-elle.

Aïe. *The Aristocrats*, c'est ce documentaire où on demande à des comiques célèbres de raconter la plaisanterie la plus obscène de tous les temps, une plaisanterie qu'on ne se raconte d'habitude qu'en privé, entre gens de la profession. Il contient au moins une demi-douzaine d'actes sexuels que le Lévitique bannit expressément. Julie n'aurait pas pu trouver pire, comme activité vespérale. Elle me teste ou quoi ? Il faut croire que oui.

– Je crois que je ne peux pas. Ça ne m'a pas l'air très biblique.

– T'es sérieux ?

Je confirme.

– Bon. Choisissons autre chose.

– Je ne suis pas sûr de pouvoir aller au cinéma tout court. Il faut que j'y réfléchisse.

Julie incline la tête et me regarde par-dessus ses lunettes.

– Pas de cinéma ? Pendant un an ?

Pendant les douze mois à venir, il va falloir que je choisisse mes batailles. Dans le cas présent, je décide de transiger provisoirement – d'accorder un sursis à Julie, puis d'éliminer le cinéma petit à petit.

Parce que, en fait, le climat est assez tendu chez nous en ce moment. Comme je l'ai signalé dans mon dernier livre, Julie a eu un mal fou à tomber enceinte de notre premier enfant. Nous avons fini par y arriver (nous avons un fils, Jasper), mais apparemment, l'entraînement n'aura pas servi à grand-chose. Notre deuxième tentative est un vrai calvaire, elle aussi.

Au cours de l'année écoulée, j'ai – comme dit la Bible – découvert la nudité de Julie. Souvent. Trop. Non que ça me déplaise, mais vous savez ce que c'est, trop, c'est trop. Ça finit par être fatigant. Et puis, Julie commence à m'en vouloir, elle trouve que je me mêle un peu trop de sa gestion interne – vu que je n'ai de cesse de l'interroger sur ses périodes d'ovulation, sa courbe de température et sa météo pour les cinq jours à venir.

– Tu me stresses, et c'est franchement contre-productif, m'a-t-elle dit l'autre jour.

– J'essaie simplement de m'impliquer.

– Tu sais quoi ? Plus tu me stresses, et moins j'ai de chances de tomber enceinte.

Je lui dis que je veux que Jasper, notre fils, ait un petit frère ou une petite sœur.

– Dans ce cas arrête d'en parler.

Nous traversons donc cette étrange phase tabouisante où nous sommes tous deux soucieux d'avoir un autre enfant, mais évitons scrupuleusement d'aborder le sujet.

Chose particulièrement compliquée pour moi qui passe tant d'heures à lire et méditer la Bible. Car la fertilité est l'un des thèmes prégnants de la Bible – probablement *le* grand thème de la Genèse. A en croire certains des exégètes les plus modernes, la Genèse est l'expression d'un monothéisme encore tourné vers les notions de nature et de fertilité, sous l'influence des sectes païennes. De fait, la toute première injonction que Dieu lance à Adam est "Soyez féconds, multipliez". C'est la règle alpha de la Bible.

Bien sûr, si je prenais la Bible absolument littéralement, je pourrais "fructifier*" en faisant le plein de pêches chez le marchand de primeurs, et "multiplier" en aidant ma nièce à faire ses exercices d'algèbre. Je pourrais rayer ce commandement de la liste en vingt minutes chrono.

Cet exemple me permet d'entériner une leçon simple mais profonde : s'agissant de la Bible, il y a toujours – mais toujours – un certain degré d'interprétation, même pour les règles apparemment les plus élémentaires. Dans le cas présent, je ne doute pas une seconde que la Bible parle de fertilité, et non de maths, c'est donc le but que je continuerai de poursuivre.

La procréation était l'une des préoccupations majeures des anciens. Quand on y songe, nombre des histoires les plus connues de la Bible tournent autour d'une quête de grossesse. Abraham et Sara ont probablement eu les plus grands problèmes de conception jamais rencontrés dans la Bible, voire dans l'histoire. A un moment, Sara, qui paraissait stérile, en conçut un tel désarroi qu'elle donna à Abraham sa servante égyptienne comme concubine. De cette union naquit Ismaël, l'ancêtre de l'Islam. Quelques versets plus tard, Dieu, accompagné de

* Traduction française du fondamentaliste anglais du XIXe siècle John Nelson Darby. La traduction anglaise courante est *"Be fruitful"*.

deux anges, se rendit dans la tente d'Abraham et Sara pour leur annoncer une grossesse prochaine. Réaction de Sara : elle éclata de rire, probablement par scepticisme. A sa décharge, il faut dire qu'elle avait quatre-vingt-dix ans. Mais Dieu tint sa promesse, et la nonagénaire matrone donna naissance à Isaac – "Que Dieu rie", en hébreu.

Et puis il y a Rachel. Rachel et sa sœur aînée, Léa, étaient toutes deux mariées à Jacob, le berger ingénieux (de qui je tiens mon nom). Léa était une machine à procréer – elle n'enfanta pas moins de six fils et une fille. Mais Rachel, à son grand désespoir, demeura sans enfants. Elle finit par dire à Jacob : "Donne-moi des enfants, ou je meurs !" Elle acheta aussi de la mandragore à sa sœur – la mandragore est une plante méditerranéenne qu'on considérait autrefois comme un remède contre la stérilité. Peine perdue. Finalement, Dieu "ouvrit la matrice de Rachel" (DAR) et elle donna naissance à Joseph, à la tunique multicolore.

Le motif biblique de l'infertilité a aussi un bon côté : plus une femme a eu de mal à tomber enceinte, plus son enfant est prestigieux. Joseph. Isaac. Samuel (que sa mère a voué à Dieu pour le remercier de le lui avoir donné). Ce sont quelques-uns des géants de la Bible hébraïque.

Hier, j'ai brisé la loi du silence imposée par Julie pour l'informer que si nous avions un autre enfant, il ou elle marquerait les siècles futurs. Ça l'a fait sourire.

"Je crois que c'est vrai, m'a-t-elle répondu. Tout vient à point à qui sait attendre." Ce qui pourrait presque passer pour un proverbe biblique.

Tu n'auras pas d'autres dieux devant moi.

EXODE 20,3

2e jour, disais-je. Julie a un rendez-vous, je me retrouve donc seul avec mon orange, ma liste de règles et ma pile de bibles. J'ai une demi-heure devant moi avant que Jasper, notre fils, ne se réveille. Ça semble être le bon moment pour me lancer dans la partie la plus spirituelle de ma quête : la prière.

Comme je l'ai dit, j'ai toujours été agnostique. A la fac, j'ai étudié tous les arguments traditionnels en faveur de l'existence de Dieu : l'argument téléologique (de même qu'une horloge suppose un horloger, l'existence de l'univers suppose celle de Dieu), l'argument de la cause première (tout a une cause; Dieu est la cause de l'univers). Ils étaient souvent brillants, éblouissants, mais *in fine*, aucun n'est parvenu à emporter mon adhésion.

Et le nouveau raisonnement que m'a soumis mon cousin Levi il y a quelques semaines n'a pas obtenu davantage de succès. Levi – le beau-fils de Kate, ma tante orthodoxe – m'a dit qu'il croyait en Dieu pour la raison suivante : la Bible est si étrange, si foncièrement bizarre qu'elle ne saurait être le fruit d'un cerveau humain.

J'aime bien cet argument. Il est original, modeste. Et il est vrai que la Bible est parfois étrange – qu'on songe, par exemple, au commandement de briser la nuque d'une vache sur les lieux d'un meurtre non élucidé (Deutéronome 21,4). Pourtant, ça ne m'a pas convaincu. De nos cerveaux humains aussi sont sorties des choses incroyablement étranges : le biathlon, le dindarlet*, et la peluche Elmo "Chatouille-moi" de mon fils, pour n'en citer que quelques-unes.

Bref, je ne crois pas qu'on puisse me convaincre de croire en Dieu par une démonstration rationnelle. Ce qui pose problème, parce que la Bible commande non seulement de croire en Dieu, mais aussi de L'aimer. Et ce à longueur de pages. Alors comment faire ? Me suffit-il de décréter ma foi comme j'ouvrirais un robinet spirituel ?

Voici mon plan : à la fac, j'ai aussi étudié la théorie de la dissonance cognitive. Elle explique notamment que nos convictions évoluent pour se mettre en conformité avec nos comportements. C'est ce que je vais essayer de faire. Si, pendant

* *Turducken :* spécialité culinaire américaine qui consiste en une dinde farcie au canard farci au poulet.

plusieurs mois, j'agis comme si j'avais la foi et aimais Dieu, peut-être finirai-je par avoir la foi et par aimer Dieu. Si je prie chaque jour, peut-être vais-je me mettre à croire en l'Être à qui j'adresse mes prières.

Donc allons-y, prions. Même si je ne sais pas trop comment m'y prendre. C'est la première fois de ma vie que je fais ça, si j'excepte quelques vagues regards levés au plafond quand ma maman était malade.

Pour commencer, que faire de mon corps ? La Bible décrit une multitude de positions : les gens s'agenouillent, s'asseyent, baissent la tête, lèvent les yeux au ciel, cachent la tête entre les genoux, lèvent les mains, se frappent la poitrine. Il n'y a pas de méthode exclusive.

Je suis tenté de m'asseoir, mais ça semble trop facile. Je suis de ceux qui pensent qu'on n'a rien sans rien. Je décide donc de déployer mes bras comme une antenne sainte, dans l'espoir de capter le signal divin.

Pour ce qui est du texte, j'hésite. Je ne me sens pas encore assez confiant pour improviser, alors j'ai mémorisé quelques-unes de mes prières bibliques préférées. Je pénètre dans le salon, me poste devant notre canapé d'angle brun, tends les bras, baisse la tête, et, à basse mais intelligible voix, récite ce passage du Livre de Job :

– Nu, je suis sorti du sein maternel, nu, j'y retournerai. Le Seigneur a donné, le Seigneur a repris : que le nom du Seigneur soit béni !

C'est un très beau passage, mais ça me fait bizarre de le dire. Je n'ai pas souvent dit *Seigneur* sans enchaîner sur *des anneaux*. Je prononce rarement le mot *Dieu* sans le faire précéder par *Nom de*.

L'expérience me rend mal à l'aise. J'ai les paumes moites. Je m'efforce d'y mettre une authentique ferveur, mais j'ai l'impression d'accomplir une double transgression. D'abord, c'est comme si je violais une espèce de tabou formulé par les grands prêtres de l'agnosticisme. Pire encore : ne suis-je pas en train d'enfreindre le troisième commandement ? Si je ne crois pas aux mots sacrés que je prononce, cela ne revient-il pas à invoquer le nom du Seigneur en vain ?

Je jette un œil à la pendule. Je n'ai prié qu'une minute. Je me suis promis d'essayer de prier au moins dix minutes trois fois par jour.

Donc je reprends. Je plisse les yeux, essaie de me Le représenter. C'est un fiasco. Je parcours en pensée toute une série de clichés : l'Univers, autrement dit ce qu'on voit de l'intérieur du Hayden Planetarium ; une montagne du Moyen-Orient dans une enveloppe de brume ; un truc qui ressemble aux effets spéciaux multicolores de *2001, l'odyssée de l'espace* de Stanley Kubrick, au moment où le vaisseau pénètre dans l'hyperespace. A peu près tout, à part le type à la voix de basse profonde et à l'ample robe blanche.

Je n'ai plus qu'à espérer faire des progrès.

Et ça n'a rien d'impossible. Quand j'étais au lycée, j'ai connu deux ou trois expériences que j'oserai qualifier de quasi mystiques. Etonnamment, aucune d'entre elles n'était liée à l'utilisation d'un joint. Ça arrivait sans prévenir et ne durait qu'un instant, à peu près le temps d'un éternuement, mais quel instant – mémorable.

Je peux difficilement les décrire sans passer pour un gourou de secte New Age, mais ainsi soit-il : je ne faisais qu'un avec l'univers. Soudain, je sentais la frontière entre mon cerveau et le reste du monde se dissoudre. Je ne saisissais pas intellectuellement que tout et tout le monde était connecté – je le sentais, comme on a froid ou mal au cœur en voiture. Les épiphanies me tombaient dessus sans crier gare : l'une est survenue alors que j'étais allongé sur une couverture, sur la grande pelouse de Central Park ; une autre dans le Shinkansen, pendant des vacances familiales au Japon. C'était à la fois une grande leçon d'humilité (ma vie était si futile, si insignifiante) et le comble de l'exaltation (mais elle participait d'un truc tellement immense). L'émoi de ces orgasmes mentaux durait plusieurs jours et, au moins provisoirement, me rendait plus serein, plus bouddhique.

Pour une raison inconnue, mes épiphanies ont soudain cessé vers la fin du lycée. Peut-être que cette année me permettra d'en retrouver le chemin. Ou bien j'en conclurai que mon cerveau me jouait des tours à deux francs.

Tu ne porteras pas sur toi un vêtement en deux espèces de tissu.
LÉVITIQUE 19,19

5ᵉ jour. J'ai établi le Top 5 des Règles les Plus Problématiques de la Bible. Je compte toutes les aborder cette année, mais pour commencer, j'ai décidé d'en prendre une qui ne nécessitait ni violence ni pèlerinage. A savoir : l'interdiction de porter des vêtements tissés de fibres différentes. C'est une proscription si étrange que j'étais persuadé qu'elle n'était suivie par personne d'autre en Amérique.

J'avais bien sûr complètement tort.

Mon ami Eddy Portnoy – qui enseigne l'histoire au Jewish Theological Seminary de New York – m'a dit qu'il avait récemment aperçu l'annonce d'un contrôleur de *chaatnez* dans le quartier de Washington Heights. *Chaatnez*, m'a-t-il informé, est le mot hébreu pour "fibres différentes". Un contrôleur vient chez vous inspecter vos chemises, pantalons, pulls et costumes pour débusquer les mélanges cachés.

Aujourd'hui, j'appelle donc ce numéro et conviens d'un rendez-vous avec un certain Mr Berkowitz. Mr Berkowitz est un homme ponctuel. Il porte une barbe grise qui lui pend au menton, de grosses lunettes et une cravate noire rentrée dans un pantalon qui lui monte bien quinze centimètres au-dessus du nombril. Sa kippa est légèrement de travers.

D'un clic, Mr Berkowitz ouvre sa valise à roulettes Samsonite. A l'intérieur, son équipement : un microscope, une vieille boîte avec une étiquette "flocons de légumes" défraîchie, et divers instruments qui ressemblent au nécessaire de couture de ma mère après mutation génétique. Il étale tout ça sur la table du salon. J'ai l'impression d'avoir affaire à un expert de la police scientifique orthodoxe. A l'inspecteur de garde-robe de Dieu.

Mr Berkowitz me fournit une plaquette d'information sur le *chaatnez.* Il ne s'agit pas de n'importe quel mélange de fibres. Polyester-coton ou Lycra-élasthanne – pas de problème. Le problème, c'est le mélange laine-lin. Voilà la combinaison interdite par le Deutéronome 22,11 (le seul autre verset qui parle du mélange de fibres).

– Comment savez-vous qu'un vêtement est *chaatnez*?

Eh bien, on ne peut pas se fier aux étiquettes, m'explique Mr Berkowitz. Elles comportent souvent des erreurs.

– Il faut examiner les fibres soi-même. Chacune est différente quand on l'observe au microscope.

Il m'esquisse un schéma : le lin ressemble à un morceau de bambou. La laine à une pile de tasses. Le coton à des serpentins en vrille. Et le polyester est lisse comme une paille.

Je sors un tas de pulls et Mr. Berkowitz se met au travail. Il en prend un noir à col en V, prélève quelques fils et les place sous le microscope.

– Voyons si vous y arrivez, dit-il.

Je louche dans le microscope.

– C'est du polyester.

– Non. Regardez. La pile de tasse. C'est de la laine.

Il a l'air déçu. Manifestement, la relève n'est pas assurée. Mr Berkowitz est gentil, doux, mais dans un état d'abattement permanent. Et je ne suis pas en train d'arranger les choses.

Il prend des notes sur une feuille qui ressemble à une grille de soins. Le pull est casher, m'annonce-t-il. Tout comme le suivant.

– Regardez, dit-il en m'invitant au microscope.

– Laine?

– Non. Coton.

Merde!

Je sors mon costume de mariage. Celui-là pourrait poser problème, me dit-il : il n'est pas rare que les costumes de laine recèlent du lin, surtout les italiens, or c'en est un.

Mr Berkowitz sort un instrument qui ressemble à une fourchette à fondue et commence à piocher en divers endroits de mon costume – le col, les poches, les manches – avec une quasi-férocité. C'est mon seul costume, et il m'a coûté environ un tiers de mon salaire. Je suis légèrement inquiet. Content que Julie ne soit pas là pour voir ça.

– Est-ce qu'il est *chaatnez* ?

Il reste un instant sans répondre, trop occupé à observer, la barbe aplatie contre l'oculaire.

– Je soupçonne fort ceci d'être du lin, conclut-il.

Le coupable présumé est une doublure blanche qui se cachait sous le col. Mr Berkowitz fait tourner l'étoffe entre ses doigts.

– Je vais l'envoyer au labo pour en avoir le cœur net, mais je suis presque sûr que c'est du lin.

Il m'annonce que je vais devoir remiser mon costume ou le faire "dé-linifier" par un tailleur. Son abattement semble s'être soudain évaporé. Il est soulagé.

– Quelle joie, dit-il. Quand je peux aider quelqu'un à ne pas enfreindre un commandement, ça me donne un petit coup de pep.

Il serre le poing, triomphant.

– Je n'ai jamais pris de drogue, mais je me dis que ça doit faire cet effet-là.

Sa joie est contagieuse. Pendant un instant je me sens heureux, moi aussi, puis j'en reviens à ma perplexité première.

– C'est si important que ça de ne pas mélanger laine et lin ?

– Fondamental.

– Y a-t-il des commandements qui sont plus importants que d'autres ?

– Tous se valent, répond-il.

Puis il marque un temps d'arrêt.

– Enfin non, je ne peux pas dire ça. Le "Tu ne tueras point" pèse quand même très lourd. De même que l'adultère et l'interdiction d'adorer des idoles.

Il a l'air tiraillé. D'un côté, toutes les règles procèdent de la même source. Les juifs orthodoxes suivent une liste de six cent treize règles originellement dressée par le grand rabbin du Moyen Age Maimonide à partir des cinq premiers livres de la Bible. D'un autre côté, Mr Berkowitz doit bien admettre qu'il est plus grave de tuer quelqu'un que de porter un blazer pas casher.

Avant qu'il s'en aille, je pose à Mr Berkowitz l'inévitable question qui tue : Pourquoi ? Qu'est-ce que ça peut lui faire, à Dieu, qu'on porte des vêtements tissés de fibres différentes ?

La réponse est : Allez savoir…

Des théories circulent. Certains pensent qu'il s'agissait d'habituer les anciens Hébreux à bien séparer les choses pour qu'ils soient moins enclins à l'endogamie. D'autres y voient une allusion au sacrifice de Caïn et Abel – Caïn offrit à Dieu du lin et Abel des moutons. D'autres encore disent que les païens portaient des tissus laine-lin et que les Hébreux faisaient tout pour se distinguer d'eux.

Mais au final, on n'en a pas la moindre idée.

– C'est une loi que Dieu nous a donnée. Il faut Lui faire confiance. Il est tout-puissant. Et nous, nous sommes comme des enfants. Parfois les parents fixent des règles que les enfants ne comprennent pas. Quand on dit à un enfant de ne pas toucher le feu, par exemple, il ne comprend pas pourquoi, n'empêche que c'est bon pour lui.

Dans le judaïsme, les lois bibliques que n'accompagne aucune explication – et elles sont nombreuses – sont appelées *houqim*. Celle-ci en est une. Le truc, c'est qu'on ne peut pas savoir ce qui importe à long terme. Peut-être que Dieu n'a pas le même étalon que nous. Certains disent qu'il est en fait *plus* crucial de suivre les décrets inexplicables, parce que ça démontre votre engagement, ça prouve combien vous avez la foi.

L'idée qu'il faille obéir à des lois qui n'ont aucune justification rationnelle me désarçonne. Ma vie a presque toujours été réglée sur le principe que mon comportement devait, dans l'idéal, avoir un fondement logique. Mais quand on vit selon la Bible, ce n'est pas le cas. Il va falloir que je m'y fasse.

Tu ne convoiteras pas.

EXODE 20,17

6e jour. Après une journée consacrée à l'obscur, je meurs d'envie de m'occuper d'un de ces bons vieux dix commandements et d'en revenir à des choses plus conventionnelles.

Comme je l'enfreins tous les jours, je décide que le "Tu ne convoiteras pas" est celui qui requiert le plus mon attention dans l'immédiat. Il s'agit du dernier des dix commandements, et du seul qui régisse non pas un comportement, mais un état d'esprit. C'est sans doute aussi le plus difficile à respecter, surtout dans le New York d'aujourd'hui. Cette ville carbure à la convoitise.

Il est deux heures de l'après-midi, et voici la liste des choses que j'ai convoitées depuis mon réveil :

- les cachets de conférencier de Jonathan Safran Foer (quinze mille dollars par intervention, m'a-t-on dit).
- l'assistant numérique personnel Treo 700.
- la sérénité du vendeur de bibles qui dit n'avoir peur de rien, puisqu'il marche aux côtés de Dieu.
- le jardin qui s'étale devant le pavillon de banlieue de notre amie Elizabeth.
- une célébrité à la George Clooney qui me donnerait le droit de faire n'importe quelle déclaration, même la plus débile.
- le génial scénario de ce film de 1999, *35 heures, c'est déjà trop !* (Je suis parfois pris d'un fantasme étrange : pouvoir remonter le temps jusqu'en 1997 muni de la cassette du film, afin de transcrire les dialogues et de doubler l'auteur, Mike Judge.)

De plus, la paternité m'a révélé toute une dimension nouvelle de la convoitise. Je ne convoite plus seulement pour moi-même, mais aussi pour mon fils. Je veux qu'il fasse aussi bien que le fils du voisin.

Prenez son vocabulaire, par exemple. J'adore Jasper, mais au chapitre "maîtrise de l'expression", il est désespérément à la traîne. Il communique essentiellement via huit types de grognements, tous dotés d'une signification propre. Je me sens dans la peau de l'ethnographe qui a dû déchiffrer les nuances des vingt-trois mots eskimo pour dire neige. Un grognement normal veut dire "oui". Un grognement plus grave veut dire "non". Un petit grognement de chimpanzé veut dire "Viens ici tout de suite!" Jasper est très fort pour ce qui est de marcher et de lancer des balles, mais quant aux mots – ces trucs que je suis censé gagner ma vie à agencer – on ne peut pas dire que ça l'intéresse.

Tandis que sa copine Shayna – qui a trois mois de moins que lui – connaît des termes tels que *hélicoptère* et *commode.* Elle pourrait presque ouvrir son blog. Je convoite le vocabulaire de Shayna pour Jasper.

En résumé, j'emploie une énergie mentale considérable à enfreindre ce commandement. Et je ne parle même pas de la convoitise au sens sexuel – bien que j'en aie sans nul doute éprouvé pour cette femme aux tongs mauves croisée dans la rue. Ou pour cette femme au pantalon taille basse Calvin Klein. Ou… Mais j'y reviendrai plus tard, ça mérite un chapitre entier.

Voici le commandement anti-convoitise *in extenso* : "Tu ne convoiteras pas la maison de ton prochain. Tu ne convoiteras pas la femme de ton prochain, ni son serviteur, ni sa servante, ni son bœuf, ni son âne, rien de ce qui est à ton prochain."

Dans le Manhattan postagraire, le bœuf et l'âne ne devraient pas poser problème. Mais l'expression "rien de ce qui est à ton prochain" couvre à peu près tout ce qu'il est possible d'imaginer. Aucune marge de manœuvre.

Alors, en quoi ça consiste, s'empêcher de convoiter?

Le verbe *convoiter* traduit la racine hébraïque *hamad*, qui, en gros, signifie "désirer" ou "vouloir". Il y a deux écoles concernant l'interprétation de ce commandement.

Certains exégètes disent que la convoitise en elle-même n'est pas défendue. Il n'est pas toujours mal d'avoir envie. C'est convoiter les affaires *de ton prochain* qui est interdit. Comme l'explique un rabbin, tu as le droit de convoiter une Jaguar – mais pas celle de ton voisin. En d'autres termes, si ton désir t'expose à nuire à ton prochain, c'est mal.

Toutefois, d'autres affirment qu'il est mal de convoiter une Jaguar *en soi*, qu'il s'agisse de celle du voisin ou de celle du marchand. Il est permis de nourrir un intérêt mesuré pour les voitures. Mais convoiter, c'est avoir un désir immodéré de la Jaguar, être aliéné par les biens matériels, quitter le droit chemin de la gratitude envers les bienfaits divins. Ça suppose d'avoir succombé au démon de la publicité, l'ennemi juré du dixième commandement.

Pour plus de prudence, je vais essayer de me garder de ces deux types de convoitise.

Julie récuse l'une de mes stratégies – je lui ai demandé de censurer journaux et magazines en déchirant toutes les publicités pour les iPods, les vacances en Jamaïque, et autres choses de ce genre. A la place, elle m'a forcé à réduire ma consommation de papier glacé à la portion congrue.

Mais la convoitise des biens matériels vantés par la pub n'est pas pour moi le plus grand défi. Ma vraie faiblesse, c'est la jalousie envers les autres. La comparaison incessante avec mes pairs. Est-ce que je m'en tire mieux que l'ex-petit-ami de Julie, l'inventeur de la minilampe qu'on accroche directement au-dessus de la page d'un bouquin pour lire la nuit ? Trouvaille qui a figuré en couverture du catalogue Levenger "d'instruments pour lecteurs sérieux", comme ma belle-mère aime à me le rappeler.

Quand ce n'est pas l'ex de Julie, c'est quelqu'un d'autre. Et ce type de convoitise est inextinguible. Si par quelque impondérable coup du sort, ou erreur comptable, j'en venais à toucher les cachets de conférencier de J. S. Foer, je me mettrais illico à convoiter ceux de Madeleine Albright. La Bible a raison. La jalousie est une passion vaine, une perte de temps qui m'engloutit. Je ferais mieux de me consacrer à ma famille et, désormais, à Dieu.

Evidemment, faire cesser un sentiment n'est pas chose aisée. Nous admettons volontiers que nos passions sont incontrôlables. Comme l'a dit Woody Allen quand sa liaison avec Soon-Yi Previn a été découverte : "Le cœur veut ce qu'il veut." Mais je ne vais pas renoncer comme ça – j'ai besoin d'un point de vue extérieur. Je consulte donc mon comité d'experts spirituels.

L'une des méthodes préconisées consiste à se dire que la voiture/le job/la maison/les cachets/l'âne convoités ne sont tout bonnement pas de l'ordre du possible. Un rabbin du Moyen Age – Abraham Ibn Ezra – fait valoir l'exemple suivant (il traite de la convoitise au sens sexuel, mais on peut élargir) : quand tu croises une jolie femme et qu'elle est mariée à un autre homme, range-la dans la même catégorie que ta mère. Elle est taboue. La seule idée de l'avoir pour partenaire sexuelle est abjecte, inconcevable, à part pour les pervers et/ou ceux qui ont trop lu Freud. Ou bien considère-la comme un paysan considère une princesse. Elle est belle, mais tout à fait hors de portée, ton admiration est abstraite, nullement lascive.

J'essaie d'appliquer cette méthode aux cachets de J. S. Foer. Ils sont hors de portée, me dis-je. Cette stratégie contredit l'ambition qu'avec-un-peu-de-volonté-tout-est-possible, mais c'est peut-être meilleur pour ma santé mentale.

Enfin, il y a cette autre tactique : si tu polarises toute ton attention sur les commandements de la Bible, tu n'auras plus le temps de convoiter. Moins, en tout cas. Tu seras trop occupé. Il y a quelques semaines, ma liste de convoitises quotidiennes aurait couvert un tiers de ce livre. Je l'ai déjà ramenée à une demi-page. Si c'est pas un progrès…

Et vous vous réjouirez pendant sept jours en présence de Yahvé votre Dieu.

LÉVITIQUE 23,40

7e jour. Ça va faire une semaine. Etat spirituel : toujours agnostique. Etat de ma barbe : ça gratte et elle est inégale – pleine de trous, comme des agroglyphes tracés par de tout petits ovnis. Etat de ma garde-robe : j'ai troqué mes tee-shirts et mes jeans habituels pour des pantalons de toile et des chemises Oxford, parce que je me dis que c'est certainement plus respectueux. Etat émotif : éreinté.

Je ne suis vraiment pas au bout de mes peines. J'en suis encore à essayer d'anticiper tout ce que je dis ou fais. Je me suis aperçu que je parlais moins vite, comme si l'anglais m'était une langue étrangère. C'est parce que je contrôle chaque mot dans ma tête avant de le prononcer. S'agit-il d'un mensonge ? D'une vantardise ? D'un juron ? D'un commérage ? Qu'en est-il de l'exagération ? Est-ce que j'ai le droit de dire que "mon ami Mark travaille pour *Esquire* depuis 1904" (alors que ça ne fait que dix-sept ans) ? Je censure environ 20 % de mes phrases avant qu'elles ne franchissent mes lèvres. La Bible régit la parole de façon très stricte.

Je me plonge dans des livres de théologie, tentant désespérément de démêler ce sujet et tant d'autres. Ma liste de lecture croît de façon exponentielle. Chaque ouvrage en cite trois autres que j'ai le sentiment de devoir lire. C'est comme une série particulièrement opiniâtre de fenêtres publicitaires intempestives.

Je continue de lire la Bible elle-même, l'emportant partout avec moi. Le vendeur avait raison – j'aurais dû prendre cette version des Ecritures maquillée en magazine pour jeune fille. Quand je lis ma bible dans le métro, je ressens de l'hostilité de la part des passagers laïques. Ils me regardent l'air crispé, les lèvres pincées, comme s'ils s'attendaient à ce que je leur saute dessus à la première occasion pour les baptiser de force.

Je garde aussi sur moi un exemplaire imprimé de ma liste de règles, que je parcours régulièrement. A l'origine, je projetais de prêter chaque jour une attention égale à toutes les règles. Mais cela s'est avéré impossible. C'est comme jongler avec plus de sept cents boules. Le cerveau ne suit plus. Je dispersais mes forces.

Voici mon nouveau plan : j'essaierai toujours de suivre toutes les règles à la fois. Mais j'en viserai chaque jour une en particulier, à laquelle je consacrerai le meilleur de mon énergie, tout en gardant un œil sur les autres.

Comment choisir le bon moment pour se concentrer sur telle ou telle règle ? Ce n'est pas une science. Au contraire, j'ai décidé de me laisser porter par les circonstances. Beaucoup de facteurs risquent d'entrer en ligne de compte : les aléas de la vie, mes caprices, les contraintes logistiques, mon gagne-pain (comme j'écris pour le magazine *Esquire*, je serai probablement assez vite confronté aux règles contre la luxure). Et la variété. Je veux faire alterner le commun et l'obscur, le physique et le mental, le facile et le dur. J'ai besoin de variété. Je ne suis pas assez endurant pour consacrer un mois entier aux quarante-cinq règles traitant de l'idolâtrie.

Chez les humbles se trouve la sagesse.

PROVERBES II,2

11e jour. Je vais faire quelques virées à vocation biblique, cette année, et je commence aujourd'hui. Direction : le pays amish. Ça me semble être un bon point de départ. Non seulement les amish détiennent, à égalité avec les juifs hassidiques, le titre d'adeptes de la Bible les plus facilement repérables, mais ils m'intéressent aussi pour la raison suivante : ils obéissent rigoureusement à des règles puisées aussi bien dans l'Ancien que dans le Nouveau Testament. Exemples :

- Leur fameuse pilosité faciale résulte de l'interdiction de se tailler la barbe édictée dans l'Ancien Testament. (Toutefois, ils se rasent la moustache, parce qu'elle avait des connotations militaires.)

- Ils refusent la photographie, car elle viole le second commandement de l'Ancien Testament : "Tu ne feras (...) rien qui ressemble à ce qui est dans les cieux, là-haut, ou sur la terre, ici-bas." C'est pourquoi, si vous vous connectez à un site amish, vous trouverez souvent des photos de leurs occiputs. (Et oui, ça va peut-être vous faire rire, mais les amish ont des sites internet. Pour être franc, ils ne s'en occupent pas eux-mêmes. C'est un tiers qui y fait la réclame de leurs travaux de menuiserie et autres couvre-lits.)
- Les femmes amish portent des bonnets, conformément au verset 11,5 de la première épître aux Corinthiens, dans le Nouveau Testament, qui indique que les femmes ne doivent pas prier la tête nue.
- Ils pratiquent le lavement de pieds rituel, comme le préconisent les versets 13,14-15 de l'Evangile selon saint Jean, dans le Nouveau Testament : "Si donc je vous ai lavé les pieds, moi le Seigneur et le Maître, vous aussi vous devez vous laver les pieds les uns aux autres. Car c'est un exemple que je vous ai donné..."

La version amish de la vie biblique se combine à ce que l'on appelle l'*Ordnung* – les traditions qui se sont constituées depuis les origines du mouvement, en Suisse, au XVIe siècle. C'est de *l'Ordnung* que procèdent le code vestimentaire des amish et le bannissement de l'électricité.

Julie et moi louons une voiture et gagnons le comté de Lancaster, Pennsylvanie. Si elle n'est pas très fan de mon projet, Julie s'est dit qu'elle pourrait au moins tirer parti d'une ou deux excursions. Notre destination a pour nom *Smucker's Farm Guest House*. C'est l'un des rares gîtes qui soit vraiment tenu par une famille amish. La plupart n'offrent qu'une vague proximité avec la communauté. Celui-là, c'est un vrai.

Nous avons quatre heures de route. A ce sujet, je suis fier d'annoncer que je n'ai pas du tout été tenté de sortir une plaisanterie graveleuse quand nous avons passé la ville d'Intercourse*, Pennsylvanie. Ce que je considère comme une victoire morale.

La première chose que j'aperçois lorsque nous nous garons dans l'allée, c'est une femme amish qui porte la panoplie complète – bonnet blanc, jupe bleue jusqu'aux chevilles – et qui manie une souffleuse de feuilles à essence. Voilà bien un tableau auquel je ne m'attendais pas. Ce n'est pas un iPod vidéo, n'empêche, mes stéréotypes en prennent déjà un coup.

La femme, Anna, nous mène jusqu'à son père, Amos, le chef de la maison. Amos Smucker est un homme grand, maigre, aux épaules tombantes. Il est vêtu exactement comme on l'aurait imaginé : bretelles noires, chapeau de paille, pantalon remonté sur son ventre. Ses cheveux blancs comme neige sont coiffés selon la tradition amish : une coupe au bol modifiée qui contourne les oreilles puis descend pour laisser un peu plus de longueur à l'arrière.

Je me présente à lui. Il hoche la tête, murmure un bonjour et nous conduit à notre chambre.

Amos parle lentement, prudemment, comme s'il n'avait droit qu'à quelques dizaines de phrases pour le week-end et ne voulait pas tout dilapider d'emblée. J'ai lu plus tard dans un livre amish intitulé *Principes d'une vie pieuse* que nos mots devaient être "choisis, rares et vrais". En optant pour la méthode minimaliste, Amos est parvenu à maîtriser ces règles du discours contre lesquelles je me débats.

Je lui dis que j'aimerais beaucoup m'entretenir avec lui des amish. Il accepte très gentiment. Je me demande s'il n'est pas fatigué de passer sa vie à répondre aux mêmes questions d'étrangers curieux. Je me promets déjà de ne pas évoquer *Witness : Témoin sous surveillance*, ni ce film avec Randy Quaid au sujet d'un champion de bowling manchot et amish**.

* *Intercourse* signifie "rapports", notamment dans le domaine sexuel.

** *Kingpin* (1996), des frères Farrelly.

Nous nous installons dans la cuisine – austère, bien sûr, où se trouve une table de bois et un classeur titré “Journal du temps jadis : les Smucker”.

– A quel moment votre famille a-t-elle émigré ?

– Mon ancêtre Christian Smucker est arrivé de Suisse au XVIIIe siècle.

– Combien avez-vous de frères et sœurs ?

– Nous étions dix-sept.

– Dix-sept ?

Il hoche la tête.

– Et vous occupiez quel rang ?

– J'étais le petit dernier. A ma naissance, ma mère a dit : “Ça y est. J'ai enfin eu celui que je voulais.”

Est-ce qu'il vient de plaisanter ? J'en ai bien l'impression. Amos ne s'autorise qu'un début d'esquisse de sourire.

Je lui expose les prémices de mon projet. Il regarde fixement par-dessus mon épaule gauche, sans dire un mot. Pas de réaction. Lors de ma brève rencontre avec les amish, j'ai eu l'impression qu'ils ne raffolaient pas des discussions théologiques, du moins avec les Anglais, du moins avec moi. Mieux vaut s'en tenir à des questions plus pratiques.

– Est-ce que vous travaillez ?

– J'étais producteur laitier, mais je ne fais plus grand-chose. Je n'ai pas pris ma retraite. Mais j'en ai marre, de la traite.

Je crois qu'Amos vient de faire une autre blague. Il faut connaître les amish pour savoir ce qu'est un pince-sans-rire.

– Quel est votre rythme de vie ?

– Je me couche à huit heures et demie, par là, et je me lève à quatre heures et demie. Je suis incapable de dormir après cinq heures. J'étais éleveur, et mon logiciel est configuré comme ça.

Intéressante métaphore de la part d'un homme qui n'utilise pas l'électricité, me dis-je en moi-même.

Amos pianote sur la table. Ses mains sont incroyables. Noueuses, mais élégantes à leur façon, avec des pouces recourbés comme des cannes de sucre d'orge et qui lui rentreraient presque dans les poignets.

Nous restons assis en silence.

Finalement, Julie lui demande s'il veut bien nous faire faire le tour du propriétaire. Il acquiesce. Nous passons d'abord par le garage. Amos possède trois bogheis noirs, tous trois alignés contre le mur, leurs triangles rouges fluorescent tournés vers nous. Sa fille Anna est en train d'astiquer celui du milieu.

Le garage donne sur l'écurie, où Amos abrite deux chevaux magnifiques, couleur chocolat, qui accourent pour lui dire bonjour.

– A l'origine, c'étaient des chevaux de course, m'explique-t-il en flattant l'encolure d'une de ses bêtes. 90 % des chevaux des amish sont d'anciens chevaux de course.

C'est le seul moment, au cours du week-end, où Amos a frisé l'orgueil. L'humilité est au cœur du mode de vie amish, c'est même l'une de leurs plus belles qualités. Mais s'il faut être fier de quelque chose, je crois que ces chevaux sont un bon choix.

Amos nous dit qu'il a grandi dans cette maison.

– Quelle genre d'enfance avez-vous eu ?

– Y avait des jours meilleurs que d'autres. Certains matins on n'avait pas de pain à manger.

– Waouh.

– On avait du gâteau.

Cette fois, il ne peut réprimer un léger tressaillement aux commissures des lèvres. C'était bel et bien une vanne.

De retour dans la cuisine, je l'interroge sur ses enfants. Il en a sept, tous sont encore amish, et la plupart vivent dans les environs, voire de l'autre côté de la rue. Avant de venir, j'avais lu que la population amish américaine – qui compte aujourd'hui presque deux cent mille personnes – avait doublé au cours des vingt dernières années. Ils ne risquent pas de disparaître.

– Y a-t-il beaucoup de conversions à la foi amish ?

– Très peu.

Amos se tait un instant, puis ajoute :

– Vous voulez que je vous raconte une blague amish ?

– Volontiers.

C'est génial. Ça fait trop longtemps que les amish sont les victimes désignées des blagueurs. A vrai dire, j'ai même failli ne pas faire ce voyage par peur de tomber dans le piège. Ce sera donc un plaisir d'entendre une blague amish dans la bouche d'un amish.

– Que s'est-il passé quand l'homme mennonite a épousé la femme amish ?

Julie et moi donnons notre langue au chat.

– Elle l'a fait boguer.

Rires. Ce n'est pas Chris Rock, mais songez qu'Amos a toujours vécu dans un environnement plutôt rigide.

– *Boum-boudoum-pam*, fait Julie.

Je me demande si l'allusion au coup de cymbales lui est intelligible, ou s'il va seulement penser que Julie fait de drôles de bruits.

J'essaie à nouveau de l'amener sur le terrain de la spiritualité et lui dis que le livre d'Amos est l'un de mes préférés dans la Bible. Nouveau silence. Qui dure trente longues secondes.

– Vous connaissez *Amazing Grace*? demande-t-il finalement.

Nous hochons la tête.

– Alors donnez-moi un coup de main.

Amos extirpe un harmonica de sa poche, gonfle ses poumons, et se met à jouer la version la plus ahurissante de cet hymne que j'aie jamais entendue. Il fait valser l'harmonica, ses mains claquent, les notes fusent qu'il inspire ou qu'il souffle.

Julie et moi bredouillons un peu au milieu, mais nous finissons en beauté : "J'ai été perdu, suis retrouvé. J'ai été aveugle et je vois."

– Est-ce que vous jouez à l'église? dis-je lorsqu'il a fini.

– Non, nous n'utilisons pas d'instruments. Ça pourrait nous rendre orgueilleux. Nous inspirer de mauvaises pensées. L'envie de frimer devant les autres.

Amos brandit son harmonica.

– C'est juste pour la maison.

Silence.

– Bon, je ferais mieux d'y aller, dit-il. Nous dînons à cinq heures trente.

Et sur ces mots, il disparaît dans la salle à manger.

Julie et moi nous rendons dans un restaurant attrape-touristes des environs qui sert des légumes au beurre et du *shoofly pie**. Le trajet nous fournit à nouveau une image surprenante, qui vaut bien la souffleuse de feuilles : celle d'un adolescent amish se promenant en roller, les mains dans le dos, sur une petite route de campagne.

J'ai plus tard découvert que certains amish s'autorisaient le roller. Les pneus de caoutchouc sont proscrits, donc pas de vélo, mais les roues de roller sont en plastique. De même, bien que l'électricité soit bannie, les outils fonctionnant à piles, à l'énergie solaire ou à l'essence sont parfois admis. D'où la souffleuse de feuilles.

La leçon que je tire de mon week-end chez les amish est la suivante : on ne peut pas empêcher la religion d'évoluer. Même ici, où, soi-disant, coutumes et code vestimentaire se sont cristallisés au XVIe siècle, on trouve toujours un biais. Mon ambition de remonter le temps pour vivre comme à l'âge biblique est d'autant plus intimidante. Puis-je vraiment évacuer tous ces millénaires de traditions accumulées ?

Peu avant le restaurant, Julie et moi apercevons un essaim d'une trentaine de bogheis. Nous nous arrêtons pour voir ce qui se passe. Nous venons de tomber sur un match de baseball amish. Amos nous dira plus tard que beaucoup d'amish – lui, notamment – déconseillent les compétitions sportives.

Mais c'est bien dix-huit adolescents amish qui se trouvent là, les manches relevées, chemises et bretelles mouillées de sueur. Nous restons un long moment à les regarder. Les petits jouent bien, mais c'est comme s'il manquait quelque chose. Au bout

---

* Sorte de crumble à la mélasse, spécialité emblématique du comté de Lancaster.

de quelques minutes, je comprends : c'est le match de baseball le plus silencieux que j'aie jamais vu. Pas de quolibets. Pas d'acclamations des parents dans les tribunes. Un quasi-silence, que rompt seulement un coup de batte de temps à autre. C'est inquiétant, paisible et beau.

Ne raidissez plus vos nuques comme l'ont fait vos pères.
Soumettez-vous à Yahvé…

2 CHRONIQUES 30,8

13e jour. De retour à New York, la Bible ne me laisse aucun répit. Les matinées sont particulièrement chargées. Je dois accrocher mes pompons. Dire mes prières. M'attacher une copie des dix commandements à la main et au front, conformément au verset 13,9 de l'Exode (j'y reviendrai). Le reste de la journée est englouti par l'étude de la Bible, la prière de midi, une bonne action à l'occasion, mon shopping biblique (aujourd'hui j'ai prévu d'acheter une crosse de bois), quelques heures dévolues à mes activités séculières pour *Esquire*, un dîner en conformité avec les Ecritures, et enfin les prières du soir.

Ah, et mon comité d'experts spirituels. J'essaie de m'entretenir avec au moins un sage par jour, en direct ou par téléphone. Aujourd'hui c'est double dose. Pour commencer, je petit-déjeune avec mon ami Roger Bennett.

Roger est un gars de Liverpool qui termine toute ses conversations par "Eclate-toi bien". Il a environ huit métiers – écrivain, documentariste, président de fondation, etc. – dont la plupart ont au moins un vague lien avec la religion.

Roger ne m'en veut pas d'arriver dix minutes en retard à cause de mes rites matinaux, mais il tient à me dire une chose :

– Tu t'engages dans cette affaire en pensant que c'est comme d'étudier les sumos japonais. Tu te dis : "Je ne vais pas vraiment en devenir un. Je vais garder mes distances."

Je commence à protester. Roger poursuit.

– T'es en train de manier de l'explosif. Des gens beaucoup plus malins que toi y ont consacré toute leur vie. Par conséquent, tu dois admettre qu'il existe une chance pour que tu en sortes profondément transformé.

Il a peut-être raison. Et ça me fait peur. Je déteste perdre le contrôle de la situation. J'aime pouvoir tout maîtriser. Mes émotions, par exemple. Quand je regarde un film d'amour et que j'ai la larme à l'œil, je me dis en moi-même : "O.K., là le perchiste tient son micro juste au-dessus de la tête d'Audrey Hepburn ; essaie de voir s'il n'y a pas une ombre." Ainsi je sors du film et retrouve mon sang-froid. Je passe aussi beaucoup de temps à essayer de contrôler ma santé, essentiellement par une fixation sur les microbes. Je suis atteint d'une forme bénigne de trouble obsessionnel compulsif (un mal popularisé, j'en ai peur, par des gens comme Larry David*). Mon armoire à pharmacie est en permanence bourrée d'une douzaine de bouteilles de gel désinfectant. Je n'ai pas touché une barre de métro à mains nues depuis dix ans – en général je préfère me camper dans le wagon, les pieds bien écartés, et jouer les surfeurs.

Le problème, c'est que la religion consiste en grande partie à renoncer à la maîtrise et à s'ouvrir au changement radical. Si seulement je pouvais déposer mes conceptions laïques à la consigne et les récupérer dans un an…

Après le petit-déjeuner avec Roger, je prends le métro, direction Downtown, pour déjeuner avec le rabbin de Brooklyn Andy Bachmann. C'est le défilé des mentors, aujourd'hui. Le courant passe tout de suite avec Andy. Lui aussi a grandi au sein d'une famille laïque, mais dans le Wisconsin (où, pour l'anecdote, les juifs sont appelés les "élus gelés"). Il s'est senti attiré par la religion la première fois qu'il a vu la magnifique typographie du Talmud. Il est relativement jeune, quarante-deux ans, et tient à ce que je l'appelle Andy, ce qui paraît irrespectueux, mais je m'y efforce.

---

* Dans la sitcom *Larry et son nombril*, le personnage principal, joué par Larry David, a la phobie des microbes.

– Comment ça va ? me demande-t-il.

Je lui parle de Mr Berkowitz et de l'inspection des fibres.

– J'étais fasciné.

Peut-être trop, en fait. Je me connais. La bizarrerie m'attire. Dans mon dernier livre, celui sur l'encyclopédie, j'ai mentionné à sept reprises le fétichisme de René Descartes envers les femmes bigles, ce qui, je pense – j'espère – est un record.

– J'ai peur de consacrer toute l'année aux passages étranges de la Bible et de négliger ceux sur la bonté et la justice.

Andy réfléchit pendant une demi-minute ; boit une gorgée de café.

– Un bon conseil : n'oublie pas les prophètes.

Les prophètes, m'explique-t-il, sont vingt hommes et femmes extraordinaires qu'on trouve dans la Bible hébraïque. Ils entrent en scène plusieurs centaines d'années après l'époque de Moïse. Dans ce temps-là, les Israélites vivent sur la Terre promise, mais ils ont tout fichu en l'air. Ils ont succombé au vice et à la paresse. Comme leurs anciens maîtres en Egypte, ils oppressent les pauvres. Les prophètes sont les Martin Luther King de leur temps, ils vilipendent un système véreux. Ce n'est d'ailleurs pas tout à fait une coïncidence si MLK aimait les citer – notamment ces mots incroyables d'Amos (5,24) : "Que le droit coule comme de l'eau, et la justice comme un torrent qui ne tarit pas."

– Fais en sorte que chacun de tes actes soit digne de l'exigence morale des prophètes, me conseille Andy. Rappelle-toi les paroles de Michée. Il a dit : peu importent les sacrifices animaux. L'important, c'est "d'accomplir la justice, d'aimer la bonté et de marcher humblement avec ton Dieu".

…et Abram lui donna la dîme de tout.

Genèse 14,20

14e jour. Bien sûr, Andy a raison. Il faut que je sois plus moral. Que je fasse un truc qui plairait aux prophètes. Le lendemain matin, je feuillette ma liste de règles et trouve une excellente candidate à la page 28 : donner 10 % de son revenu.

– Je vais m'acquitter de la dîme, fais-je savoir à Julie au petit-déjeuner.

Elle paraît inquiète. En général, elle est beaucoup plus magnanime que moi. Elle se fait toujours avoir par ces organisations caritatives qui vous envoient, en même temps que des feuilles d'autocollants gratuits où un petit personnage de bande dessinée accompagne votre adresse d'expéditeur, une brochure sur le lymphome à vous fendre le cœur. Je lui dis que c'est du chantage au sentiment. Elle fait la sourde oreille et leur envoie un chèque.

Mais même pour Julie, 10 % c'est beaucoup, surtout avec Jasper et le deuxième enfant que nous espérons avoir. Elle me demande si je ne peux pas compter comme dîme les émoluments de mon agent littéraire. Elle ne plaisante qu'à moitié. Malheureusement, je vois mal qui pourrait classer International Creative Management dans la catégorie "pauvre".

– Tu ne peux pas au moins faire 10 % après impôts ?

Ce soir-là, je consulte par téléphone mon comité d'experts spirituels. Je parviens à joindre Elton Richards, le pasteur par passe-temps.

– Ne soyez pas trop légaliste dans cette affaire, me dit-il. Donnez ce que vous pouvez. Et ensuite donnez-en un peu plus. Vous devez le ressentir comme un sacrifice.

Je me plonge dans ma bible en quête d'éclaircissements. Il semble que dans l'ancien Israël – avant la colonisation romaine – personne ne payait d'impôts en tant que tels. La dîme *tenait lieu* d'impôts. Et le système de répartition était aussi compliqué que n'importe quel formulaire 2042. On donnait une quote-part aux prêtres, une aux gardiens du temple, une pour le temple lui-même, une aux pauvres, une aux veuves et une aux orphelins. Donc, j'en déduis que pour l'instant, 10 % après impôts devraient suffire.

Je fais le calcul sur la base de mon salaire présumé. Un chiffre qui n'a rien d'astronomique – mais c'est précisément le problème. Si je gagnais dix millions par an et devais en donner un, ce serait plus simple.

Ce soir-là, je passe trois heures à explorer un site du nom de Charity Navigator. C'est une sorte de Guide Michelin des organisations caritatives. (Même cela me porte à la convoitise – ils publient les salaires des PDG de ces institutions, or certains dépassent les 500 000 dollars.)

J'en sélectionne plusieurs – Feed the Children et Save Darfur, entre autres – et fais don d'environ 2 % de mes revenus. C'est le maximum que je puisse me permettre en une seule fois.

Quand un bip me signale l'arrivée des e-mails de confirmation, je me sens bien. Il y a une réplique obsédante dans le film *Les Chariots de feu*. Elle est prononcée par Eric Liddell, le coureur le plus pieux, celui qui garde une bible sur lui pendant son sprint. Il déclare : "Quand je cours, je ressens le plaisir de Dieu." Eh bien, quand j'ai donné cet argent, je crois que j'ai ressenti le plaisir de Dieu. Oui, je sais : je suis agnostique. N'empêche – j'ai ressenti Son plaisir. C'est une chaleur de braise qui naît à la base de la nuque et se répand dans tout mon crâne. J'ai le sentiment de faire quelque chose que j'aurais dû faire toute ma vie.

D'un autre côté, comme pendant un sprint difficile, la douleur se mêle au plaisir. Je viens d'amputer mon salaire de 2 %, et je dois encore en perdre 8 %. J'ai donc mis sur pied la stratégie mentale suivante : si je ne faisais pas ça pour la Bible, c'est que je ne vivrais pas une année biblique. Je n'aurais donc pas de contrat pour mon livre. Pas de Bible, pas de revenus. Ce n'est donc que justice de verser 10 % aux serviteurs de Dieu. On n'a jamais vu commission plus légitime.

Qui épargne la baguette hait son fils, qui l'aime prodigue la correction.
PROVERBES 13,24

23e jour. Comme je l'ai expliqué, l'une de mes motivations à tenter cette expérience est ma récente entrée dans la paternité. Je m'inquiète constamment de l'éducation morale de mon fils. Je ne veux pas qu'il patauge dans cette espèce de brouet trouble du relativisme. Ça ne m'inspire pas confiance. C'est comme ça que j'ai été élevé, et bien que je n'aie encore commis aucun forfait majeur, ça me paraît dangereux. Surtout à notre époque. D'ici quelques années, Jasper sera capable de télécharger sur YouTube les images des spectacles zoophiles de Tijuana tout en commandant de l'OxyContin à une pharmacie offshore.

Je veux donc inculquer à mon fils des principes infrangibles, absolus. Quel mal y aurait-il à ce qu'il règle sa vie sur les dix commandements ? Aucun. Mais comment l'y amener ?

Ce matin, il est plus évident que jamais que j'ai besoin d'aide. Je suis épuisé, et c'est directement lié à ma qualité de père le moins autoritaire d'Amérique.

Vers deux heures du matin, Jasper s'est réveillé, et je l'ai laissé monter dans notre lit – première faiblesse. Au lieu de l'aider à se rendormir, ça lui a servi de prétexte à tout un tas d'activités nouvelles. Par exemple, attraper mon masque de nuit, le tirer aussi loin que l'élastique le permet – soit environ soixante centimètres – et le relâcher, le masque me revenant alors en pleine face avec une force aussi affolante que lacrymogène. (Note : vous allez peut-être penser que mon masque de nuit enfreint l'interdiction biblique de porter des vêtements de femme. Détrompez-vous. C'est la photo d'un homme très viril et bien reposé, couché aux côtés de sa séduisante épouse, qui figurait sur la boîte dans laquelle je l'ai reçu.)

J'ai demandé à Jasper d'arrêter, mais sur un ton à peu près aussi menaçant que celui de Nounours dans *Bonne nuit, les petits*. Du coup il a recommencé, encore et encore.

C'est probablement contraire à la Bible. Au minimum, ma complaisance est une violation des Proverbes. Les Proverbes, c'est ce recueil de préceptes attribués au roi Salomon qui préconisent clairement la punition pour les enfants. Et les châtiments corporels.

> Proverbes 22,15 : "La folie est ancrée au cœur du jeune homme, le fouet de l'instruction l'en délivre."
> Proverbes 23,14 : "Tu lui donneras des coups de baguette, et délivreras son âme de l'enfer."(KJV)
> Proverbes 23,13 : "Ne ménage pas à l'enfant la correction, si tu le frappes de la baguette, il n'en mourra pas !"

Certains Américains suivent ces proverbes à la lettre. Jusqu'en 2005, vous pouviez, pour cinq dollars, vous procurer "La Baguette", une tige souple, en nylon, de cinquante-cinq centimètres. C'était l'invention d'un baptiste de l'Oklahoma du nom de Clyde Bullock, qui vantait son produit avec ce slogan : "Pour cuisiner, nous avons la cuiller, pour tenir nos pantalons, la ceinture, pour aimer nous avons nos mains, pour châtier voici la Baguette." Il a fermé boutique, en partie à cause des protestations de chrétiens plus libéraux, en partie parce qu'il n'arrivait plus à s'approvisionner en poignées confort en vinyle.

D'autres littéralistes un poil moins littéraux disent que le battoir est un moyen de substitution acceptable. James Dobson – fondateur de Focus on the Family, le groupe chrétien ultraconservateur – recommande l'usage du battoir, surtout si l'on souhaite que sa main reste "un objet d'amour".

Je ne possède ni baguette ni battoir. En fait, le recours à un quelconque châtiment corporel est profondément contraire à ma philosophie parentale. J'ai toujours considéré la torgnole comme la bombe H de l'éducation – elle fait partie de l'arsenal, on ne doit jamais s'en servir.

Même pour mon projet biblique, je ne peux pas m'en servir. Du moins pas pour le moment. J'ai atteint ma première limite.

Alors que faire ? C'est l'un de ces cas de figures où, faute de pouvoir en respecter l'esprit, je décide de me plier au moins à la lettre de la loi. C'est toujours mieux que de ne rien respecter du tout.

Il y a quelques jours, j'ai tapé "baguette souple" et "baguette molle" sur Google et, après avoir parcouru quelques publicités pas franchement bibliques, j'ai fini par commander une batte en mousse des plus inoffensives. Je la teste aujourd'hui sur Jasper. Après dîner, il attrape une poignée de pièces rouges sur le buffet et les jette à travers la pièce.

Je me saisis donc de la batte en mousse et lui en flanque un coup au derrière. Je ne l'ai jamais fessé avant, bien que j'aie plusieurs fois été tenté de le faire. Lorsque j'élève ma batte – aussi flasque et indolore soit-elle – je fais comme sauter un verrou. Voilà, j'ai infligé un châtiment corporel à mon fils. C'est un sentiment perturbant. Je comprends soudain combien la relation est déséquilibrée : tel le Tout-Puissant, les parents exercent un empire physique sur leurs enfants, du moins tant que ces derniers n'ont pas atteint la puberté.

Jasper, lui, ne semble pas affecté par tout ça. Il répond par un rire hystérique et attrape sa batte de baseball en plastique pour essayer de me rendre la pareille. En somme, je viens de légitimer le recours à la violence.

La baguette est un fiasco. Mais l'essentiel, c'est que sur le fond, je suis d'accord avec les Proverbes. Il faut que j'impose une plus grande discipline à mon fils. Que je sois doux mais ferme et l'envoie plus souvent dans sa chambre, ou bien je risque de le voir se transformer en graine de monstre. Julie est devenue l'instance répressive de la famille, ce qui crée des tensions dans notre couple, car le rôle du méchant n'est guère à son goût. Il faut que je sois plus sévère.

Prenez Dieu par exemple. Le Dieu de la Bible traite ses enfants – le genre humain – avec justice et miséricorde à la fois. Pour l'heure, je suis complètement à la masse ; je suis 10 % justice et 90 % miséricorde. Si j'avais été responsable du jardin d'Eden, Adam et Ève auraient écopé de trois sommations, puis d'une quatrième, puis d'un sévère avertissement, avant d'être condamnés à aller se coucher vingt minutes plus tôt que d'habitude. Dieu, comme vous le savez, les a flanqués dehors. Par compassion, il les a préalablement vêtus de peaux d'animaux, mais il les a tout de même flanqués dehors.

Fais-moi comprendre la voie de tes préceptes,
je méditerai sur tes merveilles.

PSAUMES 119,27

30e jour. Le premier mois touche à sa fin. Physiquement, ça va. Ma barbe ne me démange presque plus, et, du moins pour le moment, elle fait plus professeur-de-littérature-comparée que type-qui-a-arrêté-de-prendre-ses-médicaments.

Quant à ma vie spirituelle, le mot qui me vient à l'esprit est *dissonante*. Ça fait un mois que je joue le rôle de l'Homme de la Bible, mais c'est vraiment à ça que ça ressemble : à un rôle. Un personnage. Comme quand j'étais allé en colo, à douze ans, et que, je ne sais plus pourquoi, je m'étais mis à parler avec l'accent du Sud – un truc bien nasillard – et ne m'en étais pas départi pendant un mois.

Cet alter ego biblique est si distinct de moi que je lui ai même attribué un nom : Jacob. C'était le choix le plus naturel ; proche mais différent. J'ai bien observé ce Jacob, j'ai étudié son comportement.

Et voici ce que j'ai découvert : lui aussi souffre d'un dédoublement de la personnalité. D'un côté, Jacob est bien plus moral que je ne le suis. Il s'efforce de respecter le verset 19,18 du Lévitique : "Tu aimeras ton prochain comme toi-même." C'est-à-dire qu'il fait des trucs du genre tenir la porte de l'ascenseur aux personnes qui mettent du temps à descendre. Ou filer un dollar au sans-abri qui dit lever des fonds pour "l'Union des Noirs Mangeurs de Pizzas" devant le musée d'Histoire naturelle.

Il prête attention aux centaines de petites décisions morales que nous prenons chaque jour sans nous en rendre compte. Il éteint la lumière en quittant la pièce. Se retient de lorgner les passants aux allures bizarres – l'homme de cent quatre-vingts kilos, le type au pantalon couleur banane, la femme qui fait vingt centimètres de plus que son petit ami – chose que moi, en spectateur invétéré de l'espèce humaine, j'adorerais faire. Jacob, lui, garde les yeux fixés droit devant lui comme un garde de Buckingham Palace.

Il ne figure pas encore sur la liste des candidats au Nobel, mais il est meilleur que mon moi laïque.

D'un autre côté, mon alter ego Jacob adopte des comportements profondément étranges. Il dit : "Nous pourrions déjeuner ensemble le quatrième jour de la semaine", puisqu'il n'a pas le droit de dire "jeudi", mot qui vient du dieu romain Jupiter.

Il se frictionne les cheveux avec un peu d'huile d'olive tous les matins, comme le préconise le verset 9,8 de l'Ecclésiaste ("Que l'huile ne manque pas sur ta tête!" [TOB]), ce qui laisse de fâcheuses taches vertes sur toutes mes casquettes.

Et il a mis au point cette méthode byzantine pour payer Des, notre baby-sitter. La Bible dit : "Le salaire de l'ouvrier ne demeurera pas avec toi jusqu'au lendemain matin" (Lévitique, 19,13), alors Jacob la paie en liquide tous les soirs. Mais mon moi laïque doit lui remettre un chèque hebdomadaire pour qu'elle puisse déclarer ses impôts. Je suis donc forcé de lui demander de rapporter tout le liquide à la fin de la semaine pour l'échanger contre un chèque. Je ne suis pas sûr que ça avance qui que ce soit. Maintenant, Des essaie de s'éclipser sans nous dire au revoir en partant, à Jacob et à moi.

Le comportement de mon alter ego souligne l'un des plus grands mystères de la Bible. Comment se fait-il qu'on trouve dans le même livre ces règles morales évoluées et ces décrets insolites? Et pas seulement dans le même livre. Parfois à la même page. L'interdiction de mélanger laine et lin vient juste après l'injonction d'aimer son prochain. Ce n'est pas comme si la Bible comportait une section "Et maintenant quelques lois délirantes." Tout est mélangé, c'est une vraie salade composée.

Peut-être que tout sera plus clair à la fin de l'année. Peut-être.

DEUXIÈME MOIS : OCTOBRE

Tu me fêteras chaque année par trois pèlerinages.

EXODE 23,14 (TOB)

31e jour, matinée. Je passe une demi-heure à consulter les tarifs des vols pour Israël. Il faut absolument que j'y aille cette année. Je ne peux pas consacrer douze mois à la Bible sans faire un pèlerinage là même où le Livre saint a vu le jour.

J'y suis déjà allé une fois. Quand j'avais quatorze ans, mes parents tenaient à nous montrer Israël et l'Egypte, alors nous nous sommes inscrits à un voyage organisé dont l'effectif était composé de ma famille, de quelques douzaines d'orthodontistes à la retraite, et d'une femme de vingt-sept ans en mal de mari à qui on avait fait croire qu'il s'agissait d'un voyage pour célibataires, ce qui n'était pas faux, si l'on considérait le pourcentage élevé de veufs et veuves.

J'ai peu de souvenirs de ce voyage. Je me rappelle les longs trajets en car et le guide israélien qui demandait : "Est-ce que quelqu'un veut passer par la salle à sourire?" Ça voulait dire toilettes dans l'argot des guides touristiques israéliens, car "tout le monde sourit en sortant de la salle à sourire". Je me rappelle avoir préféré la partie égyptienne du voyage ; les pyramides m'avaient toujours fasciné et je connaissais un peu la civilisation du Nil, du moins telle que l'incarnait King Tut, le méchant Toutankhamon des premiers *Batman*.

Mais mon esprit laïque n'avait pas été très impressionné par Israël. A cette époque, je traversais une phase "marxisme mal digéré". La religion, c'était l'opium du peuple. Pire : j'étais persuadé que les dealers d'opium – les rabbins, évêques et autres pasteurs – étaient dans la combine et faisaient ça uniquement pour payer les traites de leur Mercedes. Israël était au cœur de ce système corrompu.

Dans ces conditions, ce second voyage sera forcément plus marquant. En plus, ce sera l'occasion de rencontrer mon ex-oncle Gil. De le rencontrer, oui, pour la première fois. C'est ça le plus étrange : bien qu'il ait été marié à ma tante pendant des années, je ne l'ai jamais vu en chair et en os. La famille le considérait comme un personnage si instable, comme un tel imposteur, qu'il était persona non grata lors des réunions et autres anniversaires. On ne voyait pas en lui un excentrique inoffensif. C'était un homme dangereux. La rumeur courait qu'il avait usé de techniques de sorcier assez douteuses lorsqu'il était gourou.

La stratégie consistait principalement à faire comme s'il n'existait pas. Dans sa lettre d'infos bimensuelle à la famille, ma grand-mère ne pouvait même pas se résoudre à taper le nom de Gil. Elle ne le désignait que par "Lui", dans des formules telles que "Lui et Kate nous rendront visite au mois de mars". J'y ai toujours vu un écho ironique au refus des orthodoxes d'écrire le nom de Dieu (généralement remplacé par Yhwh). Je n'ai souvenir d'avoir entendu ma grand-mère mentionner Gil qu'une seule fois, alors qu'elle rapportait une conversation avec Kate qui l'avait troublée. "Elle m'a dit qu'elle serait heureuse de pouvoir le regarder dans les yeux toute la journée. Mais le mariage, ce n'est pas ça. Le mariage, c'est se tenir côte à côte et faire face au monde, pas se regarder dans le blanc des yeux toute la journée." Pour moi, Gil a donc toujours été cette figure mystérieuse, interdite et un peu effrayante.

Kate a rencontré Gil en 1982, et elle est devenue orthodoxe peu après. Je n'ai pas beaucoup de souvenirs de la Kate d'avant Gil. Je me rappelle ses cheveux longs jusqu'à la taille (qu'elle glisse maintenant sous une coiffe), son petit ami expert en ovni (un type flippant), et le coussin péteur qu'elle m'avait rapporté de France et qui, j'imagine, était bien plus sophistiqué que ceux que nous autres, péquenauds d'Américains, pouvions fabriquer.

Je me rappelle qu'elle gloussait beaucoup. Et ça n'a pas changé ; le judaïsme orthodoxe ne l'a pas privée de son sens de l'humour. Elle pousse de puissants éclats de rire. Mais aujourd'hui, elle n'a plus que deux passions : ses quatre enfants et la Torah.

Rencontrer Gil est délicat, culpabilisant. En vérité, cela revient à me rebeller contre ma famille. Personne ne tient à ce que je le voie. Très tôt, ma mère m'a demandé tout à trac : "Tu ne vas pas parler à Gil, au moins ?" Je n'ai pas répondu.

Elle pense que ça lui conférerait une sorte de légitimité qu'il ne mérite pas. Je n'ai pas d'avis sur la question. Je ne pense pas être en situation d'octroyer de la légitimité à quiconque. Quoi qu'il en soit, je ne peux pas résister à l'envie de passer le voir. Gil a joué un rôle dans la genèse de cette quête. Pour le meilleur ou pour le pire, il pourrait être une figure centrale de mon combat pour comprendre la religion. Quand tout sera fini, j'implorerai le pardon de ma famille.

Sonnez de la trompette à la nouvelle lune…

PSAUMES 81,3 (LSG)

31e jour, après-midi. La Bible m'ordonne – à moi, à Jacob, ou à Dieu sait qui je suis – de sonner de la trompette au commencement de chaque mois. (Par précaution, je sonne aussi de la trompette au début de chaque mois du calendrier hébreu.)

Je trouve une corne de bélier à la boutique du centre culturel juif. C'est un petit schofar – pour trente dollars, on ne peut rien espérer de plus – qui fait environ trois fois la taille d'un mirliton et a la forme d'une coquillette.

Mais c'est du vrai bélier, c'est sûr. Ça sent comme une étable qu'on n'aurait pas nettoyée depuis quinze jours. Debout dans mon salon, je souffle. Rien. A part un gros bruit d'air. Ces cornes de bélier sont étonnamment dures à sonner. Comme je m'appuie toujours sur l'hypothèse que la Bible n'interdit pas l'ordinateur, je passe une demi-heure à chercher des tuyaux sur internet :

- Entrouvrez les lèvres comme si vous vous apprêtiez à tirer la langue.
- Positionnez votre mâchoire comme pour cracher un pépin de pastèque.
- Humectez-vous les lèvres…
- … mais pas trop.
- Si vos lèvres sont trop humides, utilisez une brosse à cafetière ou à aquarium pour enlever la salive du schofar.
- Placez le schofar au coin de votre bouche, et non au milieu.

Je sirote un verre d'eau, écarte les lèvres, avance la mâchoire, et souffle de nouveau dans le schofar. Qui émet une plainte de fax à l'agonie. Mais bon, me dis-je, j'ai encore onze mois pour progresser.

J'ai fait quelques recherches et, comme je le soupçonnais, je ne suis pas le seul. Il y a une poignée de gens qui, au XXIe siècle, sonnent eux aussi de la trompette pour donner le coup d'envoi de chaque mois. Mais qui, il est vrai, évoluent aux marges du monde religieux. Les chrétiens et la majorité des juifs ont renoncé à cette pratique, ainsi qu'à l'observance de centaines d'autres règles obscures. Pourquoi ?

Les chrétiens pensent que Jésus représentait le sacrifice ultime. Sa crucifixion a rendu les sacrifices d'animaux inutiles. Et non seulement les sacrifices, mais aussi nombre de lois cérémonielles des anciens Hébreux. C'est pourquoi les chrétiens peuvent manger du bacon ou se raser la barbe impunément. Et s'abstenir de sonner de la trompette au mois nouveau.

La plupart des chrétiens – mais pas tous – font la distinction entre “lois morales” et “lois rituelles”. Ils adhèrent toujours aux lois morales de l'Ancien Testament, telles que les dix commandements (et parfois la proscription de l'homosexualité), mais évacuent une bonne partie des lois rituelles. Bien sûr, il existe de nombreux débats au sein du christianisme pour savoir ce qui relève de la morale et ce qui relève du rite. Le sabbat représente-t-il une loi morale ? Ou rituelle ? Et l'interdiction des tatouages ? J'ai ainsi lu une longue diatribe où un chrétien s'en prenait aux prétendus "salons de tatouage chrétiens".

De même, il y a des dizaines de règles que les juifs ne suivent plus. Mais la raison en est tout autre. D'après la religion juive, on ne peut sacrifier d'animaux que dans le Temple de Jérusalem. Or les Romains ont détruit le Second Temple en l'an 70 de notre ère. Avec sa disparition, c'est plus de deux cents règles liées au sacrifice qui ont perdu leur raison d'être. (Y compris sonner de la trompette à la nouvelle lune, rite qui, à l'origine, accompagnait un sacrifice.) De plus, les Américains s'exemptent de quarante-cinq autres lois dont ils pensent qu'elles ne valent qu'en terre d'Israël – et dont beaucoup ont trait à l'agriculture.

Lorsque je me suis lancé dans ce projet, je me suis juré de suivre toutes les règles bibliques – rituelles, morales, agricoles et sacrificielles – et de voir où ça me mènerait. Mais, pour employer une métaphore nutritionnelle, en hommage à mon conseiller le pasteur Richards, je crois que j'ai eu les yeux plus gros que le ventre.

Lorsqu'une femme a un écoulement de sang et que du sang s'écoule de son corps, elle restera pendant sept jours dans la souillure de ses règles. Qui la touchera sera impur jusqu'au soir.

LÉVITIQUE 15,19

34e jour. Au cas où vous vous poseriez la question, Julie a eu ses règles hier – mauvaise nouvelle à double titre. Primo, ça signifie que notre tentative d'être féconds et multiples a échoué une fois de plus. Secundo, ça porte les embarras de la vie biblique à un niveau encore jamais atteint.

La Bible hébraïque déconseille au fidèle de toucher une femme pendant les sept jours qui suivent le début de ses règles.

A ce stade de l'année, suivre cette recommandation ne m'a occasionné qu'une gêne modérée. En fait, il y a un bon côté : ça s'accorde à merveille avec mon bon vieux trouble obsessionnel compulsif et ma phobie des germes, et ça constitue un excellent prétexte pour éviter de toucher 51 % de la population humaine.

Si une amie va pour m'embrasser, je l'esquive vivement façon Oscar de la Hoya. Si une collègue tente de me serrer la main, je recule de quelques pas pour me mettre en sûreté.

– Désolé. Je n'ai pas le droit.

– Ah. Euh. O.K.

Généralement, on s'en tient là. Généralement, mais pas toujours. Voyez cette conversation que j'ai eue avec Rachel, l'amie australienne de Julie que nous avons croisée à Central Park la semaine dernière.

– Comment ça, tu n'as pas le droit ?

– C'est que, tu es peut-être… impure.

– Comment ça, "impure" ?

– Tu sais. En plein cycle.

Je me suis tu. Elle avait l'air perplexe. Je me suis dit que c'était le moment ou jamais d'éviter son regard et d'examiner l'asphalte.

– Ah, tu veux dire que j'ai peut-être mes règles ? T'inquiète pas, je les ai eues la semaine dernière.

Après quoi elle m'a serré dans ses bras. Pas moyen d'y échapper.

Curieusement, Rachel n'est pas la seule. D'autres amies de Julie, formant une minorité restreinte mais étonnamment active, ont tenu à me fournir des informations détaillées sur leur cycle biologique. La responsable de la photo d'*Esquire* a poussé la prévenance jusqu'à me communiquer son planning par e-mail. Tu veux peut-être aussi un graphique Excel ? m'a-t-elle demandé.

Il y a même cette femme que j'ai réussi à flatter lors d'une soirée chez ma belle-sœur. Quand je lui ai expliqué pourquoi je ne pouvais pas lui serrer la main, elle m'a dit : "C'est le plus beau compliment qu'on m'ait fait depuis bien longtemps." Je l'ai regardée de plus près : pattes d'oie, cheveux gris, la soixantaine passée – oui, ça faisait sûrement longtemps qu'elle n'avait plus à redouter une grossesse non désirée.

Julie, en revanche, ne se sent pas flattée du tout. Elle trouve ce rituel insultant. Je n'en raffole pas non plus. Eviter de serrer les mains en période de grippe, c'est une chose. Mais renoncer à tout contact physique avec sa femme sept jours par mois ? Eh bien, c'est épuisant, on souffre et on se sent seul. Il faut se tenir constamment sur ses gardes – pas de sexe, bien sûr, mais pas le droit non plus de se donner la main, de se taper sur l'épaule, de s'ébouriffer les cheveux, de s'embrasser avant de dormir. Quand je lui donne les clés de l'appartement, je les lâche prudemment dans sa main de quinze centimètres de haut.

– C'est absurde, me dit-elle en ouvrant la porte. C'est comme les poux de corps en cinquième. C'est des poux de corps théologiques.

J'explique à Julie que je ne peux pas suivre la Bible en fonction de ce qui m'arrange. Ça invaliderait toute mon expérience. Si j'essaie de retrouver l'état d'esprit des anciens Israélites, je ne peux faire l'impasse sur aucune règle, même la plus gênante, même la plus obscure. Je lui fais également remarquer que je ne l'ai pas reléguée dans une tente rouge.

Elle ne trouve pas ça drôle.

– J'ai l'impression d'être une lépreuse.

– En fait, dans la Bible, le mot lèpre est une mauvaise traduction. Selon toute vraisemblance, le terme désigne plutôt les maladies de peau en général. Certains prétendent même que c'est la syphilis.

Mauvaise réponse. C'est un vieux réflexe qui m'est resté du temps où je jouais les monsieur-je-sais-tout lecteurs d'encyclopédie : chaque fois que je ne sais plus quoi dire, je balance n'importe quelle information dans la discussion.

Julie quitte la pièce. Lorsqu'elle est énervée, elle marche à pas lourds, martelés. Des secousses de magnitude cinq parcourent tout l'appartement.

Comme je comprends l'objection de Julie et la partage relativement, je juge bon de me renseigner sur le contexte historique et culturel. Je consulte mon comité d'experts spirituels et potasse mes bouquins. Comme pour toutes les règles bibliques déroutantes, il y a tout un tas de bons côtés.

D'abord, si on fait ça bien, l'interdiction de se toucher ne nuit pas au mariage. Bien au contraire. Les juifs orthodoxes suivent toujours une version des lois menstruelles d'origine, et beaucoup m'ont dit que cette abstinence leur plaisait. "C'est comme de revivre sa nuit de noces tous les mois, m'a confié un jour une orthodoxe rencontrée à Central Park. Comme une séance de rattrapage. C'est seulement quand on en est privé qu'on apprécie vraiment ce qu'on a."

Ensuite, éviter sa femme durant cette période n'a rien de misogyne. En fait, c'est une question de respect envers la vie. Quand une femme a ses règles, c'est comme une petite mort. Une vie potentielle disparaît. C'est une façon de lui rendre hommage, comme de s'asseoir par terre pendant *chivah**.

Et puis, des mots tels que *souillure* ou *impur* sont de mauvaises traductions. Certains juifs orthodoxes les trouvent offensants. Le mot hébreu est *touma*, un état d'impureté spirituelle qui n'a pas une connotation aussi négative.

(Entre parenthèses, l'histoire des lois sur l'impureté est passionnante mais complexe. Laissez-moi vous résumer en huit lignes la conversation d'une heure que j'ai eue sur le sujet avec un rabbin : les lois sur la pureté remontent aux temples de Jérusalem. En ce temps-là, il fallait être pur pour offrir un sacrifice. Quand le Second Temple a été détruit, la plupart de ces lois sont tombées en désuétude. La plupart, mais pas toutes. Les hommes juifs gardent toujours leurs distances vis-à-vis de leurs femmes pendant la menstruation. Mais ils invoquent un autre motif : le contact pourrait conduire à une relation sexuelle, et une autre loi, Lévitique 20,18, bannit le sexe pendant cette période – temple ou pas temple. Et, pour être bien, bien sûr,

* Les sept jours de deuil qui suivent un enterrement.

on a étendu l'interdiction de se toucher de sept à douze jours. Voilà, c'est fait.)

Aucun de ces bons côtés n'apaise Julie, surtout depuis que j'ai décidé de respecter une autre règle à côté de laquelle l'interdiction de toucher les femmes impures paraît de la rigolade. Elle se trouve dans le Lévitique, au verset 15,20 : "Toute couche sur laquelle elle s'étendra ainsi souillée sera impure ; tout meuble sur lequel elle s'assiéra sera impur." En d'autres termes, pas le droit de s'allonger sur un lit où une femme s'est couchée pendant ses règles, pas le droit de s'asseoir sur une chaise où elle s'est assise.

C'est une règle que plus personne ne suit à la lettre aujourd'hui. Mais, une fois encore, je veux vivre comme un véritable Israélite ancien. Et puis, être pur, ça ne peut pas faire de mal, hein ?

Pour ce qui est de ne pas s'allonger sur un lit impur, je suis tranquille. Julie et moi ne partageons pas la même couche. Quand je dors, il paraît que je me débats comme un poisson sur la grève, alors Julie a opté pour deux lits jumeaux accolés, troublante réminiscence de mes parents et des sitcoms du début des sixties.

L'interdiction de s'asseoir sur des sièges impurs est une autre paire de manches. Cet après-midi, je rentre à la maison et vais pour m'affaler sur mon trône officiel, le fauteuil en skaï gris du salon.

– Je ne ferais pas ça, si j'étais toi, me lance Julie.

– Pourquoi ?

– Il est impur. Je me suis assise dessus.

Elle ne détourne même pas les yeux de son épisode de *Lost*.

O.K. D'accord. Un point pour toi. Ces lois sur l'impureté ne passent toujours pas. Je me dirige vers une autre chaise, une noire en plastique.

– Je me suis également assise là, fait Julie. Et puis sur celles de la cuisine. Et sur le sofa du bureau.

En prévision de mon retour, elle est allée s'asseoir sur tous les sièges de l'appartement, ce qui m'agace, mais m'impressionne.

Elle semble s'inscrire dans la lignée des femmes entreprenantes de la Bible – comme Judith, qui avait séduit le méchant général Holopherne dans le seul but de lui couper la tête quand il serait soûl.

Finalement, je jette mon dévolu sur le banc de bois haut de quinze centimètres de Jasper, qui a échappé à Julie, et j'y tape mes e-mails, le menton dans les genoux.

Le lendemain, j'effectue une recherche sur internet et, pour trente dollars, je trouve la solution à mon problème : le Siège Portatif. C'est une canne en aluminium qui se déplie et se transforme en trépied miniature. Un produit destiné aux personnes âgées, ainsi qu'aux "personnes atteintes d'asthme, d'arthrite, de fibromyalgie, de problèmes de dos, de hanche, de jambe", et autres maux divers.

Mon Siège Portatif arrive quelques jours plus tard, et je peux vous dire que je l'adore. J'ai commencé à l'emmener partout. Primo, c'est une canne, donc un peu comme une crosse, donc je trouve ça très biblique. Et secundo, quand on y réfléchit un peu, tous ces sièges dans le métro, dans le bus, au restaurant – tous impurs, c'est certain. Le Siège Portatif est *la* solution universelle. Ce n'est pas d'un confort extrême (le morceau de plastique sur lequel on s'assoit n'est pas plus grand qu'un frisbee, et j'ai un peu mal au dos à force de me tenir voûté). Et, fatalement, je suis en butte aux haussements de sourcils des passants et aux réprimandes des agents de sécurité. ("Vous faites quoi, là ?" s'est enquis le vigile du Time Warner Center. "Rien, j'attends simplement un ami. – Oui, ben, vous pouvez pas rester assis là. Levez-vous.") Mais le Siège Portatif est mon îlot de propreté. Il a quelque chose de sécurisant, de rassurant.

Dieu, c'est toi mon Dieu, je te cherche...

PSAUMES 63,2

36e jour. Bilan spirituel : je suis toujours agnostique. Je me sens un peu plus à l'aise lorsque je prononce le mot *Dieu* – par la seule vertu de la répétition, ça ne me donne plus de sueurs froides. Mais l'angoisse a laissé place à la frustration. Et, pour être franc, à l'ennui.

Le Dieu de la Bible est une déité étonnamment interactive. Il ne garde pas ses distances – Il est tout le temps en train de parler aux gens. Dieu passe quarante jours à dicter ses commandements à Moïse au sommet d'une montagne. Dieu apprend à Ezéchiel à faire du pain, et lui fournit même une recette à base de blé, de lentilles et d'épeautre. Dieu lutte avec Jacob – physiquement – dans un coin de désert du nom de Penuel. Jacob s'en tire avec une hanche cassée et un nouveau nom : Israël, c'est-à-dire "celui qui s'est battu avec Dieu". (A ce sujet, certains disent que ce n'était pas Dieu lui-même, mais l'un de ses anges ; l'essentiel, c'est qu'il y ait eu contact avec le divin.)

Je ne prétends pas avoir le même niveau de relation avec Dieu que les patriarches. Je ne m'attends pas à ce qu'Il me fasse une clé au cou. Mais j'ai du mal, ne serait-ce qu'à sentir la présence de Dieu.

Je prie trois fois par jour. A ma grande surprise, la Bible n'établit pas de quota de prières quotidiennes, mais faire ça matin, après-midi et soir me paraît prudent, conforme aux traditions. J'utilise toujours les prières préfabriquées fournies par la Bible. Aujourd'hui, je prends un passage émouvant des Psaumes, le verset 63,2.

> Dieu, c'est toi mon Dieu, je te cherche,
> mon âme a soif de toi,
> après toi languit ma chair,
> terre sèche, altérée, sans eau.

C'est une prière magnifique, où deux métaphores puissantes sont à l'œuvre : avoir soif de Dieu ; aimer Dieu comme un homme aime sa femme. Et pourtant, malgré la force de cette prière, mon esprit vagabonde pendant ma lecture. "Faut que je pense à recharger mon portable… Faudra faire de la monnaie pour la lessive."

Le juste hait la parole mensongère…

PROVERBES 13,5

37e jour. Bon sang, qu'est-ce que je mens ! Je savais que je mentais, mais quand je commence à faire le compte, ça devient effrayant. Comme pour la convoitise, j'essaie de dresser la liste de mes violations quotidiennes.

Sélection du jour :

- J'ai menti à Julie sur le prix de l'accès à internet chez Starbucks. J'ai dit huit dollars au lieu de dix pour qu'elle soit 20 % moins contrariée.
- J'ai donné un faux e-mail à un magazine religieux du nom de *Sojourners* parce que je ne voulais pas être inondé de courriers publicitaires.
- J'ai dit à une amie qui écrit des livres pour enfants que mon fils adorait son bouquin sur les cookies, alors que nous n'avons pas même entrouvert ledit bouquin.
- Et j'ai menti au gentil Mr Berkowitz, l'homme qui a inspecté les fibres de mes vêtements. Ça, je le fais au moins une fois par semaine. Mr Berkowitz téléphone – en général à huit heures du matin, quand Julie dort encore – pour savoir s'il peut venir prier avec moi. Si je disais oui à chaque fois, on serait quasiment colocataires. Donc je mens. "Ça ne va pas être possible aujourd'hui, Mr Berkowitz. J'ai un important rendez-vous d'affaires." "Désolé, Mr Berkowitz, je suis malade aujourd'hui. La gorge, la tête, tout."

Je ne dis pas de mensonges énormes. Ce ne sont pas des mensonges du genre "Le régime irakien possède des armes de destruction massive", ni même du genre "Je n'ai pas eu de relations sexuelles avec cette femme, Miss Lewinsky". Ce sont de petits mensonges. De pieux mensonges. Des demi-vérités. Des édulcorations.

J'ai tant d'expérience dans le domaine qu'un jour, pour *Esquire*, j'ai rédigé un article sur l'art du "compliment élusif".

Que dire à un ami qui vient de sortir un film vraiment pourri ? Je proposais quelques pistes, telles que "Tu n'as pas fait les choses à moitié !" ou "J'ai adoré le générique !"

J'ai toujours pensé que cette façon de contourner la vérité était une nécessité dans les rapports humains. Sans ces petits mensonges, on tomberait dans le chaos. Les mariages seraient mis à mal, les travailleurs fichus à la porte, les egos voleraient en éclats. J'ai vu *Menteur menteur*, avec Jim Carrey. Je sais ce que ça donne.

Mais si on s'en tient strictement à ce que dit la Bible, il faut éviter de mentir en toute occasion. Ça figure plusieurs fois. (Digression opportune : certains exégètes soutiennent que le commandement "Tu ne porteras pas de faux témoignage" doit être interprété de façon restrictive – à l'origine, il s'appliquait uniquement au mensonge sous serment. Malheureusement pour les menteurs, il y a des tas d'autres passages qui proscrivent toute sorte de tromperie, notamment le verset 6,17 des Proverbes, qui fait de la "langue menteuse" une "abomination".)

Dans son livre *Pourquoi les dix commandements sont importants*, le pasteur conservateur de Floride D. James Kennedy explique que mes petits mensonges sont en fait des péchés. Prenez-le sous cet angle : vous avez rendez-vous avec une amie, mais vous aimeriez mieux rester à la maison et regarder la télé. Comme vous ne voulez pas la vexer, vous lui dites que vous êtes malade. Votre amie se pointe chez vous avec une marmite de bouillon de poule et vous trouve rayonnant de santé. Elle ne vous fera plus jamais confiance. Dites-lui plutôt la vérité tout de suite, conclut le professeur Kennedy.

Donc il faudrait au moins que je réduise mes menteries. Je décide de procéder par paliers. Ma première mission est d'arrêter de mentir à mon fils, puis de progresser à partir de là. Je mens sans cesse à Jasper, surtout pendant les repas. Un de mes classiques, c'est : "Allez, plus qu'une bouchée." Alors Jasper avale une bouchée, et je dis : "C'est bien, allez, plus qu'une bouchée." Et ainsi de suite.

Remarquez, il est à peu près aussi fourbe que moi. Il n'a le droit de regarder la télé qu'en mangeant, alors il essaie toujours de faire durer le dîner pendant des heures. Il avale un haricot vert à moitié et reste comme ça, l'autre moitié pendue au bec comme une Marlboro Light.

Je lui dis : "Mange, Jasper."

Alors il mâchouille un peu, puis s'arrête pour reporter toute son attention sur *Dora l'exploratrice*.

La question, c'est : doit-on nécessairement fonder la relation parent-enfant sur la malhonnêteté ? La transparence dans l'éducation, ça a peut-être du bon ?

Je commence ce matin. Jasper veut un bagel pour son petit-déjeuner. Je demande donc à Julie où elle les a rangés.

– On n'en a plus, répond-elle. Tu n'as qu'à lui donner un muffin en disant que c'est un bagel.

Julie me dit qu'elle a fait ça hier et qu'il n'y a vu que du feu.

Je lui donne donc un bon gros muffin au blé complet.

– Bagel ? demande-t-il en pointant le doigt vers le muffin.

– En fait, ce n'est pas un bagel, mais un muffin.

Il paraît déconcerté.

– C'est très bon quand même. Mais ce n'est pas un bagel.

Lorsqu'il comprend qu'on ne lui donne pas un bagel, sa confusion vire à la colère puis à la rage. C'est comme si on venait de le circoncire une deuxième fois.

– Bagel ! Bagel !

– Nous n'en avons pas, Jasper. Nous en achèterons demain.

En moins d'une minute, cela a pris les proportions d'un véritable caca nerveux. Le soin que les enfants mettent à coller aux clichés ne cessera jamais de m'étonner. Quand Jasper pique une crise, il s'allonge sur le ventre et se met à marteler le sol des pieds et des poings comme s'il sortait tout droit d'une BD de *Snoopy*.

– Qu'est-ce qui se passe ici ? demande Julie.

Comme vous l'aurez deviné, j'étais obligé de dire la vérité.

A long terme, il y a sûrement des avantages à être complètement franc avec son fils (d'abord, il saura que les choses ne vont pas toujours comme il veut ; et ensuite, il aura confiance en vous). Mais à court terme, cela présente de sérieux inconvénients.

Au commencement, Dieu créa le ciel et la terre.

GENÈSE 1,1

40e jour. Quand j'ai confié à mon ami Ivan – bon catholique – que je songeais à visiter un musée créationniste, il a poussé un grognement sonore. "Ces gens-là discréditent le christianisme."

Je comprends ce qu'il veut dire. C'est le sentiment qu'ont beaucoup de juifs lorsqu'ils aperçoivent une affiche proclamant que le rabbin Menahem Mendel Schneersohn est le Messie. Ou le sentiment qu'ont beaucoup d'homosexuels lorsqu'ils voient un clip de Boy George. C'est un rien gênant. Comme Ivan, j'ai toujours considéré l'évolution comme une vérité pure et indiscutable. Aussi vraie que le soleil est chaud ou que Charles Darwin a épousé sa cousine germaine (chose que j'ai apprise dans mon encyclopédie et qui, depuis, me hante).

Mais le créationnisme, c'est le littéralisme biblique à l'état pur, donc il faut que je voie ça. Je me suis renseigné sur différents centres névralgiques du mouvement – aussi bien juifs que chrétiens – et une palette de possibilités s'offrait à moi. Mais rien qui vaille un gigantesque bâtiment perché sur une colline du Kentucky. C'est là où se trouve le Creation Museum, le Louvre de ceux qui croient que Dieu a créé Adam il y a moins de six mille ans avec de la poussière. Il a été fondé par un groupe évangélique nommé Answers in Genesis, "les réponses sont dans la Genèse" – AiG pour les intimes. (Note au sujet du timing : je m'entretiendrai plus longuement avec des évangéliques – conservateurs et progressistes – au cours du neuvième mois, quand j'entamerai la partie Nouveau Testament ; mais comme le créationnisme a partie liée avec la Genèse, je prends de l'avance.)

Le Creation Museum est encore en travaux – il doit ouvrir ses portes après la fin de mon année – ce qui me convient tout à fait. Assister à la création d'un musée créationniste me semble assez approprié. Je prends donc un vol pour Cincinnati, qui se trouve à quelques encablures du site.

A l'aéroport, je constate une fois de plus à quel point le symbolisme biblique s'est infiltré dans les moindres replis de mon cerveau. En sortant, j'aperçois un panneau étrange de la direction de l'aviation qui fait cette inquiétante mise en garde : "Ne vous retournez pas." Il ne précise pas le châtiment encouru – j'imagine qu'on risque davantage d'être fouillé *in corpore* que transformé en colonne de sel – mais j'y vois tout de même un curieux écho à l'avertissement formulé par Dieu à Loth fuyant la destruction de Sodome : "Ne regarde pas derrière toi."

Une demi-heure plus tard, je suis devant le musée – un bâtiment bas à grosses colonnes jaunes. Sur le parking, une voiture est ornée d'un autocollant où le poisson Jésus gobe le poisson Darwin.

Je suis accueilli par l'attaché de presse, Mark Looy, un homme grisonnant à la douce voix d'instituteur. Il me conduit jusqu'à une porte qui donne sur le hall d'entrée. Lequel hall, pour le dire en un mot, en jette.

Le musée est encore en chantier. Partout des casques, une odeur de sciure, des couinements de perceuses. Mais même à cet état d'inachèvement, on devine déjà qu'il suscitera dans les médias une frénésie digne d'un procès de Michael Jackson.

La première chose qui me tombe sous les yeux est le diorama grandeur nature d'une scène édénique. Il y a une chute d'eau, un ruisseau, des cyprès. Un automate de petite fille des cavernes à la peau caramel glousse, tourne la tête et me regarde droit dans les yeux, ce qui est à la fois étrange, impressionnant, troublant. Elle joue terriblement près d'un T. Rex aux airs féroces et aux dents en lames de rasoir. Pas de panique, me dit Mark. Au commencement, humains et dinosaures vivaient en harmonie. Ces incisives à faire peur, c'est pour les noix de coco et les fruits, exactement comme les dents des pandas.

Dès l'ouverture, les gens d'Answers in Genesis espèrent des milliers de visiteurs. Et ils les auront sûrement – d'après les sondages, pas moins de 45 % d'Américains prêtent foi au créationnisme. Pas au dessein intelligent. Là, on parle strictement du créationnisme au sens "la terre a moins de dix mille ans". (Les créationnistes que j'ai rencontrés se gaussent du dessein intelligent, la théorie selon laquelle le monde a bien été conçu par un être supérieur, mais pas nécessairement en sept jours. Ils y voient une espèce d'amphigouri théologico-fumeux.)

Mark me présente à Ken Ham, le fondateur d'Answers in Genesis. Ken est un homme de cinquante-six ans au corps sec et énergique, et à barbichette grise. Ken m'assaille de questions sur mon dernier livre, celui sur l'encyclopédie, et j'en viens à lui raconter ma participation malheureuse à *Qui veut gagner des millions*. J'avais séché sur "Qu'est-ce qu'un érythrocyte ?"

– C'est un globule rouge, dit Ken.

Tout juste. Je suis bluffé. Un créationniste qui me bat sur le terrain scientifique – c'est inattendu et déconcertant.

Ken est né de parents religieux dans le Queensland, en Australie, et il en conserve un fort accent, malgré ses vingt années passées en Amérique. Nous commençons à parcourir les salles.

– Le gars qui a conçu le musée a aussi signé l'attraction sur *Les Dents de la mer* dans le parc d'Universal, m'apprend Ken.

Et ça se voit. La facture est professionnelle. Notre parcours comprend une bonne douzaine d'automates de dinosaures ; une statue d'Ève dont les cheveux flottants couvrent commodément une poitrine mutine ; une arche inachevée ; une pièce à pente circulaire, comme au Guggenheim de New York, subtile évocation de la chute originelle ; une salle de spectacle où des arroseurs simulent le déluge ; un crocodile immense (accessoire du film profane *Crocodile Dundee*) ; la future maison de Saint-Paul le robot qui parle ; et une librairie au décor de château médiéval. Médiéval ? Parce que les dragons du Moyen Age étaient en fait des dinosaures, toujours bien vivants.

Tandis que nous passons devant un centurion romain et une girafe en attente de tête, je pose à Ken ces questions qu'il a dû entendre mille fois.

Si Adam et Ève ont donné naissance à deux garçons, Caïn et Abel, comment ces derniers ont-ils pu avoir des enfants ?

– Facile. Adam et Ève n'ont pas seulement eu Caïn et Abel. Le verset 5,4 de la Genèse dit qu'Adam "engendra des fils et des filles."

Quand la Bible dit "jour", est-ce que ça signifie littéralement une journée de vingt-quatre heures ?

– Oui. Il faut remonter au mot hébreu, qui est *yom*. C'est le même mot que pour une journée de vingt-quatre heures. Si vous ne prenez pas ça pour une journée, vous vous engagez sur un terrain glissant.

Pourtant, d'après la datation scientifique, la terre aurait plusieurs millions d'années…

– 90 % des méthodes de datation sont déficientes.

Quelle édition de la Bible utilisez-vous ?

– En général, la King James Version. Mais il faut être prudent avec les traductions.

Ken explique que beaucoup de traductions disent, par exemple, que le lapin "rumine" (Lévitique 11,6).

– Les sceptiques font remarquer que le lapin ne rumine pas. Mais il suffit de regarder la langue originale, ça dit que "le lapin re-mange sa nourriture". Il n'y a qu'à voir ce que fait le lapin. Il excrète des boulettes puis les mange. La Bible dit juste.

Nous pénétrons dans une salle où un mur de brique est couvert de graffiti qui paraissent menaçants. Elle est consacrée aux maux contemporains, parmi lesquels figurent la drogue et le racisme.

– Il n'y qu'une race, c'est la race humaine, dit Ken.

Les créationnistes que je rencontre sont étonnamment ouverts en matière raciale. Le mariage mixte est une excellente chose. En fait, ils pensent que la théorie darwinienne peut conduire au racisme, les minorités étant parfois considérées comme des formes inférieures de l'*homo sapiens* sur l'échelle de l'évolution. Ils ont également une position progressiste sur la question du Darfour. Sur d'autres sujets – comme l'avortement et le mariage homosexuel – ce sont d'authentiques conservateurs.

Nous passons devant un dinosaure sellé, une pièce que mon propre magazine – *Esquire* – a brocardée, la traitant, à cause de la selle anglaise, de dinosaure de cirque.

– C'est juste une fantaisie. Un truc pour les enfants.

Il m'invite à poursuivre.

– Par ici, A. J.

(Voilà une chose qui me frappe : ils disent souvent "A. J.", ici. Apparemment, c'est un trait commun à certaines personnes très religieuses de sans cesse vous appeler par votre nom. Ça me fait penser aux premiers mots de Dieu à Moïse : "Moïse, Moïse", mais ça n'a probablement aucun rapport.)

A propos de dinosaures, s'ils étaient vraiment dans l'arche, comme le prétendent les créationnistes, comment Noé s'est-il débrouillé pour tous les y caser ?

– Il les a pris plus jeunes, plus petits. L'équivalent d'adolescents.

Plus tard, à la librairie du musée, j'ai acheté un livre de poche intitulé *L'Arche de Noé : étude de faisabilité* qui passe trois cents pages à détailler par quelles prouesses techniques le bateau a pu voir le jour. Il comprend des chapitres sur le système de ventilation à bord, les méthodes d'entraînement physique des animaux, et le mythe des gaz de fumier explosifs.

Le livre est admirablement argumenté – et je n'en crois pas une syllabe. Ce qui, je le sais, est contraire à ma quête. J'avais dit à Mark, l'attaché de presse, que je venais dans un esprit d'ouverture, mais une fois sur place, je m'aperçois que mon esprit ne s'ouvre pas si grand. Je peux comprendre qu'on s'ouvre à l'existence de Dieu, à la beauté des rites et aux bienfaits de la prière. Mais s'ouvrir à l'existence d'un brontosaure adolescent sur l'arche ? Et à l'idée que la terre est à peine plus âgée que Gene Hackmann ? Cette fois, je suis contraint de partager l'avis de 99 % des scientifiques.

Bien sûr, les créationnistes avancent de leur côté tout un tas de preuves scientifiques. Ou, pour être plus précis, ils interprètent les mêmes preuves dans le sens du créationnisme. Mark m'a parlé d'un os de tyrannosaure retrouvé dans le Montana qui s'est cassé et contenait des vaisseaux sanguins. Comment croire qu'il ait des millions d'années ? m'a-t-il dit.

L'article d'*Esquire* était intitulé “L'Amérique imbécile vous salue”, et il était très drôle. Mais je dois m'inscrire en faux contre le titre. Les gens d'Answers in Genesis ne sont pas des idiots. Et bien qu'un JT britannique ait accompagné son reportage d'une musique digne de *Délivrance*, ce ne sont pas des ploucs qui jouent du banjo. Tous ceux que j'ai rencontrés pouvaient se prévaloir d'une dentition parfaitement entretenue et ne clignaient pas plus souvent des yeux que la moyenne. Je ne peux pas le prouver, mais je serais prêt à parier que le Q.I. moyen d'un créationniste est le même que celui d'un évolutionniste.

Le truc, c'est que leur foi littérale dans la Bible est si forte qu'ils n'hésitent pas à déformer toutes les données pour qu'elles correspondent à la Genèse. En fait, il faut avoir l'esprit drôlement affûté pour être leader créationniste. Ça demande parfois une gymnastique mentale ahurissante.

Prenez Jason Lisle, l'astrophysicien attitré d'AiG. Mark est fier de me le présenter.

– Un vrai chercheur vivant qui croit au créationnisme. En chair et en os devant vous.

Jason porte une raie bien droite, ressemble un peu à Paul Reubens, est d'une douceur sans affectation. Il me dit que la vie de doctorant créationniste n'est pas toujours facile. Il a dû dissimuler ses convictions et prendre un pseudonyme pour écrire dans le magazine d'AiG.

Là où ça devient intéressant, c'est qu'il pense, comme les autres scientifiques, que l'univers mesure plusieurs milliards d'années-lumière. Or s'il fait cette taille et n'a que six mille ans, la lumière des étoiles lointaines ne devrait pas avoir eu le temps de nous parvenir. La nuit ne devrait-elle pas être complètement noire ?

– L'objection est sérieuse. Mais pas insurmontable. Il y a plusieurs possibilités.

1. La vitesse de la lumière n'a peut-être pas toujours été de 299 792 458 mètres par seconde. Peut-être était-elle plus élevée aux commencements de l'univers.

2. Le principe des fuseaux horaires. On peut partir du Kentucky à 17 h et arriver dans le Missouri à 16 h. De même, il n'est pas forcément absurde d'imaginer une continuité de fuseaux horaires dans l'espace.

3. La "dilatation gravitationnelle du temps". Là, je n'ai pas bien suivi, mais ce serait lié au fait que notre galaxie occupe une place spéciale dans l'univers.

Après Jason l'astrophysicien, nous traversons le hall à la rencontre d'un autre créationniste, Carl Kerby. Carl est une armoire à glace – j'apprends que son père était catcheur professionnel. Il porte une chemise hawaïenne et semble du genre décontracté qui-met-les-pieds-sur-le-bureau. Sa spécialité : expert ès culture populaire du musée. Carl passe en revue films et émissions télé en quête de contenus (plus ou moins) subtilement pro-évolution, afin d'avertir ses camarades créationnistes du danger.

Sur sa liste : *Le Monde de Némo* (en l'occurrence, la réplique : "Laisse tomber, vieux, tu peux rien contre l'évolution, je suis né pour aller vite"). Et *L'Île aux naufragés* (le mot *préhistorique* est utilisé à deux reprises dans un épisode ; "la préhistoire, ça n'existe pas", commente Carl). Parmi les autres contrevenants figurent *Bugs Bunny*, *Lilo et Stitch*, *Bob le bricoleur*, et *L'Incroyable Mr Limpet*.

– C'était mon film préféré, dit-il à propos de ce dernier. Un beau jour, j'ai voulu le passer à ma famille, mais à la treizième minute, une espèce de scientifique ringard s'est mis à dérouler un schéma et à raconter que les poissons étaient nos ancêtres. J'ai été obligé d'arrêter le film et de parler à ma famille, de lui expliquer.

Bien sûr, dans le domaine du divertissement profane, l'ennemi numéro un du créationnisme, c'est le film *Procès de singe*, au sujet du fameux procès Scopes. L'œuvre a d'abord vu le jour au théâtre en 1955 avant de devenir un film avec Spencer Tracy. Et Carl – ainsi que tous ses collègues – soulignent qu'il est terriblement injuste envers les chrétiens.

En rentrant à la maison, j'ai loué le film et l'ai comparé aux minutes du vrai procès. Et je dois dire que… le film est terriblement injuste envers les chrétiens. Du moins envers ce courant précis du christianisme.

William Jennings Bryan – le procureur des antiévolutionnistes, un homme profondément religieux, trois fois candidat à l'élection présidentielle pour le parti démocrate – y est transformé en un parfait bouffon du nom de Matthew Harrison Brady, interprété par Fredric March. Brady est un goinfre ventripotent, prompt à roter et à se lécher les babines. A un moment, il s'empiffre de poulet frit pioché dans une barquette en pleine salle d'audience.

Le film recrée le fameux bras de fer qui oppose Bryan et Clarence Darrow, un brillant avocat de Chicago, au sujet de la Bible. C'est une bonne scène. Mais les minutes du procès nous révèlent que la confrontation fut en vérité plus intéressante et plus subtile. Par exemple, là où le film dit :

> Darrow : Pensez-vous que chaque mot de la Bible soit vrai ?
> Bryan : Oui. Chaque mot est littéralement vrai.

Les minutes du procès indiquent :

> Darrow : Affirmez-vous que tout, dans la Bible, doit être interprété littéralement ?
> Bryan : Je pense que tout doit être reçu tel que la Bible le donne. Certaines choses sont données à titre d'illustration ; par exemple : "Vous êtes le sel de la terre." Je ne soutiendrai pas que l'homme était effectivement en sel, ou que sa chair était de sel, mais que le mot sel est employé ici au sens de ce qui sauve le peuple de Dieu.

Comme les créationnistes d'aujourd'hui, Bryan admet qu'on trouve du langage figuré dans la Bible, même si la majeure partie doit être considérée comme littéralement vraie.

Et il avait de l'esprit : "Je pense que [la Bible] a été inspirée par le Tout-Puissant, et j'imagine qu'Il a employé une langue qu'on pouvait comprendre à l'époque plutôt qu'une langue incompréhensible à quiconque jusqu'à ce que Darrow vienne au monde." [Rires et applaudissements.]

Pas mal, hein ?

Comme je l'ai dit, je crois à l'évolution. Rien ne pourrait me faire changer d'avis, même si on trouvait le calendrier synoptique de Noé sur une arche en parfait état de conservation. Et je sais bien qu'il y a la licence artistique et tout ça. Mais je trouve bizarre que ce film – censé défendre et illustrer la vérité – la déforme à ce point. A quoi bon ? Surtout quand la réalité parle pour vous.

Je passe ma dernière demi-heure à la librairie du musée. Je feuillette des livres pour enfants sur les dinosaures, une bande dessinée à la Gary Larson sur le monde déchu, des ouvrages de biologie et de théologie. Je passe plusieurs minutes à parcourir un livre d'astronomie intitulé *Déconstruire le Big Bang*, qui vise à démontrer les faiblesses philosophiques de la théorie incriminée.

Ça me fait penser à l'astrophysicien de service d'AiG, Jason. Avant que je ne parte, il a tenu à me dire qu'il n'était pas géocentriste – il ne pense pas que la Terre soit au centre de l'univers. "Il y a encore des gens qui pensent ça ?" ai-je demandé. Oui, m'a-t-il répondu, un groupe qu'on appelle "les astronomes bibliques" – ils pensent que la Terre est immobile parce que la Bible dit : "Le monde est stable ; point ne bronchera" (Psaumes 93,1). Jason les trouve encombrants.

C'est une chose à laquelle je ne m'attendais pas : des créationnistes modérés qui considèrent d'autres créationnistes comme des extrémistes. Mais ce sera finalement l'une des grandes leçons de cette année : la *modération* est une notion toute relative.

En la septième année la terre aura son repos sabbatique…
LÉVITIQUE 25,4

42e jour. Dans l'avion qui me ramène à New York, ma visite au musée me plonge dans une minidépression. Tant d'enthousiasme et de créativité – quel gâchis d'énergie !

J'éprouve le besoin de compenser, de rendre justice à la Bible elle-même. Je me jure donc de passer les prochains jours à découvrir ce que le littéralisme biblique peut avoir de plus noble. Et aujourd'hui, je l'ai peut-être trouvé en lisant *La Main discrète de Dieu*, un livre promouvant une éthique fondée sur la foi. Et en l'espèce, dans un mouvement lancé par des croyants juifs et chrétiens pour que les lois financières de la Bible soient appliquées aux problèmes de la pauvreté dans le monde. Dans cette affaire, la Bible a sauvé des milliers, peut-être des millions de vies.

Voilà comment ça marche : la Bible dit que les années – comme les jours de la semaine – fonctionnent par cycles de sept. La septième année est appelée année sabbatique, et de grandes choses se produisent.

D'abord, pendant toute cette année, il faut arrêter de travailler. Les travaux agricoles sont proscrits. Cela afin que la terre puisse se reposer, et que les nécessiteux puissent venir manger à satiété dans les oliveraies et les vignes. Ensuite, il faut abandonner la dette de son prochain. On efface toutes les ardoises.

Au bout de sept cycles sabbatiques – quarante-neuf ans – il advient quelque chose d'encore plus radical : l'année du jubilé. Durant le jubilé, toutes les possessions doivent être restituées à leur propriétaire initial (Lévitique 25,10).

Les exégètes ne savent pas dans quelle mesure la loi jubilaire était appliquée dans l'ancien Israël. Peut-être n'était-elle suivie que par la frange la plus pieuse des fermiers. Et naturellement, comme le fait remarquer mon ami banquier Ivan, l'appliquer aujourd'hui plongerait les marchés financiers dans un chaos absolu.

Même au niveau individuel, ça m'a paru un vrai défi. Prenez la partie chômage. Ça fait seize ans que je travaille sans discontinuer, il y a donc beau temps que j'aurais dû prendre un congé annuel. Le problème, c'est que j'ai une date limite pour rendre ce livre et un enfant obsédé par des panoplies Playmobil outrageusement chères.

Pour ce qui est d'effacer les dettes, j'essaie deux choses :

1) Comme les obligations sont des emprunts, j'essaie d'abandonner une obligation que je possède depuis neuf ans. Elle a été émise par l'Office public de l'habitat étudiant de l'Etat de New York.

   "C'est la première fois qu'on a ce genre de requête", me dit le quatrième type auquel on m'envoie. Il me suggère finalement de faire un don à mon institution universitaire new-yorkaise préférée.
2) Pour autant que je me souvienne, ma seule autre dette en souffrance depuis plus de sept ans concerne mon colocataire de deuxième année. Il me devait au moins vingt dollars. Le fourbe achetait du yaourt avec l'argent du pot commun et le cachait dans des sacs en papier portant la mention "Matériel photo – Ne pas toucher". Je lui en ai toujours gardé rancune. Je lui pardonne.

Mais il y a une chose concrète que je peux faire. Et ce grâce à une organisation du nom de Jubilee USA Network.

Dans les années 1990, deux évangélistes britanniques, Martin Dent et Bill Peters, ont eu une révélation. Ils ont fait le lien entre le concept biblique de jubilé et le problème de la dette du tiers monde. Dent et Peters avaient tous deux travaillé en Afrique en tant que coopérants. Dent, en fait, avait été nommé chef honoraire d'une tribu nigérienne. Il avait été au contact de la pauvreté. Et il a fait valoir que les pays développés devaient effacer la dette du tiers monde. Il s'agissait souvent de créances que des régimes corrompus avaient laissées derrière eux. La Bible dit que tout le monde a droit à un nouveau départ.

Le mouvement qu'ils ont lancé a abouti à des annulations massives de dette de la part de l'Angleterre, de la France, des Etats-Unis, et d'autres encore. Le ralliement à leur cause de

Bono et de ses lunettes de soleil leur a donné un formidable coup de pouce médiatique. Voici ce que Bono a dit de Jubilee lors du National Prayer Breakfast* de 2006 :

"C'est une idée si importante, le jubilé, que c'est par là que Jésus commence son ministère. C'est un homme jeune, il a rencontré les rabbins, impressionné tout le monde, les gens parlent. Les anciens disent : il est intelligent, ce Jésus, mais il n'a pas fait grand-chose – pour le moment. Il n'a encore jamais parlé en public...

"Lorsqu'il le fait, ses premiers mots sont tirés d'Isaïe : « L'Esprit du Seigneur est sur moi, parce qu'il m'a consacré par l'onction, pour porter la bonne nouvelle aux pauvres » (Luc 4,18). Et Jésus proclame l'année de grâce du Seigneur, l'année du jubilé.

"Ce dont il parlait, en réalité, c'était d'une ère de grâce – et nous la vivons encore aujourd'hui."

Je suis devenu bénévole au sein de cette organisation et j'ai envoyé des cartes postales aux députés et sénateurs au sujet de l'effacement de la dette.

Je sais. Pas de quoi appeler Oslo pour prévenir le comité Nobel. Mais c'est mieux que de regarder *Entourage* en mangeant des Haribo. En plus, j'ai remué la fibre humanitaire de mon épouse, qui m'a prêté main-forte durant plusieurs heures d'écriture d'adresses et de collage de timbres. Chaque fois que Julie collabore à ma quête biblique, j'ai un moment d'euphorie à la Berkowitz.

Si tu es capable de lire cette écriture et de m'en faire connaître l'interprétation, tu seras revêtu de pourpre...

DANIEL 5,16

44e jour. Pour essayer de limiter les tentations, j'ai rationné ma consommation d'informations, surtout quand elles portent sur

* Sommet de bienfaisance organisé à Washington chaque année, à la fin du carême, au nom du Congrès américain.

des actrices d'Hollywood qui sont parties avec leur moniteur de Pilates. Mais j'en ai glané une qui paraissait digne d'intérêt. C'était au sujet du juge de la Cour suprême Antonin Scalia.

Apparemment, Scalia a prononcé un discours à Porto Rico devant un groupe d'étudiants. D'après lui, les gens qui pensent que la Constitution doit évoluer avec la société sont des "idiots." Faux, a-t-il dit. Nous devons coller à l'intention originelle des Pères Fondateurs. Pour citer Scalia, "Oui, Scalia a une philosophie ; ça s'appelle l'originalisme." (A propos, je ne sais pas si la Bible interdit de parler de soi à la troisième personne, mais elle devrait. Sauf quand on a un alter ego biblique du nom de Jacob, bien sûr.)

Ceci m'est d'un grand secours. J'essayais de préciser ma mission. Je tiens ma réponse : j'appliquerai la méthode Scalia à la Bible. J'essaierai de découvrir l'intention originelle. Je veux vivre la religion originelle.

Beaucoup de gens me disent qu'une telle quête relève du fantasme. La Bible a été écrite il y a des milliers d'années par des gens aux conceptions profondément différentes. Et j'en conviens, c'est difficile. Bien plus difficile que de retrouver l'intention originelle de la Constitution, qui a le mérite d'avoir été écrite dans une forme d'anglais, même si on a du mal à distinguer les *S* des *F*. La Bible originelle a été écrite en hébreu, en araméen et en grec. Son voyage dans les autres langues a connu, on le sait, bien des aléas ; la Bible est peut-être le texte le plus mal traduit de l'histoire.

L'appellation "mer Rouge" est un faux-sens, on devrait dire la "mer des Roseaux". L'idée que Moïse (et ses descendants) avaient des cornes vient d'une mauvaise traduction du mot hébreu *qaran*. Cela veut en fait dire que le visage de Moïse était rayonnant, ou qu'il émettait des rais de lumière.

Je fais de mon mieux. Depuis qu'on m'a dit que lire la Bible en traduction, c'est comme regarder la télé en noir et blanc, j'essaie de compenser comme je peux. Je jongle avec plusieurs versions. J'ai un logiciel biblique sophistiqué avec dictionnaire de langues antiques intégré. J'ai mon comité d'experts. J'ai acheté des méthodes pour apprendre tout seul l'hébreu et le grec – ce qui est franchement optimiste, vu mon emploi du temps.

Mais à supposer même que la traduction soit correcte, il reste le problème, non négligeable, des modifications que le texte a subies au cours du temps. La plupart des exégètes modernes (du moins les plus laïques d'entre eux) ne prennent pas les scribes du Moyen Age pour des photocopieuses infaillibles. Ces derniers ont commis de petites altérations, aussi bien intentionnelles qu'accidentelles. De même, la Bible hébraïque est restée stable pendant des siècles, mais quand on la compare, par exemple, aux manuscrits de la mer Morte, on relève de petites différences.

Mais ce n'est pas parce que c'est dur que je vais abandonner. D'autant que la méthode Scalia de "l'intention originelle" continue de jouer un rôle majeur dans l'interprétation biblique, que ce soit chez les chrétiens ou – quoique assez différemment – chez les juifs.

L'historique en trente secondes : des siècles durant, la plupart des gens ont cru que la Bible était le récit véridique de ce qui s'était passé. C'était tout bonnement un reportage. La plupart des gens étaient, selon l'exégète Marcus Borg, "naturellement littéralistes" – ils n'avaient aucune raison sérieuse de penser autrement.

Mais au fil du temps, la science s'est mise à porter des coups de plus en plus forts à la lettre du récit biblique. Comment concilier l'univers de Galilée avec l'idée que Josué a arrêté le soleil dans le ciel ? Ou la théorie de l'évolution de Darwin avec l'arche de Noé ? Cela a suscité des réactions variées. Parmi les plus importantes, en voici deux qui prévalent depuis un siècle :

1. Le modernisme. Cela consiste à dire que science et religion sont deux règnes séparés. Ce sont, comme le dit Stephen Jay Gould, deux "magistères qui ne se chevauchent pas". La Bible regorge de langage figuré et de poésie. Le récit de la création, aussi puissant soit-il, est un mythe. Mais la religion et la Bible ont encore leur place, car la science ne saurait répondre aux questions de la foi, du but et du sens de l'existence.

2. Le fondamentalisme. Ceux-là continuent d'affirmer que la Bible est juste à 100 %, tant sur le plan moral qu'historique. Josué a vraiment fait s'arrêter le soleil. Noé a vraiment entassé les animaux dans un grand bateau en bois de gopher. Ils admettent qu'il y a des formules non littérales dans la Bible – quand Isaïe dit : "les arbres battront des mains", c'est manifestement une métaphore. Même chose pour les paraboles de Jésus. Mais excepté les phrases clairement figuratives, il faut prendre la Bible au pied de la lettre.

Comme les conseillers de la Maison-Blanche dans les années soixante, les fondamentalistes ont une théorie des dominos. Si on admet qu'une partie de la Bible est fausse, comment croire qu'elle ait quoi que ce soit de vrai ? C'est un bon argument. Et en tant qu'agnostique, je me faisais le raisonnement symétrique. Comment faire crédit à un livre qui semble admettre l'esclavage et l'amputation des mains ? Cette question fut l'un des ferments de ma quête.

Le mouvement littéraliste chrétien est, bien sûr, connu pour son conservatisme politique. Pour s'opposer à l'homosexualité, par exemple, ses représentants citent le verset 18,22 du Lévitique : "Tu ne coucheras pas avec un homme comme on couche avec une femme. C'est une abomination."

Mais tous les littéralistes chrétiens ne sont pas conservateurs ; la tendance progressiste se développe. Elle comprend notamment les Red-letter Christians – dont le nom fait référence à la couleur rouge des citations de Jésus dans les bibles d'antan. Plutôt que de se concentrer sur l'homosexualité ou l'avortement, les Red-letter Christians – tels que le pasteur Tony Campolo et Jim Wallis – privilégient une adhésion littérale aux enseignements de Jésus sur la pauvreté et la paix. Quand je m'attellerai au Nouveau Testament, je consulterai les deux parties.

L'interprétation juive de la Bible a pris un chemin légèrement différent. Robbie Harris, un rabbin d'une intelligence effrayante, m'a dispensé un cours intensif sur le sujet. Robbie

– qui parle tellement vite que j'ai mal aux doigts à force de taper – enseigne la Bible au Jewish Theological Seminary d'Upper Manhattan.

La première fois que je l'ai vu, Robbie était au téléphone avec un attaché de presse de la Knitting Factory, le club d'avant-garde de Downtown.

– O.K., génial. Je te rappelle.

Il jouait là-bas la semaine suivante, ai-je appris. Son groupe s'appelle Shake, Rabbis and Roll* (SR2 pour les intimes).

– Vous jouez quel genre de musique ? ai-je demandé.

– Rock. Vous aimez le rock ?

– Qui n'aime pas le rock ?

C'est un juif pratiquant, mais avec qui je peux m'entendre, puisque – contrairement au religieux intégral qu'est Mr Berkowitz – il a un pied dans le monde juif et un dans le monde laïque.

Voici ce que Robbie m'a enseigné : dans le judaïsme, il y a le sens littéral d'un passage de la Bible, et il y a l'interprétation qu'en donnent les rabbins dans des livres tels que le Talmud.

Parfois les deux s'accordent. Quand la Bible dit de ne pas mélanger laine et lin, ça veut dire ce que ça veut dire : ne mélangez pas laine et lin. Dans ce cas, les rabbins ne font que préciser de quel genre de laine il s'agit (de mouton) et à quel point elle doit être séparée du lin.

Mais parfois, le sens littéral est à des années-lumière de l'interprétation des rabbins. Par exemple, la célèbre formule "œil pour œil" ne veut pas vraiment dire "arrache l'œil de ce type". C'est bien plus civilisé que ça. D'après la tradition, ça signifie : "le prix de l'œil pour l'œil". L'agresseur doit verser à la victime la contrepartie financière d'un œil.

Ou bien prenez ce passage : "Tu ne feras pas cuire un chevreau dans le lait de sa mère" (Exode 23,19).

---

* Plaisante allusion au standard du rock and roll *Shake, Rattle and Roll*, écrit en 1954 par Jesse Stone et interprété notamment par Big Joe Turner, Bill Haley et Elvis Presley.

Si vous lisez ça littéralement, comme je m'y efforce, c'est relativement facile. Je pense qu'avec un peu de volonté et en me tenant prudemment à distance de toute ferme, je devrais réussir à passer l'année sans faire cuire de chevreau dans le lait de sa mère. Mon ami John me dit qu'au pis, je peux toujours faire cuire le chevreau dans le lait de sa tante. Merci, John.

Mais l'interprétation des rabbins est nettement plus élaborée : Exode 23,19 signifie en fait qu'il faut séparer viande et lait. C'est de là que viennent les lois sur les aliments casher et l'interdiction des cheeseburgers. Ainsi que les myriades de règles établissant les délais à respecter entre un plat de viande et un plat à base de lait (entre une et six heures, selon les traditions locales), et précisant s'il faut ou non séparer les couverts à viande et à produits laitiers dans le lave-vaisselle (eh oui…).

Les juifs orthodoxes les plus stricts pensent que Dieu a fourni tous ces développements – les "lois orales" – à Moïse, sur la montagne. C'est pour ça qu'il a passé quarante jours là-haut. Moïse a communiqué les lois orales aux Israélites, qui les ont transmises à leurs fils, et ainsi de suite jusqu'à ce qu'on les consigne finalement par écrit. Selon la tradition, les lois des cinq livres primordiaux de Moïse – la Torah – se montent à 613 en tout. (Ma propre liste est un peu plus longue parce que j'y ai inclus des conseils provenant d'autres parties de l'Ancien Testament, telles que les Proverbes et les Psaumes.) D'autres juifs pensent que les lois orales sont le fruit d'une élaboration millénaire, mais qu'elles n'en sont pas moins sacrées.

Il existe une secte juive qui rejette complètement la loi orale. On appelle ses adeptes les karaïtes, et ce sont des minimalistes théologiques, qui ne se conforment qu'à la Bible. Ce qui débouche parfois sur des comportements ultra-rigoureux. Le jour du shabbat, beaucoup éteignent leurs radiateurs pour ne pas avoir de relation commerciale avec la compagnie électrique, ce qui pourrait être considéré comme un travail. "Il suffit de rajouter des couches de vêtements, m'a dit un karaïte que j'ai interviewé. Ce n'est pas si terrible." Les karaïtes ont connu leur âge d'or au Moyen Âge – on estime qu'ils représentaient environ 10 % des juifs de l'époque. Depuis lors, leur nombre n'a cessé de diminuer et ils sont environ cinquante mille aujourd'hui, vivant principalement en Israël et, curieusement, à Daly City, Californie.

Pendant mon périple, je compte être attentif à la loi orale. Mais je ne vais pas la suivre de façon exclusive. J'éprouve le besoin d'essayer de débrouiller moi-même le sens de la Bible, même si ça suppose de faire parfois fausse route.

Tout ça me fait prendre conscience d'une chose : en un sens, mon projet baigne dans le judaïsme, puisque je consacre énormément de temps à la Bible hébraïque. Mais d'une certaine manière, il est davantage tributaire de l'idée protestante qu'on peut interpréter la Bible soi-même, sans médiation. *Sola scriptura*, comme on dit.

Martin Luther a lancé ce mot d'ordre en réaction contre l'Eglise catholique. Au risque de semer la confusion, le catholicisme se situe à mi-chemin entre le judaïsme et le protestantisme en matière d'interprétation de la Bible. Comme chez les juifs, il y a un intermédiaire entre vous et la Bible – à savoir la doctrine de l'Eglise. Mais les mandements de l'Eglise sont en général un peu moins élaborés et complexes que ceux des rabbins.

Dans certains cas, le littéralisme s'avère plus facile à pratiquer que le judaïsme rabbinique. Dois-je porter la kippa ? Non, la Bible ne l'exige pas. C'était une idée des rabbins. Mais dans d'autres, c'est infiniment plus difficile. J'essaie de respecter le texte au mot. Quand la Bible dit "œil pour œil", je ne veux pas adoucir la chose en me satisfaisant du "argent pour œil" avalisé par les rabbins. S'il est demandé de détruire les idoles, je veux détruire les idoles. En plus, je me sens déjà coupable – ce qui me confirme que je suis vraiment juif. J'ai l'impression que je vais décevoir mes pères. J'imagine mon lointain ancêtre le gaon de Vilna – célèbre rabbin d'Europe de l'Est – secouant la tête là-bas, quelque part, soupirant, lançant un *Oy-yi-yi-yi-yi*.

Procure des boissons fortes à qui va mourir,
du vin à qui est rempli d'amertume.

PROVERBES 31,6

44e jour, après-midi. David, mon collègue d'*Esquire*, a rompu avec sa petite amie. Il a une sciatique – je croyais pourtant que ça n'arrivait qu'aux gens qui jouent au bridge et qui ont connu les débuts de Frank Sinatra. Et il a écrit un scénario très drôle mettant en scène des compositions de lumières de Noël très élaborées – mais quelqu'un a vendu exactement la même idée deux jours avant qu'il envoie son manuscrit.

Lorsque je me rends à *Esquire*, la fois suivante, je passe par son bureau avec une bouteille de Kendall-Jackson rouge.

– Tiens, dis-je en la lui tendant par-dessus son bureau.

– Qu'est-ce que c'est que ça ?

– C'est parce que tu es déprimé. La Bible dit d'apporter du vin à celui qui a le cœur lourd.

– La Bible dit ça ?

– Oui. Elle dit aussi qu'il ne faut pas chanter de chansons à celui qui a le cœur affligé. Ce serait comme de verser du vinaigre sur la plaie.

– Donc tu ne vas pas me chanter de chanson ?

– Non.

David m'a l'air reconnaissant de lui avoir apporté le vin, et sans aucun doute aussi de n'avoir pas chanté. J'adore quand la Bible prodigue ce genre de petites leçons de savoir-vivre à la fois judicieuses et faciles à mettre en pratique.

Tu te souviendras du jour du sabbat pour le sanctifier.

EXODE 20,8

45e jour. C'est le septième sabbat de mon année biblique. Enfin, à vrai dire, c'est le lendemain du septième sabbat. Je n'ai pas pu taper cette entrée le jour même parce que la Bible m'interdit de travailler. (Un ami m'a fait remarquer que même observer le sabbat, ça revenait à le rompre, puisque mon travail consiste à me conformer à la Bible. J'en ai eu mal au crâne pendant deux heures.)

Avant mon année biblique, je comptais parmi les plus grands violateurs de sabbat d'Amérique. Je suis accro au travail. Je tiens ça de mon père, qui n'arrête jamais de griffonner sur ses livres de droit – à la plage, dans le train, en "regardant" de vieux films avec Katharine Hepburn en DVD (ce qui consiste à jeter un coup d'œil vers l'écran de temps à autre pour s'assurer que l'image bouge encore). Si l'Apocalypse advenait, nul doute qu'il travaillerait jusqu'à la fin, se contentant de lever les yeux pour constater que le niveau des rivières de sang avait monté, avant d'en revenir à son étude de cas. J'en ferais probablement autant.

Et nous serions un bon paquet. A l'ère post-BlackBerry, y a-t-il encore une frontière entre la semaine et le week-end, entre la journée de travail et les heures supplémentaires ? Nous travaillons le samedi, jour du shabbat juif. Nous travaillons le dimanche, jour du sabbat chrétien. Nous travaillons plus d'heures que le Dieu de la Genèse lui-même.

Il n'en a pas toujours été ainsi en Amérique. Comme le fait remarquer la chroniqueuse du *New York Times* Judith Shulevitz, c'est en grande partie pour être libres de respecter le quatrième commandement que les puritains ont quitté l'Angleterre. Les puritains prenaient le sabbat très au sérieux : interdiction de faire du sport, de danser, de fumer, de se rendre visite. Il fallait aller à l'église, mais on "punissait quiconque y arrivait dans une hâte inconvenante ou sur un cheval trop ostentatoire". Même après le déclin des puritains, le sabbat a survécu en Amérique. Il y a seulement huit ans, écrit Shulevitz, "le football américain était considéré comme un sport trop vulgaire pour qu'on y joue le dimanche".

Aujourd'hui encore, on trouve des traces de l'influence puritaine – essayez un peu d'acheter de l'alcool à Manhattan un dimanche matin. Et le sabbat version *hardcore* fait son retour dans certains cercles évangéliques. Le mégapasteur de Floride

D. James Kennedy demande à ses ouailles de ne pas manger au restaurant le dimanche, parce que ça encourage les serveurs à travailler, et donc à enfreindre la loi de Dieu.

Les gardiens du sabbat les plus sévères sont probablement les juifs orthodoxes. A l'époque post-biblique, les rabbins ont établi une liste complexe de comportements interdits. Elle comprend trente-neuf types de travaux, notamment cuisiner, (se) laver et (se) coiffer. Il est interdit de planter, donc exit le jardinage. Il est interdit de déchirer, donc le papier-toilette doit être prédécoupé pendant la semaine. Il est interdit de faire des mots, donc le scrabble est souvent prohibé (même si au moins un rabbin autorise la version Deluxe, sous prétexte que les cases ont des arêtes et ménagent un espace suffisant entre les lettres pour que, de fait, elles ne forment pas des mots).

J'ai déjà eu un aperçu direct du shabbat orthodoxe lorsque ma tante Kate a rendu visite à mes parents. Rivka, treize ans, la très mignonne et très pieuse fille de Kate, était là. Elle avait commencé une coupe glacée et voulait la remettre au congélateur pour plus tard. Mais on était vendredi, et la nuit tombait rapidement. (Le shabbat juif commence avant le coucher du soleil le vendredi et se termine après le coucher du soleil le samedi.)

Elle ne pouvait pas ouvrir le congélateur après le coucher du soleil parce que ça allumait la lumière, ce qui est illégal.

– Tu peux dévisser l'ampoule du congel ? a-t-elle demandé à ma mère.

Ma mère a essayé, mais pas moyen d'atteindre l'ampoule sans enlever tous les Häagen-Dasz et les Ben & Jerry's qui remplissaient le tiroir.

– Tu sais quoi, je vais ouvrir le congélateur pour toi, a conclu ma mère.

– Tu peux pas. T'es juive, a répondu Rivka.

– Dans ce cas, je vais demander à Joëlle. (Joëlle est ma grand-tante catholique.)

– Tu peux pas lui demander. Il faut qu'elle se propose d'elle-même.

C'est là que ma mère a laissé tomber. J'imagine que cette pauvre coupe glacée casher est toujours sur la table à l'heure qu'il est.

A première vue, le shabbat, avec toutes ses règles, me paraissait saugrenu. Pourtant j'ai décidé de réserver mon jugement tant que je n'en aurai pas moi-même fait l'expérience.

Du moins dans sa version biblique explicite. Contrairement aux rabbins, la Bible elle-même fournit peu d'instructions détaillées sur la manière dont il convient de ne pas travailler. Et celles qu'elle donne ne concernent que les fermiers et les participants aux émissions de téléréalité : interdit de faire du feu, de ramasser du bois, de labourer ou de moissonner.

Donc, cette fois, il va falloir que je trouve tout seul. Comme mon travail consiste à écrire, je décide bien sûr de m'abstenir d'écrire. Mais aussi de me documenter, d'appeler des collègues et de chercher des idées dans le journal. Le truc, c'est que la perspective du sevrage me terrifie. Je veux rentrer dans cet océan un orteil après l'autre, comme un retraité de Floride.

La première semaine, je me suis dit : interdiction de lire mes e-mails. J'ai tenu une heure entière, après quoi je me suis dit, bon, je ne vais pas ouvrir les e-mails eux-mêmes. Je vais juste jeter un œil aux en-têtes. On ne peut pas appeler ça travailler. Et j'ai ouvert ma boîte aux lettres. Hmm. Un message de maman. La Bible enjoint de respecter ses parents. Et c'est peut-être urgent. En plus, j'ai encore cinquante et un sabbats pour y arriver. J'ai cliqué. C'était une blague au sujet de cinq blondes et un aveugle dans un bar.

Semaine 2, j'essaie encore une fois. Je n'ouvrirai aucun e-mail entre le coucher du soleil, vendredi et le samedi, même heure. J'ai réussi à passer la soirée du vendredi, mais j'ai craqué samedi matin et j'ai de nouveau jeté un œil. Je me suis dit, bon, il me reste encore cinquante sabbats. Malheureusement, aucun progrès n'a été enregistré au cours des sabbats 3 à 6.

Cette semaine, je me suis fait le serment de tenir jusqu'au bout. J'étais d'humeur optimiste. A six heures du soir, vendredi, le soleil a officiellement disparu sous la ligne d'horizon new-yorkaise. J'ai éteint mon ordinateur, poussé tous mes livres dans le coin du bureau, désactivé la sonnerie "cloche de vache" de mon téléphone portable – j'avais de toute façon prévu de la changer – et serré le poing en signe de triomphe, façon Berkowitz. Un déclic s'est produit dans mon cerveau. Comme au jour des grandes vacances. Une vague de soulagement, de liberté. Que je le veuille ou non, je n'ai pas le droit de travailler. Je n'ai pas le choix.

Ce fut un moment merveilleux. Mais de courte durée. Une heure plus tard, déclic inverse, j'ai commencé à connaître les affres du manque chaque fois que je passais à proximité de mon PowerBook éteint. Que sont ces e-mails qui s'entassent dans ma boîte ? Et si le rédacteur en chef du *New Yorker* m'envoyait une offre d'embauche surprise ? Samedi, à midi, j'ai craqué, j'ai regardé. Personne n'en saurait rien, après tout.

J'avais trop honte pour le dire à Julie. Julie apprécie beaucoup que j'essaie de briser le cycle des sept jours travaillés – c'est ce qu'elle aime le plus dans mon expérience. Mon échec est donc resté secret.

Pire, je me sers ensuite du sabbat pour m'exempter des tâches ménagères.

– Tu peux mettre les papiers dans le bac de recyclage ?

– Vaudrait mieux pas. Je n'ai pas le droit de sortir des fardeaux de ma maison.

Lorsqu'elle a elle-même sorti les papiers, j'ai entendu ses pas qui résonnaient dans le couloir.

Tu ne molesteras pas l'étranger ni ne l'oppirmeras…

EXODE 22,20

46e jour. Ce soir, j'ai invité un Témoin de Jéhovah à la maison. Je me rends compte que, par ce seul geste, je suis déjà quelqu'un d'ultra-minoritaire.

Et notez bien que je ne me suis pas contenté d'ouvrir négligemment la porte et de laisser entrer un Témoin de Jéhovah.

Je les ai agressivement pourchassés. J'ai téléphoné à leur siège et demandé qu'on m'envoie un Témoin à domicile. Au bout de trois appels qui n'ont pas laissé de les troubler – ma requête étant un rien inhabituelle – j'ai finalement obtenu gain de cause.

Oui, j'ai conscience que c'est un peu absurde. C'est comme de se porter volontaire pour être juré tiré au sort, ou payer pour voir un film avec Vin Diesel.

Bon, assez ri ! Pauvres Témoins de Jéhovah. Leur empressement à sonner aux portes a fait d'eux l'un des sujets de plaisanterie préférés des Américains dans la catégorie religion. J'en fais donc ici la promesse : finies les blagues à deux balles sur les Témoins de Jéhovah.

Mais je veux vraiment en savoir plus sur eux et les positions qu'ils défendent. Parce qu'il s'agit peut-être du mouvement littéraliste qui se développe le plus rapidement sur la planète. Il compte actuellement plus de 6,6 millions de membres de par le monde, avec près de 300 000 nouveaux convertis chaque année. Comme les amish, ils m'intéressent aussi car, bien qu'on les classe généralement parmi les chrétiens, ils se fondent énormément sur la Bible hébraïque.

Mon Témoin de Jéhovah s'appelle Michael, et il arrive pile à l'heure prévue, 19 h 30. Il porte un costume brun, des chaussures brunes, une cravate brune, et une sacoche de cuir brune renfermant une bible et une brochure. Il ressemble vaguement à l'acteur Gary Busey, pour peu que Gary Busey porte la raie au milieu.

Michael est cordial et sympathique. Il a la voix grave, mais plus apaisante que tonitruante, plus psy qu'entraîneur de football.

Et il m'est reconnaissant. A tel point que c'en est presque émouvant. Il me remercie de l'avoir fait venir.

– Il y a tellement de malentendus au sujet des Témoins de Jéhovah. Je suis vraiment heureux que vous vouliez me parler pour découvrir la vérité.

Il est assis sur le canapé du salon, penché en avant, les mains en position du "poisson-grand-comme-ça".

– Les gens disent que nous pratiquons un christianisme primitif, et nous prenons ça comme un compliment.

Les Témoins pensent remonter au sens originel de la Bible – la plaquette que m'offre Michael s'intitule "Que nous enseigne *vraiment* la Bible ?"

Michael, qui travaille dans l'informatique au gigantesque siège des Témoins de Jéhovah de Brooklyn, me dispense un cours intensif sur sa religion. Vous trouverez ci-dessous quelques-uns des fondements de sa foi (simplifiés à l'extrême, bien sûr) :

- Il faut appeler Dieu Jéhovah, parce que c'est le nom que lui donne la Bible. "Vous pouvez appeler quelqu'un « mec », ou vous pouvez l'appeler par son nom, « Bob ». Dieu a un nom : « Jéhovah »."
- Il faut prendre les paroles pacifistes de Jésus à la lettre. "Vous ne trouverez pas un seul Témoin de Jéhovah en Irak, me dit Michael. Jésus a dit : « Tous ceux qui prennent le glaive périront par le glaive. »"
- Ils ne croient pas à la Trinité. Jésus n'est pas Dieu, mais la première création de Dieu. (C'est pour ça qu'on les considère parfois comme n'appartenant pas au christianisme.)
- Harmagedôn, c'est pour bientôt – et les croyants ressusciteront pour vivre au paradis. Mais la plupart des justes n'iront pas au ciel. Presque tout le monde vivra dans un paradis établi ici, sur terre. Le ciel sera réservé à 144 000 âmes pieuses qui régneront aux côtés de Jéhovah, en qualité d'administrateurs divins.
- Les Témoins ne célèbrent ni Noël ni Pâques, car aucune de ces deux fêtes n'est mentionnée dans la Bible. Idem pour les anniversaires : les deux seuls anniversaires célébrés dans la Bible sont ceux de mauvaises gens – un pharaon et un roi juif proromain. Michael se satisfait très bien de cette interdiction, surtout maintenant. "Plus je vieillis, moins j'ai envie qu'on me rappelle mon anniversaire."

- L'enfer n'existe pas. Les Témoins pensent que le mot *enfer* est une mauvaise traduction de Géhenne, qui était une ancienne décharge publique. A Harmagedôn, les non-croyants ne seront pas jetés dans un brasier, mais mourront simplement. "Comment concevoir un Dieu qui soit à la fois bon et aimant et fasse rôtir les gens ?" me dit Michael.

La théologie des Témoins de Jéhovah me surprend, en particulier ce dernier point. J'en avais toujours entendu parler comme d'une secte apocalyptique, et j'apprends de la bouche de Michael qu'ils récusent la notion d'enfer. C'est probablement une croyance hérétique au regard des canons traditionnels, mais j'en apprécie la douceur.

Nous parlons depuis une heure et demie, et Michael commence à regarder régulièrement sa montre.

– Vous n'avez qu'à me dire quand vous voulez que j'y aille, dit-il. Je viens du Midwest, alors j'ai conscience d'abuser de votre hospitalité.

– Non, du tout, dis-je.

Et c'est vrai. Je pourrais continuer pendant des heures. Je doute que Michael parvienne à me convertir, mais j'adore discuter de la Bible. Je n'en ai jamais assez.

Je lui demande quel est l'élément le plus controversé de sa foi.

– La question des transfusions sanguines, dit-il. Les gens pensent qu'on est cinglés. Mais on ne boycotte pas du tout le système médical. (Etait-ce une pique subtile à l'encontre de l'Eglise chrétienne scientiste ?) On refuse seulement les transfusions sanguines.

La raison en est la traduction littérale de plusieurs versets, notamment Actes des Apôtres 15,29, Genèse 9,4, et Lévitique 7,26 – ce dernier dit : "Vous ne mangerez pas de sang."

Les Témoins font ici valoir un argument peu commun. Ils disent qu'il faudrait traduire le mot *manger* par "consommer", et que la transfusion est une forme de consommation.

Comme le fait remarquer Michael, ce point fait l'objet d'une sérieuse controverse. Leurs détracteurs affirment que cette interdiction est la cause de nombreux décès, et les Témoins ont essuyé plusieurs procès. Au cours des dernières années, les responsables de l'Eglise ont mis un peu d'eau dans leur vin. Désormais, des composants sanguins – tels que l'hémoglobine – peuvent être transfusés. Mais l'interdiction de transfuser du sang entier demeure.

Pour moi, la question se résume ainsi : faut-il se conformer aux règles de la Bible même si ça vous met en danger ? J'ai parcouru le Livre lui-même pour voir quels conseils il donnait. Comme je le soupçonnais, on ne trouve pas de réponse tranchée.

D'un côté, la Bible est pleine de martyrs et de quasi-martyrs de leur foi. Dans le Livre de Daniel, le méchant roi Nabuchodonosor ordonne à trois Hébreux de s'incliner devant une idole d'or, sans quoi on les jettera au feu. Les trois hommes refusent. Nabuchodonosor demande qu'on alimente le feu – pour le rendre sept fois plus chaud – et y fait jeter les rebelles. Mais Dieu protège ses fidèles, qui en ressortent sans aucune brûlure.

D'un autre côté, il y a plein de moments où la vie l'emporte sur le respect des règles. Jésus prend à partie les pharisiens qui critiquent ses disciples parce qu'ils récoltent le blé le jour du sabbat. De même, dans le judaïsme moderne, la vie passe avant tout. Même le plus casher des rabbins autoriserait ses fidèles à se faire greffer des valves de cochon dans le cœur si c'était nécessaire (quoi qu'en dise un épisode trompeur de *Grey's Anatomy*).

Comme vous l'aurez peut-être deviné, je ferais un très mauvais Témoin de Jéhovah. Même pendant mon année biblique, si j'avais besoin d'une transfusion sanguine, je remonterais ma manche avant que le docteur ait fini sa phrase. Je ne suis simplement pas assez croyant/courageux/téméraire pour agir autrement. En fait, la Bible m'a rendu plus déférent envers la vie.

Finalement, à dix heures et demie – trois heures après son arrivée – Michael me dit poliment qu'il ferait mieux de me laisser me coucher. Je m'apprête à dire que non, on peut continuer, quand son Palm Treo sonne. C'est sa femme.

– Oui, nous venons justement de terminer. J'allais m'en aller.

Michael se lève pour me serrer la main.

Et là, je prends conscience d'une chose : je viens d'accomplir un exploit que peu d'humains ont réalisé avant moi. J'ai réussi à venir à bout d'un Témoin de Jéhovah sur le terrain de la discussion biblique.

Tu célébreras la fête des Tentes pendant sept jours...

DEUTÉRONOME 16,13

47ᵉ jour. La Bible fournit des instructions précises pour la construction de l'arche de Noé – 300 x 50 x 30 coudées, avec un toit et trois étages en bois de gopher. Plus loin, pas moins de huit pages sont consacrées à l'édification du Tabernacle, la tente où étaient entreposés les dix commandements, précisant jusqu'au choix des rideaux bleu et pourpre.

Par chance, je suis dispensé de ces grands travaux. Ça a été fait une fois pour toutes.

La Bible m'ordonne toutefois de construire autre chose : une cabane. Une fois par an, on est censé construire une cabane et y vivre pendant une semaine en souvenir de celles que les anciens Hébreux ont utilisées lors de leurs quarante années d'errance dans le désert. C'est une fête biblique importante appelée fête de la Récolte – ou *Soukkot* – qui est toujours célébrée par les juifs pratiquants. Ça commence aujourd'hui. (Au passage, le mois d'octobre est un grand mois de fêtes bibliques. J'ai également célébré Yom Kippour et Roch ha-chanah – mais permettez-moi d'y revenir plus tard.)

Pour tout dire, l'idée de construire un grand édifice en trois dimensions me donne mal au ventre. Je ne suis pas doué de mes mains. Disons-le comme ça : chaque fois que je regarde *Bob le bricoleur* avec Jasper, j'apprends quelque chose (ah, c'est donc *ça* un étai).

J'essaie de me consoler en me disant que ça me changera de toutes ces injonctions négatives, ces "tu ne feras point". Voilà un "tu feras" clair et net. Donc je me lance et m'attaque au premier problème : où construire ma cabane? Sur le toit, cela me paraît logique. J'appelle le gardien de notre immeuble pour lui exposer mon projet.

– Je ne peux pas vous laisser faire ça, dit-il. Nous ne serions pas couvert.

– Et dans la cour?

– Un seul appartement donne accès à la cour.

– Quel appartement?

– Ça ne va pas être possible. Vous ne pouvez pas construire une cabane dans la cour.

J'en viens donc à ma solution de repli : construire la cabane dans notre salon. Ce n'est pas idéal pour deux raisons. La première, c'est qu'il y aura une cabane dans notre salon.

La seconde, c'est que ma cabane – *soukkah*, en hébreu – ne saurait trouver grâce même aux yeux du rabbin le plus relax et le moins contrariant d'Amérique. D'après les rabbins, les cabanes doivent être construites à l'extérieur et respecter en sus des dizaines d'autres règles. A cette période de l'année, des *soukkot* homologuées poussent comme des champignons sur tous les toits du West Side.

– Ce ne serait pas plus simple d'utiliser la *soukkah* qui est sur le toit du centre culturel juif? suggère Julie.

– Peut-être, dis-je. Mais j'aurais le sentiment de tricher.

J'explique à Julie que j'effectue une mission en solitaire pour remonter jusqu'au cœur de la Bible. Je suis un aventurier, un franc-tireur. Je dois me frayer mon propre chemin.

– D'accord, mais j'ai l'impression que tu te compliques sérieusement l'existence.

Elle n'a pas tort. Ma journée débute par une expédition à Metropolitan Lumber, un magasin de matériaux d'où je rapporte une douzaine de poutres, quelques parpaings, et de la toile. Je commence à envisager ce chantier sous un meilleur jour. Acheter des poutres a quelque chose de satisfaisant. Je me sens dans la peau d'un type qui fait des vérandas ou des salles de jeux, et qui utilise des mots comme *cloison sèche*.

Ensuite, mon sac de sport à l'épaule, je marche jusqu'au Riverside Park. Il me faut davantage de matériaux. La Bible dit de prendre "du fruit des beaux arbres, des branches de palmiers, des rameaux d'arbres touffus et des saules de rivière" (LSG). (A l'époque biblique, on les a peut-être utilisés pour construire les cabanes, bien que la tradition juive ancestrale veuille qu'on les secoue dans les airs.)

Tout en cheminant à travers cette version new-yorkaise de la nature, je remplis mon sac de rameaux touffus et de branches de saule. J'achète un palmier en pot de la taille d'un ballon de volley et un fruit du Moyen-Orient, proche du citron, qu'on appelle cédrat (et que la tradition considère comme le fruit en question). Ça fait du bien. J'accomplis quelque chose. Je sue.

A 11 h, de retour dans mon appartement, je commence à marteler des traverses, à tenir des clous dans ma bouche et à suer plus encore. Trois heures plus tard, grâce au plan pour les nuls que j'ai téléchargé sur internet, j'ai devant moi le squelette d'une authentique cabane. Qui, comme dans un film de Buster Keaton, a tôt fait de s'effondrer et de se fracasser contre le mur. Je recommence, mais cette fois je mets davantage d'étais, et cette fois ça tient debout.

– Mon Dieu, s'exclame Julie lorsqu'elle rentre à la maison.

Je lui demande si ça la contrarie.

– Un peu. Mais je suis surtout stupéfaite que tu aies réussi à construire quelque chose. C'est prodigieux.

Julie inspecte ma cabane. Quatre poteaux de bois recouverts d'un grand morceau de toile blanche qui frôle le plafond de notre appartement. L'intérieur est assez dépouillé mais décoré de rameaux d'arbres touffus et de saules des rivières. Elle se glisse entre la cabane et le radiateur pour la contempler d'un autre angle. Elle observe les parpaings et s'assure qu'ils n'ont pas rayé le parquet.

La Bible commande d'habiter la cabane, je prévois donc d'y passer le plus de temps possible – d'y prendre mes repas, d'y lire mes livres, d'y dormir. Je propose à Julie de se joindre à moi, mais elle répond qu'elle préfère me laisser "voguer en solo pour cette fois".

Ce soir-là, à onze heures et demie, j'étale donc trois couvertures sur le plancher. Je m'allonge, place mes mains sous ma tête, contemple la toile tendue en respirant les odeurs d'agrume et de saule (lequel sent comme ces pommades avec lesquelles ils vous massent au Bliss Spa), et tâche de comprendre ce que je ressens.

D'abord, je m'aperçois que je suis toujours euphorique d'avoir construit la cabane. Je l'ai érigée moi-même. Bertrand Russell – philosophe célèbre pour son agnosticisme – a dit qu'il y avait deux types de travaux dans ce monde : changer la position de la matière sur la terre, et dire à autrui de changer la position de la matière sur la terre. J'aime bien me livrer au premier. J'aime casser le cliché du juif physiquement incapable, au moins pour une journée.

Toutefois, mon allégresse est entachée de culpabilité. Cette *soukkah* est bien trop confortable. Elle est censée me rappeler les cabanes des anciens dans le désert, mais je campe dans un appartement chauffé et climatisé – sans sable, sans vent, sans pénurie. Je n'ai pas à redouter les nuits glaciales, les jours torrides ou les épidémies, qui ont tué quarante des six cents milliers d'Israélites.

Mais, à son tour, ma culpabilité est dissipée par cette révélation : cette fête n'a d'autre objet que de vivre selon la Bible. Dieu, s'Il existe, ordonne à tout le monde – pas seulement à ceux qui ont un contrat d'édition – de se transporter dans le passé pour essayer de vivre comme dans le Moyen-Orient antique. Dieu a crée ce qu'un de mes amis appelle le "journalisme par immersion". Peut-être que Dieu approuve mon projet, finalement.

L'homme lent à la colère est plein d'intelligence,
qui a l'humeur prompte exalte la folie.

PROVERBES 14,29

50e jour. J'ai remarqué que la vie biblique était en grande partie faite de pense-bêtes. C'est le but des pompons que j'ai accrochés à ma chemise – la Bible dit qu'ils sont là pour me rappeler les dix commandements, sorte de version biblique du nœud au mouchoir.

Dans cet esprit, j'ai scotché une liste au miroir de ma salle de bains. C'est la Liste de mes Principales Infractions. On verra bien si ça m'aide ; ça ne coûte rien d'essayer. La liste comprend les grands classiques suivants :

- Mentir. Dernière violation en date : j'ai dit à un ami que je lui rendrai très bientôt son livre sur la prière, alors que je l'ai égaré.
- La vanité. Je m'inspecte les tempes tous les jours, guettant l'arrivée des premiers cheveux blancs.
- Le commérage. Julie et moi nous moquons de son frère Doug, qui porte encore de ces pulls multicolores et voyants tout droit sortis du *Cosby Show*.
- La convoitise. J'ai fait une signature lors d'un salon du livre, il y a quelques jours, et à la table d'à-côté se trouvait Anthony Bourdain, le célèbre et fringant chef cuisinier/auteur. Ma table a reçu la visite de gens tels que : ma mère, mon père, ma femme, mon fils. Pendant ce temps, la queue à la table de Bourdain ressemblait à la première de *La Menace fantôme*, avec un peu moins de costumes de Dark Maul.
- Toucher des choses impures. Siège Portatif excepté, c'est tout bonnement inévitable.
- La colère. J'ai fait un doigt d'honneur à un distributeur automatique.

Vous comprenez, le distributeur m'a pris 1,75 $ de commission pour un retrait. Un dollar soixante-quinze ? C'est du délire. Alors j'ai fait un doigt d'honneur à l'écran. Comme le dit Julie, si tu commences à faire des gestes obscènes à des objets inanimés, c'est qu'il est temps que tu potasses le chapitre sur la colère.

Je ne suis pas du genre qui hurle avec une grosse veine gonflée sur le front. Comme mon père, j'élève rarement la voix (encore une fois, j'aime garder le contrôle de mes émotions en toutes circonstances). Mon problème est plutôt de l'ordre du ressentiment tenace. C'est un amoncellement d'offenses, réelles ou imaginaires, qui se transforme en montagne d'amertume.

Y a-t-il vraiment lieu d'être si fâché contre le jongleur qui s'est arrêté de jongler pour répondre au téléphone lors de la fête de quartier ? Et qui a parlé pendant, allez, un bon quart d'heure, sous les yeux impatients et pleins d'espoir de Jasper ? C'est agaçant, bien sûr, mais il y a pire sur terre.

Et ce type qui a monopolisé les toilettes de Starbucks pendant trois quarts d'heure ? (A ma décharge, j'ajoute qu'il portait en plus un béret noir ; on était à Manhattan en 2006, pas sur *La Rive gauche** en 1948.) J'étais furax.

Et cet incident à la soupe populaire ?

Je me suis porté bénévole à la Holy Apostles Soup Kitchen de Chelsea. C'est un endroit incroyable, la plus grande soupe populaire de New York, la deuxième du pays ; on y sert plus de 1100 repas par jour. L'homme qui dirige l'institution est un leader charismatique, un homme dur au grand cœur que j'imagine très bien à la tête d'une révolte contre les centurions romains.

Et d'habitude, travailler là-bas me donne un petit coup de fouet au moral. C'est la vie biblique dans ce qu'elle a de meilleur, me dis-je. J'observe cette parole inspirante du Deutéronome, 15,7 : “S'il y a chez toi un pauvre, l'un de tes frères (…), tu n'endurciras pas ton cœur et tu ne fermeras pas ta main à ton frère pauvre” (TOB).

Et pourtant… même à la soupe populaire, je trouve matière à me vexer.

---

* En français dans le texte.

Lors de ma dernière visite, j'ai été affecté à la cuisine – puis aussitôt rétrogradé. Ils me disent que c'est à cause de ma barbe. Je comprends. Personne n'a envie de trouver une mauvaise surprise dans son riz pilaf. Je le prends bien, jusqu'au moment où j'aperçois un autre bénévole qui travaille en cuisine – bien qu'il ait lui-même le visage couvert d'une grosse barbe broussailleuse.

Pourquoi cette différence de traitement ?

– Oh, je me la rase demain, m'explique mon rival.

Ce qui est parfaitement absurde. Est-ce que les lois de l'attraction terrestre cessent de faire effet un jour avant que vous vous rasiez ?

On me réaffecte aux poubelles. Mon job consiste à prendre le plateau en plastique de ceux qui ont terminé, à enlever les couverts, à claquer violemment le plateau contre la paroi de la poubelle – pour faire tomber le reste de purée-haricots verts – puis à le tendre au type qui les empile. J'ai l'impression de faire un assez bon boulot, ce que confirme le capitaine de l'équipe poubelles, un type avec un tee-shirt des Jets qui me fait : "Bon boulot". Je me sens ragaillardi.

Et là, au bout d'une heure et demie, je suis victime d'une attaque frontale. Un vieux type du nom de Max – aux traits tombants et à la mine constamment renfrognée – vient vers moi, me tend un thé glacé d'un geste particulièrement agressif, et me dit :

– Bois ça. Et puis va-t'en.

Je ne veux pas de thé glacé, et je ne veux pas m'en aller. Je reste là à le regarder.

– Bois ça, et puis va-t'en, répète-t-il, l'œil mauvais.

Pour autant que je sache, il n'est pas placé au-dessus de moi dans la chaîne alimentaire des bénévoles ; mais, pour une raison quelconque, il veut simplement ma place aux poubelles.

La Bible dit de respecter ses aînés et d'éviter les querelles. Alors je m'en vais. Mais je passe ensuite deux bonnes journées à remâcher ma rancœur. Bois ça. Et puis va-t'en. Quel connard.

Je lutte contre ma colère depuis le début de ce projet. Je

veux me défaire du ressentiment. Je sais que c'est plus sain, que je vivrai mieux. Mais comment faire dans la vraie vie quand on se retrouve en face d'un nazillon de soupe populaire ? La meilleure source d'inspiration biblique que j'aie trouvée est le Livre de Jonas. Brève récapitulation pour ceux qui (comme l'auteur de ces lignes il y a trois mois) ne connaissent que l'histoire de la baleine :

Dieu demande à Jonas d'aller prêcher dans la méchante ville de Ninive (aujourd'hui irakienne). Jonas refuse. Il essaie de fuir Dieu en s'embarquant sur un bateau. Peine perdue : Dieu suscite une puissante tempête, et les marins, apeurés, balancent Jonas par-dessus bord. Dieu envoie alors une baleine qui avale Jonas (en fait, la Bible parle de "gros poisson", et non de baleine) et le recrache sain et sauf sur la rive.

Calmé, Jonas accepte d'aller à Ninive. Il y prêche, et ça marche. Plus de 120 000 hommes, femmes et enfants se repentent. Dieu leur pardonne.

On aurait pu penser que ce pardon divin réjouirait Jonas : eh bien non, il est en colère. Il voulait que les méchants soient châtiés. Il leur souhaitait les tourments de l'enfer. Il est si furieux contre Dieu qu'il n'a plus envie de vivre. Dieu dit : "As-tu raison de te fâcher ?"

Jonas ne répond pas mais s'en va bouder à la sortie de la ville. Alors Dieu décide de lui donner une leçon : Il fait pousser une plante qui protège le prophète de l'âpre soleil du désert. Jonas est content comme tout. Mais dès le lendemain, Dieu envoie un ver qui tue la plante. A nouveau, Jonas est exposé aux brûlures du soleil ; il en conçoit une grande colère. Et de nouveau, Dieu lui demande : "As-tu raison de te fâcher ?"

Puis Il achève sa démonstration : Jonas s'est emporté à cause d'une plante "qui ne [lui avait] coûté aucun travail" et n'a duré qu'une journée. "Et moi, je ne serais pas en peine pour Ninive, la grande ville, où il y a plus de cent vingt mille être humains qui ne distinguent pas leur droite de leur gauche, ainsi qu'une foule d'animaux." En d'autres termes, il faut relativiser.

C'est donc ce que j'essaie de faire. Je me pose la question que Dieu a faite à Jonas. "As-tu raison de te fâcher?" Je me la pose à voix haute. Et me réponds : non. Alors, comme ça, je me suis fait éjecter par un bénévole de la soupe populaire animé d'un étrange esprit de compétition? Et alors, ce n'est pas la fin du monde.

Je ferais mieux de songer aux Ninive d'aujourd'hui, aux milliers de vies en danger – la foule des sans-abri à la porte d'Holy Apostles, par exemple, ou à peu près tout l'est de l'Afrique.

Il y a bien une colère bibliquement acceptable – une juste indignation. Moïse s'emporte contre les Israélites qui adorent une fausse idole. Jésus s'emporte contre les changeurs qui profanent le Temple. Ce qu'il faut, c'est faire entendre sa juste colère et mettre en sourdine ses petites rancœurs. Si j'arrivais à maintenir la balance à cinquante-cinquante, je serais déjà content.

David dansait en tournoyant de toutes ses forces devant Yahvé...

2 Samuel 6,14

55e jour. C'est la nuit du 25 octobre, et je suis à la soirée la plus bruyante, la plus tapageuse, la plus alcoolisée de ma vie. Moi et plusieurs centaines d'hommes hassidim.

Je suis venu pour les danses. Il y a un passage, dans la Bible, où le roi David célèbre l'arrivée de l'Arche d'alliance à Jérusalem. C'est un David âgé, des années ont passé depuis qu'il a tué Goliath avec la fronde et la pierre. Il a défait Saül, son mentor toujours plus paranoïaque, pour devenir roi d'Israël. Et il rapporte l'Arche, une boîte sacrée contenant les dix commandements. Pour fêter ça, il danse. Et quelle danse! Il danse avec tant d'abandon, tant de joie, qu'il ne s'aperçoit pas que sa robe vole et expose son corps nu au regard des jeunes servantes du royaume.

Sa femme bégueule, Mikal, est consternée. Elle commet l'erreur de blâmer David, et, en retour, est affligée de stérilité.

Cette fin malheureuse paraît excessivement sévère. Mais j'aime vraiment l'image du roi dansant une gigue sauvage et sainte. La joie de la religion ; c'est ce que David éprouve, et c'est une chose que j'ai sous-estimée – quasiment ignorée – pendant ma vie laïque. J'ai envie de savoir ce que David a éprouvé, alors, un mardi soir, je prends le métro jusqu'à Crown Heights, Brooklyn.

Et ce à l'occasion d'une fête juive qu'on appelle Simhat Torah, la dernière nuit avant qu'on démonte la *soukkah*. On ne la trouve pas dans la Bible à proprement parler, mais elle célèbre un événement biblique : la fin du cycle annuel de lecture des cinq livres de Moïse. Et ça avait l'air trop intéressant pour que je rate ça.

Mon guide, Gershon, est l'ami d'un ami. C'est un jeune marié à lunettes, aimable, dont l'annonce de messagerie vocale dit : "Votre prochaine action pourrait changer le monde, alors arrangez-vous pour qu'elle soit bonne."

Tout en marchant, je découvre une facette des juifs ultra-orthodoxes qui m'était jusque-là inconnue. Dans le métro, ils ont toujours l'air si sombres, si résolus. Mais les voici heureux, beurrés. Ils zigzaguent sur les trottoirs, les uns tenant des bouteilles de whisky Crown Royal, les autres chantant à tue-tête en hébreu.

Lors de cette fête, ce n'est pas tant qu'il soit *permis* de boire : c'est pratiquement obligatoire. Gershon et moi nous rendons chez ses parents et descendons quelques verres de vodka dans la *soukkah* qui se dresse dans le jardin, devant la maison. Il pleut, et les gouttes qui passent à travers le toit viennent gicler dans nos verres.

Quand Gershon récite des prières en hébreu, avant de boire, je l'observe à la dérobée. Il a les yeux mi-clos, les paupières qui tressaillent, les globes oculaires révulsés. Approcherai-je un jour de ce genre d'état spirituel ? Vivrai-je l'épiphanie tant désirée ? Je crains que non.

Après nos shots de vodka, nous mettons le cap sur le quartier général de la fête – l'énorme immeuble connu comme le

770 Eastern Parkway, centre névralgique de cette branche du hassidisme. (La secte s'appelle les Loubavitchs, et ses membres, les moins fermés des juifs hassidiques, se plaisent à ramener au bercail les juifs sans affiliation.)

Je porte un pantalon et un pull noirs pour mieux me fondre parmi les hassidim. J'ai oublié la kippa, élément crucial, mais Gershon m'en prête une.

– Nous dansons pour satisfaire notre nature animale, dit Gershon tandis que nous marchons dans les flaques. La Torah sert les deux côtés de la nature. Il y a la lecture pour la part divine, et la danse pour la part animale.

A l'approche du 770 – comme on l'appelle – Gershon me demande :

– Tu as déjà fait du saut à l'élastique ?

– Non.

– Moi oui. Les moniteurs te disent : ne pense à rien, contente-toi de sauter. C'est la même chose pour toi aujourd'hui.

Je vois ce qu'il veut dire. Rien que pour entrer dans le bâtiment, ça va être du sport. Les portes sont encombrées de dizaines de fêtards en manteau noir – uniquement des hommes, pas une femme (les hassidim prisent peu la mixité). Nous devons jouer des coudes.

Un gros type à barbe rousse s'avance vers Gershon et le serre dans ses bras. Puis, pendant deux bonnes minutes, Barberousse se lance dans une logorrhée d'ivrogne sur le mode je-t'adore-mon-vieux-t'es-le-type-le-plus-génial-de-la-terre.

Gershon parvient enfin à se dégager.

– C'était qui ?

– Aucune idée, je ne l'ai jamais vu de ma vie.

Nous nous faufilons à l'intérieur. Là, un océan de chapeaux noirs ondoie. Des centaines, peut-être des milliers de chapeaux dans une salle de la taille d'un grand gymnase. Ça fait autant de bruit qu'un concert. Mais en guise de guitare et de batterie, c'est une assemblée d'hommes chantant *Ay yi yi yi.*

Rien ne différencie la piste de danse de la fosse d'un concert à Seattle vers 1992. Tout le monde se pousse, se cogne, se gifle. Un type me fonce dedans si fort qu'il me fait perdre l'équilibre.

– Hé, toi, le barbu ! lance-t-il.

Tout le monde se retourne. Il explose de rire.

Nous formons une ronde immense et lente, un peu comme une patinoire qui entrerait en transe. Quand on lève les yeux, on voit, ici et là, un hassid bondir en l'air comme un *pogo stick**. Quand un peu d'espace se libère sur la piste – c'est-à-dire rarement – l'un des noceurs fait un saut périlleux. Deux hommes n'arrêtent pas d'échanger leurs chapeaux noirs, semblant rejouer une scène de Laurel et Hardy.

Croyez-moi, je n'ai jamais vu pareille joie à l'état pur. Un concentré qui emplit l'atmosphère, comme si quelqu'un avait vidé une énorme bombe de protoxyde d'azote dans la salle. Nous sommes là à danser comme des centaines de rois David. Même l'obsédé du self-control que je suis est forcé de rentrer dans la danse. On est submergé. Soit on suit les hordes qui suent, sautent, crient *ay yi yi*, soit on se fait piétiner.

Je passe d'une émotion à l'autre : de la terreur d'être écrabouillé à la fascination que les êtres humains puissent se comporter ainsi, puis à la crainte paranoïaque qu'ils n'infligent à l'intrus que je suis un traitement mémorable (à mi-chemin entre *Délivrance* et *Yentl*). Mais de temps en temps, je passe par une phase de bonheur délirant. Je ne sais pas si je sens Dieu. C'est aussi intense que les épiphanies que j'avais enfant. Mais à plusieurs reprises, ce soir-là, j'ai le sentiment d'une transcendance, d'un tout où se fondent le futur, le passé, les dates limites et les échéances de ma MasterCard, et qui me propulse entièrement dans l'instant. Pendant quelques secondes au moins, il n'y a plus de différence entre moi et Jacob, mon alter ego biblique.

Après avoir passé trois heures à danser – à une heure du matin – je dis à Gershon que je vais rentrer, même si le noyau

---

* Ou bâton sauteur : échasse à ressort dont est dérivé le terme de "pogoter", sauter en tous sens dans un concert de rock.

dur des danseurs reste jusqu'à six heures. Gershon m'accompagne dehors.

– Souviens-toi, me dit-il tandis que nous nous serrons la main au coin de la rue, il faut parfois porter son regard au-delà de l'étrangeté. C'est comme le temple de la Jérusalem antique. Là-bas, tu aurais assisté à des massacres de bœufs et à toutes sortes de choses. Mais regarde au-delà de l'étrangeté, vise le sens.

Pendant le trajet du retour en métro, les oreilles encore bourdonnantes d'*ay yi yi*, j'essaie de penser au sens par-delà l'étrangeté. Voilà ce que je décide : peut-être que je refoule une part mystique. Peut-être que sous des dehors de presbytérien rationnel, je dissimule un baptiste émotif. Peut-être que quand les circonstances s'y prêtent, tout le monde l'est, même Henry Kissinger.

Le lendemain matin, je raconte à Julie ma nuit de danse débridée en compagnie d'hommes hassidiques, et comment j'ai connu la joie à l'état pur.

– Et les femmes, elles étaient où pendant ce temps ?

– Eh bien, elles regardaient. Il y a des fenêtres d'observation.

– Des fenêtres d'observation ?

Julie a l'air outrée. Naturellement, j'avais bien noté cette ségrégation sexuelle – mais il y avait tant de choses bizarres et déstabilisantes au cours de cette soirée que je ne m'étais pas focalisé sur celle-là. C'est l'aveuglement propre aux membres d'une majorité.

– Ouais. Mais je ne voulais pas juger.

– Ben eux, apparemment, ils ont pas peur de juger les femmes.

Je sens que Julie devient de plus en plus sceptique à l'égard de la religion, du moins dans sa version *hardcore*.

Avant mon projet, c'était Julie qui, de nous deux, était la moins fermée à la religion. Elle croyait en un Dieu quelconque, du moins en un univers pas tout à fait apathique moralement. "Il y a une raison à tout", me disait-elle chaque fois que je me lamentais d'un revers professionnel. Elle adore les rites d'*Hanoukkah* et de la Pâque. Elle réfléchit déjà à un thème de barmitsvah pour Jasper (le foot ! Les Academy Awards !).

Mais maintenant, je sens qu'elle prend ses distances – alors même que je commence à priser certains aspects de la vie religieuse. C'est toute la différence entre vivre la Bible et vivre avec quelqu'un qui vit la Bible.

… et il fit ainsi, allant nu et déchaussé.

ISAÏE 20,2

61e jour. Je tape ces mots à minuit passé. Les Psaumes nous encouragent à nous lever à minuit pour louer Dieu, alors je le fais depuis une semaine. J'ai promis à Julie de ne le faire qu'une semaine, puisque ça m'oblige à mettre un réveil à 23 h 58, soit deux heures après le début de son cycle.

C'est la fin de mon deuxième mois d'expérience, et voici comment je me sens : grisé, déboussolé, dépassé, sous-qualifié, fasciné, effrayé. Et embarrassé.

Mon alter ego biblique, Jacob, commence à avoir l'air loufoque. J'ai des pompons qui pendent de mes vêtements. J'emmène partout ce Siège Portatif – la garantie pureté. Ma barbe est devenue plus qu'hirsute. Elle me tombe désormais cinq bons centimètres au-dessous du menton, commence à faire des arabesques et à partir dans des directions imprévues. (Pour Halloween, Julie voulait que je me déguise en Tom Hanks dans *Seul au monde*, elle aurait fait le ballon de volley, mais je ne peux pas célébrer Halloween car c'est une fête païenne.)

Oui, certes, il y a une part de moi qui aime se faire remarquer. C'est vrai quoi, je gagne quand même ma vie à la raconter. Eh oui, je suis seul responsable de ce qui m'arrive – personne ne me met un couteau sous la gorge pour me forcer à suivre la Bible. Mais ces regards insistants, ces coups d'œil interrogateurs – il y a de quoi rendre n'importe qui mal à l'aise, même moi. Voire légèrement paranoïaque.

Par chance, j'ai trouvé l'inspiration dans la Bible. Comme me l'a suggéré le rabbin Andy Bachman, j'ai relu les Prophètes. Il a raison. Ils sont stupéfiants.

J'adore leur message de justice sociale – surtout Amos, Michée et Isaïe. Maintes et maintes fois, ils admonestent les riches au cœur dur qui se couchent sur des lits d'ivoire, sirotent tranquillement leur vin, et "écrasent la tête des pauvres dans la poussière de la terre". Leurs jours sont comptés.

Mais j'adore aussi la façon dont ils délivraient ce message. Voyez-vous, les prophètes ne se contentaient pas d'énoncer leurs prophéties. Ils mettaient en scène ce qu'on appelle les "actes prophétiques" – des performances artistiques folles, d'inspiration divine, propres à capter l'attention. Comme le fait remarquer l'exégète Marcus Borg dans son livre *Relire la Bible pour la première fois*, les prophètes sont les inventeurs du théâtre de rue. Ils étaient les David Blaine* de l'Antiquité, sauf qu'ils recevaient leurs ordres de Dieu, pas d'un responsable de télévision.

Ainsi Osée a-t-il épousé une prostituée et nommé ses enfants "Celle dont on n'a pas pitié" et "Pas mon peuple". Ces noms avaient valeur d'avertissement : Israël devait se repentir de ses mœurs idolâtres, ou Dieu continuerait d'être sans pitié et de les délaisser.

Plus radical encore fut Isaïe, qui marcha nu et déchaussé pendant trois ans parmi le peuple de Jérusalem. (C'était le symbole de ce qui adviendrait si Juda faisait alliance avec l'Egypte et l'Ethiopie ; ils seraient vaincus et finiraient tous prisonniers et nus.) Jérémie, lui, un autre prophète, portait bien des vêtements mais arpentait les rues avec un joug de bois autour du cou pour signifier le joug de Babylone.

Mais Ezéchiel les éclipse tous. C'était le maître. J'avais lu dans l'encyclopédie qu'il avait mangé un rouleau de parchemin pour exprimer son appropriation du message qui y figurait. Mais ce n'est rien comparé à ses autres performances. A un moment, par exemple, Dieu dit à Ezéchiel de graver dans une brique un modèle réduit de Jérusalem, puis de se coucher près

---

* Prestidigitateur américain rendu célèbre par ses émissions de télévision et ses performances de rue spectaculaires.

d'elle sur le côté gauche. Alors il est resté couché comme ça. Pendant trois cent quatre-vingt-dix jours. Puis il s'est tourné sur le côté droit et il est resté couché quarante jours de plus. Chaque jour symbolisait une année pendant laquelle Israël et Juda vivraient en exil après la conquête babylonienne.

Pendant ses quatre cent trente jours d'exploit, Ezéchiel ne devait se nourrir que d'un peu de pain – cuit sur un feu d'excréments humains. Ezéchiel implora Dieu, qui l'autorisa à utiliser de la bouse de vache à la place.

Alors que j'entre dans mon troisième mois, Ezéchiel et ses pairs sont devenus mes héros. Ils n'avaient peur de rien. Ils littéralisaient les métaphores. Ils ont fait de leur vie une œuvre protestataire. Ils ont prouvé qu'au nom de la vérité, parfois, il ne fallait pas avoir peur de déborder la bonne société par la gauche et de paraître absurde.

Peut-être que mon alter ego Jacob s'inscrit dans la tradition prophétique d'Ezéchiel. Je l'espère. En même temps, il en est peut-être très loin. J'imagine que pour un Ezéchiel, vous aviez quelques centaines de faux prophètes qui arpentaient les rues de Jérusalem avec, mettons, des pagnes sur la tête, et qui mangeaient des immondices.

Je sonne mon schofar. Ça fait toujours un bruit de fax, mais en bonne santé, cette fois.

TROISIÈME MOIS : NOVEMBRE

On les lapidera avec des pierres : leur sang sera sur eux.

LÉVITIQUE 20,27 (DAR)

62e jour. Plus d'un mois depuis mon aventure avec les fibres mélangées. Il est temps que je m'attaque à ce qui vient en deuxième dans mon Top 5 des Règles les Plus Problématiques : la peine capitale.

La Bible hébraïque prescrit la peine capitale pour une quantité de fautes phénoménale. Vous multipliez l'Arabie Saoudite fois le Texas et vous remultipliez le tout par trois. Ce n'était pas réservé aux assassins. Vous pouviez également être exécuté pour adultère, blasphème, rupture du sabbat, parjure, inceste, bestialité et sorcellerie, entre autres. Un fils rebelle pouvait être condamné à mort. Tout comme un fils coupable d'ivrognerie et de gloutonnerie réitérées.

La méthode la plus couramment évoquée dans la Bible hébraïque est la lapidation. Ce serait donc la moindre des choses, me dis-je, que j'essaie de lapider. Mais comment ?

Passons sur les plaisantins qui m'ont suggéré de m'en prendre aux adultères et autres blasphémateurs à coups de bières. L'idée est intéressante. Mais je n'ai plus pris part à aucune beuverie depuis que j'ai quitté la Brown University, où j'avais rédigé un devoir sur la symbolique cachée de la chopine pour mon cours d'anthropologie. (Brown étant le genre de fac où ce genre de copie vous vaut un B+.)

Non, j'ai opté pour une autre échappatoire : la Bible ne précisant pas la taille des pierres, j'utiliserai… des graviers.

Il y a quelques jours, à Central Park, j'ai ramassé une poignée de petits cailloux blancs que j'ai fourrée dans la poche arrière de mon pantalon. Il ne me restait plus qu'à trouver des victimes. J'ai décidé de commencer par les violateurs de sabbat. C'est assez facile à trouver dans cette ville de travaillomanes. A l'agence Avis du coin, j'ai repéré un type bedonnant qui avait travaillé et samedi et dimanche. Donc il n'y avait pas à tortiller, c'était un violateur de sabbat.

Et pourtant : même avec des graviers, on n'imagine pas combien il est ardu de lapider les gens.

Je pensais passer nonchalamment auprès du violateur et lui lancer les graviers dans les reins. Mais après plusieurs tentatives manquées, j'ai compris que ça n'irait pas. Un gravier qu'on vous lance, aussi petit soit-il, ne saurait passer inaperçu.

Nouvelle tactique : feindre la maladresse et faire tomber le gravier sur sa chaussure. Je la mets à exécution.

Et ce faisant, je le lapide. Mais ce fut probablement la lapidation la plus courtoise de l'histoire – j'ai dit : "Excusez-moi", puis je me suis penché pour ramasser le caillou. Et comme il s'est penché au même moment, nous avons failli nous cogner la tête, donc il s'est excusé, donc je me suis réexcusé.

Hautement insatisfaisant.

Aujourd'hui, j'ai droit à une seconde chance. Je me repose dans un square de l'Upper West Side, le genre de square où on voit des retraités manger leur sandwich au thon sur un banc.

– Hé, vous êtes habillé bizarrement.

Je tourne la tête. Mon interpellateur est un homme âgé, dans les soixante-quinze ans, je dirais. Il est grand, maigre et porte une casquette comme en ont les chauffeurs de taxi dans les films des années 1940.

– Vous êtes habillé bizarrement, lance-t-il d'un ton hargneux. Pourquoi que vous êtes habillé comme ça ?

J'ai mes pompons habituels, et, pour faire bonne mesure, je porte des sandales et tiens une canne noueuse en bois d'érable qui m'a coûté vingt-cinq dollars sur internet.

– J'essaie de vivre en suivant les règles de la Bible. Les dix commandements, la lapidation des adultères…

– Vous lapidez les adultères ?

– Ouais, je lapide les adultères.

– J'en suis un, d'adultère.

– Là, en ce moment, vous êtes adultère ?

– Ouais. Ce soir, demain, hier, ça va faire deux semaines. Vous allez me lapider ?

– Si vous le permettez, oui, ce serait formidable.

– Faites ça et je vous mets mon poing dans la tronche. Direction le cimetière.

Il est sérieux. Ce n'est pas un vieil homme bougon qui fait des manières. C'est un vieil homme en colère. C'est un homme qui a plusieurs décennies d'animosité derrière lui.

J'extirpe les graviers de ma poche arrière.

– Ce ne serait pas des grosses pierres. Juste ces petits machins-là.

J'ouvre la main pour lui montrer les graviers. Il s'avance vivement, m'en prend un dans la main et me le jette à la figure. Le projectile me frôle la joue.

Je reste un instant stupéfait. Je ne m'attendais pas à ce que ce vieil homme grisonnant dégaine le premier. Mais à présent, plus rien ne me retient de riposter. Œil pour œil.

J'attrape l'un des graviers restants et lui bombarde la poitrine. Le caillou rebondit.

– Je vais te mettre la tête au carré, dit-il.

– Franchement, vous ne devriez pas commettre d'adultère.

Nous nous regardons en chiens de faïence. Mon rythme cardiaque a doublé.

Certes, il a plus de soixante-dix ans. Certes, il vient de me menacer à coups de répliques désuètes dignes de *The Honeymooners**. Mais à l'évidence, cet homme possède une puissante part d'ombre.

Notre bras de fer visuel dure dix secondes, puis il s'en va, m'effleurant au passage.

---

* Sitcom américaine des années 1950 qui met en scène un couple de prolétaires de Brooklyn.

Enfant, j'ai vu un épisode de *All in the Family** dans lequel Meathead – la lavette pacifiste interprétée par Rob Reiner – flanque une beigne à un type. Ça le met dans tous ses états. Pas d'avoir eu recours à la violence ; non, ce qui le met dans tous ses états, c'est d'avoir pris *plaisir* à faire usage de la violence.

Je peux en témoigner. Même si c'était de la lapidation light, à peine conforme à la lettre de loi, je ne peux pas le nier : ça m'a fait du bien de balancer un caillou à cette vieille carne. Un sentiment primaire. Le sentiment d'assouvir ma vengeance. Ce type n'était pas seulement adultère, c'était une brute. Je voulais qu'il ressente la douleur qu'il avait infligée aux autres, même si en fait de douleur, ce n'était qu'une pichenette dans les côtes.

Comme Meathead, je savais aussi que c'était un sentiment moralement attardé. On peut difficilement faire plus indéfendable que la lapidation. Cela nous ramène à cette vieille question : comment la Bible peut-elle être tantôt si sage, et tantôt si barbare ? Et comment pourrions-nous avoir foi dans un livre qui comprend tant de brutalité ? Plus tard dans la semaine, j'interroge mon conseiller spirituel Yossi au sujet de la lapidation. Yossi est né dans le Minnesota et se présente comme un "Juithérien" – la culpabilité juive, m'a-t-il dit, se marie très bien avec le refoulement luthérien. Il a été ordonné rabbin orthodoxe mais n'a jamais exercé, préférant se lancer dans le commerce des *shmattès* – il vend des foulards aux amish, entre autres. Il est grand, large d'épaules et sa barbe est bien entretenue. A ses heures perdues, Yossi écrit des essais pleins d'ironie sur la vie des juifs, notamment une élégie dédiée à ses gâteaux préférés, les Twinkies, qui ne sont désormais plus casher. Je l'ai rencontré via Aish Ha Torah, un cercle d'études orthodoxe.

Ma question ne le décontenance nullement.

Si on ne lapide pas les gens aujourd'hui, m'explique-t-il, c'est parce qu'il faudrait une théocratie biblique pour remettre

---

* Sitcom américaine des années 1970 dont le personnage principal, un ouvrier conservateur et sectaire, a maille à partir avec son beau-fils progressiste, qu'il surnomme Meathead – "andouille".

la lapidation en vigueur. Et une telle société n'existe pas. Mais même dans les temps anciens, la lapidation n'était pas barbare.

– D'abord, il ne s'agissait pas seulement de lancer des pierres, me dit Yossi. Le but était de minimiser la souffrance. Ce qu'on appelle "lapidation" consistait en fait à pousser la personne d'un à-pic pour qu'elle meure sur le coup. Le Talmud fournit même des indications quant à la hauteur de l'à-pic. On faisait également boire un alcool fort au condamné afin d'atténuer la douleur.

En plus, les lapidations étaient rares. Certains rabbins disent que les exécutions n'avaient lieu qu'une fois tous les sept ans, et, pour d'autres, c'était même moins souvent. Il fallait deux témoins au crime. Et les adultères devaient être jugés par un conseil de soixante-dix anciens. Enfin, bizarrement, le verdict de ces soixante-dix anciens ne devait pas être unanime – ce qui pouvait être signe de corruption ou de bourrage de crâne. Etc.

Je m'attendais presque à ce que Yossi ajoute qu'on leur offrait un massage et une pochette cadeau. Il a déployé une argumentation béton. Pourtant, je ne suis pas convaincu. Etait-on vraiment si clément, à l'âge biblique ? M'est avis qu'il y a de l'enjolivement dans l'air. Durant les mois qui viennent, il faudra que j'approfondisse la question.

Tu mangeras à satiété et tu béniras le Seigneur ton Dieu
pour le bon pays qu'il t'aura donné.

DEUTÉRONOME 8,10 (TOB)

64e jour. Bilan spirituel : je suis toujours agnostique, mais je peux vous annoncer des progrès sur le front de la prière. Je ne la redoute plus. Et il m'arrive même d'aimer ça. Je suis allé jusqu'à enlever les petites roues et à essayer des prières de mon cru au lieu de me contenter de répéter des passages de la Bible.

Elton Richards – le pasteur par passe-temps – a distingué pour moi quatre types de prière. Et ce grâce à un pratique moyen mnémotechnique : CRIA. *C* comme se confesser (avouer ses péchés à Dieu). *R* comme remercier (lui rendre grâce de ce qu'il nous donne). *I* comme implorer (lui demander de nous aider). *A* comme adorer (le louer).

Pour l'instant, ce qui fonctionne le mieux, pour moi, c'est le *R*, remercier. L'adoration me met mal à l'aise. La confession me paraît forcée. Quant à l'imploration, je la pratique, mais j'ai l'impression d'abuser quand je demande à Dieu de favoriser ma carrière. Dois-je vraiment encombrer sa boîte de réception pour que mon dernier livre soit mieux placé dans les librairies des aéroports ?

Mais rendre grâce, ça, je sais faire. Le Deutéronome dit qu'il faut remercier Dieu quand on a mangé à sa faim – dire les grâces, on appelle ça. Les chrétiens ont déplacé les grâces avant le repas, en apéritif. Par précaution, je prie à la fois avant et après.

Aujourd'hui, avant de toucher à mon déjeuner à base d'houmous et de pita, je me lève de ma chaise, ferme les yeux, et murmure :

– Je tiens à remercier Dieu de nous avoir donné la terre pour faire pousser ces aliments.

D'un point de vue technique, c'est suffisant. Ça répond au commandement biblique. Mais puisque je suis en mode remerciement, j'en profite pour répandre ma gratitude à la ronde :

– Je tiens à remercier l'agriculteur qui a fait pousser les pois chiches pour faire l'houmous. Ainsi que les ouvriers qui les ont ramassés. Ainsi que les routiers qui les ont acheminés jusqu'au magasin. Ainsi que la vieille dame italienne de l'épicerie Zingone qui m'a vendu l'houmous en me souhaitant "Plein de bonnes choses". Merci.

Maintenant que je le tape, je me rends compte que ça ressemble à un discours de remerciement pour l'Oscar du meilleur produit à tartiner oriental. Mais le dire me fait du bien.

Le truc, c'est que j'ai encore du mal à concevoir un être infini, alors je m'appuie sur la théorie discutable qu'une grande quantité sera toujours plus proche de l'infini. D'où cette surabondance de mercis. Parfois, pris dans mon élan, je remercie les gens pendant plusieurs minutes – ceux qui ont conçu l'emballage, ainsi que les types qui ont chargé les cartons sur le convoyeur. Généralement, quand j'en arrive là, Julie a déjà commencé son assiette.

Ces prières sont utiles. Elles me rappellent que la nourriture ne naît pas par génération spontanée dans mon frigo. Je me sens plus au fait, plus reconnaissant, plus en prise sur la réalité, plus conscient de ma place dans le cycle complexe de l'houmous. Elles me rappellent de *savourer* l'houmous au lieu de l'engouffrer comme de vulgaires pilules nutritives. Et elles me rappellent que j'ai de la chance d'avoir de la nourriture tout court. Au fond, elles m'aident à voir un peu plus loin que mon nombril.

Je ne suis pas certain que ce soit le but recherché par la Bible, mais je me dis que c'est déjà un pas en avant.

L'insensé dit en son cœur : "Il n'y a point de Dieu !"

PSAUMES 14,1 (LSG)

67e jour. Les anciens Israélites étaient entourés de mécréants. Ça paraît évident quand on voit le nombre de pages que la Bible emploie à condamner l'idolâtrie, le paganisme et les faux dieux. Pas moins de 46 des 613 lois juives ont trait à cette question (à peu de chose près, suivant la façon dont on les classe). C'est, à mon avis, l'un des principaux points communs entre l'ancien Israël et le New York du XXIe siècle – nous vivons au milieu d'une mer d'incroyants.

Je me sens tenté en permanence – pas tant par un culte à Baal que par les séductions de l'humanisme séculier. Pour affronter mes démons, je décide de plonger au cœur de l'incroyance : la réunion hebdomadaire des Athées de New York qui se tient dans un restaurant grec de Midtown.

Etant donné que j'habite une ville à peu près impie, je connais un bon paquet d'athées. Mais pour rien au monde on ne les traînerait à une réunion des Athées de New York. Certains de mes amis sont athées à cette seule fin d'éviter de faire partie d'un groupe qui se réunit le week-end pour discuter d'un projet d'émission sur la chaîne câblée associative.

L'expression "club athée" semblait un oxymore, pourquoi pas un défilé de l'apathie ? Mais contre toute attente, ça existe. L'assemblée des impies se tient dans une arrière-salle, autour d'une longue table. Une grande bannière athée bleue est suspendue au plafond – juste à côté des décorations de Noël, des anges de carton argenté. Ironie que ne manquent pas de relever plusieurs participants.

Je fais connaissance avec mes voisins. Parmi eux, une femme trapue aux cheveux qui grisonnent sous une casquette à l'effigie de Darwin. Comment a-t-elle été convertie à l'athéisme ?

– J'ai grandi aux côtés d'une tante méthodiste foncièrement victorienne, me dit-elle. Je n'avais pas le droit de prononcer le mot *cuisse*. Je devais dire *jambe*. Un jour, j'ai prononcé le mot *constipation* et je me suis pris une gifle. Je ne pouvais plus supporter cette hypocrisie.

Et puis il y a ce grand type qui doit être docker ou bien entraîneur de hockey.

– Je suis un athée de la deuxième génération. Mon père crachait quand il passait devant une église ou une synagogue.

Et puis cette femme aux cheveux courts, qui semble très désireuse d'orienter la conversation vers son livre, publié à compte d'auteur, au sujet d'un nettoyeur d'arène athée dans la Rome antique.

– Le personnage principal avait pour tâche de passer derrière les gladiateurs pour nettoyer le carnage.

Reluquant ma barbe hirsute, ils me demandent ce que je suis venu faire au club athée, et je leur explique mon projet. Ils paraissent soulagés que je ne sois ni un juif orthodoxe ni un musulman militant – c'est déjà ça. Mais nous devons interrompre la conversation.

– *Chhhhhh*.

Ce chut provient de Ken, le président d'Athées de New York. Ken est un grand costaud, carré d'épaules. Il se tient à l'avant de la salle et porte une casquette de baseball bleu et blanc, aux couleurs des Athées. Ma voisine, celle qui porte une casquette Darwin, m'informe que Ken a travaillé chez IBM pendant trente-sept ans, et qu'au lieu du golf, il a choisi l'athéisme pour occuper sa retraite.

Ken commence par les annonces de la semaine. On recherche des invités pour l'émission hebdomadaire sur la chaîne de télé associative.

Par ailleurs, la soirée cinéma de la semaine aura lieu jeudi à dix-sept heures trente, et on regardera *Jugement à Nuremberg*, le film sur les crimes de guerre nazis.

– *Jugement à Nuremberg*? s'exclame un type chauve au fond de la salle.

Il n'a pas l'air content.

– Oui, répond Ken.

– Quel rapport avec l'athéisme?

– Vous verrez bien.

– Je n'ai pas l'impression que ça ait grand-chose à voir avec l'athéisme.

– Ça a tout à voir avec l'athéisme. Et avec le scepticisme.

Le chauve, vous l'aurez peut-être deviné, était sceptique.

Puis Ken entame son sermon à proprement parler – de l'importance d'affronter les "croyants".

– Il faut qu'on arrête d'être polis. On ne se fera peut-être pas que des amis. Mais il faut qu'on dise que la Bible, c'est de la littérature, pas de l'histoire.

– Moussaka! Pour qui la moussaka?

Ken s'arrête, le temps que la moussaka parvienne à son destinataire. Il n'y a qu'un serveur pour toute la table, ce qui suscite quelques plaisanteries sur le thème de la multiplication des pains.

– Vous connaissez ce proverbe qui dit "Y a pas d'athées dans les tranchées?" reprend Ken. Eh bien, je vais vous dire : je crois qu'ils feraient mieux d'arrêter de prier pour creuser une tranchée plus profonde.

– Salade grecque, pour qui ?

Ken est un bon orateur, charismatique même, il a tout du prédicateur sans dieu. Il a une voix tonitruante, tape dans la paume de sa main pour ponctuer son propos, il ne lui manque que de dire amen. Le problème, c'est que personne ne pense que Ken tienne son autorité de Dieu – du coup, il est nettement moins aisé de capter l'attention. Pendant son sermon, chuchotements et bavardages vont bon train.

Je dois partir tôt – pour cause d'obligations parentales – mais je retourne voir Ken la semaine suivante. Il me raconte qu'il a pris le chemin de l'athéisme lorsqu'il a découvert, enfant, que le père Noël n'existait pas.

– Il n'était simplement pas plausible qu'il livre tous ces cadeaux. C'était avant FedEx.

C'est donc une carence logistique qui lui a mis la puce à l'oreille et dévoilé l'imposture. Très IBM de sa part, je trouve.

– J'ai commencé à me demander quels autres bobards on me racontait.

Je lui demande s'il est difficile de diriger un groupe d'athées. Comme de mener un troupeau de chats, me dit-il. Par nature, les athées ne sont pas grégaires. Ce sont des individualistes, ajoute Ken. Ça explique peut-être pourquoi nous avons fait trente chèques séparés au restaurant.

En fait, Ken a suscité de nombreuses adhésions, mis en place des programmes. Mais allez à une réunion d'athées, et vous comprendrez pourquoi le lobby religieux n'a pas de souci à se faire avant un bon moment. Vous comprendrez pourquoi il n'y a pas de cathédrales athées qui s'élancent vers le ciel, ni, dans les hôtels, d'exemplaires de *Pourquoi je ne suis pas chrétien* de Bertrand Russell dans le tiroir du haut de la table de nuit. Pas facile de se passionner pour un défaut de croyance.

Ces derniers temps, les athées y ont mis du leur, grâce à des auteurs tels que Sam Harris, Richard Dawkins et Christopher Hitchens, sortes d'anti-papes du mouvement. Mais si la religion organisée s'appelle Goliath, alors l'athéisme organisé n'a pas fini de s'appeler David.

Garde ta langue du mal…

PSAUMES 34,14

70e jour. Nombre de mes amis s'attendent à ce que je parle comme une Bible ambulante. Ils voudraient que je – du moins mon alter ego Jacob – débite des formules telles que *malheur à qui…* ou *quiconque fera…* Je reçois des tas d'e-mails qui commencent par : "Prête l'oreille, ô Jacobs." Et de coups de téléphone du genre : "En vérité, en vérité, je te le demande, ça te dirait d'aller manger une pizza ?"

J'essaie de jouer le jeu autant que je peux ("Oui, je me réjouirai d'un festin de pizza"). Mais ça ne fait pas partie de mes priorités. Ce genre d'expressions reflète davantage la langue des traductions que celle de l'ancien Israël.

Non, parler bibliquement requiert un changement bien plus radical que de relever mon style de quelques crans. Cela exige une réorientation complète de ma conversation : plus de mensonges, plus de lamentations, plus de cancans.

Les trois sont difficiles, mais si vous le permettez, je m'attarderai particulièrement sur le problème des cancans, qui s'avère redoutable. La Bible contient au moins vingt passages condamnant le commérage. En traduction, on rencontre des mots tels que *calomnie*, *médisance*, *parole mauvaise* ou *langue pernicieuse*.

Ça veut dire que je ne peux pas me joindre au chœur de mes collègues lorsqu'ils évoquent telle actrice éméchée qui aurait gribouillé des obscénités sur le miroir des toilettes, ou telle rumeur annonçant qu'un présentateur de JT s'apprête à plaquer sa femme pour une jeunette. C'est déjà un exploit, mais je m'attendais à ce que la vie biblique exige ce genre de sacrifice.

Le problème, c'est que si on veut *vraiment* être 100 % biblique, ça va bien plus loin. Ça suppose d'éviter quasiment toute parole négative quelle qu'elle soit. Voici comment l'un de mes commentateurs de la Bible définit la langue pernicieuse : "Cela désigne toute déclaration – peu importe qu'elle soit calomnieuse ou véridique – de nature à dénigrer ou à nuire à un individu et qui, propagée publiquement, risque de causer à cette personne un tort physique ou financier, de l'angoisse ou de la peur."

En d'autres termes, 70 % des conversations new-yorkaises.

En hébreu, la langue pernicieuse est appelée *Lechon ha-ra*, et les rabbins la comparent au meurtre. Comme le dit le Talmud, "le médisant parle en Syrie et tue à Rome." Les chrétiens possèdent un concept similaire. Dans l'épître aux Ephésiens 4,29, Paul dit : "De votre bouche ne doit sortir aucun mauvais propos, mais plutôt toute bonne parole capable d'édifier, quand il le faut, et de faire du bien à ceux qui l'entendent."

La Bible autorise bien, ici ou là, certains types de médisances – un léger reproche est admis, lorsqu'il s'agit, par exemple, d'avertir un ami qu'il s'apprête à ouvrir un café avec un escroc. Mais à part ça, tout propos malveillant, sardonique, désobligeant, moqueur, narquois ou méprisant est à exclure. Ce qui est plus que difficile. Je pèche tous les jours. Toutes les heures.

Prenons ce scénario auquel j'ai été confronté le week-end dernier. Julie et moi nous sommes rendus à un mariage à Long Island ; les jeunes époux avaient eu la prévenance de louer un minibus pour renvoyer les New-Yorkais dans leurs pénates. Pourtant, pas question de piquer un roupillon sur le chemin du retour. A la place, nous allions devoir subir la conversation d'un barbichu aussi soûl que bruyant.

Pendant une heure, sans trêve, il pontifie dans l'espoir de lever une jolie blonde. Voici ce qu'elle a entendu (et tout le monde avec elle) :

– Mon one man show, *A quoi bon ?* est une dissertation sur le suicide. C'est très drôle. J'ai un esprit très comique. La mort est drôle. Je me suis marré à tous les enterrements où j'ai été.

La blonde hoche poliment la tête.

– Mon prof m'a dit un jour : "T'es un acteur génial." Et j'ai répondu : "Je sais pas ce que ça veut dire." Et c'est vrai. Je sais seulement ce que je dois faire.

Ah, nom d'un chien, j'avais une de ces envies de me pencher vers Julie pour me moquer de ce couillon verbeux avec ses cheveux plaqués en arrière et ses lunettes ronflantes à la Buddy Holly.

Il continue :

– *Pppourquoi* j'admire George Clooney ? Je vais te dire. Il veut faire quelque chose pour la société dans son ensemble – et au-delà.

J'ai envie de faire remarquer à Julie sa façon de postillonner sur les *p* et les *t*.

Quelques minutes plus tard, sautant du coq à l'âne, il sort :

– J'ai toujours eu envie d'écrire une BD qui s'appellerait *Grizelda de Soûlopolis*.

Quand il devient évident – même pour lui – que cette femme ne finira pas dans son lit, il tente d'engager la conversation avec les autres passagers. Moi y compris. Une connaissance commune avait évoqué ma contribution au magazine de quiz culturel *Mental Floss*. Il tient son amorce. Et hurle :

– Hé, là-bas, Mental Floss ! Mental Floss !! Raconte-nous-en une !

Son ton laisse clairement entendre que mon job ne se situe pas sur le même plan artistique que son one man show sur le suicide. Je rechigne. Une fois descendu du minibus, je me retiens pendant trois minutes. Julie et moi marchons en silence vers notre appartement. Mais la métaphore hydraulique s'applique assez bien aux comportements humains : la vapeur s'accumule, la pression monte dans mon cerveau. Il faut que j'ouvre la soupape.

– Nan mais t'as vu cet imbécile ? finis-je par m'exclamer à un carrefour. “La société dans son ensemble – et au-delà.” Qu'est-ce qu'il y a *au-delà* de la société dans son ensemble ? La société dans son ensemble *est* au-delà.

Julie se contente d'un signe de tête. Elle sait.

Dompter ma langue finira peut-être par me faire du bien. Mais ce n'est pas franchement simple dans un monde peuplé d'imbéciles de Soûlopolis. C'est comme me demander d'arrêter de respirer ou de cligner des yeux. Tout ce que je peux dire, c'est que je vais essayer.

Ils tombèrent face contre terre...

NOMBRES 17,10

72e jour. J'achète beaucoup de livres cette année, mais ma dernière livraison Amazon est d'importance : c'est l'autobiographie de mon ex-oncle Gil. Quand j'ouvre le carton, la première chose qui me frappe est celle-ci : Gil n'a rien contre les idoles. Il n'y a pas moins de onze photos de lui sur la couverture. Gil devant son bus hippie ; Gil les yeux fermés, en train d'humer des fleurs ; Gil trônant comme un roi dans un fauteuil rouge.

Le livre s'appelle *Retour sur terre : du gourou de Central Park au Juif de la vieille ville* et il est sorti en 2004 chez un petit éditeur juif. En Israël, certains rabbins l'ont interdit, notamment parce qu'il contient des gros mots. J'en entame la lecture, et je ne suis pas déçu. Sa vie est encore plus folle que je ne l'escomptais, même déduction faite de la part d'affabulation.

Gil a grandi au sein d'une famille laïque dans le nord de l'Etat de New York. Il est devenu conseiller financier à Phoenix – avec succès, si on l'en croit. Mais il éprouvait comme un manque. Alors il a tout plaqué et s'est métamorphosé en hippie.

Certaines de ses aventures sont typiquement hippies ; le genre de choses qu'on voit dans les premiers films de Dennis Hopper : il est resté trois jours dans les pommes après avoir pris du LSD. Il s'est nourri exclusivement de pastèques pendant deux semaines pour essayer de se purifier. Il a plané dans une fumerie d'opium pakistanaise. Il s'est fait arrêté pour s'être baigné nu, en Virginie. Sa garde-robe a consisté en une nappe.

Mais d'autres sont saugrenues même selon les critères hippies. Gil a marché jusqu'à un ashram dans le nord de l'Inde où il a vécu dans un préau sordide avec cinq mille autres adeptes. Le gourou – un homme avec une coiffure afro gigantesque et une robe cramoisie – sortait de sa maison tous les jours mais ne daignait jamais parler à Gil. Qui a attendu pendant des semaines.

Puis, un beau jour, l'éléphant de compagnie du gourou, Gita, s'est mis à ruer dans le préau de l'ashram. Panique générale. Gil s'est dressé, "a levé la main en direction de l'éléphant en furie et hurlé : « *Stop !* »" L'éléphant s'est arrêté. A compter de cette date, Gil a eu sa place parmi les intimes du gourou. Ce qui lui a permis de rencontrer John Lennon et Yoko Ono, désenchantés de leur propre gourou – le Maharishi Mahesh Yogi – parce que, explique Gil, "il avait toujours les mains collées aux fesses de Mia Farrow".

En rentrant à New York, Gil a décidé de se lancer lui-même dans la carrière de gourou. Dieu voulait qu'il crée sa secte sur un banc à l'angle de la 86e rue et de Central Park West. Il est resté assis là pendant huit mois, à contempler le bout de son nez, rassemblant à ses pieds – à l'en croire – des dizaines de disciples qui absorbaient ses vibrations : des gens en quête, des agents de change, des poètes et des stars de cinéma (Sally Kirkland !).

Je vous ai dit qu'il ne parlait pas, à l'époque ? Gil avait renoncé à la communication vocale, et il s'est tu pendant trois ans. Il dispensait la sagesse à ses disciples (par exemple, "fumez la meilleure en premier") au moyen d'une langue des signes de son invention.

Gil déménagea finalement sa "famille" à Ithaca, Etat de New York. Il vécut dans une yourte, au bord d'un étang, méditant – nous dit-il – vingt-trois heures par jour. Tous ses besoins étaient pris en charge par ses fidèles et adorateurs qui, soit dit en passant, s'étaient vu octroyer des noms merveilleusement sixties tels qu'Arc-en-ciel, Banana ou Nirvana. Et quand je dis adorateurs, ce n'est pas une hyperbole. Ils tombaient littéralement face contre terre devant lui.

La phase hindoue de Gil prit brutalement fin lorsqu'il lut une plaquette qu'on avait laissée dans ses toilettes. Ça parlait du christianisme. Passé leader évangéliste, Gil, entre autres choses, combattit les démons et guérit un sans-abri.

Cette phase-là tourna court, elle aussi, lorsque Gil se mit à lire la Bible hébraïque de plus près. C'est durant cette période qu'il suivit la Bible à la lettre : qu'il se fabriqua des pompons, qu'il les attacha à tous les coins qu'il put trouver à ses vêtements et se ficela une liasse de billets à la main.

Il se convertit finalement à des pratiques juives plus traditionnelles. Et aujourd'hui, il passe ses journées à Jérusalem, à mettre des tephillin aux touristes au pied du Mur des Lamentations, ou à organiser des dîners de shabbat pour des jeunes gens en quête de Dieu. Mais j'ai l'impression que Gil est un juif orthodoxe très peu orthodoxe. L'un de ses préceptes théologiques, c'est que tout est Dieu, une sorte de panthéisme sémite. D'autres hassidim disent que Dieu est partout – mais Gil pousse la chose à l'extrême.

Il écrit qu'on l'a un jour envoyé voir un psychiatre qui a conclu à la mégalomanie. Je cite : "J'ai dû chercher dans un dictionnaire. Ça disait : « fait de se prendre pour Dieu ». Je n'ai rien trouvé à y redire. Non seulement je me prenais pour Dieu, mais je pensais (et pense toujours) que *tout* est Dieu."

La vie de Gil a inspiré un autre livre confidentiel qu'il m'a paru bon de lire également. Intitulé *Oui mon Dieu*, cette biographie de 1980 brosse un portrait beaucoup plus sombre de Gourou Gil. Si Gil avait écrit la version Disney, celle-ci était la version Grimm.

On y découvre un Gil sexiste (dans sa secte, les hommes avaient une yourte tout confort, tandis que les femmes devaient se satisfaire de tipis), voulant tout contrôler (il allait jusqu'à indiquer à ses disciples comment se comporter aux toilettes). Pire, d'après ce livre, il arrivait à Gil de gifler les membres de la famille. Et le plus fou, c'est que, soi-disant, ils aimaient ça. "Merci d'aimer assez celui-ci pour le battre", aurait dit l'un des adeptes, à la troisième personne, selon l'usage étrange de la famille. (Gil explique qu'il était "hors de lui" durant cette période, et qu'il ne se rappelle donc pas tout, mais que ces allégations au sujet de sa prétendue violence sont outrancières.)

Il y a un passage qui évoque les parents d'une des fidèles de Gil. Ils ne reconnaissent plus leur fille – qui s'est mise à parler d'eux comme de sa "famille biologique". C'est à vous fendre le cœur. Et ça m'aide à comprendre ce que mes grands-parents ont pu endurer lorsque Kate est devenue la première adepte de Gil.

C'est ce qui m'a toujours fait le plus peur dans la religion. Quand on embrasse une religion, il faut abdiquer une part de contrôle. Mais n'est-ce pas s'engager sur une pente savonneuse, risquer de perdre toute maîtrise, de glisser à côté du judéo-christianisme conventionnel pour finir à genoux dans une yourte, aux pieds d'un type affublé d'une nappe qui vous a rebaptisé Pétale de Lotus ?

C'est pour ça que j'hésite avec Jasper. Si je lui enseigne la religion, il va peut-être finir obsédé et me faire un coup à la Gourou Gil. Mais si je ne lui inculque rien, il pourrait bien tomber dans l'anarchie morale. Dans les deux cas, c'est très risqué. J'ai l'impression que je perds à tous les coups.

Tu ne te feras aucune image sculptée,
rien qui ressemble à ce qui est dans les cieux, là-haut,
ou sur la terre, ici-bas, ou dans les eaux, au-dessous de la terre.

EXODE 20,4

75e jour. J'ai ajouté un autre commandement à la Liste de mes Principales Infractions : l'interdiction de produire des images. C'est une entrée surprise. Avant que je me penche sur la question, je n'avais aucune conscience de l'omniprésence des images ni de la fréquence à laquelle j'en produisais.

L'interprétation lâche du deuxième commandement – qui commence par "Tu ne feras aucune image sculptée" – en fait une interdiction de l'idolâtrie. Dieu nous demande de ne pas nous prosterner devant des veaux d'or ou des stèles.

Mais l'interprétation plus stricte, dont on trouve encore des échos dans la tradition judéo-chrétienne aujourd'hui, consiste à dire qu'il ne faut tolérer aucune espèce d'image. Ni dessin, ni sculpture, ni photographie. Ni peinture, à moins d'être Rothko ou Mondrian. Au motif que la seconde partie du commandement nous interdit de produire "rien qui ressemble à ce qui est dans les cieux, là-haut, ou sur la terre ici-bas, ou dans les eaux, au-dessous de la terre". Soit à peu près tout.

De nos jours, les tenants les plus rigoureux de ce principe en Amérique sont probablement les amish susmentionnés. L'islam conservateur est également connu pour son refus des images. C'est pour cette raison que les talibans ont fermé tous les cinémas et que des émeutes ont éclaté lorsqu'un journal danois a publié des caricatures de Mahomet.

Puisque je suis la Bible à la lettre, je me sens en devoir d'adopter une approche rigide, à mi-chemin entre les amish et les talibans. Chose terriblement difficile.

Je ne peux plus griffonner distraitement. Je ne peux plus utiliser d'émoticones, ce que je n'ai de toute façon jamais fait, mais c'était toujours agréable de savoir que j'en avais la possibilité. Je ne peux plus allumer la télé (même si je décide que j'ai le droit de la regarder lorsqu'elle est déjà allumée, parce qu'on ne peut appeler ça "produire une image").

J'avais coutume d'occuper Jasper en cherchant des images de ses animaux préférés sur Google ; c'est fini. C'est probablement une bonne chose, parce que taper des mots comme *minette* aboutit fatalement à la photo d'une femme vêtue d'un costume de chat très léger et qui se lèche la main.

J'ai tenté d'arrêter de prendre des photos. Enfin, autant que possible. Quand j'ai rechigné à immortaliser ma femme et sa mère lors de l'anniversaire de cette dernière, Julie a dit :

– On peut s'entretenir en privé, s'il te plaît ?

Résultat de cette négociation tendue : je prendrais cette photo, mais ensuite, terminé.

Je dois dire que ce régime draconien est parfois un casse-tête. Ce matin, Jasper a vidé ses Play-Doh sur la table. Et, comme d'habitude, il m'a indiqué quoi faire. Il a désormais passé le stade des grognements et possède un vocabulaire de vingt et quelques mots.

– Balle !

– Qu'est-ce que tu dirais d'un cercle ?

J'imagine que j'ai droit aux figures platoniciennes. Je forme un cercle.

– Voiture !

– Tu veux voir un rectangle ?

Je lui fais un rectangle.

– Nemo, dit Jasper. (C'est ainsi qu'il désigne toute espèce de poisson ; en bon protoconsommateur, Jasper s'exprime par noms de marques.)

– Et voilà, dis-je en formant un ovale.

Je commence à être à court de figures.

Jasper a l'air déçu par ma géométrie Play-Doh. Je me sens ridicule de lui refuser un poisson, mais je sais aussi que je dois vivre cette expérience à fond, sans quoi je risque de passer à côté de découvertes spirituelles fondamentales. Pas question de prendre des raccourcis.

En tout cas, je peux m'appuyer sur moult précédents historiques. Le deuxième commandement a joué un rôle considérable dans la Réforme. Plusieurs leaders protestants – dont Jean Calvin – ont préconisé qu'on enlève et/ou détruise les peintures et sculptures des églises. Des émeutes ont eu lieu en Suisse et en Ecosse, notamment. En plus d'être source d'idolâtrie, les images étaient considérées comme l'expression de la vanité humaine. Les artistes tentaient de rivaliser avec le Dieu de la création.

Les juifs aussi ont, par intermittence, obéi à ce commandement. Les juifs orthodoxes refusent toujours de sculpter le corps humain. En Allemagne, au XIVe siècle, certains, qui refusaient de dessiner des hommes, inventèrent néanmoins mon subterfuge préféré : ils illustraient leurs textes d'humains à tête d'oiseau. Vous comprenez, le commandement interdit de ne rien dessiner qui ressemble à ce qu'on trouve dans les cieux ou sur la terre – or, techniquement, les hommes à tête d'oiseau n'existent ni dans les cieux ni sur la terre. Ingénieux, non ?

Mes vacances iconographiques se sont avérées surprenantes, instructives même. Malgré les inconvénients que ça présente, j'aime me passer des images.

Primo, ça s'accorde avec mon métier. Les images sont en train de prendre le dessus, et les écrivains deviennent une espèce en voie de disparition. Les Norman Mailer d'aujourd'hui en sont réduits à rédiger des jeux de mots pour légender les photos des paparazzi. Les blogs – qui menaçaient, ô combien, les auteurs professionnels – cèdent la place aux blogs vidéo. Nous, auteurs, devons faire du deuxième commandement notre cri de ralliement afin de faire valoir l'importance des mots. Dans un monde qui respecterait la lettre de la Bible, toutes les publications ressembleraient à la une du *Wall Street Journal*. Du moins à ce qu'elle fut.

Secundo, je crois à l'idée que le divin réside plus volontiers dans le texte que dans l'image. Le texte est plus propice à la pensée abstraite, à une séparation entre soi et le monde physique, il nous ménage davantage d'espace pour rencontrer Dieu. J'ai déjà beaucoup de peine à concevoir un être infini. Vous imaginez si les parchemins originaux nous étaient parvenus sous la forme d'une BD pleine d'images du Seigneur ? Je n'étais pas près de communier avec le divin.

La Bible a raison : un déluge d'images favorise l'idolâtrie. Il n'y a qu'à voir le culte des personnalités qui a cours en Amérique aujourd'hui. Y a qu'à voir Hollywood. Y a qu'à voir Washington. J'aurais aimé que la course à la présidence soit régie par le deuxième commandement. Pas de spots télévisés. Un débat cantonné à la radio. Il nous faut un président laid. Je suis sûr que nous passons à côté d'Abe Lincoln potentiels parce qu'ils auraient l'air godiches et dégingandés à la télé.

N'aime pas à somnoler, tu deviendrais pauvre.

PROVERBES 20,13

77e jour. L'autre jour, mon grand-père m'a demandé : "Tu dors avec la barbe au-dessous ou bien au-dessus des couvertures ?" Maintenant que je suis conscient de la chose, je n'arrête pas d'y penser. Je change de position à chaque instant.

Ce n'est que l'une des raisons de ma difficulté à m'endormir. Le problème, c'est que je télécharge tant de données spirituelles pendant la journée que je passe mes nuits à essayer de les traiter dans mon lit. (Soit dit en passant, mon insomnie conviendrait très bien à l'auteur des Proverbes ; il tient le sommeil pour un signe de paresse conduisant à la pauvreté.)

Ce soir, couché dans mon lit, je pense à Answers in Genesis, qui vient de m'envoyer une nouvelle brochure tout en couleur. Peut-être me suis-je débarrassé un peu trop vite du problème du créationnisme. Aussi improbable que le scénario des six jours puisse paraître, ne devrais-je pas au moins lui accorder le bénéfice du doute ?

Je conduis donc une expérience. J'essaie de me mettre dans la peau de mon alter ego Jacob. Je me persuade que la terre a été formée il y a une poignée de générations. Je ne peux pas y croire à 100 %, mais pendant quelques minutes, j'y crois presque.

Et c'est fascinant. La première chose que je remarque, c'est que je me sens plus proche d'autrui. Si tous les habitants de la terre descendent de deux êtres identifiés – Adam et Ève – alors la "grande famille humaine" n'est pas qu'une formule creuse. C'est une vérité. Le type qui me vend des bananes à l'épicerie de la 81e rue, c'est mon cousin.

Mais plus puissant encore est cet autre sentiment : ma vie a davantage de sens. Si la terre a dix milliards d'années, je suis à peine une goutte dans l'océan de l'univers. Mais si elle n'a que six mille ans, j'aurai connu une part satisfaisante de l'existence du monde. Je ne suis pas qu'un figurant. J'ai un vrai rôle dans le film de la vie.

Mon expérience de pensée a cristallisé une tension fondamentale que j'ai relevée dans la Bible. D'une part, la Bible enseigne une extrême humilité. Les hommes sont des pécheurs, à peine dignes de prier Dieu.

D'autre part, on y une trouve une certaine – comment dire – arrogance. Orgueil, peut-être. Les hommes sont l'apogée de la création biblique, le meilleur, ceux que Dieu a gardés pour la fin, le sixième jour, des êtres nettement supérieurs aux bêtes et à la nature. Nous sommes faits à l'image de Dieu. (Comme l'a dit le philosophe du XVIIe siècle Baruch Spinoza, si le triangle pouvait parler, il dirait que Dieu est éminemment triangulaire.)

Je crois que c'est une des motivations clés du créationnisme : le besoin de se sentir moins insignifiant. Je me souviens que Mark Looy, l'attaché de presse du Creation Museum, m'avait dit : "La théorie de l'évolution affirme que nous sommes le produit du hasard. Que nous nous sommes développés à partir de l'écume des mares. Quand on dit ça, on n'attribue pas beaucoup de valeur à l'humanité. Si on dit qu'on est le produit d'accidents et de processus aléatoires, quel but et quel espoir proposons-nous à la jeunesse ?"

Comme je ne me convertirai jamais au créationnisme, il faudra que je trouve de la dignité, de l'amour-propre et du sacré en dépit de nos origines fangeuses.

Instruis l'enfant selon la voie qu'il doit suivre ;
et quand il sera vieux, il ne s'en détournera pas.

PROVERBES 22,6 (LSG)

78e jour. Je porte plus souvent des lunettes de soleil à présent. Je n'ai rien trouvé dans la Bible qui l'interdise, et elles donnent à ma barbe – qui maintenant m'arrive presque à la pomme d'Adam – un air légèrement plus branché. Plus producteur de rock indépendant, moins Crown Heights*. Aujourd'hui, je les

* Quartier de Brooklyn où vit une importante communauté juive orthodoxe.

ai mises pour aller au terrain de jeux avec ma femme et mon fils. Julie parcourt son magazine *People* sur un banc, tandis que je gambade en tout sens derrière Jasper.

Il veut faire de la balançoire.

– D'accord, attends juste une seconde, lui dis-je.

Je sors une bouteille de lotion antibactérienne du filet de la poussette. Ces terrains de jeux, c'est une mêlée générale de microbes. J'astique la chaîne du côté gauche de la balançoire, puis entame le côté droit. Jasper couine qu'il veut monter tout de suite.

– On y est presque.

Julie lève les yeux de son magazine pour observer la bataille en cours.

– A. J., dit-elle. Casque.

Casque est un code que Julie emploie pour me signifier que je me comporte comme un père atteint de folie surprotectrice. Nous nous sommes tellement bagarrés à ce sujet qu'elle a jugé plus simple de résumer sa position en un seul mot : casque. Elle a choisi ce mot parce qu'un jour, sans rire, j'ai regardé les prix des casques pour bébé sur internet.

C'est vrai quoi, ces gamins sont tellement fragiles. Ils n'ont que ce petit crâne tout mou pour séparer leur cerveau du trottoir. Leur système immunitaire n'a eu que deux ans pour s'étoffer.

La semaine dernière, Julie et moi nous sommes disputés parce que je ne voulais pas que Jasper fréquente la maternelle internationale. C'est une maternelle où beaucoup d'employés de l'ONU envoient leurs enfants.

J'ai dit que je ne voulais pas qu'il s'intéresse trop aux pays étrangers, parce que ça pourrait lui donner envie de s'expatrier quand il serait grand.

– Rassure-moi, c'est une blague ?

– Non, je veux qu'il vive dans la même ville que moi.

– C'est pour ça que tu ne veux pas qu'il aille là-bas ?

– Oui.

– C'est du délire.

Elle m'a dit qu'il fallait que je laisse Jasper respirer. Sinon, j'étais parti pour lui couper son hot-dog en petites bouchées quand il aurait dix-neuf ans et pour le chaperonner au bal de fin d'année. C'est là qu'elle a établi le code du *casque*.

Peut-être qu'elle a raison. Peut-être que je devrais davantage traiter Jasper comme Dieu traite les êtres humains dans la Bible. Il nous a dotés du libre arbitre. Nous a abandonné une part de son contrôle afin que nous puissions commettre nos propres erreurs, remporter nos propres victoires.

Peut-être que je devrais. Mais je n'y arrive pas. Je ne peux pas l'exposer à une balançoire insalubre et à ses millions de micro-organismes. Alors je passe un autre coup de désinfectant sur la chaîne de droite. Julie secoue la tête.

Mieux vaut aller à la maison du deuil qu'à la maison du banquet...

ECCLÉSIASTE 7,2

80e jour. La famille au grand complet est rassemblée dans l'appartement de mon grand-père à Midtown pour un déjeuner tardif. Nous honorons la mémoire de ma grand-mère, qui est morte il y a deux ans. C'est notre petit rite laïque – nous nous réunissons une fois par an pour évoquer son souvenir. Ma grand-mère était une femme remarquable – intelligente, drôle, élégante, organisée au-delà de toute imagination (chacun de ses six enfants s'était vu assigner une couleur qui valait pour toutes ses serviettes, pour les petits mots qu'on lui laissait, etc.).

Et Dieu qu'elle était laïque ! Pour elle, la famille était l'alpha et l'oméga, alors elle trouvait particulièrement inexplicable l'histoire d'Abraham, qui a failli sacrifier son fils Isaac en haut d'une montagne.

– Comment un père peut-il seulement songer à tuer son fils ? m'avait-elle dit un jour, quand j'étais enfant. Quelle histoire horrible.

Lorsque sa fille s'est convertie à l'orthodoxie, ma grand-mère – bien qu'elle n'ait jamais cessé d'aimer Kate – est passée de laïque à férocement antireligieuse. Je me rappelle un jour où je marchais avec elle dans la 57e rue. Nous sommes passés devant un hassid à manteau noir et chapeau noir. J'ai tourné les yeux vers ma grand-mère, qui regardait cet homme fixement, de façon presque agressive – quand soudain elle a tiré la langue. Le temps d'un éclair, à la vitesse du serpent.

– Qu'est-ce que tu fais ? ai-je demandé.

– Je tire toujours la langue à ces gens-là.

– Tu crois qu'il a vu ?

– Oui, m'a-t-elle dit, il a vu. Il sait.

Elle était déchirée entre son moi habituel, poli, élégant, et cette véritable haine pour ce qu'elle considérait comme du fondamentalisme. Je me demande souvent ce qu'elle aurait pensé de mon projet.

Tout le monde est présent aujourd'hui, aussi bien ma tante Kate que ma tante végétalienne et féministe Marti, de Berkeley. Sévère, celle-ci m'éclaire sur quelques termes religieux politiquement incorrects, à éviter en raison de leur violence sous-jacente.

– Mieux vaut ne pas employer le terme de *sacré*, parce que c'est la même racine que *sacrifice*. Comme dans sacrifice animal.

– O.K.

– Et le mot *hostie* vient du latin *hostia* qui signifie “victime offerte en sacrifice”. Alors essaie de t'en passer.

– Et le mot *Bible* ?

– Ça, je ne suis pas très sûre.

– Ça vient de *byblos*, le mot grec pour *papyrus*. Fabriqué à partir de cadavres de plantes naguère vivantes.

– Oui, évite peut-être celui-là aussi, conclut-elle.

Kate me fait aussi quelques suggestions linguistiques. Juste avant le déjeuner, Jasper veut me montrer ce truc fascinant qui consiste pour lui à sauter du tapis sur le plancher, alors il me tire par la manche et dit : “A. J. ! A. J. !”

– Oui, je te regarde.

– Il t'appelle A. J. ? s'exclame Kate.

– Ouais. On s'appelle par nos prénoms.

J'ai bien essayé de convertir Jasper au plus traditionnel “Papa”, mais il tient à A. J. Alors je m'y suis fait.

– Les enfants ne sont pas censés utiliser les prénoms de leurs parents, dit Kate. C'est irrespectueux.

Elle a probablement raison ; à l'époque biblique, il n'y avait pas de père cool du genre mon-fils-et-moi-on-est-potes. Sans que je m'en rende compte, Jasper violait le commandement d'honorer ses parents.

Quelques minutes plus tard, alors que nous sommes tous à table, mon grand-père me demande :

– Quelle est la règle la plus étrange que tu doives suivre ?

Je parcours mentalement ma liste des Cinq Règles les Plus Problématiques. J'en pioche une au hasard.

– Probablement celle qui dit qu'au cours d'un pugilat, si l'épouse de ton adversaire t'attrape par les parties, tu dois lui couper la main.

– Ça, pour être étrange, c'est étrange.

Assurément. Mais c'est exactement ce que dit la Bible dans le Deutéronome 25,11-12 :

> Lorsque des hommes se battent ensemble, un homme et son frère, si la femme de l'un d'eux s'approche et, pour dégager son mari des coups de l'autre, avance la main et saisit celui-ci par les parties honteuses, tu lui couperas la main sans un regard de pitié.

Jusqu'ici (je touche du bois), j'ai réussi à éviter de me battre avec un homme dont la femme avait l'air d'avoir de la poigne. Donc j'imagine que j'obéis au commandement par défaut et je m'en félicite.

Mais, comme pour le mélange de fibres, je suis déconcerté. Pourquoi une telle spécificité ? Pourquoi la Bible bannit-elle précisément ce coup sous la ceinture et pas, mettons, un coup de poing dans le ventre ou un coup de pied où je pense ? Julie émet l'hypothèse que l'auteur du Deutéronome a précisément été victime de ce scénario déplaisant et qu'il a décidé de le bannir pour l'éternité.

Par malheur, Kate est à portée de voix lorsque j'évoque la règle sur les parties génitales. Merde. Je la croyais dans la cuisine. Je ne voulais pas qu'elle m'entende parler des règles folles sans compenser en en citant de bonnes.

Et ça ne rate pas, elle paraît accablée. Comme si elle venait de découvrir que son fils fumait deux paquets par jour. Elle étudie la Bible depuis des années, mais elle n'avait jamais entendu parler du passage sur l'épouse casse-bonbons. C'est qu'on n'y insiste guère, dans les synagogues.

Le lendemain, je trouve trois messages sur mon répondeur. Tous de Kate. "Est-ce que la Bible t'interdit aussi de répondre au téléphone ?" dit-elle.

Je la rappelle.

– J'ai parlé à mon rabbin, dit Kate. Et, oui, c'est bien dans la Torah.

Mais… c'est censé porter un message plus large : tu n'embarrasseras pas autrui. Ici, notre épouse embarrasse son mari en supposant qu'il a besoin d'aide. De même qu'elle embarrasse son adversaire, eh bien, en lui attrapant les parties. En plus, ajoute Kate, on ne coupait pas réellement la main de l'épouse. C'est une métaphore. Elle devait seulement payer une amende.

O.K. Ça paraît effectivement plus rationnel si on l'interprète comme ça. Mais je pose une question : pourquoi la Bible ne le dit-elle pas tout de suite ? Pourquoi ne pas mettre "Tu n'embarrasseras pas autrui" ? Pourquoi ce codage mystérieux ?

J'ai posé la question à tous les Juifs de mon comité d'experts spirituels. La meilleure réponse que j'aie obtenue est celle du rabbin Noah Weinberg, cofondateur d'Aish Ha Torah, le cercle d'études : la vie est un puzzle, m'a-t-il dit. La joie et le défi de la vie – et de la Bible – c'est de réussir à le résoudre. "Si les pièces du puzzle étaient numérotées, vous le retourneriez au magasin." Pareil pour la vie.

C'est une bonne réponse, mais elle ne me satisfait pas pleinement. Je vais devoir continuer à creuser.

Maudit seras-tu à la ville et maudit seras-tu à la campagne.

DEUTÉRONOME 28,16

82e jour. Ce soir, j'enfreins le huitième commandement – tu ne voleras point – et j'en paie le prix.

Cela se produit lorsque j'essaie de me renseigner sur les différents types d'encens biblique sur internet. Le problème, c'est que notre connexion Wi-Fi est en panne. Alors je pars en quête d'un signal. Je prends mon portable avec moi et je descends au quatrième étage par l'escalier de secours aux murs gris. Je vais peut-être pouvoir pirater le réseau d'un voisin. J'en essaie un qui s'appelle Sonicboy. En vain. Mot de passe requis. Je descends d'un étage. Zildo y Zelda ? Perdu. Il faut encore un mot de passe. Mais un étage plus bas, je trouve un réseau qui porte le nom magnifique de Wi-Fi. Très bon signe. S'ils ne prennent pas la peine d'inventer un nom, ils n'ont peut-être jamais entendu parler de ce gadget dernier cri qu'on appelle un mot de passe. Gagné, je capte un signal. Mais il n'est pas assez fort, alors je descends encore deux étages. Et c'est là que je trébuche, me prend la rampe dans le genou et cogne mon ordinateur contre le mur.

Bien fait pour moi. La Bible dit "tu ne voleras point" ; j'ai volé les ondes Wi-Fi de mon voisin. Et maintenant je clopine dans l'appartement avec un genou amoché.

S'agissait-il d'une punition divine ? Je ne sais pas. Honnêtement, je ne crois pas. Est-ce que mes ancêtres israélites l'auraient pensé (si je leur avais expliqué la nétiquette du Wi-Fi) ? Peut-être. Comme pour tout dans la Bible, il n'y a pas de réponse simple à la question des conséquences du péché. Il y a plusieurs grands thèmes.

Le premier, c'est que Dieu va punir le pécheur, et qu'Il va le punir ici-bas. Ce motif est particulièrement développé dans le chapitre 28 du Deutéronome, qui contient les trois pages les plus terrifiantes de l'histoire de l'édition. On peut y lire toutes les maladies horribles et les catastrophes climatiques qui s'abattront sur celui qui ne vit pas selon la Bible.

Le Seigneur le "frappera de consomption, de fièvre, d'inflammation, de brûlures, de sécheresse, de rouille et de nielle" (TOB).

Et ce n'est qu'un échauffement. Ça continue :

"Les cieux au-dessus de toi seront d'airain et la terre sous toi sera de fer. La pluie de ton pays, Yahvé en fera de la poussière et du sable."

En fait, tout cela est d'une étrange beauté. Si l'on met entre parenthèses le fait que les mots nous condamnent aux supplices de la douleur, de la soif et de la démangeaison, c'est poétique, à vous couper le souffle.

"Tu iras à tâtons en plein midi comme un aveugle va à tâtons dans les ténèbres..."

"Tu prendras une femme comme fiancée, mais un autre homme la possédera..."

Ça va jusqu'à dire qu'on en sera réduit à manger ses enfants et à essayer de se vendre comme esclave – sans succès. Parfaitement. On n'est même pas bon pour l'*esclavage*. Il y a aussi un passage qui énumère les bonnes choses promises à ceux qui respectent la loi. Mais il est quatre fois moins long que la liste des malédictions. Ce sont les malédictions qui vous marquent.

Dans certains cercles hyperreligieux, ce mode de pensée perdure. Jerry Falwell, par exemple, a prétendu que le 11-Septembre venait punir la dépravation de l'Amérique.

Je me surprends moi-même à donner, de temps à autre, dans l'idée que les mauvaises-gens-n'ont-que-ce-qu'ils-méritent. Mais ça ne dure que quelques secondes. Le monde n'a pas l'air de fonctionner comme ça. Il n'y a qu'à voir les gens méchants en Amérique. Ils n'ont pas de furoncles sur les jambes et ils ne mangent pas leurs enfants. Beaucoup vivent dans des appartements de luxe, et certains ont leur propre reality show.

Heureusement, la Bible est un gros livre, un livre infiniment complexe, et il existe beaucoup d'autres approches. L'un des thèmes récurrents – qu'on trouve principalement dans le Nouveau Testament – est qu'on sera récompensé au paradis. Une autre tendance – présente dans l'Ecclésiaste ou le Livre de Job – adopte un point de vue moderne, presque agnostique.

L'Ecclésiaste est probablement mon livre préféré de la Bible. Je l'ai découvert à travers l'article de l'*Encyclopaedia Britannica*, et depuis ce temps-là, je l'adore. Appelé *Qohèlet* en hébreu, c'est un recueil de pensées et de réminiscences d'un homme qui se fait passer pour le roi Salomon. A en croire les exégètes modernes, l'auteur n'était probablement pas Salomon mais un poète aujourd'hui anonyme du IIIe siècle avant notre ère. Quoi qu'il en soit, son écriture force le respect.

Chaque fois que je le lis, je me sens entonner un petit répons silencieux avec le texte. "Oui." "Très juste." J'ai ce frisson qu'inspire la reconnaissance de pensées qu'on a eues soi-même, mais sans jamais avoir été capable de les restituer dans une langue aussi belle. Et j'ai un sentiment d'étrangeté à me trouver sur la même longueur d'ondes qu'un homme qui a vécu il y a deux mille ans. C'est là que j'ai le plus frôlé le prosélytisme – quand j'ai dit à des amis qu'ils *devaient* lire l'Ecclésiaste.

En tout cas, l'auteur de l'Ecclésiaste écrit : "La course n'est point aux agiles, ni la guerre aux vaillants, ni le pain aux sages, ni la richesse aux intelligents, ni la faveur aux savants ; car tout dépend pour eux du temps et des circonstances" (9,11 LSG).

L'Ecclésiaste dit que la vie est incertaine. "Fumée de fumées… tout est fumées." (Traduction plus exacte de la phrase qu'on rend habituellement par : "Vanité des vanités… tout est vanités.") Inutile d'espérer sonder les mystères de l'esprit divin. Il arrive du mal aux bonnes gens. Idiots et génies, saints et pécheurs – nous mourons tous. Ce que nous pouvons faire de mieux, c'est essayer d'apprécier les grandes choses que Dieu nous a données – le manger, le boire, le plaisir d'un travail honnête. Nous devons suivre les commandements, mais sans garantie que nous en serons récompensés pendant cette vie.

C'est la sagesse même. Sois bon pour l'amour du bien, comme quelqu'un l'a dit un jour. C'est une vision pragmatique du monde. Le truc, c'est que ce n'est pas une vision très solide. C'est fumée, tout est fumées. Si j'étais sûr d'être puni pour mes péchés, j'aurais une raison incontestable de suivre la parole de Dieu. Mais je doute d'en être jamais convaincu. Alors que faire ? Il y a une part de moi qui veut quelque chose de plus tangible que du fumeux. Le trouverai-je d'ici la fin de l'année ? Ou cela revient-il, comme le dit l'Ecclésiaste, à courir après le vent ?

Il pèche, celui qui méprise son prochain...

PROVERBES 14,21

84ᵉ jour. Je m'efforce d'aimer mon prochain, mais à New York, la tâche est particulièrement difficile. C'est une ville distante. Comment puis-je aimer mon prochain alors que je ne connais même pas le nom de mes voisins ? Je les connais seulement comme la femme-dont-la-cuisine-empeste ou le type-qui-est-abonné-au-*Wall Street Journal*, et ainsi de suite.

Enfin, sauf Nancy du 5I. Nous avons sympathisé parce que notre fils et son beagle ont à peu près le même âge, quasiment le même vocabulaire, et partagent les mêmes centres d'intérêt, par exemple courir en tous sens dans le couloir.

Nancy est une ancienne hippie qui fut l'amie de Jimi Hendrix et de Janis Joplin. En fait, elle ressemble à ce que Janis Joplin serait devenue si elle avait vécu trente-cinq ans de plus. Dans les sixties, Nancy a consommé un paquet de drogues, entretenu quelques relations désastreuses avec des hommes, travaillé comme serveuse, écrit de la poésie, et aujourd'hui elle vit toute seule avec son chien et écoute Howard Stern tous les matins. Elle est presque toujours vêtue d'une robe bain de soleil et d'une casquette de laine. Elle parle d'elle-même comme de "la dame cinglée avec le chien".

Elle est d'une timidité usante, presque farouche. Elle veut bien faire un tour chez nous de temps à autre, mais lorsque je frappe à sa porte, elle se contente toujours de passer la tête dans l'entrebâillement. "Je peins un mur à la fois, m'a-t-elle un jour expliqué. Je ne veux pas que les gens voient le résultat avant que ce soit terminé." Une fois, elle m'a aussi dit que je la troublais parce que je la regardais trop dans les yeux. (A vrai dire, c'est l'un de mes problèmes. J'oublie souvent de détourner le regard à intervalles réguliers pendant une conversation, et je dois sans cesse me le rappeler ; sans quoi les gens risquent de me prendre pour un psychopathe qui garde une collection de nez dans une tasse au congélateur.)

Nancy a été mariée pendant un moment, après ses études, mais elle n'a pas pu avoir d'enfants. Elle est donc devenue la marraine officieuse de notre fils. Elle a passé les derniers mois à esquisser son portrait. "J'aurai bientôt fini, promet-elle. Avant son entrée à l'université."

Et aujourd'hui, elle apporte à Jasper un pré-cadeau d'anniversaire : une arche de Noé en bois assortie d'une ménagerie de petits animaux peints. Elle a jugé bon de lui trouver quelque chose de biblique. Je demande à Jasper de dire merci, mot dont il ne prononce pas les consonnes fatigantes, ce qui donne quelque chose comme *èhi*.

– C'est intéressant, tu sais, dis-je à Nancy quand, assis à la table de la cuisine, nous regardons Jasper procéder à l'embarquement des girafes. Je lisais justement dans un de mes commentaires de la Bible combien le déluge était une histoire tragique – qui a vu périr des millions de gens et d'animaux – et qu'il était étrange qu'on en fasse toujours de jolis jouets pour enfant.

Nancy a l'air blessée.

– Non mais je…

Argh. Quel crétin. En voulant étaler ma culture biblique, j'ai réussi à insulter ma seule voisine sympa. La Bible recommande de ne pas jouer les monsieur-je-sais-tout : "L'homme avisé cèle son savoir…" (Proverbes 12,23).

– J'adore cette arche, dis-je. Elle est très chouette…

– C'est pas grave, répond-elle, remise du choc. Ça aurait pu être pire, j'aurais pu lui offrir les dix plaies d'Egypte en peluche.

Nancy est une bonne voisine, probablement la meilleure que j'aie eue depuis que j'habite New York. Alors ce sera l'une de mes missions de l'année : faire quelque chose de bien – une bonne action, une *mitsvah* – pour ma voisine du 5I.

Eh bien ! Jacob couchera avec toi cette nuit
en échange des mandragores de ton fils.

GENÈSE 30, 15 (BDS)

87e jour. Cela va faire un an cette semaine que Julie et moi essayons officiellement d'être féconds et multiples. Toujours sans succès. C'est pourquoi nous avons décidé de prendre des mesures radicales. Nous allons tenter la fécondation *in vitro*.

C'est moralement plus stressant que je n'aurais cru. Maintenant que ma vie baigne dans la religion, je sais que plusieurs instances supérieures condamnent cette procédure. L'Eglise catholique, par exemple, dénonce la F.I.V. pour plusieurs raisons. Parmi elles : le fait que cela rompe ce qu'un magazine catholique appelle "l'unité et l'intégrité" de la "fécondité conjugale". C'est-à-dire que la conception se déroule en dehors du corps de la femme, lieu auquel Dieu l'avait assignée.

D'un autre côté, la plupart des rabbins n'y voient aucun problème – certains exégètes juifs avancent même que "soyez féconds, multipliez", entraîne l'impératif moral de tout mettre en œuvre pour tomber enceinte. C'est pour cette raison que les cliniques spécialisées de New York sont souvent pleines de chapeaux noirs et de barbes volumineuses.

Bien sûr, la Bible n'aborde pas directement le sujet. Aucune mention de la F.I.V. dans les Ecritures, pas même sous le vocable désormais obsolète de "bébé-éprouvette". Elle renferme cependant une histoire au sujet des médicaments contre la stérilité – ou du moins leur équivalent antique. Vous vous rappelez Jacob, qui était marié à deux sœurs : Léa (la machine à faire des bébés) et Rachel (au ventre stérile). A un moment, Rachel était tellement désespérée qu'elle a imploré sa sœur de lui donner de la mandragore. La mandragore est cette plante méditerranéenne dont les racines fourchues étaient réputées guérir la stérilité. Rachel a eu sa mandragore, mais son stratagème s'est retourné contre elle. Car en échange, elle avait accordé à Léa une nuit avec Jacob – et il semble que cette nuit-là, justement, Jacob ai été au comble de la virilité. Léa est tombée enceinte. Rachel non, du moins provisoirement. Donc… on pourrait avancer que la Bible désapprouve implicitement les traitements contre la stérilité.

Mais franchement, ce serait spéculer. Si je prends la Bible à la lettre – au mot – je ne trouve aucune indication dans un sens ou dans l'autre.

Nous allons donc essayer la F.I.V. Le fait que le traitement soit couvert par ma nouvelle assurance n'est pas indifférent. Ni le fait que nous ayons un lien familial avec le procédé. Mon cousin David – vingt-trois ans – fut le tout premier bébé-éprouvette de l'Etat de New York. On a vu sa petite bouille artificiellement assistée en couverture du *Daily News.* Il a l'air d'avoir bien tourné. Il s'accorde très bien avec le reste de la famille – si l'on excepte ma tante ultra-progressiste Marti, qui lui cherche querelle chaque fois qu'ils sont dans la même pièce. David, ancien président de sa confrérie étudiante, aime les choses viriles telles que le baseball et un bon gros steak bien juteux. Pas Marti. Chaque fois qu'on fait une photo de famille, elle demande à tout le monde de dire *"tofu!"*, ce qui pousse immanquablement David à hurler, avec une jubilation mauvaise : *"romsteck!"* (Pour être précis, Marti a depuis décidé que le soja était mauvais pour la santé et elle préfère désormais dire *"végétalien"*.)

La F.I.V. est un procédé d'une étonnante complexité. La préparation à la fécondation effective passe par quarante jours de piqûres, de pilules, de tampons désinfectants, et par un redoutable déploiement de seringues. Certes, je ne suis pas le plus mal loti des deux. A vrai dire, c'est Julie qui doit se faire transpercer par une aiguille chaque jour. Mais je n'en dois pas moins tenir le rôle de l'infirmière et mélanger des poudres blanches à de l'eau stérile dans ce qui ressemble à l'expérience de chimie la plus stressante de ma vie.

Le premier soir, une infirmière à l'accent russe est venue à la maison pour me montrer comment piquer Julie. Elle lui a demandé de baisser son pantalon et de se pencher en avant.

– C'est exactement comme de lancer une fléchette, m'a-t-elle expliqué.

Sauf que là, si tu rates, la cible se met à saigner.

– Tous les soirs, vous changez de fesse – d'abord la droite, puis la gauche, puis la droite, puis la gauche... Et assurez-vous que l'aiguille touche le point d'impact idéal situé en haut de la fesse, m'a-t-elle conseillé.

Je n'aime pas l'imprécision. Alors j'ai ouvert un tiroir, sorti un marqueur vert, et prié l'infirmière de bien vouloir me dessiner la localisation exacte de ces "points idéaux" sur les fesses de Julie. Ce qu'elle a fait. Ce qui m'aide énormément. Mais pas Julie. Elle se plaint qu'à chaque fois qu'elle porte un pantalon blanc, tout le monde voit deux yeux verts sur son derrière.

– J'espère que ça va marcher, m'a-t-elle confié hier. Parce que je ne crois pas que je supporterai ça une deuxième fois.

... Car Dieu est pour la race du juste.

PSAUMES 14,5

91e jour, la fin du troisième mois d'Objectif Bible. Grâce à sa barbe, mon alter ego Jacob a l'air de plus en plus religieux. Ou, pour être plus précis, de plus en plus juif. Je m'en suis aperçu quand des touristes m'ont arrêté dans la rue, l'autre jour, pour me demander : "Vous sauriez où on peut manger un bon *knish*, à New York?" Mieux encore, un type de la soupe populaire où je suis bénévole m'a déclaré : "T'as vraiment l'air juif." Difficile de se méprendre sur le sens de cette dernière remarque.

En revanche, mon état moral laisse beaucoup à désirer. Je m'en rends compte aujourd'hui, alors que je suis assis dans le bus à lire l'Ecclésiaste.

Je suis très concentré. Trop. Je sens quelqu'un me taper sur l'épaule. Ça m'agace. Je n'aime pas que des inconnus me touchent. Je lève les yeux. Il s'agit d'un homme d'une cinquantaine d'années.

– Excusez-moi, cette dame ne se sent pas bien. Pourriez-vous lui laisser votre place ?

Il fait signe en direction d'une grande brune qui se tient juste en face de moi. Comment n'ai-je rien vu ? Elle a l'air horriblement mal : son teint est cireux, presque de la couleur des haricots de Lima. Elle est pliée en deux. Et elle pleure.

Je me lève à toute vitesse en marmonnant des excuses. Pour paraphraser l'Ecclésiaste, il y a un temps pour lire et un temps pour se bouger les fesses.

Je m'aperçois que j'ai été ce qu'on appelle en hébreu un *hassid chotè*. Un idiot vertueux. Le Talmud raconte l'histoire d'un dévot qui ne veut pas sauver une femme de la noyade de peur d'enfreindre l'interdiction de toucher l'autre sexe. C'est l'archétype du pieux imbécile.

La morale est la même que dans la parabole du Bon Samaritain : il ne faut pas se rendre prisonnier des règlements au point d'en oublier des choses aussi fondamentales que la compassion ou le respect de la vie. L'idiot vertueux est ce que la Bible chrétienne appelle un pharisien – un de ces savants légalistes et moralisateurs qui critiquent les disciples du Christ parce qu'ils récoltent le blé le jour du sabbat.

Comme je l'ai dit en introduction, l'une des raisons pour lesquelles je me suis embarqué dans cette expérience était de pousser la logique légaliste à l'extrême, pour prouver qu'elle résulte d'une pieuse idiotie. Quel meilleur moyen de démontrer l'absurdité des fondamentalismes juif et chrétien ? Si on suit vraiment toutes les règles, on passe ses journées à agir comme un fou.

J'y crois toujours. Et j'ai toujours l'intention de me rendre complètement ridicule pour parfaire ma démonstration. Mais comme tout ce qui a trait à la religion, mon projet s'est nettement compliqué. Le voyage spirituel occupe désormais une part bien plus grande de mon temps.

Mon ami Roger avait raison. Ce n'est pas comme étudier le sumo au Japon. C'est plus comme monter soi-même sur le ring. L'adversaire que j'ai devant moi est parfois beau, parfois cruel, parfois d'un autre âge, parfois d'une pertinence folle. Il est insaisissable.

QUATRIÈME MOIS : DECEMBRE

A toute chose sa saison...

ECCLÉSIASTE 3,1 (DM)

93e jour. Le mois de décembre est arrivé, et tout le monde se prépare pour les grandes fêtes judéo-chrétiennes. New York est envahi par la foule. J'ai essayé de me frayer un chemin au Rockefeller Center, l'autre jour, et ça a fait remonter des images du pogo à la rave hassidique.

Je me sens étrangement déphasé. Parce que, étonnamment, la Bible a très peu de chose à dire des fêtes de décembre. Bien sûr, le Nouveau Testament évoque la naissance de Jésus. Mais il ne précise pas comment célébrer cette naissance – pas de sapin, pas de services religieux, pas de chants de Noël, pas de lait de poule, pas de films de Frank Capra. Ce qui signifie que certaines des confessions chrétiennes les plus littéralistes – notamment les Témoins de Jéhovah et l'Eglise universelle de Dieu – ne célèbrent pas Noël du tout.

Hanoukkah ne figure pas non plus dans la Bible. On y trouve bien l'histoire de Hanoukkah – la révolte de rebelles juifs, les Maccabées, contre l'oppresseur grec Antiochos (et encore, dans une section de la Bible qu'on appelle les Apocryphes et qui, dans le judaïsme, n'est pas considérée comme canonique). Mais les Ecritures ne parlent à aucun moment d'allumer huit chandelles ou de manger des *latkès* gorgés d'huile.

Cette année, je me tiendrai à l'écart des fêtes. Enfin, autant que possible. Il faudra quand même que j'achète des cadeaux à Julie. Sans quoi elle ne me le pardonnerait jamais, et à vrai dire, la Bible est pour les cadeaux ("Il y a plus de bonheur à donner qu'à recevoir", Actes 20,35). Heureusement, ces emplettes ne devraient pas me prendre trop de temps ; Julie étant organisée jusqu'à l'absurde, elle me passe toujours une pile de catalogues où les cadeaux souhaités sont entourés au marqueur rouge et assortis d'un Post-it explicatif. C'est épatant. Comme l'est la conviction avec laquelle elle s'exclame immanquablement : "Ça alors ! Mais comment t'as su ?"

En tout temps porte des habits blancs...

ECCLÉSIASTE 9,8

95e jour. Je me suis regardé dans le miroir, aujourd'hui, et c'est officiel : si je me croisais dans la rue, je changerais de trottoir pour m'éviter. En complément de la barbe et des pompons, j'ai commencé à m'habiller tout en blanc, comme le prescrit le roi Salomon dans l'Ecclésiaste : "En tout temps porte des habits blancs." Pantalon blanc, tee-shirt blanc, pull blanc, et une veste blanche à fermeture Eclair de chez Gap, le tout sans fibres mélangées, bien entendu.

Ce qui signifie qu'au moment de dire au revoir à Julie, le matin, j'obtiens l'une des deux réponses suivantes : soit

1) Une petite pirouette de la main suivie d'un jeté du bras façon *La Fièvre du samedi soir* ;

soit

2) Un "Hééééééééé !" à la Fonzie.

Je comprends la référence à John Travolta, mais pour Fonzie, je sèche.

– Dans la première saison de *Happy Days*, Fonzie porte une veste blanche parce que le cuir noir faisait trop voyou, m'explique Julie (une femme qui conserve toujours la collection complète des *Guides TV* de son enfance).

Personnellement, je préfère me situer dans une lignée plus intellectuelle – un Tom Wolfe version biblique. Ou peut-être une Emily Dickinson des temps modernes – elle qui, à partir des années 1870, vécut en recluse et refusa de porter autre chose que du blanc.

Quand même, ça fait bizarre d'arpenter les rues de l'Upper West Side en vêtements blancs – ou "ivoire", comme on dit chez Gap. Comme la plupart des New-Yorkais, ma garde-robe habituelle comprend essentiellement des couleurs mornes : noirs, marrons, et une touche de bleu marine pour l'audace. On dirait que ça sied bien aux suies et au cynisme de la ville. Des vêtements sombres pour une ville sombre.

J'ai rarement vu des New-Yorkais tout de blanc vêtus, sinon derrière le comptoir d'une boulangerie. C'est pourquoi, dans le métro, je m'attire plus de regards méfiants que jamais. J'ai inventé un jeu : je tourne vivement la tête à la ronde pour voir combien de voyeurs je surprends. En général, j'en chope au moins deux.

Mais le truc, c'est que ça me plaît bien. Dans ma tenue blanche, je me sens plus léger, plus spirituel. Plus heureux. Ça confirme l'une des grandes leçons de cette année : le dehors influe sur le dedans. Nos comportements façonnent autant notre psychisme que le contraire. L'habit fait le moine. Tandis que je marche dans la Columbus Avenue, en ce jour frais et vivifiant, et que le vent aplatit contre moi ma veste et mon pantalon blancs, je me dis en moi-même : "La vie ne saurait être trop cruelle pour un homme habillé comme pour jouer la demi-finale de Wimbledon ou se rendre à l'anniversaire de P. Diddy."

Ce verset vestimentaire de l'Ecclésiaste est généralement interprété de façon métaphorique – comme un appel à demeurer pur et joyeux. Mais il n'est pas indubitablement métaphorique. Il veut peut-être dire ce qu'il veut dire : habillez-vous en blanc. Les esséniens, une secte israélite antique, s'habillaient tout en blanc, de même que certains kabbalistes. J'aurais dû faire ça dès le premier jour, mais c'était une de ces règles auxquelles j'avais le sentiment de devoir me préparer. Maintenant que je m'y suis mis, plus question d'arrêter.

Tu te souviendras du jour du sabbat pour le sanctifier.

EXODE 20,8

97e jour. C'est un mardi après-midi de décembre, mais j'ai l'impression que je viens de vivre mon premier vrai sabbat.

Je m'explique : les poignées de porte de notre appartement tombent avec une régularité alarmante. Ces petites saletés sont lunatiques. Il n'est même pas besoin de les toucher – c'est plutôt de l'ordre du cycle naturel, comme la fonte des icebergs et la chute de mes cheveux. Par exemple, je suis en train de lire ma Bible au lit quand j'entends un bruit sourd qui m'informe que la loi de la pesanteur a fait une nouvelle victime parmi les poignées de porte.

En règle générale, je la remets en place. Problème réglé – du moins pour une ou deux semaines. Pas de quoi en faire un fromage. Mais ce matin, j'ai eu de quoi en faire un sacré fromage. A 9 h 30, j'arrête de taper mes e-mails, me traîne jusqu'à la salle de bains – et ferme la porte derrière moi. Je ne prends conscience de ce que je viens de faire qu'au moment où je tends la main vers la poignée inexistante. Elle avait fait sa mue pendant la nuit.

Pendant les dix premières minutes, j'essaie de m'échapper. Je martèle la porte, hurle à l'aide. Aucune réponse. Julie avait un rendez-vous et Jasper est sorti avec sa baby-sitter. J'ai vu *Ocean's Eleven*, alors je pense à chercher la grille qui se dévisse au plafond, afin de me hisser dans le trou, de ramper dans un conduit d'aération, de me laisser tomber dans la chambre du voisin en lâchant une remarque spirituelle du style "je ne fais que passer", puis de rentrer chez moi. Pas de grille. Me voilà pris au piège.

Je passe la demi-heure qui suit à parcourir une liste de scénarios catastrophes. Et si je glissais, m'ouvrais le front sur le coin de la baignoire, mourais d'une lente hémorragie et finissais en couverture du *New York Post*? Si un incendie se déclarait et m'obligeait à m'agripper du bout des ongles au rebord de la fenêtre?

Plus stressante encore est la pensée que le monde extérieur continue à tourner sans moi. On répond à des e-mails. On sirote des *venti latte*. On nomme des amis d'enfance de George Bush aux plus hautes fonctions.

A 10 h 30, le téléphone sonne. Une voix assourdie laisse un message. On peut presque parler de rapport humain. A 10 h 35, je me fais le serment de mettre davantage de lecture dans la salle de bains si jamais j'en réchappe. Une bible, ç'aurait été bien. Je suis coincé avec un vieux catalogue Levenger et une bougie ornée d'un poème d'Omar Khayyam : "Un pichet de vin, une tranche de pain, et toi." J'ai l'impression que Khayyam me nargue. Je n'ai ni pichet de vin, ni tranche de pain, ni toi. J'ai un tube de crème à raser Neutrogena et des serviettes de toilette. On peut rêver mieux comme paradis.

Quand vient 11 heures, je suis devenu le plus grand expert de cette salle de bains au monde. Je connais le carrelage de faux marbre à motif couperosé et la prise de courant qui penche avec désinvolture. Je passe une demi-heure à ranger l'armoire à pharmacie. J'observe que les composants du Chlor-Trimeton vont de A (acacia) jusqu'à Z (zéine), ce qui sourit à l'ancien lecteur d'encyclopédie que je suis.

A midi, je suis assis par terre, adossé à la porte de la douche. J'attends. J'attends encore. Puis quelque chose d'étrange se produit. Je sais qu'hors de la salle de bains, le monde continue à tourner. Qu'on lit des blogs. Qu'on fait griller du saumon sauvage. Qu'on explique le reggaeton à des cadres commerciaux blancs d'un certain âge.

Mais ça m'est égal. Je ne me ronge pas les ongles pour autant. Il n'y a rien à faire. J'ai atteint un niveau inattendu d'acceptation. Pour une fois, je savoure le présent. J'admire ce qui m'est donné, même si c'est trois mètres carrés de faux marbre et une prise électrique de travers. Je me mets à prier. Et, pour la première fois peut-être, je prie dans un silence et une paix véritables – sans loucher vers la pendule, sans que mon esprit ne gambade d'un sujet à un autre.

Voilà à quoi le sabbat devrait ressembler. A une pause. Mais pas une pause mineure, non, une pause majeure. Pas baisser le son, mais le couper. Comme l'exprime le célèbre rabbin

Abraham Joshua Heschel, le shabbat est un sanctuaire dans le temps.

Vers 13 h 30, j'entends Julie rentrer. J'appelle, je tape contre la porte.

– T'es où ?

– Là ! Dans la salle de bains !

J'entends ses pas s'approcher.

– T'es coincé ?

– Oui, je suis coincé.

– T'es là-dedans depuis combien de temps ?

– Quatre heures.

Un ange passe. Je savais qu'elle étudiait les différentes options qui s'offraient à elle. Il y a quelques mois, alors qu'elle n'arrivait pas à ouvrir la porte de notre chambre, je l'avais obligée à faire comme dans un film de prison et à hurler "Attica ! Attica* !"

Julie n'est pas si immature. Au bout de quelques secondes, elle se contente d'ouvrir la porte. Je suis libre. Je vais pouvoir répondre à mes e-mails, passer mes coups de téléphone. En un sens, c'est dommage.

Le sommeil me fuit, tant j'ai d'amertume au cœur.

Isaïe 38,15 (BFC)

101e jour. Nouvelle nuit d'insomnie. Allongé dans mon lit, je ne cesse d'arranger et de réarranger mon oreiller, incapable de me défaire de mon obsession pour cette information donnée à la télé. Il paraît que le taux de récidive des accros à la méthamphétamine est de 80 %. Ça me fait flipper. Si un jour Jasper a l'idée d'en prendre un peu pour essayer – "Où est le mal ? se dira-t-il, mes parents ont toujours été pour l'expérimentation" – il deviendra dépendant pour toujours, et finira

* Cette prison new-yorkaise fut le théâtre, en 1971, d'une mutinerie sanglante qui inspira plusieurs films.

les yeux caves et les mâchoires pendantes dans une prison centrale. Peut-être que c'est vrai. Que cette éducation cool est trop dangereuse.

Il y a quelques mois, juste avant le début de mon année biblique, Julie et moi nous sommes rendus à Baltimore pour assister au mariage de Sara, la fille de ma tante orthodoxe Kate, et j'étais assis à côté d'une amie de Kate. Elle portait un chapeau blanc à larges bords qui n'aurait pas été déplacé au mariage du prince William, contrepoint très spécial aux chapeaux noirs des hassidim de l'assistance.

Elle m'a raconté qu'elle venait d'un milieu complètement laïque. Mais qu'à la naissance de leurs enfants, son mari et elle s'étaient délibérément tournés vers la religion.

– Je n'ai pas confiance dans la culture américaine.

– Ah bon ? me suis-je étonné.

– Ben oui, qu'est-ce que la culture américaine a à enseigner ?

Je ne savais pas trop quoi dire.

– Je pense qu'il y a tout un tas de cultures américaines.

Mauvaise réponse.

– Quand on allume la télé, on voit "achetez, achetez, achetez, sexe, violence, achetez, achetez, achetez". Nous avons décidé de vivre selon d'autres principes.

Ils ont exploré plusieurs religions, y compris l'hindouisme, mais, étant nés juifs, ils se sont finalement plongés dans le judaïsme orthodoxe.

Ils ne sont pas devenus ultrareligieux à cause d'un leader charismatique ou de la vérité de la Bible – ils l'ont fait pour le côté structurant. Et aujourd'hui, leurs enfants sont devenus de jeunes adultes responsables. J'ai rencontré l'un d'entre eux. Un sympathique génie de l'informatique.

Il va falloir que j'y réfléchisse. Plus de structures pour Jasper. Dans mon esprit entaché de culture populaire, j'en reviens toujours à ce dilemme :

Vaut-il mieux avoir Bart Simpson ou l'un des petits Flanders pour fils ? Il y a quelques années, j'aurais préféré l'adobrable effronterie de Bart. Mais maintenant que j'ai mon propre fils en trois dimensions, je penche pour la progéniture Flanders. Oui, peut-être qu'ils fichent un peu les boules, peut-être qu'ils chantent à tue-tête des chansons sur l'arche de Noé, mais au moins on est sûr qu'ils ne passeront pas leur temps libre à mettre le feu à la cantine ou à sauter des canyons en skateboard. Je suis prêt à sacrifier un peu d'originalité contre la certitude que mon fils me survivra.

"Je suis bien hardi de parler à mon Seigneur,
moi qui suis poussière et cendre."

GENÈSE 18,27

103e jour. J'essaie de prier une demi-heure par jour en trois séances de dix minutes, en général dans le coin du bureau de Julie, à quelques centimètres de la corbeille remplie de numéros de *Real Simple*. Oui, je sais, une demi-heure, ce n'est pas un record. Mais au moins je ne louche plus vers la pendule à chaque instant, comme au début.

Et de temps à autre, je me surprends même à attendre ces séances avec impatience, surtout le soir. C'est un moyen de décompresser. Quand j'étais petit, je passais plusieurs minutes chaque soir, avant de m'endormir, à m'imaginer des skieurs nautiques slalomant à la crête des vagues. Je ne sais plus comment ce rituel s'était instauré. Ce n'est pas comme si j'avais été fana de ski nautique – j'en avais fait une fois en colo et avais fini la panse pleine d'eau douce. Mais l'imaginer me détendait. Peut-être que la prière joue le même rôle. Je ferme la porte, ferme les yeux, et plonge dans un état méditatif, du moins aussi méditatif que mon cerveau me le permet.

En plus, j'ai découvert une autre catégorie de prière qui me plaît bien : prier pour les autres – les malades, les nécessiteux, les déprimés –, tous ceux que le destin malmène. La prière d'intercession, ça s'appelle.

J'ai lu deux, trois articles sur le sujet ces derniers temps – traitant surtout de la façon dont le phénomène s'est répandu sur internet. On peut formuler des demandes de prière sur des sites comme ePrayer.com ou CyberSaint.org. (Parmi les exemples récents, on trouve "J'attends mon premier enfant. Merci de prier pour que j'accouche rapidement", et "S'il vous plaît, priez pour que je termine ma thèse, j'ai un délai supplémentaire de huit mois.")

La Bible est parsemée de prières d'intercession – tout le monde, de Moïse jusqu'à Paul, plaide la cause d'un autre devant Dieu. Abraham est le premier à s'y essayer, et c'est loin d'être une réussite. C'est une scène curieuse. Dieu annonce à Abraham qu'il envisage de dévaster les villes perverties de Sodome et Gomorrhe.

Abraham lui demande : "Peut-être y a-t-il cinquante justes dans la ville. Vas-tu vraiment les supprimer et ne pardonneras-tu pas à la cité pour les cinquante justes qui sont dans son sein ?"

Et le Seigneur répond : " Si je trouve à Sodome cinquante justes dans la ville, je pardonnerai à toute la cité à cause d'eux."

Alors Abraham dit : "Je suis bien hardi de parler à mon Seigneur, moi qui suis poussière et cendre. Mais peut-être, des cinquante justes en manquera-t-il cinq : feras-tu, pour cinq, périr toute la ville ?"

Et le Seigneur répond : "Non, si j'y trouve quarante-cinq justes."

Et ainsi de suite. Abraham parvient à marchander jusqu'à dix – s'il y trouve dix justes, Dieu accepte de ne pas châtier Sodome.

Mais à la fin, comme chacun sait, Sodome n'a pas atteint le quota.

Au début, j'ai trouvé cette scène parfaitement comique. C'est vrai, on croirait entendre un marchand essayant de bazarder son dernier vase décoratif lors d'une vente de charité. Mais à la réflexion, quel mal y a-t-il à cela ? Au fond c'est une noble et belle tentative – quoique malheureuse – de sauver la vie à ses frères humains.

Je n'ai pas terminé mon année, alors je réserve mon jugement, mais ma part rationnelle me dit que la prière d'intercession d'aujourd'hui n'est pas plus efficace que les efforts d'Abraham. J'ai toujours un peu de mal à concevoir que Dieu puisse changer d'avis juste parce qu'on le Lui demande.

Reste que j'adore ces prières. Pour moi c'est de la musculation morale. Chaque soir, je prie pour autrui pendant dix minutes – pour l'ami qui s'apprête à subir une opération de la cornée, pour ma grand-tante dont le gentil mari vient de mourir dans leur piscine, pour ce garçon que j'ai rencontré en cours d'études bibliques et dont la tête a pris un méchant coup lors d'un accident de métro. Dix minutes pendant lesquelles il est impossible d'être égocentrique. Dix minutes pendant lesquelles je ne peux penser ni à ma carrière, ni à mon classement Amazon, ni à ce blogueur de San Francisco qui a publié des remarques désobligeantes au sujet de mon dernier article dans *Esquire*.

La Bible commande de ne pas se vanter, alors je ne vais pas dire que je me suis mué en Albert Schweitzer ou en Angelina Jolie. Mais le fait est que je me sens devenir quelqu'un de légèrement plus compatissant.

Ce qu'il y a d'étrange pourtant, c'est que pour compatir jusqu'au bout, mieux vaut ne pas informer les gens que je prie pour eux. J'ai récemment eu vent d'une étude conduite sur 1802 patients ayant subi un pontage coronarien. Les patients qui savaient qu'on priait pour eux ont rencontré *davantage* de complications que les autres. Peut-être qu'ils se sont dit : "Eh bien, si je suis malade au point d'avoir besoin de prières, ça doit vraiment être grave." Au cas où ce serait vrai, je vais prier en secret en espérant qu'ils ne liront pas ce chapitre.

… leurs désirs piègent les traîtres.

PROVERBES 11,6 (NT)

105e jour. Le désir, donc. Cette semaine, mon travail à *Esquire* a remis la question sur le tapis.

Avant de m'expliquer, je dois confesser qu'à ce stade de l'année, la concupiscence reste l'un de mes gros points faibles.

Depuis le tout premier jour, quand j'ai aperçu cette pub pour un club de gym où deux superbes corps suants étaient cramponnés à l'issue de ce qui semblait être une fort vigoureuse séance d'entraînement, je me suis efforcé de contenir ma libido.

J'essaie de ne pas penser au sexe. J'essaie de ne pas parler de sexe. J'essaie de ne pas regarder les femmes dans la rue. Le problème, c'est que le cœur n'y est pas. Grâce à mes trente-huit ans de vie résolument profane, j'ai toutes les peines du monde à me faire à l'idée que la sexualité soit infâme. Enfin, que certains types de sexualité soient infâmes, quiconque est équipé d'une ligne ADSL pourra en témoigner. Mais j'ai du mal à m'élever contre une part modérée de sexualité dans la culture.

J'imagine que ce n'est pas sans lien avec les combats corps à corps que j'ai déjà menés contre le sexe par le passé. Quand j'étais au lycée puis à la fac, j'ai connu de stupéfiantes traversées du désert. Pour justifier mon abstinence involontaire, je me disais que j'étais au-dessus de ce genre de basses motivations humaines. J'avais mieux à faire que de penser aux femmes. Et puis le sexe, au fond, c'était quoi ? Rien de plus qu'un contact d'épidermes nécessaire au mélange des ADN lors de la procréation. Je n'avais pas besoin de ça. J'ai essayé de me transformer en néopuritain. J'étais un pur intellect et mon corps n'était qu'une coquille vouée à transporter mon cerveau.

Ça n'a pas marché. Cette tentative d'étouffer mes pulsions n'a pas fait de moi quelqu'un de plus vertueux – mais quelqu'un de plus frustré, de plus malheureux et de plus préoccupé par le sexe. Du coup, depuis des années, je me dis qu'à partir du moment où je reste fidèle à Julie et tiens ma libido en bride, un peu de sexualité dans la culture ne peut pas nuire. Une plaisanterie un peu leste, un fantasme non concrétisé, un film un peu dénudé ? Ça ne m'a jamais beaucoup gêné.

Mais désormais, tout le monde attend de moi – ou plus précisément de Jacob, mon alter ego biblique – que je fasse preuve d'une pudeur extrême et d'une retenue totale. Pas une seule pensée charnelle, pas un seul mot cru. Une attente logique, j'imagine. La pudeur constitue depuis longtemps un pan énorme de la tradition judéo-chrétienne. Les juifs orthodoxes observent des règles strictes en matière de pudeur : les femmes se couvrent les cheveux et leurs robes ne doivent pas laisser paraître leurs clavicules. Certains chrétiens conservateurs dissimulent également la chair et évitent les films interdits aux moins de 17 ans non accompagnés.

Donc j'essaie. La difficulté, c'est que la part de l'imagerie sexuelle dans la vie moderne est ahurissante. Je le savais intuitivement, mais quand on y prête attention, on n'en revient pas. Je me connecte à la page finance de Yahoo!, et voilà que je tombe sur une blonde à robe décolletée qui regarde vers un écran d'ordinateur en mordillant lascivement la branche de ses lunettes, visiblement très excitée par le dernier bilan du S&P 500. Même le personnage de la mère de banlieue dans *Dora l'exploratrice* porte des vêtements qui la mettent en valeur de façon troublante. Ou bien c'est moi.

Il y a quelques semaines, j'ai entendu dire qu'avant de descendre dans un hôtel, le pasteur Billy Graham faisait inspecter sa chambre pour la débarrasser d'éventuelles images tentatrices. A son exemple, j'ai décidé de passer l'appartement au peigne fin. Je planque tous les magazines qui traînent, par exemple celui avec Jessica Alba en combinaison moulante.

Puis je sors du scotch opaque et j'entreprends de censurer les images dans tout l'appartement. Tout ce qui a le pouvoir de stimuler ma libido se voit recouvert d'un morceau de scotch.

- La femme en tenue de geisha sur la boîte de Yogi Tea.
- La photo d'une jolie chef au nom improbable de Crescent Dragonwagon au dos d'un livre de cuisine.
- La poitrine de Sharon, une amie de Julie, sur une photo de notre mariage, puisque ladite poitrine est à la fois opulente et généreusement exhibée.

Ces raids censoriaux m'ont à vrai dire plongé dans une douce nostalgie. Quand j'étais petit, dans les années 1970, mon père s'était abonné à *Playboy* – pour les articles de fond, comme ils disent. Ma mère le désapprouvait. Chaque fois qu'un nouveau numéro arrivait, elle me donnait un marqueur noir et, pendant que papa était au travail, nous nous en donnions à cœur joie. Nous griffonnions d'épais bikinis à toutes les *Playmates* du Mois et autres Filles du Top 10. J'adorais ça. Trop. Maman a fini par se rendre compte que je passais plusieurs minutes à étudier chaque photo avant de la censurer. Les raids ont donc cessé.

Et mes raids de la fin 2005 sont à peu près aussi efficaces. Autrement dit, ils sont complètement contre-productifs. Chaque fois que j'aperçois un bout de scotch, ça me rappelle ce qu'il y a au-dessous. Je ne pense pas moins au sexe qu'avant, mais plus.

Bref, revenons-en à mon travail et à la concupiscence. *Esquire* est un magazine lascif de bon goût, mais un magazine lascif tout de même. Eviter les images sexuelles au travail m'est donc plus difficile encore qu'à la maison. Et depuis quelques jours, c'est pire. Mes chefs ont trouvé amusant de me confier un article sur une jeune actrice affriolante. Histoire de tenter saint Jacob, vous voyez le topo.

Je dois donc interviewer Rosario Dawson. Et, en journaliste consciencieux, je suis censé louer ses films avant de la rencontrer, ce qui me plonge déjà dans l'embarras. Parce qu'à vue de nez, ils contiennent un bon paquet de débauche, libertinage et convoitise.

C'est pourquoi j'appelle un vidéoclub du nom de CleanFlicks. Société créée dans l'Utah par un mormon, CleanFlicks est le Glowria des dévots. Ils vous envoient des films hollywoodiens dans une version expurgée de tout sexe ou violence. Ainsi que de tout blasphème, puisque sont supprimés "les mots qui commencent par C, le mot qui commence par D lorsqu'il n'est pas employé au sens propre, ceux qui commencent par E, M, P, etc." (Pour le M et le P, ça me semble assez clair. Mais pour le C ? Et le E ? On a l'embarras du choix. C'est comme si le *New York Times* proposait une grille de mots croisés spéciale grossièretés.)

Une semaine plus tard, je reçois deux DVD de Rosario dans des enveloppes jaune vif : *24 heures avant la nuit* et *Josie et les Pussycats*. Je les insère dans mon lecteur. S'ensuivent deux heures déroutantes. Les films CleanFlicks sont pleins de faux raccords et de sautes dans la bande-son, un peu, j'imagine, comme une liaison téléphonique par ligne IP avec la Tanzanie. (Une fois les films de Rosario expédiés, je n'ai pas pu m'empêcher de commander *Kill Bill*, en me disant qu'il devait faire dans les cinq minutes. En fait, il durait un peu plus d'une heure mais était parfaitement dénué de sens.)

Certains films de Rosario n'étaient pas disponibles chez CleanFlicks – mais on peut les trouver chez ClearPlay, un de leurs concurrents. ClearPlay a un système de caviardage encore plus sophistiqué. Vous téléchargez le filtre de censure sur une clé USB que vous branchez dans un lecteur DVD *ad hoc*. La beauté de ClearPlay, c'est que vous pouvez choisir quels types de contenus choquants vous voulez bloquer. (Soit dit en passant, CleanFlicks a entre-temps été contraint de cesser ses nettoyages ; un tribunal du Colorado a jugé qu'ils violaient les lois sur le copyright en flanquant des feuilles de vigne sur les films. Mais ClearPlay est toujours florissant.)

Je télécharge le filtre pour l'un des films de Rosario – *Alexandre*, d'Oliver Stone – et j'ai l'impression que je viens de tomber sur la source du péché. Je vous laisse découvrir les contenus censurables :

Dialogues sexuels sans sensualité/sans mots crus
Situation(s) à thématiques sexuelles
Personnages homosexuels/lesbiens
Rapport conjugal suggéré
Rapport préconjugal suggéré
Rapport extraconjugal suggéré
Tenues légères
Danses suggestives
Dialogues suggestifs
Dialogues menaçants

Action/Aventure extrême
Situations de vie/mort extrêmes
Moments angoissants
Blessure/Plaie non exhibée
Scènes de combat violent
Consommation d'alcool
Thème du viol
Eléments thématiques extrêmes
Suicide
Thème du meurtre
Problèmes relationnels

Autrement dit, un jeudi soir chez Tommy Lee. (Comme l'a observé mon ami David; ce n'est pas moi qui saurais pondre ce genre de commentaires.)

Je suppose que CleanFlicks et ClearPlay pensent bien faire. Mais ils ne m'ont pas été d'un grand secours. J'ai rencontré le même problème que dans l'affaire du scotch. J'étais tellement focalisé sur les passages manquants que ça aura certainement suscité plus de pensées coupables que si j'avais regardé d'un bout à l'autre ces danses suggestives et situation(s) à thématiques sexuelles.

J'avais fait un pacte avec mes yeux,
et je n'aurais pas arrêté mes regards sur une vierge.
JOB 31,1

107e jour. Hier, j'ai pris un vol pour Los Angeles et me suis rendu à l'hôtel en voiture. J'ai remarqué que ma sensibilité géographique avait changé. J'ai prêté attention à l'emplacement de toutes les églises et synagogues comme je l'aurais fait jadis pour les hauts lieux de la culture populaire (Regarde, c'est là qu'ils ont tourné la scène du centre commercial dans *Ça chauffe au lycée Ridgemont!*).

C'est aujourd'hui que j'interviewe Rosario. Je me rends à notre lieu de rendez-vous : un café violemment californien où on sert de la *root beer* bio et des bagels au blé complet. Rosario arrive avec une demi-heure de retard, comme l'exige le manuel secret de la star.

L'affaire s'engage mieux que je n'aurais cru. Elle est certes très belle, avec une peau tout droit sortie d'une pub pour Clinique, mais elle porte un gros pull beige et un jean. Une mise très discrète, pas plus dénudée que ça. En second lieu, mon projet n'a pas l'air de l'émouvoir. C'est vrai que je suis à L. A., la ville des implants au mollet et du gouverneur Schwarzenegger, alors la barre de l'étrangeté est placée assez haut.

Et, pour finir, elle est l'une des deux ou trois personnes à ce jour à avoir prétendu que mon massif topiaire m'allait bien.

– J'ai toujours aimé les grosses barbes, me dit-elle, avant d'ajouter, énigmatique : Quand j'étais petite, je rêvais d'avoir ma propre barbe. Je me disais que ça devait être plaisant à caresser.

Donc, tout va bien.

Jusqu'à ce que nous commencions l'interview proprement dite. Il m'apparaît très vite que mes chefs n'auraient pas pu trouver pire. C'est l'actrice la plus lubrique d'Hollywood. Elle n'a absolument aucun filtre ClearPlay dans la tête. En l'espace de deux heures, j'aurai entendu parler de la vie sexuelle de sa grand-mère, de la sienne, de sa grossesse due à un préservatif déchiré, de ses seins, des piercings interdits aux moins de 17 ans non accompagnés de sa mère, des bruits d'alcôve de son ex, etc., etc.

J'ai l'impression que nous sommes trois à cette interview : Rosario Dawson, mon moi normal de journaliste profane, et mon alter ego biblique.

Chaque fois qu'elle évoque ces menottes qu'on peut acheter dans les boutiques *Hustler*, mon alter ego Jacob fait la grimace. Au même moment, le journaliste profane se réjouit en silence. Parce qu'il sait que pour un magazine masculin, un mot osé dans la bouche d'une belle femme vaut de l'or.

J'ai deux têtes, deux paires d'yeux, deux boussoles morales. Qui se disputent la suprématie. Peut-être que l'une va l'emporter sur l'autre, peut-être que je peux garder les deux. Un de mes amis disait qu'il ne fallait pas sous-estimer la capacité des gens à entretenir des opinions parfaitement contradictoires sans que ça leur pose le moindre problème. C'est un trait propre à l'être humain, comme parler ou rougir.

Soutenez-moi avec des gâteaux de raisin, ranimez-moi avec des pommes, car je suis malade d'amour.

CANTIQUE DES CANTIQUES 2,5

109e jour. De retour à New York, je déjeune avec Robbie Harris – le professeur très rock n' roll du Jewish Theological Seminary. Je lui parle de ma conversation grivoise. Et il m'apprend une chose très intéressante : peut-être que Jacob et mon moi profane s'entredéchirent pour rien.

J'avais toujours pensé que la Bible entière défendait un point de vue anti-luxure et proto-victorien. Et certaines parties – en particulier des passages des Epîtres de saint Paul, dans le Nouveau Testament – font carrément du célibat un idéal.

Mais à y regarder de près, une bonne partie de la Bible hébraïque n'est pas véritablement anti-sexe. Robbie m'a aiguillé vers le Cantique des Cantiques, qui est probablement le livre le plus paillard de la Bible. C'est un recueil de chants d'amour qui contient notamment le mot en S : "Tes deux seins, deux faons, jumeaux d'une gazelle, qui paissent parmi les lis." Qu'on retrouve plus tard : "Tes seins, qu'ils soient comme des grappes de raisin, le parfum de ton souffle, celui des pommes."

Le Cantique des Cantiques a parfois été interprété comme une allégorie de l'amour que l'homme voue à Dieu. Et c'est peut-être l'un des aspects de la chose. Mais, insiste Robbie, n'oublie pas que c'est aussi un hymne à l'amour charnel.

– D'accord, mais alors entre époux, non ?

Telle est la conception traditionnelle, que la Bible autorise les rapports conjugaux et rien d'autre.

– Ils ne m'ont pas l'air d'être mariés, répond Robbie. Ils m'ont l'air de jeunes amants qui cavalent dans les bois.

En rentrant à la maison, je lis le Cantique 2,10-13, l'un des passages auquel Robbie faisait référence. Ça dit :

> Mon bien-aimé élève la voix,
> il me dit :
> "Lève-toi, ma bien-aimée,
> ma belle, viens.
> Car voilà l'hiver passé,
> c'en est fini des pluies, elles ont disparu.
> Sur notre terre les fleurs se montrent.
> La saison vient des gais refrains…
> Lève-toi, ma bien-aimée,
> ma belle, viens !"

Il a raison. Ça ressemble effectivement à un couple de jeunots pas nécessairement mariés qui ont rancard dans la nature. Information libératrice.

Tu ne commettras pas d'adultère.

EXODE 20,14

110e jour. Pour autant, la Bible n'est pas un manuel de l'amour libre. Elle n'autorise pas tout type de sexualité. La bestialité et l'inceste sont proscrits. L'homosexualité reçoit la fameuse qualification "d'abomination", notion troublante (c'est peu dire) dont je reparlerai.

Et, bien sûr, la Bible interdit l'adultère.

Mais qu'on ne s'y trompe pas : l'adultère de la Bible hébraïque ne correspond pas à ce que les Américains d'aujourd'hui désignent par ce mot. C'est un concept beaucoup plus restreint. Adultère signifie relation sexuelle avec une femme mariée. Les femmes mariées n'ont pas le droit de coucher à droite et à gauche. Elles sont inaccessibles. Les hommes mariés, en revanche… eh bien, ils ont les coudées plus franches – tant que l'objet de leur désir n'appartient pas déjà à un autre Israélite.

Et j'utilise le terme *appartenir* à dessein. La culture israélite ancienne se passionnait pour certaines formes de justice sociale, mais l'égalité entre les sexes ne figurait pas parmi les priorités. Les femmes appartenaient aux hommes. Il était hors de question de coucher avec une femme mariée parce que c'était un outrage aussi bien à Dieu qu'aux droits de son époux. Et si tu couchais avec une vierge, tu devais t'assurer que son père était correctement dédommagé.

Ce dédommagement pouvait prendre une forme pécuniaire. Mais tu pouvais aussi le débarrasser de sa fille en l'épousant.

C'est là que ça devient intéressant : tu pouvais épouser cette femme même si tu étais déjà marié. La polygamie était, sinon la norme, du moins totalement admise. La Bible hébraïque regorge d'exemples de polygamie. Jacob avait deux femmes (et deux concubines). Le roi David en avait huit. Salomon détient le record avec ses sept cents épouses. (Les proverbes de Salomon déconseillent l'adultère, ce que je trouve curieux, car je vois mal comment il aurait eu le temps et l'énergie de s'occuper de la femme des autres.)

Le judaïsme ashkénaze a officiellement banni la polygamie au XIe siècle, lorsque le grand rabbin français Gerchom Ben Yehoudah a édicté la loi de l'épouse unique. Mais on trouve encore une poignée de juifs qui aimeraient revenir au bon vieux temps. Comme le rapporte une page web juive militant pour cette cause : "La polygamie est une institution juive. Bien que clandestinement, elle est pratiquée aujourd'hui en Israël. Si le mouvement actuel de conversion des juifs à l'orthodoxie se confirme, on peut s'attendre à un retour prochain de la polygamie au grand jour."

L'histoire du christianisme a connu peu de cas de polygamie, à l'exception fameuse du premier mormonisme et d'une grappe de sectes fondamentalistes en marge qui se sont brutalement retrouvées sous les feux des projecteurs lorsque la série à épouses multiples *Big Love* est apparue sur HBO, il y a quelques années.

L'une de ces sectes s'appelle le Christian Polygamy Movement. Il a à sa tête un pasteur de l'Arizona du nom de Don

Milton. Sa principale justification consiste à dire que les grands hommes de la Bible hébraïque avaient de nombreuses femmes. Contrairement à l'opinion reçue, dit-il, le Nouveau Testament ne revient pas là-dessus.

Certes, l'apôtre Paul a dit : "que chaque homme ait sa propre femme et chaque femme son propre mari" (1 Corinthiens 7,2, RSV). Mais il y a une entourloupe : le pasteur Don avance que le mot grec traduit par *propre* dans cette phrase ne signifie pas "seul et unique". Le mariage n'en demeure pas moins un contrat sacré entre un homme et une femme. Simplement, l'homme peut conclure plusieurs contrats à la fois – un peu comme un psychologue avec ses différents clients.

Je téléphone au pasteur Don et lui demande :

– Si j'essaie de suivre la Bible et souhaite avoir une seconde femme, comment convaincre mon épouse actuelle que c'est une bonne idée ?

Le pasteur Don réfléchit, puis répond :

– Mieux vaut ne soulever la question que si vous avez déjà une seconde épouse en vue.

– Pourquoi ça ?

– Imaginez que vous en parliez à votre première femme et n'en rencontriez jamais d'autre à épouser. Vous auriez fragilisé votre couple pour rien.

En fait, continue le pasteur Don, je ferais mieux d'envisager l'attaque préventive – une stratégie dont il a pu constater l'efficacité au fil des ans.

– Vous trouvez une femme potentielle, scellez votre union, et consommez le mariage. Puis vous allez dire à votre première femme que vous en avez une seconde. En théorie, il y a davantage de chances pour que votre premier mariage survive.

– Est-ce que ce n'est pas un peu… sournois et contraire à la Bible ?

– Il peut s'avérer plus cruel de plonger votre femme dans l'appréhension pendant un, cinq ou dix ans.

Le ton du pasteur Don est sympathique, décontracté. Celui de son site internet est plus apocalyptique, comme en témoigne cet avertissement à ses détracteurs : "Si vous m'accusez de péché, [la Bible] exige que vous me le disiez en face, puis en présence de témoins des péchés invoqués (Deutéronome 19,16), et enfin devant une assemblée de chrétiens digne d'exercer son autorité sur nous." Mais au téléphone, le pasteur Don parle comme un homme marié qui conseillerait un copain célibataire.

Je demande au pasteur Don si je dois prévenir la seconde femme de l'existence de la première. Assurément, me dit-il. Il le faut. Et ce qu'il y a de bien, c'est que ça peut même l'émoustiller.

– Certaines femmes sont attirées par les hommes qui ont le culot de dire qu'ils en ont plusieurs. Ça vous donne un côté mauvais garçon.

Je lui demande s'il a d'autres tuyaux pour amener la première épouse à percuter.

– D'abord, priez comme on ne prie que dans les temps difficiles. Puis faites-lui étudier la Bible.

Pour lui montrer que la Bible n'interdit pas la polygamie. Et qu'en fait, les héros de l'Ancien Testament étaient bien souvent polygames.

– Vous devez lui expliquer que les hommes de l'Ancien Testament étaient de grands hommes. David – il a écrit les Psaumes ! Et Salomon – les Proverbes ! Ce sont des hommes immenses. Insistez bien là-dessus. La polygamie est non seulement acceptable, mais fabuleuse, et ces femmes [les épouses] sont des saintes.

En fait, ajoute le pasteur Don, le père du genre humain s'est probablement marié plusieurs fois.

– A mon avis, Adam fut le premier des polygames. Voici l'homme le plus fringant et le plus viril de l'histoire. Et il n'aurait eu qu'une seule femme ? Allons !

Le pasteur Don me demande si j'ai une seconde femme en vue.

– Eh bien, le fait est que j'aime beaucoup notre nounou, dis-je.

Des est incontestablement une personne adorable – elle a vingt-six ans et m'envoie des SMS du type "bap" que je mets cinq minutes à décrypter (pour les plus de trente ans, je précise que ça veut dire “bon après-midi”). Julie la trouve également idéale, et elle m'a donné la permission d'avoir une liaison avec elle, à la *Larry et son nombril*. Bien sûr, elle l'a fait uniquement parce qu'elle savait qu'il n'y avait aucune chance pour que Des s'intéresse à moi. C'est comme si elle me donnait la permission d'être défenseur dans l'équipe des Miami Dolphins. C'est purement théorique.

– Quelle est sa religion ?

– Catholique.

Le pasteur Don expire bruyamment. Les catholiques sont dures à avoir, dit-il. D'un autre côté, si jamais j'épouse Des, j'aurai de bons arguments quand je l'annoncerai à Julie.

– Vous pourrez dire qu'il n'y aura plus besoin de payer la nounou. Que ça fera des économies.

A un moment, le pasteur Don élève la voix, et je l'imagine à l'autre bout du fil, la face rougie, une veine gonflée sur le front. Il évoque les persécutions qui frappent les polygames. Il est furieux qu'on soit prêt à mettre ces derniers en prison – comme de vulgaires criminels ou homosexuels.

Ah oui, l'homosexualité. Apparemment, les polygames ne sont pas très tolérants envers d'autres types de comportements sexuels.

Tu ne voleras pas.

EXODE 20,15

111e jour. Si j'en suis à noter des tuyaux pour décrocher une seconde femme, c'est de toute évidence que le balancier est reparti trop loin vers les territoires de folie de la Bible. J'ai besoin de me recentrer. D'en revenir aux fondamentaux. Les dix commandements. Alors je vais à nouveau approfondir le huitième : tu ne voleras point.

A vrai dire, beaucoup d'exégètes modernes pensent que le mot *voler* est une erreur de traduction. *Kidnapper* serait plus exact. On ne doit pas kidnapper les gens et les réduire en esclavage. Ce serait plus facile à respecter. Je serais capable de faire ça pendant un an. Mais j'aurais le sentiment de me défiler.

Je vais donc m'en tenir à la tradition sur ce coup-là, d'autant qu'il y a plein d'autres commandements antivol dans la Bible (par exemple Lévitique 19,11).

J'ai averti Julie que je ne pourrais plus faire des razzias sur les chemises en carton du placard à fournitures d'*Esquire* pour notre usage personnel. J'ai aussi arrêté l'usurpation d'ondes Wi-Fi – on a vu où ça menait.

Et aujourd'hui je réprime une tentative de vol chez Starbucks. Nous sommes sortis nous promener : Julie, Jasper, et le beau-père de Julie. Nous nous arrêtons prendre un café dans un Starbucks, et Jasper attrape tout une poignée de pailles au comptoir. C'est un fétichiste des pailles. Il adore en dépiauter à peu près une douzaine à la fois, pensant peut-être que la prochaine contiendra une surprise secrète, pourquoi pas une invitation à la Willy Wonka à aller visiter l'usine de pailles.

– Non Jasper. Juste une.

Starbucks n'a pas de politique formelle en matière de pailles. Mais je pense qu'il existe un contrat tacite – à chaque boisson sa paille.

Starbucks a-t-il besoin de mon argent ? Pas tant que ça. Mais le commandement de la Bible est absolu. Elle ne dit pas : "Tu ne voleras point excepté des petites choses appartenant à des multinationales qui ont un faux mot italien pour *moyen*." Elle dit : "Tu ne voleras point." Il n'est pas question de "menus larcins".

– Juste une, dois-je répéter.

– Laisse-le faire, dit le beau-père de Julie.

– Non, on est censé en prendre une seule. Sinon c'est du vol.

– Laisse-le en prendre quelques-unes. Ce n'est pas du vol.

– Imagine que je prenne cinq mille pailles à Starbucks tous les jours. Est-ce que ce serait du vol ?

– Oui, enfin, il faut relativi...

– Pourquoi ? Pourquoi faudrait-il relativiser ?

– Eh bien, prends le meurtre par exemple : un meurtre, ça va. Mais cinquante meurtres, là, pas question.

Je reste scié.

– Je t'ai bien eu, hein ?

Que répondre à un homme qui vous a volé votre argument ?

Jasper hurle et grogne et garde le doigt pointé pendant quarante-cinq secondes environ. Je tiens bon ; j'ai ce ratio justice/miséricorde à rééquilibrer. Finalement, je lui donne une serviette à déchirer, et ça le calme.

J'aurais pu trouver une excuse rationnelle pour les pailles. C'est l'un des enseignements de cette année. On peut presque tout justifier en raison. Par exemple, j'aurais pu adopter l'approche utilitaire : la quantité de plaisir que Jasper en tire vaut plus que les quelques cents qu'il en coûte à Starbucks. Ou j'aurais pu me convaincre qu'en fin de compte, c'est un moyen de soutenir la fragile industrie de la paille.

Même chose avec mon vol d'internet dans l'immeuble ; j'aurais pu raisonner et me dire que j'utilisais le réseau pour apprendre à connaître Dieu et devenir meilleur.

J'ai une propension à penser que la fin justifie les moyens. Mais ce n'est pas le sujet de cette année. Le sujet de cette année, c'est de suivre les règles. Strictement. A la lettre. Et de voir ce qui se passe.

Je ne connais qu'une autre personne qui suive le "tu ne voleras point" à la lettre. Mon père. Chaque fois que nous faisons un voyage en voiture, il refuse de s'arrêter dans un Holiday Inn ou un Mac Donald pour utiliser les toilettes. Sauf si on achète quelque chose. Sans quoi, dit-il, nous volerions leur savon et leur essuie-mains. C'est donc aussi pour moi une façon d'honorer mon père.

Vite, elle se déchargea de sa cruche et dit :
"Bois, et j'abreuverai aussi tes chameaux."

Genèse 24,46

114e jour. Mr Berkowitz, l'homme qui a inspecté les fibres de mes vêtements, continue de me téléphoner. Il veut que nous

nous retrouvions pour prier ensemble, mais j'ai été occupé par mes propres prières et mes propres devoirs bibliques, alors j'ai filtré ses appels.

Ce matin, il me laisse un message à huit heures trente.

"Bonjour Arnold", dit-il. (Il m'appelle par mon vrai nom, Arnold ; j'ai dû le lui donner une fois et il faut croire que ça lui est resté.) "Ici Bill Berkowitz. Rappelez-moi, c'est très important."

Je m'inquiète. Très important ? Ça ne me dit rien qui vaille. Peut-être qu'il a un calcul rénal, qu'il a besoin d'aide pour se rendre au Mount Sinai Hospital. Je le rappelle – il s'avère qu'il a affaire dans mon quartier et aimerait passer chez moi pour prier. Bon, comment refuser une visite de courtoisie ?

Mr Berkowitz arrive quelques heures plus tard, aussi aimable et débraillé qu'à l'ordinaire. Il vient chargé de présents : des livres et des bougies pour le shabbat.

– Je peux vous offrir quelque chose ? dis-je.

– Un verre d'eau, s'il vous plaît. Oh, et de l'eau en bouteille, s'il vous plaît.

Ah, oui. J'ai entendu parler de ça. Quelques rabbins de Brooklyn ont rendu un avis controversé déclarant l'eau de la ville de New York non casher. Ils prétendent qu'elle contient de minuscules organismes multicellulaires qui peuvent être considérés comme des crustacés interdits. C'est pourquoi, si vous voulez vous faire un max d'argent, vous avez intérêt à ouvrir un magasin d'eau minérale à Crown Heights.

Je regarde dans le frigo. Nous avons des bouteilles d'Evian, mais Julie les remplit au robinet. C'est de l'eau du robinet déguisée en Evian.

– Vous ne préférez pas autre chose ? Jus de fruits ? Soda ?

– Non. De l'eau.

Me voici face à un dilemme. Le pauvre homme a crapahuté pendant des kilomètres depuis Washington Heights, avec son chapeau noir et son gros manteau noir. Il est sûrement mort de soif. Et la Bible me commande de soulager la souffrance de mon semblable.

Alors c'est décidé : ce qu'il ne sait pas ne peut pas lui nuire. Et beaucoup de rabbins disent qu'on peut boire l'eau du robinet. C'est la meilleure solution pour tout le monde.

Je lui en sers un gobelet.

– Merci, me dit Mr Berkowitz en portant le gobelet à ses lèvres, avant de le baisser pour me raconter un truc en lien avec le shabbat.

Je ne sais pas trop de quoi il parle. Je suis trop occupé à fixer le verre des yeux. Il recommence, comme un mari qui ne se doute de rien dans un film noir des années quarante, et qui sans cesse s'apprête – mais sans jamais finir son geste – à boire le lait empoisonné.

Finalement, avant qu'il ait eu le temps de boire, je m'interpose.

– Vous savez quoi ? Je me demande si cette bouteille n'a pas été remplie à l'eau du robinet.

Mr Berkowitz m'est reconnaissant. Il pose tout doucement le gobelet sur la table, comme s'il était rempli d'acide chlorhydrique.

Je ne pouvais pas faire ça. Et si, sait-on jamais, Mr Berkowitz avait eu raison ? Et si cette eau avait souillé son âme ? Je ne pouvais pas prendre un tel risque, son corps dût-il en souffrir.

Abraham se leva tôt, sella son âne et prit
avec lui deux de ses serviteurs et son fils Isaac.

GENÈSE 22,3

Mr Berkowitz pense qu'il serait bon de me fournir un guide minute par minute de la journée pieuse dans les règles. Il commence donc par le début : je dois me lever tôt, tout comme Abraham le jour où il était censé sacrifier Isaac.

– Abraham n'a pas dit : "Hé, Dieu, il est cinq heures du matin. Tu veux vraiment que je me lève si tôt ?" Abraham s'est levé.

Après ça, il y a de nombreux rites à accomplir : laver ses mains des impuretés. Réciter plusieurs prières. S'attacher les commandements à la main et au front. Aller à la synagogue pour vénérer Dieu. Mr Berkowitz me dit qu'il adore aller à la synagogue; pour lui, ce n'est pas une obligation, c'est un cadeau. Je suis jaloux; j'aimerais avoir cet appétit spirituel.

Il déteste être en retard pour la prière, alors il prépare tout son équipement religieux la veille au soir : son taleth, ses franges, etc.

– Comme un pompier, me dit-il. Le pompier a son casque, sa veste et ses bottes accrochés à une patère, comme ça, quand il y a le feu, il n'a pas besoin de réfléchir. Tout est prêt.

Il insiste encore sur l'importance d'être à l'heure aux services.

– Si ça suppose que je coure les lacets défaits, je n'hésite pas.

Mr Berkowitz marque une pause avant de se raviser.

– Enfin, non, je ne fais jamais ça. C'est une exagération. Mais je tiens à être à l'heure. Je ne vais pas me mettre à courir comme un fou. Je marche vite.

En parlant de chaussures, Mr Berkowitz me dit qu'on ne se chausse pas au petit bonheur. Il y a une procédure à suivre. On met sa chaussure droite. Puis la gauche. Puis on lace la gauche. Puis on revient lacer la droite.

Pourquoi un tel ordre? Mr Berkowitz n'en sait rien.

– C'est ce que les rabbins nous disent de faire. Je n'ai pas à y réfléchir. Ça m'épargne bien des réflexions. Ça me permet de me concentrer sur des choses plus importantes.

Si cela avait été enregistré, j'aurais fait un retour en arrière pour m'assurer qu'il avait bien dit ce qu'il venait de dire. Quelle quantité de réflexion est-ce que ça épargne? Est-ce que je gaspille tant d'énergie mentale que ça à décider dans quel ordre je vais enfiler mes Rockport? Ça paraît drôlement sérieux, ce micromanagement religieux. Je n'ai pas voulu le dire au doux et probablement assoiffé Mr Berkowitz, qui était déjà passé au sujet suivant, mais sur le coup, je me suis dit : "Ils sont pas nets."

Toutefois, avec le recul, je commence à penser que ça n'est peut-être pas totalement insensé. Mon père racontait toujours que son héros, Albert Einstein, possédait plusieurs costumes identiques de façon à ne pas perdre son énergie neuronale à choisir lequel il allait porter. L'idée est la même.

En fait, ça s'intègre à une question plus vaste à laquelle j'ai longuement réfléchi : la liberté de *ne pas* choisir. On m'a toujours appris à fétichiser la liberté de choisir. C'est dans l'esprit américain. C'est pour ça que je suis allé à la Brown University, où ils n'ont aucune exigence, où l'on peut passer ses quatre années à écrire des devoirs sur l'importance de l'œuvre de Christian Slater.

Mais je vois de mieux en mieux ce qu'il y a de beau dans un cadre plus rigide. Dans la structure, l'architecture stable de la religion.

Mon beau-frère Eric – qui prépare un doctorat en psychologie – aime à me faire cours sur cette expérience que des chercheurs de Columbia et de Stanford ont conduite dans un supermarché. Ils ont dressé deux tables de produits à goûter ; sur l'une se trouvaient six sortes de confitures, sur l'autre vingt-quatre. Curieusement, il y a eu davantage d'acheteurs à la table de six. Presque dix fois plus, en fait. La conclusion, c'est que la grande table était trop écrasante, qu'on croulait sous le choix.

La Bible nous débarrasse de quantité de pots de confiture. Que faire vendredi soir ? Rester à la maison en famille. Dois-je perdre mon temps à m'informer sur la vie amoureuse de Cameron Diaz ? Non. Dois-je donner quelque chose au sans-abri de la 77e Rue ? Oui. Dois-je être plus sévère avec Jasper ? Oui. C'est un soulagement et, paradoxalement, une libération de s'abandonner à une vie où les choix sont restreints, surtout à l'heure où les possibilités se multiplient aussi vite que les chaînes câblées.

Récemment, j'ai entendu un rabbin parler de Moïse et dire qu'en un sens, étrangement, il était resté esclave même après son affranchissement. Parce qu'il était esclave de la bonté. Il n'avait pas d'autre choix que de faire le bien.

Il y a un livre juif qui restreint les choix plus, bien plus encore que la Bible elle-même. C'est un énorme ouvrage du XVIe siècle qu'on appelle la *Table dressée* – ou *Choulhan aroukh* en hébreu. C'est un livre étonnant ; il donne des instructions pratiques sur tous les sujets possibles et imaginables : comment manger, dormir, prier, prendre son bain, faire l'amour. Certains juifs orthodoxes en suivent une grande partie, mais les respecter toutes semble à peu près carrément impossible. Il y en a des milliers. L'une d'elles stipule que lorsqu'on va aux toilettes en plein air, il faut se tourner vers le nord ou le sud, jamais vers l'est ou l'ouest.

Les plupart des règles de la *Table dressée* sont postérieures à la Bible. Les Ecritures n'abordent pas la question des chaussures en tant que telle. Elles n'en contiennent pas moins tout un tas règles qui suffisent amplement à m'occuper – les unes plaisantes (le sabbat), les autres moins (l'évitement mensuel de ma femme). La question-clé semble être : comment, pour commencer, choisir les règles qui restreindront nos choix ? Je ne sais pas. C'est comme un dessin de M. C. Escher. Ça me donne mal au crâne.

Mr Berkowitz, au fait, a achevé sa leçon et ses prières et il est reparti une heure plus tard. Au moment de prendre congé, il m'a rappelé de me préparer pour le shabbat en me récitant ce petit couplet :

Qui bon shabbat mène
Passe bonne semaine.

J'adhère au sentiment, sinon à la grammaire.

Car moi, Yahvé, ton Dieu, je suis un Dieu jaloux,
qui punis la faute des pères sur les enfants, les petits-enfants
et les arrière-petits-enfants, pour ceux qui me haïssent...

DEUTÉRONOME 5,9

117e jour. Jasper, mon fils, est finalement parvenu à étoffer son vocabulaire, mais pas dans le sens que j'espérais. Et c'est ma faute.

Je peux tenter d'expliquer ce qui s'est produit grâce à une brève histoire biblique : dans le chapitre 12 de la Genèse, Abraham, fuyant la famine, descend en Egypte avec sa belle épouse Sara. Sara est vraiment une femme superbe, et Abraham craint que les Egyptiens ne le tuent pour la lui prendre. Alors il ment. Il prétend que Sara est sa sœur. Et il pousse si loin la duperie que le Pharaon, pensant que Sara est célibataire, la prend pour femme. Lorsqu'il découvre qu'il s'est fait berner, il est furieux – ce qui peut se comprendre – et il chasse Abraham du pays.

Abraham et Sara conçoivent un jour un fils nommé Isaac. Une fois adulte, Isaac et sa femme Rébecca, fuyant la famine, partent pour le pays des Philistins. Et que fait Isaac ? Il fait passer Rébecca pour sa sœur. Il ne veut pas que les Philistins le tuent pour la lui prendre.

C'est l'un des grands thèmes récurrents de la Bible : les enfants imitent les comportements de leurs parents, même les défauts, surtout les défauts. (Autre exemple : Rébecca a un fils préféré, Jacob ; Jacob aura un fils préféré, Joseph.)

J'ai toujours su que les parents influençaient leurs enfants. Ça n'est pas une idée obscure. Mais ça ne m'a interpellé-au-niveau-du-vécu qu'au moment où Jasper s'est mis à singer nos actes et nos discours.

Je l'ai remarqué pour la première fois lorsqu'il a adopté l'un des tics les plus touchants de Julie. Après avoir bu une gorgée de boisson, Julie laisse souvent échapper un "Ahhh" de satisfaction, comme si elle était secrètement en train d'enregistrer un spot publicitaire pour Sprite. Maintenant, Jasper fait la même chose. Il siffle son verre de jus de pomme allongé d'eau, le fait claquer sur la table, et expire bruyamment.

Mais avec moi, ça a pris une tournure plus sombre. Il y a quelques jours, l'assiette Elmo de Jasper m'a échappé des mains, répandant des dés de Cantaloup partout dans la cuisine. J'ai crié un mot de cinq lettres synonyme d'une activité que la *Table dressée* invite à pratiquer tourné vers le nord ou le sud, jamais vers l'est ou l'ouest. (Je le taperais bien ici, mais je crois que ce serait encore une infraction aux règles.) Apparemment, Jasper était très attentif. Il a décidé que c'était un mot grandiose, digne de remplacer le très acceptable "oh-oh" comme exclamation tous usages.

Quand je voyais des gosses jurer à la télé ou dans les films, je trouvais ça plutôt adorable. Quand ma nièce de deux ans prononçait le mot en P ? Je rigolais. Mais quand mon propre fils glapit des jurons de sa petite voix suraiguë, ça n'est pas drôle du tout. Je l'imagine immédiatement à quinze ans de là, une seringue piquée dans le bras, vautré dans les toilettes d'une gare quelconque.

Au verset 5,9 du Deutéronome, la Bible dit : " Moi, Yahvé, ton Dieu, je suis un Dieu jaloux, qui punis la faute des pères sur les enfants, les petits-enfants et les arrière-petits-enfants, pour ceux qui me haïssent." Avant, je trouvais cette sentence effroyable. Pourquoi Dieu punirait-il mes petits-fils de mes péchés ? Cela semblait outrageusement non américain. Pourquoi tout le monde n'aurait-il pas droit à une ardoise morale vierge ? Et, en effet, si on comprend par là que Dieu frappera notre enfant de la lèpre si jamais on adore une idole sculptée, alors oui, c'est absolument cruel.

Mais j'ai fini par apprécier cette phrase. Le truc, c'est qu'il faut y voir un avertissement : nos errements moraux risquent d'hypothéquer la capacité de nos enfants à faire les bons choix. Si vous battez votre fils, vous augmentez les chances qu'il batte le sien. Si vous vous énervez à cause d'un accident de Cantaloup, votre fils fera comme vous. Quel meilleur moyen de dissuader les gens de mal se comporter ?

Cela avait encore plus de résonance à l'époque biblique. Comme le note Jack Miles dans son excellent bouquin, *Dieu, une biographie*, les habitants de l'ancien Israël ne possédaient pas clairement le concept d'immortalité de l'âme que nous connaissons aujourd'hui. Ils atteignaient l'immortalité à travers leurs enfants et les enfants de leurs enfants, qui étaient des extensions physiques de leur personne. La cellule de base de la société était la famille, pas l'individu.

En l'absence de vie après la mort, Dieu rendait la justice à chaque famille – les actions d'une personne se répercutant sur tous ses descendants. L'exemple extrême : depuis qu'Adam et Eve ont désobéi à Dieu et mangé le fruit de l'arbre de la connaissance, la famille humaine n'a pas cessé de le payer.

Je ne sais pas exactement pourquoi – peut-être que la Bible s'est infiltrée dans mon cerveau, peut-être que la parentalité entraîne inévitablement un changement de mentalité – mais j'ai pris mes distances vis-à-vis de l'individualisme extrême. Désormais, ma vision du monde tient davantage de l'interconnexion, de la tribu.

Interrogez donc et regardez. Est-ce qu'un mâle enfante ?
JÉRÉMIE 30,6

120e jour. En ce matin frais de septembre, Julie et moi nous acheminons jusqu'à la clinique de fertilité, dans l'East Side. Deux ovules de Julie macèrent depuis cinq jours dans une éprouvette. Les médecins vont les transplanter tous les deux, dans l'espoir que l'un d'entre eux s'accroche.

Diable, comme ce n'est pas naturel. Charlottes, gel antiseptique, lits à roulettes, feuilles de température. On est à cent lieues d'Adam et Ève.

On me ramène Julie au bout de quelques minutes. Voilà, c'est fait. Si Dieu le veut, elle est enceinte. Pour une raison qui m'échappe, elle doit, la vessie pleine, restée allongée dans un lit d'hôpital pendant une demi-heure.

– Distrais-moi, s'il te plaît! me demande-t-elle. Raconte-moi n'importe quoi.

Je m'embarque dans une histoire biblique, l'histoire de Tamar.

– N'importe quoi sauf ça.

O.K. C'est pourtant une bonne histoire, très indiquée – une histoire profondément étrange. Julie, libre à toi de sauter ce passage, mais la voici :

L'histoire de Tamar se trouve dans le livre de la Genèse. Tamar était mariée à un dénommé Er, fils de Juda. Er mourut avant qu'ils aient pu avoir des enfants. En ce temps-là – aussi étrange que cela puisse paraître aujourd'hui – la coutume voulait qu'une veuve sans enfants reste au sein de la famille : elle devait épouser le frère de son défunt mari. On appelle ça le “lévirat”. Tamar épousa donc le frère cadet d’Er, Onân. Onân mourut à son tour. Tamar, on le comprend aisément, était éperdue. Deux époux, deux décès. Mais son beau-père, Juda, lui dit de ne pas s’inquiéter : elle pourrait épouser son plus jeune fils, Shéla. Seulement Juda manqua à sa parole. Et Tamar resta sans époux.

Tamar était prête à tout pour tomber enceinte. Elle échafauda donc un plan : elle se couvrit d’un voile, se déguisa en prostituée, et arrêta en chemin son beau-père, Juda, qui montait tondre ses brebis. Juda, qui ne se doutait de rien, coucha avec Tamar, et lui donna sa canne et son sceau personnel en guise de promesse de paiement. Le plan fonctionna. Elle tomba enceinte.

Juda, ignorant la duperie, découvrit que sa belle-fille, quoique veuve, attendait un enfant, et il l’accusa de débauche. Il ordonna qu’elle soit brûlée vive. Alors Tamar lui montra sa canne et son sceau personnel. Et soudain, il comprit. C’était *lui*, le père de l’enfant. Il revint sur son ordre et se repentit. Tamar mit au monde des jumeaux, qu’on appela Péreç et Zérah. Or l’histoire prend un tour intéressant : car Péreç est l’ancêtre d’un des grands leaders d’Israël, le roi David.

La première fois que je l’ai lue, cette histoire m’a paru trop saugrenue pour avoir aucun sens. Une femme qui couche avec son beau-père ? Déguisée en prostituée ? Mais au bout de la quatrième lecture, j’en ai tiré une morale puissante. C’est que même les plus grandes choses plongent parfois leurs racines dans un terreau moralement trouble. Même une union illicite, fondée sur la tromperie, peut engendrer quelqu’un comme le roi David.

Alors… peut-être qu’il en va de même pour la fécondation *in vitro*. C’est moralement compliqué, mais qui sait si notre enfant ne sera pas formidable ? Ou peut-être que je pousse un peu loin la justification, là.

Finalement, Julie et moi parvenons à trouver un terrain d’entente. Nous jouons au premier-qui-cite-un-titre-de-film-biblique.

Jamais je n'oublierai tes préceptes, par eux tu me vivifies.
PSAUMES 119,93

122e jour. C'est la Saint-Sylvestre, et Julie et moi garons notre voiture de location dans l'allée de nos amis du New Jersey. Nous sommes chez eux pour un week-end de trois jours.

Après avoir salué et esquivé les embrassades, je traîne notre valise dans la chambre d'amis, à l'étage, la hisse sur le lit, l'ouvre – et prends immédiatement conscience de ma faute. J'ai oublié ma corne de bélier. Elle est restée dans mon placard, à New York. Merde. Je ne vais pas pouvoir sonner du cor le 1er janvier, au commencement du mois nouveau.

J'essaie de me persuader que, bon, le 1er janvier ne correspond pas au calendrier hébreu, alors ce n'est peut-être pas vraiment le début d'un nouveau mois biblique. Rien n'y fait. Je me sens étonnamment anxieux et déstabilisé, comme si j'étais revenu aux années de lycée et avais oublié de réviser avant un contrôle de physique important. Ça retombe sur Julie, à qui je cherche querelle au sujet du volume du bébéphone de Jasper.

La vérité, c'est que je commence à être très à cheval sur mes rites. Je déteste manquer à ma routine quotidienne – la prière, les tephillin, la prière de nouveau, les pompons, les vêtements blancs, la prière. Pourquoi ? Peut-être parce que ces rites s'accordent à merveille avec mon trouble obsessionnel compulsif.

Grâce à mon TOC, je suis sujet à d'étranges petits rites, comme de toucher quatre fois la pomme de douche après avoir fermé le robinet. Ou d'ouvrir la mâchoire comme pour bâiller chaque fois que je me regarde dans le miroir. Ou de veiller à ne jamais commencer une conversation par le mot *ça*, parce qu'à l'âge de onze ans, j'ai vu une épisode de *Huit, ça suffit !* où les premiers mots qu'un père séparé de sa famille dit à son fils sont : "Ça roule ?", et qu'ensuite la conversation tourne mal – probablement pas parce que le père a commencé sa phrase par "ça", mais on ne sait jamais.

Peu à peu, les rites de la Bible tendent à m'accaparer et à se substituer aux miens. Après tout, pourquoi pas ? Ça fait des milliers d'années que les gens les pratiquent. Ils ont résisté à l'épreuve du temps. A quoi bon inventer mes propres cérémonials alors que j'ai reçu en héritage un livre qui en est plein ? Mr Berkowitz ne perd pas son temps à concocter ses propres rites ; il prend ce qu'il trouve en rayon.

Sous ce rapport, au moins, je suis préprogrammé pour la vie biblique. La religion – surtout les religions attachées aux rites, comme le judaïsme ou le christianisme tendance Haute Eglise – partage trois caractéristiques clés avec les TOC. Primo, la répétition (réciter chaque jour les mêmes prières, allumer chaque semaine les mêmes chandelles). Secundo, la fascination pour la taxinomie – ranger chaque chose dans sa catégorie : bien ou mal, sacré ou profane. Et tertio, en particulier dans le judaïsme, la fixation sur la pureté et l'impureté (de même que je passe ma vie à me laver les mains). Elles m'attirent toutes les trois.

Bien sûr, je ne suis pas le premier à faire le lien. Sigmund Freud, un juif qui, enfant, assistait régulièrement à la messe catholique en compagnie de sa nurse tchèque, pensait que la religion était la "névrose obsessionnelle universelle de l'humanité".

Si c'est le cas, je pense que ça peut être une saine névrose. Je suis plus ouvert aux *houqim* à présent : ces commandements inexplicables, comme de séparer laine et lin. Sans m'en rendre compte, j'obéissais depuis des années à mes propres *houqim* endogènes. Combien de temps ai-je perdu à allumer et éteindre la radio jusqu'à ce que le dernier mot entendu soit un nom ? Comparé à mon rite radiophonique, m'attacher les commandements au front paraît carrément rationnel. Au lieu de me réciter compulsivement la liste des matières que j'avais en troisième – français, maths, biologie, etc. (ne me demandez pas) – je me récite compulsivement certains passages de la Bible que je me dois de retenir. Par exemple, que Dieu nous a donné les commandements. Qu'Il nous a fait sortir d'Egypte. Qu'Il nous a donné le sabbat. Et qu'Il nous a demandé de sonner du cor au commencement de chaque mois.

CINQUIÈME MOIS : JANVIER

Ne prête pas attention à toutes les paroles qu'on prononce,
ainsi tu n'entendras pas ton serviteur te maudire. Car bien des fois
ton cœur a su que toi aussi avais maudit les autres.

ECCLÉSIASTE 7,21-22

124e jour. 2 janvier. Nous sommes de retour à New York. Je ne suis pas censé prendre de bonnes résolutions – c'est probablement un rite païen – mais si je le faisais, voilà ce que ce serait : il faut que je m'endurcisse. C'est écrit là, dans l'Ecclésiaste : ne prête pas attention à tout ce que tout le monde dit de toi ; tu sais que toi aussi, tu as dit des vacheries sur les autres.

Aujourd'hui, sur Amazon, je lisais les commentaires au sujet de mon livre sur *Britannica* (pas très biblique, je sais), et j'en ai trouvé un très étrange. La commentatrice disait qu'elle avait jeté un œil à ma photo et découvert que je n'étais finalement pas si laid. Que j'avais l'air plutôt “normal”, à vrai dire. J'ai décidé de prendre ça comme un compliment. Normal.

Mais elle ne le disait pas pour me flatter. Elle disait que j'avais l'air suffisamment normal pour n'avoir aucune raison d'être socialement handicapé, névrotique, ou miné par un complexe d'infériorité. Et que je ferais mieux de fermer ma gueule de type normal et d'arrêter de me plaindre. C'est le compliment le plus équivoque qu'on m'ait jamais fait. Ça m'a mis de mauvaise humeur pendant trois heures. La Bible a raison : il faut que je m'endurcisse.

Et il faut vraiment, absolument, que j'arrête de m'autogoogler. C'est une sale manie dont je ne me suis toujours pas débarrassé. Je suis tombé sur un blogueur de Singapour à qui on a offert mon livre pour son anniversaire, mais qui paraît plus emballé par un autre de ses cadeaux, un tee-shirt portant l'inscription : "Je cherche un trésor. Tu me montres ta tirelire ?" J'ai fait des recherches d'images sur mon nom et suis tombé sur une séquence coupée au montage de mon passage sur Book TV, dont le site web a choisi un moment particulièrement peu flatteur où je ressemble à Sean Penn dans *Sam, je suis Sam*.

Tout cela est très impie, très vain. Je ferais mieux de penser au bien-être de ma famille et de mes voisins – et à Dieu.

Je ferais bien de m'inspirer de Noé. Noé a mis des décennies à construire son arche. Vous imaginez les railleries des sceptiques ? Si Noé vivait aujourd'hui, il ne perdrait pas son temps à vérifier ce que les blogs disent de lui. Il descendrait à Home Depot se réapprovisionner en planches. A partir d'aujourd'hui, je vais faire comme Noé. M'endurcir.

Tu les enseigneras soigneusement à tes enfants.

DEUTÉRONOME 6,7 (DM)

126e jour. Le fait que mon fils ne parle pas très bien présente un avantage : je n'ai pas besoin de savoir quoi lui dire sur Dieu. Parce que je ne sais vraiment pas ce que je raconterais.

Le sujet a été soulevé à table, ce soir, grâce à nos amis Peter et Jessica, qui sont venus nous voir de Washington. Voici ce que Jessica a répondu à leur fille qui l'interrogeait au sujet de Dieu :

– Je lui ai dit : Dieu est dans le vent, dans les arbres, dans les pierres, Il est partout.

Son mari, Peter, a eu l'air consterné.

– Oui, enfin, peut-être pas partout.

– Si, partout, a rétorqué Jessica.

– Dieu est dans cette bétonneuse ?

– Oui.

– Et dans ce chariot élévateur ?

– Oui, pourquoi pas ?

Peter a secoué la tête.

– Il faut quand même fixer une limite.

Mais je comprends ce que Jessica veut dire. Au cours de ces dernières semaines, j'ai fait, sinon un pas de géant, du moins un prudent pas de bébé sur le chemin de la foi. Je ne sais pas bien comment. Je pense que c'est le charme des trois séances de prière quotidiennes qui fait son effet.

C'est que je ne vois pas le monde comme une masse de quarks et de neutrinos dénuée d'âme. Par moments – pas tout le temps, mais parfois – le monde entier se nimbe d'une auréole sacrée, comme si quelqu'un venait d'allumer une lampe halogène immensément grande, rendant soudain l'univers plus doux, plus plein, moins menaçant.

Je passe beaucoup de temps à m'émerveiller. Je ne suis encore jamais tombé en contemplation devant un chariot élévateur, mais je m'émerveille volontiers de la pluie qui serpente sur une vitre de voiture. Ou de mon reflet déformé dans un bol. J'ai l'impression que je viens de tirer un bang pour la première fois. Ou que je suis Wes Bentley s'extasiant devant la danse d'un sac plastique dans *American Beauty*.

J'ai remarqué que je marchais parfois d'un pas plus léger, presque comme sur des patins à glace, parce que la terre me semble sacrée. Toute la terre, même le trottoir devant la pizzeria qui jouxte mon immeuble.

Bien joli tout ça, hein ? Le seul truc, c'est que ça n'est pas le Dieu des Israélites. Ça n'est pas le Dieu de la Bible hébraïque. Ce Dieu-là est interactif. Il récompense les gens et les punit. Il se dispute avec eux, négocie avec eux, leur pardonne, et parfois les châtie. Le Dieu de la Bible hébraïque est doué d'émotions humaines – l'amour et la colère.

Pas le mien. Mon Dieu à moi est impersonnel. Mon Dieu est le Dieu de Spinoza. Ou celui de Paul Tillich, le théologien protestant pour qui Dieu est "le fondement de l'être". Ou le dieu des chevaliers Jedi. C'est une force puissante, omniprésente, mais vague, diffuse ; un panthéisme légèrement plus sophistiqué. Je ne suis même pas sûr que mon Dieu ait un grand dessein. Et des sautes d'humeur encore moins. Puis-je continuer à m'approcher du vrai Dieu biblique? Je me le demande.

Mais Yahvé me dit : "Debout! Pars…"

DEUTÉRONOME 10,11

127e jour. Avant d'acheter mes billets pour Israël, je tiens à m'assurer que mon oncle Gil sera là. J'obtiens son numéro par un ami orthodoxe qui habite Israël, d'une façon étonnamment simple. Et j'appelle.

Mon plan est de mener une mission clandestine. Je ne lui révélerai pas que je suis son ancien neveu. Ce n'est pas un mensonge, hein : juste une omission. S'il ignore que je suis son ex-parent, il ne prendra pas ça pour une approbation tacite, ce qui est la plus grande peur de la famille.

Je tape les quatorze chiffres. Le téléphone sonne.

Mon cœur bat la chamade. Je ne me suis pas senti aussi nerveux depuis le jour où j'ai appelé Julie pour notre premier rendez-vous.

– Allô ?

Je ne sais pas ce que j'attendais – une voix tonitruante parlant araméen ? – mais je tombe sur un bon vieil accent d'Américain moyen.

– Pourrais-je parler à Gil ?

– C'est moi.

– Bien, euh, je suis auteur, et j'écris un livre sur ma tentative de vivre selon la Bible, et je vais venir en Israël, et…

– C'est quoi votre nom ?

Au fond de moi, j'espérais qu'il se contenterait de m'appeler "l'Auteur". Alors maintenant je fais quoi ? Je lui donne un faux nom ? Ce coup-ci, ce serait un mensonge. Bon, peut-être que mon nom ne lui dira rien. Nous ne nous sommes jamais rencontrés, et je ne porte pas le même nom que son ex-femme.

– Je m'appelle A. J. Jacobs.

– Ah, mais vous êtes le cousin de mes filles !

Bon. La théorie a ses limites. Nous fixons le jour où je viendrai dîner chez lui. Je suis tellement tendu à l'idée de briser le tabou familial que je mets trois heures à m'endormir.

Tu les écriras sur les poteaux de ta maison...
DEUTÉRONOME 6,9

128e jour. J'ai consacré beaucoup de temps aussi bien à mon apparence physique qu'à mon âme. Mais j'ai le sentiment de ne pas avoir suffisamment "biblifié" ma maison. La seule chose que j'ai faite fut de débarrasser l'appartement de ces images qui confinent à l'idolâtrie, même s'il s'agit d'idoles mondaines : le poster de Ray Charles au Monterey Jazz Festival, la demi-douzaine de photos de Julie aux côtés de stars qu'elle avait accostées dans la rue ou lors de manifestations quelconques. (Julie avec un Willem Dafoe réticent, Julie avec un Tupac Shakur sceptique, etc.)

Alors aujourd'hui, comme le demande le Deutéronome, je vais écrire un passage de la Bible sur les montants de notre porte. J'en informe Julie, qui m'édicte elle-même deux commandements inexorables.

1. Qu'en aucun cas Jasper ne te voie écrire sur les montants de la porte. Nous avons dû batailler contre ses tendances à abuser du crayon de couleur. Ça ne nous faciliterait pas la tâche.

2. De grâce, par pitié, écris au crayon de bois. "Je ne veux pas recevoir un appel du syndic à ce sujet. Ni avoir à payer un peintre."

Je promets.

Après leurs quarante jours de traversée du désert, Moïse a commandé aux Israélites d'inscrire la parole de Dieu sur les poteaux de leur maison et sur leurs portes. C'est l'origine de la *mezouzah* – la boîte que (comme beaucoup d'autres Juifs) nous avons clouée en biais à l'entrée de notre demeure.

La tradition veut qu'on délègue la calligraphie de la *mezouzah* à un scribe officiellement investi pour cette tâche. On vous la livre clés en main. Mais d'après le mot à mot biblique – qui correspond sans doute aux usages de certains Israélites de l'époque – chacun doit écrire sur l'encadrement de sa porte.

Mais écrire quoi ? Moïse dit : "Ces paroles que je te dicte." J'ai un instant songé à tasser en tout petits caractères quelques centaines de commandements, mais j'ai finalement opté pour les dix plus fameux – qui, dans le texte, apparaissent juste avant le passage sur les poteaux et les portes. (Soit dit en passant, les *mezouzot* traditionnelles contenaient un rouleau de parchemin où était inscrite la célèbre prière qu'on appelle le *Chema* : "Ecoute, ô Israël ! Le Seigneur est notre Dieu. Le Seigneur est Un !")

Je sors mon crayon Officemate HB, m'assure que Jasper est durablement absorbé par ses Lego, cale la porte d'entrée, puis commence lentement, très lentement à écrire la parole de Dieu sur les montants vert avocat. J'en aurai pour une heure. Pendant tout ce temps, je respire l'odeur mystérieuse qui se dégage toujours de l'appartement 5R (il doit y avoir une conserverie de thon clandestine, là-dedans), en faisant une pause entre chaque commandement pour me détendre le poignet et le coude, et en prenant bien garde à ne pas déraper.

Au début, je me sens absurde, comme une version biblique de Bart Simpson au tableau noir. Absurde et tendu – ne suis-je pas en train de commettre un péché colossal en passant outre à une tradition vieille de plusieurs siècles ? Les juifs orthodoxes seraient peut-être de cet avis. Les instructions détaillant la fabrication d'une *mezouzah* aux normes sont au nombre ahurissant de 4 649. On est censé utiliser la plume d'un volatile casher, par exemple une oie ou une dinde. Le rouleau doit comporter vingt-deux lignes. Et ainsi de suite. En comparaison, on peut dire que j'improvise.

Mais au bout d'une demi-heure, je plonge dans une quasi-transe. Ça faisait une éternité que je ne m'étais pas livré à ce genre de copie monastique – en tout état de cause, pas depuis l'invention du copier/coller numérique. Mais c'est une vraie expérience. On est forcé de s'attarder sur chaque lettre, chaque inflexion. On s'imprègne du texte. C'est la même différence qu'entre aller en ville à pied ou prendre le bus – on ne peut pas s'empêcher d'observer le paysage.

Je remarque la beauté minimaliste des commandements six, sept et huit :

"Tu ne tueras pas."
"Tu ne commettras pas d'adultère."
"Tu ne voleras pas."

Et je remarque le rythme syncopé de la liste des gens à qui il est défendu de travailler le jour du sabbat : "toi, ni ton fils, ni ta fille, ni ton serviteur, ni ta servante, ni tes bêtes, ni l'étranger qui est dans tes portes".

Je pense au fait que chacun des mots que je suis en train d'écrire a déclenché mille discussions. Même une chose aussi simple que : "Tu ne tueras pas."

On considère généralement que c'est une mauvaise traduction. L'Ancien Testament est plein d'homicides avalisés par Dieu – de la peine capitale infligée aux blasphémateurs à l'anéantissement des ennemis. Le véritable commandement serait plutôt : "Tu n'assassineras pas."

Aucun n'est à l'abri des controverses, même le dixième. Suivant l'analyse grammaticale qu'on fait du passage, on pourrait avancer que ce sont en fait treize commandements. "Tu ne te feras aucune image sculptée" en est un. "Tu ne te prosterneras pas devant ces dieux" en est un autre. Mais ces deux-là sont généralement pris en bloc.

Ils sont plus compliqués qu'il n'y paraît, ces dix commandements.

Tu n'iras pas diffamer les tiens...

LÉVITIQUE 19,16

131e jour. Je n'arrête pas de repenser à Amos, le joueur d'harmonica amish, et à sa façon de répondre à la plupart des questions par une monosyllabe ou un hochement de tête. Et encore, ça, c'était quand j'avais de la chance. Parfois il gardait simplement les yeux fixés par-dessus mon épaule jusqu'à ce que le silence devienne tellement pesant que je posais la question suivante.

Je ne suis en rien Amos, mais je sens que je dérive lentement dans cette direction. Surveille ta langue, me dis-je. Rationne tes mots. Contente-toi de hocher la tête en souriant, et ne réagis pas lorsqu'on te dit "Hé, le pipelet de service, là-bas !" comme l'ont fait mes collègues au restau italien lors d'un récent dîner d'*Esquire*.

Il faut que je la boucle. C'est le meilleur moyen de lutter contre l'envie dévorante de déverser des propos négatifs interdits par la Bible. Le pasteur par passe-temps, Elton Richards, m'a fourni une bonne métaphore sur la question : considérer la médisance comme une pollution verbale. Et c'est ce que je fais : je me représente les insultes et les ragots comme une nuée sombre contenant, pourquoi pas, du dioxyde de soufre. Une fois que tu l'as crachée, pas moyen de la reprendre. Comme disait mamie, si tu n'as rien d'aimable à dire, tais-toi donc.

L'intéressant, c'est que moins j'exprime mes pensées négatives, moins j'en conçois en amont. M'est avis que mes pensées sont paresseuses. Elles se disent "Bon, on n'arrivera jamais à se faire entendre, alors à quoi bon ?" C'est plus efficace que de se contenir. Les pensées ne prennent même pas suffisamment forme pour qu'on ait besoin de les réprimer.

D'accord, le vendeur de la librairie biblique m'a fourgué un exemplaire relié de *La Cuisine de Jésus* alors qu'il existe une version de poche dix dollars moins chère, comme je l'ai découvert aujourd'hui. Mais je refuse de m'en plaindre auprès de Julie. Peut-être ne le savait-il pas, peut-être a-t-il pensé que je préférais un bon gros livre bien solide à léguer à la postérité. Je refuse de laisser ce nuage toxique s'épaissir dans mon cerveau. C'est un sentiment purifiant, l'équivalent verbal des vêtements blancs.

Ce soir, pendant le dîner avec Julie, j'étais en grande forme anti-médisance. Mon épouse est créatrice d'amusements ; elle travaille pour une société qui organise des rallyes culturels – pour les entreprises, à l'occasion d'événements publics ou de bar-mitsvah – mais apparemment, sa journée n'avait pas été amusante du tout.

Une de ses clientes avait insisté pour organiser son rallye en plein air. Julie lui avait dit qu'à cette période de l'année, il valait vraiment mieux le faire à l'intérieur, mais la cliente n'avait pas voulu en démordre. Bien sûr, il a fait un froid à vous geler les oreilles. Et maintenant la cliente crie au scandale et demande à être remboursée.

– Quelle chieuse, me dit Julie.

Je ne connais pas cette femme. En théorie, je ne suis pas censé dire du mal d'elle.

– La situation est difficile.

– Je lui ai dit trois fois de le faire à l'intérieur et elle n'a rien voulu savoir.

– Ça se passera mieux la prochaine fois.

– Dieu me préserve d'une prochaine fois !

– Elle a l'air d'avoir ses qualités et ses défauts, comme nous tous.

– Quoi ?

– Tout le monde a ses bons et ses mauvais côtés.

– Comment ça, "tout le monde a ses bons et ses mauvais côtés" ?

– Eh bien, il semble qu'il y ait eu un regrettable problème de communication.

– Y a pas eu de problème de communication, putain, je lui ai dit quoi faire et elle ne m'a pas écoutée.

Julie se tait un instant.

– Pourquoi t'es pas de mon côté ?

– Je le suis. Mais je ne veux pas accabler cette femme. C'est de la médisance. *Lechon ha-ra.*

– Les boules, on croirait entendre un pédopsychiatre.

Je suis ébranlé. Mais elle a raison. Je suis ridicule. Je me suis trouvé dans un de ces cas fréquents où deux commandements s'entrechoquent : le commandement de s'abstenir de médire et celui de traiter sa femme comme on aimerait qu'elle nous traite. J'ai fait le mauvais choix. J'aurais dû enfreindre l'interdiction de médire. Même à l'absolutisme, il faut des exceptions.

Je rendrai ta postérité aussi nombreuse que les étoiles du ciel
et que le sable qui est sur le bord de la mer.

GENÈSE 22,17

132e jour. Notre visite à la clinique remonte à douze jours, et le téléphone vient de sonner. C'est l'infirmière. Il doit y avoir du nouveau. Julie prend l'appel sur le sans-fil noir du salon.

– Hm hm. Hm hm.

Julie sourit. Lève le pouce.

Elle est enceinte ! Hourra !

Elle lève une deuxième fois le pouce, avec un sourire un rien forcé, cette fois.

– D'accord. Oui. Merci.

Julie raccroche. Elle n'est pas simplement enceinte – elle est *hyper*-enceinte. Ses taux d'hormones indiquent qu'elle porte probablement des jumeaux. Le docteur avait transplanté deux ovules fécondés, et il semble que les deux aient pris.

Hum. Des jumeaux.

Je savais que le risque d'avoir des jumeaux était plus élevé avec la FIV, mais quand même. C'est dur à intégrer. J'ai toujours été modéré dans mon interprétation du “soyez féconds, multipliez”. Le monde connaît une croissance de la population qui aurait fait frémir Malthus – je m'étais dit que deux enfants feraient l'affaire.

Julie et moi nous asseyons ensemble sur le canapé et restons un instant muets de stupeur.

– Deux pour le prix d'un, dit-elle d'un ton impassible. Deux fois plus de fun.

Je suppose qu'en comparaison avec les familles bibliques – Jacob avait treize enfants, David au moins quinze – trois n'est pas si mal. Remercie Dieu, me dis-je. Remercie Dieu.

Offre à Dieu un sacrifice d'action de grâces,
accomplis tes vœux pour le Très-Haut.

PSAUMES 50,14

133e jour. Pour le dire en termes religieux, les jumeaux sont une bénédiction mitigée. Mais une bénédiction tout de même.

Deux enfants. C'est assurément la plus grande nouvelle de l'année, il me faut donc trouver un moyen d'exprimer ma gratitude. Je ne peux pas me contenter de joindre les mains et d'articuler un merci. Si je veux vraiment être biblique, il faut que je sacrifie quelque chose.

C'est pourquoi aujourd'hui, à Union Square, j'ai posé des olives et des dattes sur une petite estrade de pierres et les ai laissées là en guise d'offrande à Dieu. J'ai dit une prière et suis parti. Je ne sais pas ce que j'espérais – une vision, une colonne de feu – mais quoi que ce fût, je ne l'ai pas obtenu. A la place, j'ai eu le sentiment que je venais de dépenser 15,46 $ au supermarché pour aggraver le problème des rats à New York.

Ce fut une déception, surtout après ma première expérience sacrificielle. Celle-là fut profonde, instructive et extrêmement troublante.

Permettez que je revienne quelques mois en arrière.

Lorsque j'ai lu les Ecritures pour la première fois, il m'est vite apparu que le sacrifice n'était pas une note de bas de page bizarre dans un coin de la Bible hébraïque – mais un élément central. Les règles qui régissent le sacrifice courent sur des pages et des pages et sont d'une stupéfiante complexité. Je les ai lues des dizaines de fois depuis et ne suis toujours pas parvenu à les maîtriser.

J'en ai toutefois tiré trois conclusions :

1. Le sacrifice animal est préférable aux autres types de sacrifice, notamment les sacrifices de fruit, grain ou encens, qui sont considérés comme des offrandes de second rang.

2. Les anciens Israélites sacrifiaient une variété impressionnante d'espèces : bœufs, chèvres, boucs, tourterelles, béliers, agneaux, etc.

3. Ils sacrifiaient souvent, très souvent. Péchés, morts, naissances, fêtes – tout donnait lieu à sacrifier au Temple. Quand on a lu le passage de la Bible qui traite du sacrifice, on se demande comment ils trouvaient encore le temps de semer, récolter, engendrer, et autres tâches qu'ils se devaient d'accomplir.

Heureusement pour moi – et plus encore pour les bêtes – presque aucun adepte de la Bible ne sacrifie plus d'animaux. Les sacrifices n'étaient autorisés qu'au Temple de Jérusalem, or les Romains ont détruit le Second Temple en 70 de notre ère. Donc je vais peut-être pouvoir m'en tirer comme ça. C'est parfaitement compréhensible.

Pourtant, le sacrifice tient une place tellement importante dans la Bible que j'ai le sentiment de devoir en faire l'expérience d'une façon ou d'une autre. Ce qui ne va pas être facile. En bon citadin, je n'ai jamais rien tué de plus gros qu'une blatte.

Un jour, au déjeuner, mon conseiller prof d'histoire, Eddy Portnoy, m'apprend qu'il existe toujours un rite voisin du sacrifice animal. Il a pour nom *kapparot*, et il est pratiqué par certains juifs orthodoxes une fois par an – la veille de Yom Kippour. L'idée, c'est que tu achètes un poulet vivant, tu le tiens au-dessus de ta tête en disant une bénédiction, après quoi on l'abat devant toi. Il sera ensuite donné aux pauvres.

Les *kapparot* n'apparaissent pas dans la Bible. Les premières évocations de ce rite figurent dans des textes du IXe siècle originaires de ce qui est aujourd'hui l'Irak. Mais c'est ce que j'ai trouvé de plus proche du sacrifice légal dans toute l'agglomération new-yorkaise, alors, par un soir de bruine du mois d'octobre dernier, j'ai sauté dans le métro direction Crown Heights, Brooklyn.

Je sens à l'odeur que j'approche. A mesure que je m'éloigne du métro, le traditionnel mélange poubelles-gaz-d'échappements de New York cède peu à peu la place à un surprenant fumet d'élevage-de-volailles-de-l'Arkansas.

Je parviens bientôt à destination. Il faut dire que j'avais peu de chances de passer à côté. Tout trempés par la bruine légère, des centaines de juifs orthodoxes se pressent dans leurs chapeaux noirs et leurs longs manteaux noirs, leurs livres de prières à la main.

Il n'y a que les poulets qui soient plus nombreux que les chapeaux. Des poulets en cage, des poulets dans la rue, des poulets serrés sous les coudes. On se croirait dans une ville lituanienne en 1805 – abstraction faite de l'omniprésence des téléphones portables et appareils-photo numériques.

Mon guide est le rabbin Epstein, un hassid au visage rond originaire du Tennessee. Nous nous retrouvons à l'endroit dont nous étions convenus.

Nous commençons par parler de nos barbes respectives – notre point commun.

– Ça vous arrive de la tailler ?

– Non, répond-il, c'est interdit.

– Mais on peut essayer d'y mettre un peu d'ordre, ajoute l'un de ses amis, également rabbin.

Sur ces mots, l'ami attrape sa barbe et effectue un rapide roulé-coincé-sous-le-menton. Un vrai tour de passe-passe, façon Ricky Jay. Mais ça lui raccourcit la barbe de quinze bons centimètres.

L'atmosphère est étrangement festive, comme un Mardi gras juif. Nous devons parler fort pour couvrir les gloussements, caquetages et autres battements d'ailes. Et, juste au cas où la scène ne serait pas assez surréaliste, le rabbin Epstein a un accent du Sud assez prononcé, du coup ses mots hébreux passent par un filtre nasillard, à la Garth Brooks.

Je l'interroge sur la partie sacrificielle du rite.

– Les *kapparot* ne sont en rien un sacrifice, me dit Epstein, d'un ton aimable mais ferme. On ne peut sacrifier qu'au Temple, et le Temple n'existe plus.

– En quoi est-ce différent ?

– Le poulet ne meurt pas pour racheter nos péchés. Il nous rappelle ce qui pourrait ou devrait nous arriver, à nous qui sommes pécheurs.

– Mais est-ce que ce n'est pas du même ordre que le bouc émissaire originel ?

Je faisais référence à un rite biblique ancien au cours duquel, le jour de Yom Kippour, les Israélites chargeaient un bouc de leurs péchés et le précipitaient du haut d'une falaise. C'est l'origine du mot *bouc émissaire*.

– Peut-être, admet-il à contrecœur. Mais c'est tout de même très différent. Les péchés ne sont pas dans les poulets. Il s'agit d'éveiller en nous la conscience que, à Dieu ne plaise, ça aurait tout aussi bien pu nous arriver à nous.

J'essaie de rester ouvert d'esprit, mais j'ai un peu de mal.

– Il faut que je vous dise. J'ai de la peine pour ces poulets.

Epstein secoue la tête.

– Il ne faut pas, l'abattage est casher. Ces bouchers utilisent les couteaux les plus affûtés. C'est comme de se couper avec du papier. Vous savez bien, quand on se coupe avec du papier, on ne sent rien sur le moment. L'abattage est indolore.

La foule est dense. Des enfants passent avec des cagnottes afin de récolter des dons pour les œuvres. Des amis se photographient mutuellement en train de tenir un poulet qui se débat. Nous nous cognons dans le rabbin Shmuley Boteach – le troisième juif orthodoxe le plus célèbre, juste après Joe Lieberman et le chanteur de reggae Matisyahu. Boteach est l'auteur du *Guide de l'amour casher* et, pendant une brève période, il a été le conseiller spirituel de Michael Jackson. Boteach a un Treo à la ceinture, une émission en préparation sur la chaîne TLC (elle a depuis été diffusée), et une connaissance redoutable des médias.

– On a déjà eu des équipes de documentaristes ici. Si tu montres ça tout seul, hors contexte, ça paraît barbare et irrationnel.

Le rabbin Boteach a raison. Je sais que je vais commettre le même péché. Comme je ne peux pas consacrer tout mon livre à expliquer les rites ultra-orthodoxes, les *kapparot* paraîtront nécessairement hors contexte.

– Est-ce plus irrationnel que des tas de choses dans notre culture ? demande-t-il. Est-ce plus irrationnel que le Botox ? Ou que la transsubstantiation ?

Là encore, il n'a peut-être pas tort : au cours de mes entrevues, certes brèves, avec les hassidim, je les ai trouvés beaucoup plus raisonnables que je ne l'imaginais. Dans l'ensemble, ceux que j'ai rencontrés étaient joviaux et chaleureux. Et leur conscience d'eux-mêmes est fascinante. Un peu plus tôt, le rabbin Epstein m'avait raconté qu'il avait emmené ses enfants visiter Colonial Williamsburg*, et que l'un d'eux lui avait demandé : "Est-ce qu'il y a encore des gens qui vivent comme ça ?"

Et le rabbin Epstein avait répondu : "Plus personne ne vit comme au XVIIIe siècle. Enfin, sauf à Crown Heights."

Ce ne sont pas des hurluberlus. Quoique, permettez-moi de nuancer. La plupart d'entre eux ne sont pas des hurluberlus. Il y a des exceptions.

Exemple : ce petit hassid qui erre parmi les poulets et porte un panneau d'homme-sandwich par-dessus son manteau noir. Sur le panneau, une immense photo du rabbin Menahem Mendel Schneersohn, leader des Loubavitchs, cette importante communauté hassidique basée à Brooklyn.

– La venue du Rebbe est proche ! dit-il avec l'accent israélien.

– Je croyais que le rabbin Schneersohn était mort il y a quelques années.

– Oui, on interprète ça comme une mort, mais il n'est pas mort. Il va revenir, et nous vivrons les Temps messianiques.

Ce type a forcé sur les substances casher.

– Comment ça ? Ça ressemblera à quoi, les Temps messianiques ?

---

* Quartier historique de la ville de Williamsburg, Virginie, aménagé en musée vivant de l'Amérique coloniale et des débuts de l'Indépendance.

– L'argent poussera sur les arbres. Les vêtements, aussi, ils pousseront sur les arbres. Et le sable sera comme du bonbon. Nous vivrons dans l'abondance, et nous n'aurons plus qu'à étudier la Torah toute la journée.

Quel étonnant luxe de détails. Je m'attendais à de vagues généralités, pas à des plages de Skittles et à des vergers de coutil. Quant aux activités, j'étudie déjà la Bible toute la journée, alors je ne trouve pas ça particulièrement attrayant.

– Avez-vous déjà étudié autre chose que la religion ?

– J'ai fait un peu de maths et de sciences quand j'étais petit, mais pas beaucoup. Quand j'aurai terminé avec la religion, j'étudierai autre chose.

Il sourit.

– Mais vous n'aurez jamais terminé avec la religion, pas vrai ?

– Je n'ai pas terminé pour l'instant.

Bon sang, ce que je déteste ce genre d'esprit borné. Ça me fait penser à mon lointain ancêtre, le rabbin qu'on appelle le gaon de Vilna. Il vitupéra contre cette mentalité, affirmant que la compréhension de la Bible nécessitait une vaste culture générale, incluant, selon *Britannica*, "l'étude des mathématiques, de l'astronomie, de la géographie, de la botanique et de la zoologie".

Je retrouve le rabbin Epstein. Assez de procrastination. Il est temps pour moi d'accomplir ce rite. Je paie dix dollars à un homme assis à une table et suis dirigé vers l'arrière d'un immense camion. Il est bourré de volailles qui s'agitent dans leur cage.

– Un mâle, dit Epstein.

Il m'explique que les hommes reçoivent un poulet, les femmes une poule, et les femmes enceintes un de chaque, pour parer à toute éventualité.

Le gars du camion me tend mon poulet – plumes blanches, bec rouge, tout ce qu'il y a de plus vivant.

– Prenez-le sous les ailes, me dit Epstein.

Il prend le poulet et me fait une démonstration de *full nelson*.

– Vous êtes sûr ? Mais…

– Ça ne leur fait pas mal, m'assure-t-il, pas du tout.

Le poulet glousse. Je le caresse pour le calmer.

Car voilà : je sais pertinemment que le poulet que je prends à la rôtisserie n'est pas mort de causes naturelles. Qu'il n'a pas glissé dans un sommeil éternel à un âge avancé, entouré de ses êtres chers et de ses arrière-petits-poulets dans un hospice pour volaille. Lui aussi s'est fait trancher la gorge. Mais la société moderne se débrouille très bien pour me le cacher.

Je contemple à nouveau mon poulet. Nom d'un petit bonhomme. J'ai une atroce révélation : ce poulet a un air de famille avec Jasper – les mêmes grands yeux, la même petite tête penchée, il ne lui manque plus que de dire "Pa-pa" (ou "A. J.", en l'occurrence).

Pas besoin d'être Maimonide pour voir à quoi ça mène. Je suis l'Abraham du poulet Isaac. Or je n'ai pas un centième de la foi d'Abraham. J'ai la nausée, je relâche mon emprise. Le poulet s'échappe et commence à se carapater dans la rue. Epstein se carapate à sa poursuite, le cueille au vol et me le ramène. Je caresse de nouveau la tête du volatile.

– Maintenant, tournez-le en rond au-dessus de votre tête.

C'est l'un des aspects les plus étranges de la cérémonie des *kapparot* – on est censé faire gentiment tournoyer l'oiseau trois fois dans les airs.

Epstein me tient le livre de prières ouvert, et je lis :

– Voici ma monnaie d'échange. Voici mon substitut, voici mon expiation. Ce poulet ira à la mort, et moi je poursuivrai en paix une longue et bonne vie.

J'espérais sentir mes péchés me quitter, mais ce n'est pas le cas. Je suis trop absorbé par le poulet qui bat des ailes.

Etape suivante : les bouchers casher. Ils sont trois, debout derrière un comptoir juché sur une estrade, avec des airs de pharmaciens féroces. Une combinaison de sacs-poubelles noirs les protège des éclaboussures de sang. Et Dieu sait s'il y en a, du sang – le sol en est couvert, les visages souillés, les gants imbibés. L'odeur du sang de poulet est si forte qu'en attendant son tour, une jeune fille est secouée de haut-le-cœur. En période de grippe aviaire, est-ce véritablement une bonne idée ?

Je donne mon poulet au boucher. Il le prend, le retourne prestement, lui lève la tête et donne trois brefs coups de couteau. Et voilà, le poulet est mort.

Le boucher jette mon poulet dans un cône de signalisation renversé où il restera le temps de se vider de son sang. Il sera ensuite plumé, emballé et livré à une famille dans le besoin, quelque part à Brooklyn.

Quelqu'un me pousse du coude. Je suis toujours plongé dans ma stupeur de citadin : mon poulet était vivant ; et maintenant, trois coups de couteau plus tard, il est mort. Epstein dit quelque chose, mais j'ai du mal à me concentrer. Je suis trop hébété.

Comme je l'ai déjà dit, je commence à voir la vie différemment. Quand on remercie Dieu à la moindre petite joie – à chaque repas, chaque fois qu'on se réveille, chaque fois qu'on boit une gorgée d'eau – on ne peut pas s'empêcher d'être davantage reconnaissant de la vie elle-même, du fait improbable et miraculeux qu'on existe.

Ce que je veux dire, c'est que j'admire le sentiment qu'inspirent les *kapparot*. C'est bien de se voir rappeler qu'on peut trottiner dans la rue à tel instant, et avoir quitté ce monde à l'instant d'après – que la vie est si absurdement précieuse et fragile. Mais je n'admire pas la méthode. Peut-être cela aurait-il plus de sens pour moi si j'avais été élevé dans la culture hassidique. Mais comme le dit le rabbin Boteach, hors contexte, cela paraît barbare. Si j'accomplis encore les *kapparot* un jour, je ferai comme ma tante Kate. Certains juifs orthodoxes, dont Kate, pratiquent une version affadie – quoique autorisée – des *kapparot* : plutôt qu'une volaille, c'est de l'argent qu'ils agitent au-dessus de leur tête.

Tandis que je regagne le métro, laissant l'odeur de poulet derrière moi, je remercie Dieu d'avoir mis un terme au besoin quotidien d'abattage. J'ai eu suffisamment de peine avec un poulet. Je n'aimerais vraiment pas sacrifier une chèvre ou un bœuf.

Tu ne grappilleras pas ta vigne et tu ne ramasseras pas les fruits tombés ...
Tu les abandonneras au pauvre...

LÉVITIQUE 19,10

135e jour. La table du salon a disparu sous quatre grands pots de terre cuite contenant des pieds de concombre. Du moins des pousses difformes luttant pour avoir l'air de pieds de concombre.

J'ai voulu me lancer dans quelques travaux agricoles, étant donné le nombre de lois bibliques qui traitent de la question. J'ai acheté des graines de concombre en ligne (les Hébreux mangeaient des concombres lorsqu'ils étaient esclaves en Egypte, ainsi que du melon, des poireaux et de l'ail) et les ai mises en terre. Par précaution, j'ai ajouté deux douzaines de boulettes d'engrais couleur cannelle qui me rappellent cette discussion sur la digestion chez le lapin au Creation Museum.

Mes concombres poussent – ils atteignent tous la taille d'un Tic Tac. Puis ils meurent brutalement. Je ne comprends pas. A ce jour, j'ai cultivé et tué environ un millier de ces minuscules concombres épineux et immangeables.

J'espérais pouvoir laisser des "glanures" de concombres. L'idée de glanures est l'une de mes préférées dans la Bible. Ça se présente comme ça : quand vous moissonnez un champ, n'en fauchez pas l'intégralité. Laissez les coins tels quels pour que les pauvres puissent ramasser les restes – les glanures.

C'est une règle magnifique, pleine de bonté. En plus, elle récompense les gens qui torchent leur travail, ce que je trouve fort sympathique. Cela part notamment du principe que la terre, *in fine*, appartient à Dieu, ce qu'il convient de respecter en s'assurant que tous les enfants de Dieu aient de quoi subsister. On a parlé à ce sujet du premier système d'aide sociale.

Et cela peut aboutir à des bienfaits inattendus. Prenez cette formidable histoire d'amour qu'on trouve dans l'Ancien Testament, dans le Livre de Ruth. Ruth était une pauvre étrangère qui avait suivi sa belle-mère Noémi en Israël. Pour survivre, elle glanait des épis d'orge. Un jour, le riche propriétaire du terrain – un dénommé Booz – aperçut Ruth en train de glaner et s'en éprit. Lorsqu'elle découvrit son attirance, elle prit un bain, se parfuma, revêtit ses plus beaux atours et, un soir, elle attendit qu'il se soit endormi dans l'aire pour "se coucher à ses pieds". (D'aucuns disent qu'il s'agit là d'un euphémisme et qu'elle s'est couchée autre part.) Booz en fut surpris mais content. Ils se marièrent peu après – or tout a commencé grâce au commandement de laisser des glanures.

Quoi qu'il en soit, comment mettre en œuvre cette idée épatante des glanures, puisque l'expérience des concombres a fait flop ? Si je généralisais, j'imagine que ça reviendrait à "donner aux pauvres". Mais ça, je le fais déjà, grâce à la dîme et à d'autres commandements. Les glanures sont une invention légèrement différente.

Je décide de trouver une façon d'actualiser cette pratique. Ce qui n'est pas une mince affaire. Si je bâcle un article pour *Esquire*, ça n'aide en rien les pauvres. Ça signifie seulement qu'un secrétaire de rédaction devra rajouter l'âge de Scarlett Johansson et gommer mes répétitions.

Puis me vient cette idée : qu'est-ce qui, dans ma vie, ressemble le plus à une moisson ? Aller retirer de l'argent au distributeur. Et si je laissais vingt dollars dans la machine chaque fois que j'en retire deux cents ? Je le fais deux fois, ce n'est pas mal. Mais la pensée que Rupert Murdoch puisse passer derrière moi et se servir de mes vingt dollars pour se moucher me fait quand même un peu mal au cœur.

J'ai donc échafaudé un autre plan : si je perds accidentellement un objet de valeur dans la rue, je l'y laisserai. Ce sera la volonté divine. Je ne le ramasserai pas.

Peut-être que je me surveillais inconsciemment : en tout cas, pendant plusieurs jours, je n'ai rien perdu en route, pas même une pièce rouge ou une peluche de vêtement. Mais voilà qu'hier, en sortant mon portefeuille, à l'angle de la 81e Rue et de Columbus Avenue, je fais tomber un billet de cinq dollars tout chiffonné. J'y jette un coup d'œil et poursuis mon chemin.

– Excusez-moi, monsieur !

Je me retourne. Une femme brandit mon billet.

– Vous avez perdu ça !

– Euh, tant pis.

– Il est à vous. Je l'ai vu tomber de votre poche.

Je marque un temps d'arrêt.

– Non, il n'est pas à moi.

Et je reprends ma route. Ces mensonges incessants, ça ne peut plus durer.

Louez le Seigneur au son de la lyre, célébrez-le sur la harpe à dix cordes.

PSAUMES 33,2 (BFC)

138e jour. Mes vêtements blancs se sont légèrement assombris à cause des taches de nourriture et de la pollution urbaine. Mais je les adore toujours. Quand je les porte, je me sens gonflé à bloc, j'ai l'impression de flotter à un mètre du sol. C'est une telle réussite que j'ai envie d'adopter une apparence plus biblique encore, et me décide à suivre le verset 33,2 des Psaumes, qui nous demande de louer le Seigneur sur une harpe à dix cordes.

"Trouve-t-on seulement encore des harpes à dix cordes ?" me dis-je. Ou devrai-je m'en fabriquer une moi-même ? Je serai peut-être connu dans le monde entier comme le dernier joueur de harpe à dix cordes encore vivant.

Une recherche Google plus tard, j'ai découvert que je ne serai jamais le dernier joueur de harpe à dix cordes. Quand me mettrai-je dans la tête qu'un verset méconnu de la Bible, ça n'existe pas ?

L'instrument biblique s'avère être l'objet d'une activité souterraine florissante. On peut acheter des harpes à dix cordes sur eBay. On peut envoyer des cartes de Noël électroniques avec un accompagnement de harpe à dix cordes (pincées par un ange de synthèse qui a l'air d'un mannequin de Victoria's Secret ailé et sage). On peut lire que les Temps messianiques marqueront l'apparition de harpes à dix cordes qui étendront miraculeusement l'octave de huit à dix notes.

Le Tiffany & Co. des harpes à dix cordes est un magasin de l'Indiana du nom de Jubilee Harps. (Slogan : "Plus d'une corde à notre harpe !") Le site internet propose des extraits musicaux, une galerie de photos, des accessoires tels que des amplis ou des étuis gris anthracite, et des promesses de récompense spirituelle : "Bien qu'un peu incompris, des gens aujourd'hui éprouvent les pouvoirs apaisants de la harpe. Portez cette harpe contre votre cœur, reposez votre tête le long de son bras, et sentez la paix et la sérénité vous envelopper."

Je téléphone pour en savoir plus. C'est la copropriétaire, Mary Woods, qui décroche ; elle m'apprend qu'elle et son mari, Rick, ont vendu plus de mille exemplaires de leur harpe fabriquée main et inspirée de celle du roi David, dans seize pays différents.

Ils ont ouvert le magasin peu après que Rick eut été licencié par les laboratoires pharmaceutiques Bristol-Myers Squibb. Il a fabriqué sa première harpe à l'occasion d'une fête de leur église.

– Un soir tard, se rappelle Mary, Rick est venu me chercher pour m'emmener à son atelier. Et là j'ai regardé la harpe, et je n'ai plus arrêté de pleurer. Il a cru que j'étais en colère parce qu'il avait passé trois mois à l'atelier et tout ce qu'il avait réussi à faire, c'était ça. Mais je suis allée la serrer dans mes bras, je n'arrêtais plus de pleurer.

A cet instant, deux phénomènes se produisent : Mary commence à renifler au bout du fil. Et je commence à me sentir plus voyeur et plus con que jamais depuis le début de l'année. Beaucoup de choses m'ont touché ces derniers mois – l'humilité des amish, la joie des danses hassidiques, la force de la prière – mais je suis incapable de comprendre la passion de

Mary pour une harpe biblique. Ça m'est totalement étranger. Je la remercie et raccroche.

En fin de compte, j'ai bien acheté une harpe en ligne – un modèle à 40 $ chez un marchand d'occasion, pas la version à 800 $ que propose Jubilee. Elle est couleur café et fait environ la taille d'un plateau de cantine. J'en joue deux fois par jour, comme le préconisent les Psaumes. Je ne sais pas vraiment ce que je fais, mais la bonne nouvelle, c'est qu'il est difficile d'obtenir un son vraiment merdique avec une harpe. Un pincement par-ci, un glissando par-là, et on obtient une musique apaisante.

Je la sors parfois en promenade, ce qui m'attire en général de ces regards en coin circonspects auxquels je suis maintenant habitué. Cela m'a néanmoins valu quelques réactions remarquables. Lorsque j'ai gratté les cordes de ma harpe au cours d'une récente flânerie dans Columbus Avenue, une femme qui promenait son chien m'a donné un dollar. Par ailleurs, non loin du Rockefeller Center, un homme chenu m'a hurlé :

– Une harpe à dix cordes ? La Bible parle d'une harpe à *huit* cordes, pas dix !

Essayait-il de semer le doute dans mon esprit, n'était-ce qu'une manifestation de la folie ordinaire ? Difficile à dire.

En tout cas, au bout du compte, la harpe ne me transporte guère. Je vais devoir trouver un autre code d'accès à la transcendance spirituelle.

Voici, entre tous les animaux terrestres, les bêtes que vous pourrez manger.

LÉVITIQUE 11,2

140e jour. La Bible est tellement pleine de Tu ne Feras Point que je me suis mis à profiter de tout ce qu'elle autorise. Même si l'activité autorisée en question n'est pas si attrayante que ça. C'est ainsi qu'aujourd'hui, j'ai fini par manger un insecte.

Commençons par le commencement : avant ce projet, je n'avais eu que peu de contact avec les lois alimentaires de la Bible. Quand j'étais à la fac, je prenais des repas casher dans les avions parce qu'on m'avait dit qu'ils étaient meilleurs – en m'expliquant que les compagnies aériennes devaient y apporter une attention particulière et ne pouvaient pas faire ça dans la même gamelle que la tambouille standard. Franchement, je n'ai jamais trouvé ces repas plus goûteux que les lasagnes profanes. Du coup j'ai arrêté. Ce qui est sûrement une bonne chose, car feindre la piété pour avoir un meilleur déjeuner est moralement douteux.

Mon aventure dans les avions n'aura cependant pas servi à rien. Elle m'a appris les bases des restrictions alimentaires bibliques. A savoir ces règles qu'on trouve dans le Lévitique :

- Tu ne mangeras pas de porc, que ce soit sous forme de bacon ou sous toute autre forme (les animaux terrestres ne sont mangeables que s'ils ruminent et ont le sabot fourchu).
- Pas de fruits de mer (les animaux aquatiques ne sont mangeables que s'ils ont nageoires et écailles ; crevettes, palourdes et apparentés n'ont ni les unes ni les autres).
- Pas de sang.
- Pas de lapin.
- Certains oiseaux – des oiseaux de proie, pour la plupart, comme les aigles, vautours et faucons – sont à exclure.

Pourquoi ces tabous alimentaires ? La Bible elle-même n'en donne pas la raison. J'ai toujours cru que c'était un moyen primitif de se prémunir contre la trichinose et autres méchantes maladies. Mais il semble que j'avais tort. La plupart des anthropologues écartent à présent cette idée. D'après la théorie qui prévaut aujourd'hui, tout ceci visait à créer de la sainteté et de la séparation. Les Israélites voulaient se distinguer des autres tribus, telles que les Philistins mangeurs de porc. Ils se servaient des menus pour marquer leur territoire.

De nos jours, les juifs pratiquants respectent ces lois bibliques. Enfin, ils respectent une version bien plus élaborée de ces lois, un système consigné par les rabbins au cours des siècles. Les mangeurs casher les plus stricts se conforment à des centaines d'autres règles, dont certaines, qui régissent la séparation du lait et de la viande, nécessiteraient des années d'apprentissage.

Une poignée de chrétiens suivent les règles de base, notamment l'auteur évangélique d'un de mes bouquins, *Le Régime du Créateur*, qui écrit : "Par une curieuse entorse à la logique, de nombreux croyants américains voient dans le régime alimentaire des juifs un légalisme dépassé, invalide à l'époque moderne, alors même qu'ils voient dans les dix commandements une vérité fondamentale, universelle et intemporelle." Ce type appartient à la minorité. La plupart des chrétiens pensent que le sacrifice de Jésus les a affranchis des lois alimentaires.

Au cours des derniers mois, j'ai essayé de me conformer aux règles explicitement formulées dans la Bible (et non à l'ensemble des lois casher des rabbins). Une vraie gageure.

Certes, en un sens, j'ai de la chance. Ces lois s'accordent avec mes propres préférences. Je n'ai jamais aimé les fruits de mer. Les homards, par exemple, m'évoquent trop le genre de saletés qu'on tue avec du Raid. Renoncer à ces hôtes des bas-fonds ne m'a donc pas coûté grand-chose. Je ne mange pas non plus beaucoup de bacon ; mon taux de cholestérol s'apparente déjà au score d'un joueur de bowling professionnel, inutile de franchir la barre des 300 mg/dL.

Le problème, c'est que les denrées interdites se cachent partout. Du bacon est tapi dans les salades. La gélatine est parfois fabriquée à partir d'os de porc, on peut donc faire valoir – et on ne s'en prive pas – que c'est interdit. Et la graisse de porc… me terrifie. Typique est cet échange que j'ai récemment eu avec la serveuse d'un restaurant de Midtown :

– Savez-vous si la pâte à tarte est faite avec du saindoux ?

– Je ne crois pas, mais je vais m'informer.

– Merci. Je n'ai pas le droit au saindoux.

– Allergique ?
– Non, lévitique.

En général, ça jette un froid. Pas facile d'invoquer la Bible dans un restaurant new-yorkais sans avoir l'air de faire la morale ou de jouer les messies. Mais les Proverbes commandent de dire la vérité, alors j'ai dit la vérité.

On insiste souvent sur le fait que se plier aux prescriptions religieuses en matière d'alimentation renforce l'autodiscipline. Le célèbre philosophe du XIIe siècle Maimonide explique que c'est précisément leur fonction : "[Elles] nous exercent à maîtriser nos appétits ; à réfréner nos désirs ; à éviter de considérer le plaisir de manger et de boire comme le but de l'existence humaine."

Le truc, c'est que je maîtrise mes appétits depuis la première fois où mon taux de cholestérol a grimpé, quand j'avais vingt ans passés. Ça fait des années que je mange du fromage sans matières grasses qui ressemble à du polystyrène, et que je traque sur les étiquettes l'huile hydrogénée maléfique. Il semble que, de nos jours, la plupart des gens soient soumis à des restrictions alimentaires quelconques, qu'elles concernent les glucides, le sucre ou les légumes non bio. La sœur d'un de mes amis refuse de manger toute espèce de solanacées.

Donc, si le but recherché est l'autorégulation de nos envies, ces lois bibliques ne sont peut-être plus nécessaires. Notre société a dépassé ce stade. J'ai fait part de cette réflexion à mon conseiller orthodoxe Yossi. Il a secoué la tête :

– Les voies de Dieu sont impénétrables. Cela a peut-être des bienfaits que nous ne pouvons pas connaître ou imaginer aujourd'hui.

Alors j'ai pris sur moi et m'en suis tenu aux lois, espérant toujours trébucher sur l'un de ces insaisissables bienfaits. Et c'est peut-être ce qui s'est produit. C'était il y a trois semaines environ. Je m'étais attelé à l'un des tabous alimentaires les plus obscurs de la Bible, qui concerne le fruit défendu. D'après le Lévitique 19,23-25, on ne peut manger un fruit que si l'arbre qui le porte est âgé de cinq ans ou plus. Si l'arbre a quatre ans ou moins, ses fruits sont impropres à la consommation humaine. (Certains juifs orthodoxes s'y conforment, mais disent que cela ne vaut que pour les fruits produits en Israël ou pour ceux qu'on cultive soi-même.)

J'ai essayé de découvrir l'âge de tous les fruits que je mangeais en écrivant et en téléphonant aux supermarchés et aux producteurs. Sans succès. J'ai reçu beaucoup de réponses laconiques comme celle-ci, que m'a adressée le siège des confitures Polaner :

> Mr Jacobs,
> Malheureusement, nous ne sommes pas en mesure de garantir l'âge des plants sur lesquels nos fournisseurs cueillent leurs mûres.

J'ai été obligé de déterminer quels fruits provenaient d'arbre à croissance lente et lesquels provenaient d'arbres à croissance rapide. J'ai appris que les pêchers pouvaient porter des fruits au bout de deux ans. Trop dangereux. Les poiriers au bout de trois. Là encore, trop risqué. En revanche, les cerisiers, eux, sont lents à l'allumage. Il s'écoule entre cinq et sept ans au moins entre le moment où on plante l'arbre et la première récolte.

Avec les cerises, je ne crains rien. Ce n'est pas mon fruit préféré, mais ce sera le fruit de l'année. Je suis allé au Fairway Market, en ai acheté une demi-livre que j'ai commencé à manger sur le chemin du retour, crachant les noyaux dans les poubelles aux coins des rues.

Il m'a fallu trois secondes environ pour manger chaque cerise. Trois secondes pour les manger, mais au moins cinq ans pour les produire. Ça m'a semblé injuste envers ce laborieux cerisier. La moindre des choses était de consacrer toute mon attention aux cerises pendant ces trois secondes, de vraiment savourer l'acidité de la peau et ce léger crissement quand on mord. J'imagine que c'est ce qu'on appelle savoir apprécier. Ou vivre dans l'instant, ou rendre le banal sacré. Quel qu'en soit le nom, je le fais plus qu'avant. Comme cette liste ridiculement longue de remerciements pour mon houmous, le tabou sur les fruits m'a rendu davantage conscient du processus de production de la cerise, de la graine, de la terre, des cinq années d'arrosage et d'attente. C'est tout le paradoxe : je pensais que la religion me ferait vivre la tête dans les nuages, mais la plupart du temps, elle m'ancre dans ce bas monde.

Vous pourrez manger / la sauterelle selon son espèce...
LÉVITIQUE 11,22 (NT)

Bref, revenons à nos insectes. Pour vraiment établir un lien avec mes ancêtres via l'estomac, j'ai décidé que les tabous alimentaires n'étaient que la moitié du problème. Il fallait que j'aille plus loin. Il fallait que je consomme les mêmes aliments que Moïse et Jésus.

Pour m'aider dans cette tâche, j'ai acheté le susmentionné *Régime du Créateur*, un livre de 320 pages écrit par un diététicien évangélique du nom de Jordan Rubin. C'est un guide très utile. Il s'agit, au fond, d'adopter un régime méditerranéen modifié, ce qui signifie que notre réfrigérateur est encore plus bourré d'houmous, de tahiné et de pita qu'auparavant. Comme le suggère le livre, j'ai également arrêté le lait de vache. A l'époque biblique, les vaches étaient surtout utilisées pour tirer le matériel agricole. La boisson de prédilection des Israélites était le lait de chèvre ou de brebis.

J'ai fait le tour des environs, et, sans surprise, j'ai trouvé à Midtown une boutique de produits diététiques qui vendait du lait de chèvre frais provenant de l'arrière-pays new-yorkais. Ils en planquent quelques briques dans le frigo, derrière un imposant déploiement de vitamine B et d'échinacée.

Chaque matin, j'éclabousse mes flocons d'avoine d'un peu de lait de chèvre. Ce n'est pas mauvais, vraiment. C'est comme du lait normal, en plus épais, de la consistance de ces *smoothies* Odwalla à la mûre qui coûtent les yeux de la tête.

Par ailleurs, je mange beaucoup de miel. Le miel est l'un des rares plaisirs attestés par la Bible. C'est la description même de la Terre promise – un lieu dont Dieu dit qu'il "ruisselle de lait et de miel" – mes flocons d'avoine en reçoivent donc une bonne cuillerée.

(Ma tante Marti, la végétalienne militante des droits des animaux, a découvert ma passion pour le miel et m'a envoyé un courriel réprobateur. Il était titré "La cruelle vérité sur le miel". Elle m'avait fait la liste de toutes les maltraitances que les industries du miel infligent aux abeilles. Je ne vais pas la reproduire ici, mais sa description de l'insémination artificielle des abeilles était d'un réalisme troublant. Le tout était signé : "Ton excentrique de tante, Marti").

La cuisine méditerranéenne me réussit très bien. Peut-être était-ce enfoui au fond de mon ADN, cet amour des pois chiches et de la pita. C'est mon genre de nourriture sémitique. Soit dit en passant, il y a une autre sorte de nourriture juive que je ne supporte pas, elle, c'est celle d'Europe de l'Est. Je ne sais pas pourquoi – un psy dirait probablement que c'est le judaïsme en général qui m'inspire des sentiments conflictuels – mais je ne peux pas. J'ai mangé le repas le plus nauséeux de ma vie dans un restaurant juif du Lower East Side du nom de Sammy's Roumanian Steak House. Là-bas, à la place du sel et du poivre, c'est la graisse de poulet liquéfiée, le condiment incontournable. Ils vous posent au milieu de la table une bouteille remplie d'une épaisse graisse jaune – du *schmalts*, selon la terminologie officielle – juste au cas où vos galettes de pommes de terre ne seraient pas encore assez dégoulinantes de gras. J'ai mangé chez Sammy avec un type qui, après quelques vodkas, a pris la bouteille de *schmalts* pour une bouteille de jus d'orange offerte par le patron et en a descendu quelques gorgées, avant de devenir blanc comme un linge et de s'excuser pour aller aux toilettes.

Bon, où en étais-je ? Ah oui, les insectes. En fait, le *Régime du Créateur* n'y consacre pas une place énorme, mais il y avait une autre source de protéines dans les temps bibliques : les petites bêtes. Le Lévitique interdisait aux anciens de les manger toutes sans distinction, et la plupart étaient traitées “d’abominations” : tout ce qui rampe, grouille, ou a quatre pattes et des ailes, est banni. Donc pas de coléoptères, pas de moustiques, pas d’abeilles, etc.

Mais il y a des exceptions : “Vous pourrez manger / la sauterelle selon son espèce / le criquet selon son espèce / le grillon selon son espèce / la locuste selon son espèce” (Lévitique 11,22 [NT]). Autrement dit, sauterelle, criquet, locuste, grillon, tout ça c’est bon.

La Bible ne nous dit pas clairement à quelle fréquence nos ancêtres en mangeaient. Etait-ce un plat répandu ? Ou bien seulement en cas de famine ? La seule autre mention d’une consommation d’insectes apparaît dans l’histoire de Jean le Baptiste, qui aurait survécu en se nourrissant de sauterelles et de miel sauvage (même s’il y a controverse ; certains disent que le mot *sauterelle* est un faux-sens, et qu’il se nourrissait en fait de caroubes).

N’empêche, puisque le régime biblique impose déjà tant de restrictions, j’ai décidé de mettre cette faille à profit. Peut-être que je me sentirai viril et aventureux. Ce sera *Fear Factor* version Ancien Testament.

Trouver les bestioles n’est pas compliqué. La toile grouille d’insectes comestibles, ou “microbétail”, comme ils disent. On trouve des gaufrettes au chocolat parsemées de fourmis. Des barres de caramel au scarabée. Des crackers cheddar/larve. Et des tas de grillons, qu’on appelle apparemment “l’autre viande verte” (riche en protéines, pauvre en graisses). Le fournisseur le plus prometteur a pour nom Fluker’s Farms et décrit ses grillons comme “dorés au four à la perfection, puis recouverts du chocolat le plus raffiné, pour vous offrir une friandise exotique et véritablement inoubliable”. En plus, un badge “exclusif” du Club des Mangeurs de Bestiole est offert.

Quelques jours plus tard, je reçois une boîte violette contenant deux douzaines de grillons au chocolat en emballages individuels. Je vais avoir besoin qu’on m’accompagne sur ce coup-là. Je sollicite Julie, mais elle allonge une longue liste de “C’est vraiment gentil de proposer, mais je vais passer mon tour pour cette fois !” trop enthousiastes pour être honnêtes.

J’ai donc emporté une paire de grillons quand je suis allé dîner avec mon ami John. Pour mon dernier livre, John s’est rendu dans des bars pour célibataires et a essayé de lever des filles en utilisant les données de l’encyclopédie sur les rites d’accouplement des pingouins, alors je me suis dit qu’il serait peut-être partant. Il n’est pas convaincu.

– Si je suis malade les jours qui viennent, je risque de t’en vouloir.

– Et ce ne serait que justice.

– Il faut que j’y réfléchisse.

Quand nous avons fini de dîner dans un petit resto de Downtown, je mange mon grillon. Ou plutôt, je l’avale. Je l’enfourne, croque deux fois dedans et bois à grands traits, l’ingérant comme une pilule de la taille d’une châtaigne. Je n’ai rien senti.

J’offre le second à John.

– Allez. Juste un.

– O.K.

John déballe son grillon, mord dedans, puis mastique lentement en regardant le plafond, le front ridé par la concentration.

– Tu aimes ?

– Ça crisse un peu. Dur de vraiment sentir le grillon.

– J’ai lu que ça devait être piquant. C’est piquant ?

– Le chocolat noie tout. Mais le croustillant est intéressant.

Il enfourne la deuxième moitié.

– Ça ressemble à du Crunch. Même consistance.

Quelques jours plus tard, chez mon grand-père, je me vante d’avoir mangé des insectes. Cela n’impressionne guère mon cousin Rick, qui est en deuxième année à l’université.

– Des insectes, tu en manges tous les jours, dit-il. Il y a des bouts d’insectes dans tous les aliments.

Rick a contracté pour l’entomologie une passion que la plupart des gosses réservent au baseball ou au téléchargement illégal. Si E. O. Wilson avait un poster, Rick l'aurait affiché sur son mur. Il devait donc savoir ce qu'il disait.

Et en effet : j'ai découvert sur une page internet de la Food and Drug Administration la liste des quantités "naturelles et inévitables" d'insectes pour chaque type d'aliment.

100 g de sauce à pizza peuvent contenir jusqu'à 30 œufs d'insectes.

100 g de champignons égouttés peuvent compter 20 asticots ou plus.

Et si vous voulez de l'origan sur votre pizza aux champignons, vous pourrez déguster, pour 10 g, 1 250 fragments d'insectes ou plus.

Je violais donc les règles de la Bible à mon corps défendant. Ou peut-être pas. Question d'interprétation. Les juifs orthodoxes expliquent en général que, dans la mesure où il n'y avait pas de microscopes à l'époque biblique, un insecte doit être visible à l'œil nu pour être interdit.

Mais pourquoi Dieu aurait-il un avis sur les insectes, visibles ou non ? Une fois de plus, mon esprit profane voulait connaître la raison des décrets divins. A quoi ça rime ? La Bible ne le dit pas – c'est l'une des lois inexpliquées.

Mais j'ai lu un livre – *La Version non autorisée* de Robin Lane Fox – qui avançait une explication. Il dit qu'à l'âge biblique, les essaims de sauterelles ravageaient régulièrement les récoltes, causant des famines. Pour les pauvres, le seul moyen de survivre était de manger les sauterelles elles-mêmes. Si la Bible avait désapprouvé la consommation de sauterelles, les Israélites les plus démunis seraient donc morts de faim. Voilà qui me plaît. J'ai de plus en plus le sentiment qu'il importe d'ouvrir son cœur à la Bible. Quand on se retrousse les manches, même les passages les plus bizarres – et celui sur les insectes mangeables en est un – peuvent être interprétés comme un signe de la miséricorde divine.

Tu te lèveras devant une tête chenue,
tu honoreras la personne du vieillard...
LÉVITIQUE 19,32

142e jour. Je me trouve actuellement en Floride. Nous sommes venus à Boca Raton pour le mariage d'une amie d'université de Julie. Nous avons passé les contrôles de sécurité sans problème particulier, ce qui m'a à la fois réjoui et inquiété quant à la vigilance des agents de sécurité.

La cérémonie a lieu demain et nous sommes dans le restaurant d'un centre commercial. Il est 17 heures, l'heure du repas pour Jasper. 17 heures en Floride. Comme vous pouvez l'imaginer, l'âge moyen approche celui d'un patriarche de la Genèse – peut-être pas les 969 ans de Mathusalem, mais les 895 de Mahalaléel, c'est bien possible.

La Bible a beaucoup à dire des aînés. Il y a notamment cette loi que j'aimerais bien appliquer, mais qui, jusqu'ici, s'est perdue dans l'avalanche des autres règles. C'est le verset 19,32 du Lévitique : il faut non seulement respecter ses aînés, mais se lever en leur présence. C'est le moment ou jamais de m'y consacrer. Alors, pendant que nous attendons nos pâtes, je commence à me lever et à me rasseoir. Je bondis de ma chaise chaque fois qu'une personne grisonnante franchit la porte du restaurant. Soit toutes les quarante-cinq secondes environ. On dirait que je joue à une version solitaire des chaises musicales.

– Qu'est-ce qui te prend ? s'inquiète Julie.

Je lui parle du verset 19,32 du Lévitique.

– C'est très perturbant.

Je me lève, me rassieds.

– Je croyais que tu avais un problème avec ton slip.

Je me lève, me rassieds.

– Tu vas faire ça jusqu'à la fin de l'année ?

– Je vais essayer.

Je sais que je n'y arriverai pas – il y a simplement trop de choses à se rappeler quand on veut vivre bibliquement – mais je refuse encore de l'admettre.

Si la Bible nous commande de respecter nos aînés, il y a une raison. D'après les exégètes, une bonne partie des anciens Israélites menaient une existence nomade fondée sur une économie de subsistance, et les plus âgés – qui ne pouvaient rien porter de lourd – étaient considérés comme un fardeau.

Dans le monde d'aujourd'hui, ce commandement revêt une pertinence inquiétante. Passé les temps anciens, les personnes âgées ont connu quelques siècles favorables. La société victorienne semblait particulièrement encline à respecter cheveux blancs et bajoues. Mais nous en sommes désormais revenus au modèle vieillard = fardeau, qui prévalait dans les temps bibliques. Ce dont j'ai de plus en plus à souffrir, à mesure que je suis moi-même rattrapé par le grand âge. J'ai trente-huit ans, c'est-à-dire que je peux encore attendre quelques années avant ma première angioplastie, mais – du moins dans le monde des médias – je suis déjà considéré comme un vieillard sénile. Je n'ai plus qu'à espérer que tous ces rédacteurs en chef de vingt-six ans me prendront en pitié.

Comme je me suis promis de prendre en pitié ceux qui sont encore plus vieux que moi. Il y a une semaine, à la soupe populaire, j'étais assis à côté d'une camarade bénévole ; elle devait avoir soixante-dix ans bien sonnés. Et elle s'est plainte… pendant une demi-heure non-stop. On aurait dit la Fidel Castro des geignards – déversant un flot incessant de récriminations. Elle a passé cinq minutes rien que sur le relief accidenté que les racines des arbres confèrent aux trottoirs de son quartier. Mais au lieu de me boucher les oreilles, je me suis efforcé de compatir. Oui, ça doit être dur, les trottoirs accidentés. Je n'avais jamais remarqué, mais c'est vrai, quelqu'un pourrait trébucher.

A la fin du déjeuner, Julie et moi observons un vieil homme qui se lève et traîne les pieds jusqu'aux toilettes. Il en ressort quelques minutes plus tard et s'assied à une table inoccupée. Située à deux tables de celle où sont assis sa femme et ses enfants. Il reste là pendant plusieurs minutes, la tête de côté, les yeux dans le vague. Que se passe-t-il ? Est-il fâché avec sa famille ? Je ne les ai pas vus se disputer. Pourquoi cette mise à l'écart ?

Soudain, la fille aperçoit son père deux tables plus loin.

– Papa ! crie-t-elle. Nous sommes là !

Il lève les yeux, la mémoire lui revient tout à coup. Hébété, il rejoint les siens.

Je me tourne vers Julie. Elle semble sur le point de pleurer.

– Je me passerais bien de ta manie de te lever. Mais c'est bien que tu honores tes aînés. C'est une bonne chose.

Que tes yeux regardent en face, que tes regards se dirigent droit devant toi.

PROVERBES 4,25

143e jour. Aujourd'hui, mes lunettes se sont cassées. Jasper en a attrapé la monture métallique et écarté les branches, du coup elles n'arrêtent pas de me tomber du nez. Je suis contraint de garder la tête relevée de 45° tandis que nous nous promenons dans Boca Raton. J'ai horriblement mal au cou.

En plus, ça me donne l'air arrogant, ce nez dressé toute la journée. Je me demande si j'enfreins une loi biblique. Je ne sais pas. Peut-être. Le Talmud interdit de marcher plus de quatre coudées dans ce qu'un traducteur appelle “une posture gaillarde et insolente”. C'est l'une des raisons pour lesquelles on voit de vieux juifs marcher le dos si ostensiblement voûté, les mains dans les dos. En Amérique, le pays de Donald Trump et de l'amour-propre, l'humilité n'est pas une grande vertu. Mais, de peur d'avoir l'air présomptueux, mes ancêtres, eux, n'auraient pas même osé se tenir droit.

Je garde le menton en l'air lorsque j'assiste au mariage, le lendemain. C'est une cérémonie calme et belle qui se déroule en plein air dans un jardin japonais. On entend à peine les mariés, mais peu importe.

J'essaie de ne pas penser aux passages pro-polygamie de la Bible. Ce serait manquer de respect envers l'événement qui se déroule. J'essaie au contraire de me concentrer sur les passages de la Bible qui disent qu'une femme par mari est un bon ratio. Dans la Genèse 2,24 – un passage cité par Jésus – on peut lire que l'homme et la femme ne sont pas complets tant qu'ils ne s'attachent pas l'un à l'autre. Ce sont deux moitiés. Ils ne constituent un être plein qu'une fois réunis.

Ainsi feras-tu pour tout objet perdu par ton frère et que tu trouveras.

DEUTÉRONOME 22,3

148e jour. Dans l'avion du retour, j'ai trouvé le chéquier d'une femme de Fort Lauderdale dans la poche du siège devant moi. La Bible dit que si notre prochain perd un bœuf ou un mouton – ou quoi que ce soit, d'ailleurs – nous devons le lui rendre.

Après avoir posté son chéquier à cette dame, je me suis senti bon, honorable. Je ne suis pas un New-Yorkais au cœur dur : je suis capable de bonté spontanée. Et le plus beau, c'est que j'en ai finalement été récompensé. La femme de Fort Lauderdale m'a envoyé un mot de remerciement (sur un papier à lettres orné du dessin d'un gros type portant un tee-shirt "Je suis trop sexy pour mon tee-shirt"), accompagné d'un bon d'achat Starbucks.

Ce triomphe me rend si euphorique que j'utilise le bon d'achat pour payer le café crème du type qui me suit dans la file de Starbucks. J'ai trouvé cette idée sur un site religieux dédié à la bonté. Dites simplement à la personne qui encaisse que vous prenez trois dollars sur l'addition du type derrière vous.

J'ouvre la porte pour sortir quand je l'entends m'appeler.

– 'Scusez-moi !

Il est trapu, la quarantaine, et porte un short cycliste malgré le froid.

– Vous avez payé mon café ?

– Oui, je l'ai payé.

– Ça me dérange vraiment.

Je marque un temps d'arrêt. Euh. Je ne sais pas quoi faire, là. Pense-t-il qu'il y a une arnaque ? Ou que j'essaie de le draguer ?

– Euh… dis-je.

Avant de franchir la porte à toute vitesse et de marcher sans me retourner jusqu'au prochain carrefour.

Vous ne tondrez point en rond les coins de votre tête.
LÉVITIQUE 19,27 (DM)

153e jour. Dernières nouvelles de notre apparence, à Jacob et moi : notre barbe est devenue une vraie jungle. On ne voit plus que 40 % de mon visage environ. Cela a bien sûr des inconvénients – désormais, ma femme ne m'embrasse plus qu'en se couvrant le visage de ses mains de façon à ce que seules ses lèvres soient exposées. Mais j'essaie de prendre les choses du bon côté. Ça me protège des vents glacials de l'hiver new-yorkais, comme un pull pour mes joues. Et puis, ça me garantit un certain anonymat. Non que j'aie jamais été assailli par des fans en délire sur le quai du métro. Mais si jamais je croise mon ancien patron dans la rue, c'est toujours bon de se dire qu'il ne me reconnaîtra pas.

Mon look commence même à m'attirer un commentaire positif de temps à autre. L'Italienne qui tient l'épicerie fine du coin m'a dit qu'elle se sentait plus pieuse en ma présence, qu'elle craignait de jurer ou de médire. Et mon collègue Tom, que je n'avais pas vu depuis des mois, m'a dit qu'il s'apprêtait à m'accueillir par une boutade sur la pilosité faciale de Mel Gibson, mais s'était ravisé parce qu'il éprouvait presque de la vénération. De la *vénération*, c'est le mot qu'il a employé. Ça m'a mis en joie pendant deux jours.

La barbe est le trait le plus remarquable, mais j'opère d'autres changements sur mon apparence. Je suis heureux d'annoncer que j'ai fait l'acquisition d'un nouveau jeu de pompons. Pendant les premiers mois, j'ai essayé l'option fait maison : j'ai attaché quatre pompons du Pompon sans Peine à ma chemise avec des épingles à nourrice. Mais c'est l'un des cas où j'ai décidé qu'il ne servait à rien de réinventer la roue : pourquoi ne pas utiliser les pompons préfabriqués, ou franges, connues sous le nom de *tsitsit* et portées par les juifs orthodoxes ? Pour vingt dollars environ, vous pouvez acheter un morceau d'étoffe rectangulaire de la taille d'une serviette de toilette, aux coins duquel sont attachées quatre grappes de ficelle blanche nouée avec soin. Il y a un grand trou au milieu qui permet d'enfiler très simplement le tout et de le porter sous sa chemise.

Si vous êtes vraiment pur et dur, comme j'essaie de l'être, il faut aller plus loin. La Bible dit d'attacher un fil bleu à ses franges (Nombres 15,38). Pendant des siècles, presque tous les juifs ont laissé tomber le fil bleu parce que personne n'était parvenu à déterminer exactement quelle nuance de bleu on utilisait à l'époque. Ce n'est plus le cas. Ces vingt dernières années, des archéologues ont découvert une espèce d'escargot dont les anciens Israélites se servaient pour produire de la teinture bleue. Cet escargot existe encore et peut toujours produire du bleu. Ainsi, pour la première fois depuis des centaines d'années, une poignée de juifs ultra-orthodoxes portent à nouveau quatre fils bleus noués à leurs franges. Comme moi.

Et puis, il y a ma coiffure, qui commence à avoir sa personnalité propre. La Bible traite énormément des cheveux. En général – quoi qu'en disent certains sur un site de croyants adeptes du *heavy metal* – elle penche du côté des cheveux courts pour les hommes.

Prenez Absalom, ce prince vil et vaniteux dont les cheveux s'emmêlèrent dans un chêne au cours d'une bataille. Ils lui coûtèrent la vie. Et dans le Nouveau Testament, l'apôtre Paul est encore plus direct. Il demande : “La nature elle-même ne vous enseigne-t-elle pas que c'est une honte pour l'homme de porter les cheveux longs ?” (1 Corinthiens 11,14).

Et Samson ? Certes, il a perdu sa force surhumaine quand Dalila lui a coupé les cheveux – mais c'est un cas particulier. Samson appartenait à une secte sacrée, les nazirs, dont les membres faisaient vœu de ne pas boire de vin, de ne jamais toucher de cadavres et de ne pas se couper les cheveux. Il a rompu son vœu. Il en a subi les conséquences.

Je ne suis pas nazir, c'est pourquoi je me rends tous les mois chez le coiffeur du coin. Bien sûr, comme tout pendant cette année biblique, se faire couper les cheveux n'a rien de simple. On les veut courts dans l'ensemble, mais pas question de demander une coupe tondeuse 12 mm. Le Lévitique interdit de toucher aux côtés. Cela a conduit, chez le coiffeur, à un micromanagement extrême. J'ai commencé par exiger d'être coiffé par un homme – question de pureté. Puis, après lui avoir donné de minutieuses instructions d'avant coupe, je l'ai périodiquement ramenée :

– Vous ne touchez pas aux tempes, hein ?

– Je ne touche pas aux tempes.

Deux minutes plus tard :

– Vous pensez bien à ne pas toucher aux tempes, hein ?

– J'y pense, oui. Pas touche aux tempes.

A la fin, je crois qu'il était prêt à me tuer avec une mâchoire d'âne.

Il m'a dit qu'il avait besoin de me raser les poils du cou.

– Pour que vous ayez l'air religieux, mais pas sale. Sauf votre respect.

La plupart des exégètes pensent que le but des mèches sur les tempes était, comme pour les lois alimentaires, de distinguer les Israélites des païens. Apparemment, les païens coupaient et rasaient leurs cheveux sur les côtés, peut-être, avance un commentateur, pour donner à leur crâne la forme d'un "globe céleste", peut-être dans le cadre d'un rite de deuil.

Mais dans la tradition juive, la coupe de cheveux s'est également chargée d'une signification morale. Un exégète m'a dit que si on passait devant une prostituée dans la rue, Dieu nous soufflerait les mèches dans les yeux pour nous protéger. Un autre rabbin m'a déclaré qu'un jour il attraperait ses étudiants par les mèches temporales pour les arracher de l'enfer.

Les ultra-orthodoxes tortillent leurs mèches en priant et en étudiant – ce qui produit ces incroyables stalactites en volutes, qui, bien souvent, sont aussi longues et épaisses que des rouleaux à pâtisserie. La Bible ne l'exige pas. J'ai donc laissé mes mèches indomptées, ce qui donne ces curieuses formations chevelues qui croissent vers le haut et vers les côtés, évoquant une Fifi Brindacier exotique.

Mais, jusqu'à ce jour, l'Eternel ne vous a pas donné un cœur pour comprendre, des yeux pour voir, des oreilles pour entendre.

DEUTÉRONOME 29,4 (LSG)

154e jour. Plus je fais des recherches sur ces mèches temporales, et moins je parviens à déterminer si je suis ce commandement comme il faut. En anglais, le mot hébreu *péot* est souvent traduit par "*corners*", coins. Ne taillez pas les coins de votre tête.

C'est quoi, les coins de la tête ? Dans la mesure où je ne suis ni un robot ni une éponge de dessin animé, mon crâne est relativement ovoïde. Et s'il s'agit bien de coins, ne devrait-il pas y en avoir quatre ? Donc, je devrais peut-être me faire pousser des favoris, une queue de rat, et un toupet, style licorne. Ça pourrait être intéressant. Mais ma femme en subit déjà assez comme ça. *Péot* est parfois traduit par "bord". Mais ça n'éclaircit guère les choses.

Les *péot* à la mode hassidique existent depuis des siècles, mais comment faisait-on à l'âge biblique ? Peut-on seulement le savoir ? Je doute de plus en plus de pouvoir atteindre le fondement de la Bible, en découvrir l'intention originelle. Le sens des Ecritures est si fuyant, si frustrant.

Yossi m'a dit que la Bible avait soixante-dix visages. Même les anciens rabbins ne prétendent pas être parvenus jusqu'à son fondement. Le Talmud – l'énorme livre juif de commentaires sur la loi biblique – est loin d'être univoque. Comme l'écrit Judith Shulevitz dans le magazine en ligne *Slate* : "On ne peut pas comparer le Talmud, par exemple, au Code civil américain, série de prescriptions formulées par le Congrès, ou à la doctrine catholique, qui procède directement du pape. Le Talmud ressemble davantage à des notes de cours d'études religieuses, à cela près que les centaines de lettrés impliqués dans ces cours étaient inscrits à un séminaire qui a duré plus de mille ans et a abordé tous les aspects imaginables de la vie et des rites."

Plus exaspérant encore : si je finis par atteindre au fondement, peut-être sera-t-il si étrange que je serai incapable de l'assimiler. Dans son formidable bouquin *Histoire de Dieu*, Karen Armstrong explique que les anciens Israélites n'étaient pas vraiment monothéistes. Ils croyaient en l'existence de nombreux dieux : Baal, El, etc. Yahvé est seulement le chef de tous les dieux. D'où le commandement : "Tu n'auras pas d'autres dieux devant moi." Qui ne dit pas : "Tu n'auras pas d'autres dieux du tout."

Puis-je espérer un jour me mettre dans la tête d'un ancien Israélite qui croyait en plusieurs dieux ? En ai-je envie ?

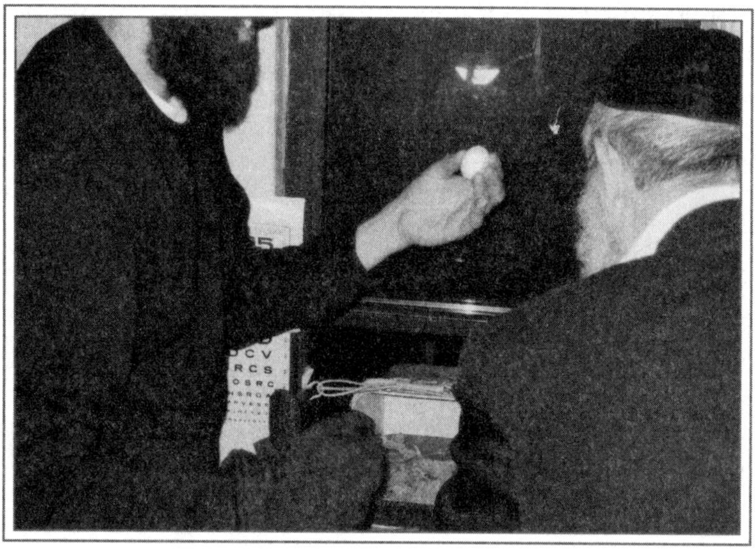

SIXIÈME MOIS : FEVRIER

Si tu trouves en chemin un nid d'oiseau…
tu ne prendras pas la mère avec sa couvée.

DEUTÉRONOME 22,6 (BDS)

155e jour. En bon New-Yorkais, j'évite en général d'avoir affaire aux pigeons, tout comme j'évite les ruelles sombres et le restaurant à thème Jekyll & Hyde. Mais vivre selon la Bible vous fait faire des choses étranges.

Ce soir, j'ai reçu un message de Mr Berkowitz, l'homme qui a inspecté les fibres de mes vêtements il y a quelque temps de cela.

– Bonsoir, Mr Arnold Jacobs. C'est Bill Berkowitz de Washington Heights. Il y a un pigeon qui couve un œuf, ce soir, si ça vous dit de passer.

Un peu, mon neveu.

Voyez-vous, en plus du *chaatnez*, Mr Berkowitz s'est aussi spécialisé dans un autre commandement. Qui compte également parmi les moins connus de la Bible. Vous ne le trouverez gravé à l'entrée d'aucun tribunal fédéral.

Ce commandement spécifie que si vous découvrez un oiseau qui couve un œuf dans un nid, vous ne pouvez pas prendre à la fois la mère et le petit. Vous n'avez le droit de prendre que l'œuf, et vous devez faire partir la mère.

La Bible ne dit pas pourquoi. La plupart des commentateurs pensent que c'est une affaire de compassion – on ne veut pas que la mère voie sa progéniture finir sur la table du petit-déjeuner, alors on la congédie. En fait, beaucoup de rabbins ont étendu la portée de ce commandement et interdit la cruauté envers tous les animaux, pas seulement les oiselles enceintes, ce qui est une grande chose. Je suis heureux que le courant dominant du judaïsme mette l'accent sur la bonté envers les animaux, en dépit du passé sacrificiel.

Mais les termes du verset 22,6 du Deutéronome portent uniquement sur les oiseaux et leurs nids, et c'est cette formulation que Mr Berkowitz – et d'autres membres de sa communauté – ont poussée à sa limite littérale. Il a installé deux nids à pigeons sur le rebord de sa fenêtre, au troisième étage d'un immeuble du nord de Manhattan. Chaque fois qu'il y a un nouvel œuf, il autorise un fidèle en quête de Dieu à venir chez lui, à payer cent dollars à une institution caritative, à chasser la maman pigeon, à ramasser l'œuf, à le tenir en l'air en disant une prière, à le reposer dans le nid (ou, dans certains cas, à le manger), et, ce faisant, à rayer de sa liste ce commandement désormais officiellement "accompli".

Il fallait absolument que je le fasse. En vérité, ça fait plusieurs mois que j'attends mon œuf, après plusieurs fausses alertes et occasions manquées. Ce soir, c'est le grand soir.

J'arrive chez Mr Berkowitz à sept heures et demie et le trouve en grande effervescence. Il a un rendez-vous une demi-heure plus tard, alors le timing est serré. Il m'expose les grandes lignes de la procédure.

– Il faut que l'oiseau soit casher.

Je suis intéressé d'apprendre que le pigeon est casher – il est de la famille de la colombe, mentionnée dans la Bible.

– Il faut qu'il soit sauvage, et non domestiqué. Il faut que ce soit une femelle, et il faut qu'il soit couché sur les œufs, pas à côté.

Nous sommes assis à la table de la salle à manger, qui est couverte de livres entrouverts et de gobelets en plastique. De temps en temps, Mr Berkowitz s'interrompt pour feuilleter ses bouquins. Il y a un volume coloré sur les oiseaux casher et un opus de la taille d'un bloc-notes sur la loi juive. Il y a aussi un manuscrit hébreu entièrement consacré à l'étude de ce seul commandement, assorti de schémas d'hommes juchés sur des échelles, et de photos d'œufs éclairés par derrière.

J'avoue à Mr Berkowitz avoir peur que les pigeons n'apprécient pas l'expérience. Il secoue la tête.

– N'ayez pas de scrupules parce que, primo, Dieu nous a donné cette *mitsvah*. Et secundo, vous avez déjà mangé un œuf?

– Ouais.

– Ça vous pose un cas de conscience ? Quand votre femme vous fait un œuf brouillé, vous avez des scrupules ?

Mr Berkowitz singe une voix faussement horrifiée :

– Oh non, pas ça ! Pas un œuf brouillé !

A propos, la plupart des clients de Mr Berkowitz reposent l'œuf dans le nid – c'est le choix que j'ai fait. Mais certains le ramènent chez eux pour se faire un œuf dur à croûter.

– Vous avez déjà essayé ?

– J'ai goûté une fois. Je l'ai mangé cru.

– Cru ? Quel goût ça avait ?

– Le goût d'un œuf ordinaire.

Il hausse les épaules. Pas de quoi en faire un plat.

Le temps de ramasser l'œuf est venu. Il me conduit dans une pièce sombre qui donne sur l'entrée et allume sa lampe torche grise. C'est une lampe énorme et puissante – comme celles qu'on utilise en spéléologie, ou pour retrouver des fugitifs en forêt –, elle m'éclaire plus qu'assez.

Les nids consistent en fait en deux boîtes en plastique blanc – d'anciennes boîtes d'olives du supermarché – contenant chacune un pigeon et du papier journal déchiqueté. La mienne est celle de droite.

– Vous devez faire quelque chose pour la chasser, dit Mr Berkowitz. Vous ne pouvez pas vous contenter de lui crier "Va-t'en, ma petite !" Ça ne marchera pas. Il faut intervenir physiquement.

Je tape des pieds, agite les bras. Rien. La pigeonne – un gros spécimen, environ de la taille d'un ballon de football américain – pousse un roucoulement d'aise, profitant du spectacle.

– Ouvrez la fenêtre et tendez le bras.

– Elle ne risque pas de pénétrer dans la pièce ?

– Ne vous inquiétez pas pour ça.

J'ouvre la fenêtre et tends le bras. Je porte d'épais gants de ski isothermes bleus, équipement chasse-pigeon officiel fourni par Mr Berkowitz. Surmontant le dégoût que les pigeons m'ont toujours inspiré, je pousse l'oiselle du bout de l'index.

Elle bat des ailes et s'envole.

Je retire mon gant et attrape l'œuf. Il est couleur crème, chaud, et à peu près gros comme une noix. Je l'exhibe pour que Mrs Berkowitz puisse nous prendre en photo.

Mr Berkowitz me dit que c'est le moment de demander quelque chose à Dieu.

– Avoir plus d'enfants, gagner un million de dollars par an, devenir un grand érudit. Tout ce que vous voulez.

Aux marges extrêmes du judaïsme (j'insiste sur le fait que la plupart des juifs n'ont jamais entendu parler de ce commandement, et l'ont encore moins suivi), le rite du nid d'oiseau a pris un sens mystique : il porterait chance, en particulier aux couples inféconds.

Je fais le vœu que tout se passe bien pour nos jumeaux, puis les Berkowitz me mettent gentiment à la porte.

Dans le métro, au retour, je me sens euphorique. Je viens de suivre une règle que seules quelques dizaines de personnes en Amérique ont dû suivre. Je fais partie de l'élite des fidèles. Mais ce sentiment laisse bientôt place à l'inquiétude. Si Dieu existe, L'ai-je satisfait ? Ou L'ai-je mis en colère ? Si Sa règle sur les nids d'oiseaux a pour but d'enseigner la compassion, n'eût-il pas été plus compatissant d'épargner aux pigeons cette lampe ultra-puissante et cette danse de fou ?

"Mon fils Absalom ! Mon fils ! Mon fils Absalom !"

2 SAMUEL 18,33

161ᵉ jour. Jasper a été frappé par ce que Julie, en l'honneur de mon projet, nomme une série de fléaux mineurs. Boutons, rhume, toux. Et aujourd'hui, il essuie un sale coup. Il souffre d'une importante fracture de la jambe gauche.

J'étais à un rendez-vous quand ça s'est produit, mais il semble qu'il ait fait une mauvaise chute en marchant sur son camion et se soit brisé le fémur gauche. Il y a eu ce terrible silence d'avant la tempête, puis il a simplement poussé un hurlement de catégorie cinq.

Le docteur nous a dit que Jasper allait être invalide pendant six semaines au moins. Finis les sorties au parc, le sport, les jeux avec les petits copains, la danse, la marche. Un bébé bouddhiste.

Vous n'imaginez pas combien ça me déprime. Jusqu'ici, nous avons eu la chance de ne pas passer trop de temps à l'hôpital. Et, s'il plaît à Dieu, ça finira bien par guérir. Mais Jasper est assommé. Pour la première fois de sa vie, il a l'air claqué. Il ressemble à Jack Nicholson après une séance d'électrochocs dans *Vol au-dessus d'un nid de coucou.*

Ça m'a donné un aperçu – un tout petit aperçu – de ce que le roi David a dû ressentir quand son fils rebelle, Absalom, a été tué :

> Alors le roi frémit. Il monta dans la chambre supérieure de la porte et se mit à pleurer ; il disait en sanglotant : "Mon fils Absalom ! Mon fils ! Mon fils Absalom ! Que ne suis-je mort à ta place ! Absalom mon fils ! Mon fils !" (2 Samuel 18,33)

Tandis que Jasper, assis sur mes genoux, regarde le sac à dos chantant de Dora à la télé – il est deux heures du matin, et il n'arrive pas à dormir – je perds beaucoup de temps à marchander rétroactivement sa jambe à Dieu. C'est une habitude que j'ai, ce marchandage imaginaire. Je dis : "Dieu, laisse-moi me casser la jambe à sa place. *Les deux*, même. Je suis prêt à me casser les deux jambes et les deux bras. Est-ce que je suis prêt à me faire amputer des jambes ? Je ne crois pas. Mais je veux bien me faire amputer d'un orteil. O.K., deux orteils." C'est un jeu macabre, et je fais perdre son temps à Dieu.

Parle aux Israélites. Qu'ils t'amènent une vache rousse sans défaut ni tare…

NOMBRES 19,2

168e jour. Un pasteur du Mississippi que j'essayais de joindre depuis des semaines m'a enfin rappelé.

Je veux lui parler des vaches rousses. La règle biblique sur les vaches rousses figure dans mon Top 5 des Commandements les Plus Problématiques. On la trouve au chapitre 19 des Nombres, et elle nous enjoint de nous purifier en trouvant une vache rousse. Mais pas n'importe quelle vache rousse – il en faut une qui soit parfaite, sans tache, et qui n'ait jamais travaillé aux champs. Le jour où je ferai ça, il faudra que je sacrifie la vache, la brûle avec du bois de cèdre, que je mélange les cendres avec de l'eau et demande à quelqu'un de m'asperger de ce mélange avec un rameau d'hysope. C'est alors seulement que je serai spirituellement pur.

Donc, comment faire pour trouver une vache rousse sans tache à Manhattan ? Eh bien, il n'y a rien à faire. Il n'y en a pas ici. Il n'y en a nulle part. Mais ça va venir. Au cours des vingt dernières années, dans quelques ranchs d'Amérique, des gens ont à plusieurs reprises essayé d'élever précisément cette bête-là. Cette quête a engendré une étrange alliance entre des chrétiens ultra-fondamentalistes et un groupe de juifs ultra-orthodoxes qui, les uns comme les autres, y voient l'une des clés pour la fin des temps.

Les juifs en ont besoin pour se purifier rituellement du contact avec les morts. Sans cela, ils ne peuvent pas construire le Troisième Temple à Jérusalem. Et sans le Troisième Temple, le Messie juif ne viendra jamais.

Les chrétiens ultra-fondamentalistes en ont besoin pour la même raison. En quelque sorte. Pour eux, le Messie juif sera le faux Messie, l'Antéchrist. Le vrai Christ livrera une bataille apocalyptique contre l'Antéchrist, ce qui aboutira au règne millénaire de la paix sur la terre. Les juifs se convertiront au christianisme ou seront anéantis.

Des éleveurs d'Israël, du Texas, du Nebraska et du Mississippi ont essayé ou sont en train d'essayer d'élever la rubigineuse vache suprême. C'est beaucoup plus ardu qu'il y paraît. D'après la tradition, la bête doit avoir au moins trois ans et pas un seul poil qui ne soit pas roux. Il y a quelques années, un veau israélien a mis les croyants en effervescence. Mais des poils blancs ont fini par apparaître.

Le pasteur du Mississippi qui m'a appelé aujourd'hui s'appelle Dean Hubbard. C'est un concessionnaire Kia qui travaille au projet "vache rousse" depuis des années. Il m'a appelé sur mon portable alors que je sortais de l'immeuble. Mais j'avais tellement de mal à le joindre que j'ai préféré lui répondre. Je me suis affalé dans un fauteuil du hall et l'ai cuisiné pendant une heure, saluant de la tête les voisins qui passaient.

Il est dur de ne pas aimer Dean. Il a une grosse voix et un gros rire. Il est devenu pasteur en 1974 après s'être pris une décharge de 4 600 volts au cours d'un accident dans une station de radio. Il dit que Dieu a voulu que nous nous parlions. Jusqu'à maintenant, Dieu l'a toujours béni. Même quand il a perdu sa femme, il y a quelques années, Dieu lui en a donné une autre, m'explique-t-il.

– J'ai prié Dieu pour qu'il me donne une nouvelle femme. J'ai dit j'en veux pas une grande. J'en veux une petite – dans les 1,60 m. Je veux qu'elle ait entre cinquante et soixante ans. Qu'elle soit mignonne. Et j'ai dit : je veux pas aller loin pour la chercher. Je veux la trouver dans mon allée. J'ai donné à Dieu tous ces critères. J'ai prié à deux heures de l'après-midi, parce que la Bible dit qu'un homme a besoin d'une femme. Et à sept heures, le même soir, je suis allé à la boîte aux lettres, au bout de mon allée, et elle était là, dans sa jupette de tennis, un bouquet de gardénias à la main.

Ils sont toujours mariés et heureux. Et elle est toujours petite.

Hubbard travaille au projet "vache rousse" avec un éleveur et pasteur évangéliste du nom de Clyde Lott, également du Mississippi. Il y a environ trois ans, Lott a élevé une vache qui semblait pouvoir être sans tache. Mais il y a eu un petit problème.

– L'ennui dans le Mississippi, c'est qu'on a un truc qui s'appelle la fièvre aphteuse, me dit Hubbard. Et l'ennui avec Israël, c'est qu'il va y avoir la guerre. Nous ne voulons pas que les vaches aillent là-bas pour l'instant.

Donc, par sécurité, ils ont transporté la vache dans le Nebraska. Hubbard et Lott pensent que la vraie vache rousse qui changera le monde doit naître en Israël, donc ils attendent que la situation politique se stabilise avant d'exporter cette mère potentielle – ou une autre.

Leur contact en Israël est un rabbin qui a grandi dans le Massachusetts, Chaim Richman. Richman dirige le Temple Institute, un endroit remarquable animé par des gens à côté desquels mon oncle Gil est un modéré. Richman et ses collègues attendent l'édification du Troisième Temple et le rétablissement des sacrifices animaux. Enfin, ils ne se contentent pas d'attendre. Ils préparent. Ils ont un musée à Jérusalem qui présente des dizaines de pièces de vaisselle et de tenues sacerdotales déjà homologuées pour servir dans le Temple. Si vous voulez, vous pouvez regarder les photos sur leur site. Il y a une fourche à trois dents pour retourner les chèvres rôties. Un pichet d'or, un lave-*menorah* et le pectoral sacré du grand prêtre, orné de pierreries. Et ainsi de suite.

J'aime bien Dean, mais je ne suis pas fan de leur projet, à lui et Chaim Richman. Pas seulement parce qu'il est loufoque – un peu de loufoquerie de temps en temps n'a rien pour me déplaire – mais parce qu'il est potentiellement dangereux. Si la vache rousse arrive, cela sera considéré comme une permission divine de bâtir le Troisième Temple. Où ça ? Sur le mont du Temple, qui est actuellement administré par les musulmans – et qui abrite leurs lieux saints, la Coupole du Rocher et la mosquée Al-Aqsa. Moyennant quoi, ça risque vraiment d'être la fin du monde.

Franchement, les passages apocalyptiques de la Bible me laissent froid. C'est l'un des rares sujets, cette année, auxquels je n'arrive pas à consacrer le début d'une réflexion. Non que je ne puisse concevoir une fin des temps imminente. Je le conçois très bien. J'y pense même beaucoup trop. Je suis inquiet de savoir quel asocial maniaco-dépressif en manque de lithium va finir par faire usage de la bombe nucléaire.

Mais je ne crois pas que la Bible prédise comment le monde sera détruit. Le texte le plus catastrophiste de la Bible est l'Apocalypse. Il est écrit dans un style poétique, saisissant, terrifiant. Des chevaux tueurs à tête de lion et à queue de serpent cavalcadent sur la terre entière. Des gens sont jetés dans des étangs de feu. Le ciel s'ouvre comme un parchemin qu'on déroule. Si ce n'était pas dans le domaine public, je verrais très bien Jerry Bruckheimer acheter les droits.

Comment interpréter ce texte connu pour sa complexité ?

Quelques fondamentalistes optent pour une lecture ultralittérale. Dans un avenir très proche, exactement comme le décrit l'Apocalypse, sept anges vont faire résonner sept trompettes. Le soleil deviendra noir, et des sauterelles se répandront sur la terre. Un dragon rouge à sept têtes essaiera d'attaquer le Messie nouveau-né, qui sera sauvé par Dieu.

Un degré au-dessous dans l'échelle du littéralisme, il y a ceux qui pensent que les grandes lignes de l'Apocalypse sont vraies – le monde va disparaître au cours d'une bataille entre le Christ et l'Antéchrist – mais que certains passages utilisent une langue symbolique.

Exemple : je regardais *The 700 Club* – l'émission télé de Pat Robertson, version fondamentaliste du *Today show* – et un reportage qui racontait que l'armée israélienne espérait, grâce aux nanotechnologies, créer des "frelons bioniques tueurs". Robertson – en fait, il s'agissait de Gordon, le fils de Pat, qui assurait l'intérim – a expliqué que c'était l'accomplissement de la prophétie de Jean. En l'occurrence, de ce passage au sujet des insectes morts :

> Le bruit de leurs ailes [rappelle] le vacarme de chars aux multiples chevaux se ruant au combat ; elles ont des queues pareilles à des scorpions, avec des dards ; et dans leurs queues se trouve leur pouvoir de torturer les hommes durant cinq mois (Apocalypse 9, 9-10).

D'un côté, donc, on a ça. Et à l'autre bout du spectre, on a les modérés pour qui rien de ce qui est décrit dans l'Apocalypse ne doit être pris au pied de la lettre. Et, tout aussi important, rien de ce qui est décrit dans l'Apocalypse ne doit être lu comme une prédiction à la Nostradamus d'événements à venir au cours des prochains siècles. Au contraire, l'Apocalypse fait référence à la situation politique *de l'époque à laquelle elle a été écrite.*

Dans cette perspective, le livre est une allégorie filée de la persécution des chrétiens par l'Empire romain. La bête à sept têtes, par exemple, c'est la ville de Rome, par allusion aux sept collines sur lesquelles elle a été fondée. Ce symbolisme élaboré visait d'une part à contourner la censure, et, d'autre part, il porte la marque d'un genre florissant à l'époque : la littérature apocalyptique.

"Prendre l'Apocalypse à la lettre, c'est faire un total contresens, me dit Elton Richards, mon pasteur par passe-temps. C'est comme si on prenait les fables d'Esope pour des histoires vraies."

Son cœur est loin de moi...

Isaïe 29,13

169e jour. J'ai reculé d'un pas, spirituellement parlant. Ma foi est fragile. De petites choses me renvoient à un pur agnosticisme. Toutes ces histoires de vaches rousses et de pigeons, notamment. Ou bien telle affaire d'attentat suicide, qui me rappelle le côté sombre de la religion. Ou même cette citation d'un philosophe interviewé par le *New York Times* et qui déclare que, sur le plan éthique, le monothéisme est la pire idée que les hommes aient jamais eue.

Si on pouvait tracer la courbe de ma spiritualité comme celle du Nasdaq, la tendance générale, à ce jour, serait à la hausse progressive, mais jalonnée de creux, et celui du moment est profond. Ça me rend paresseux. Quand j'oublie de mettre mes franges, je me dis : et alors, la belle affaire! Je les mettrai demain.

Je prie toujours plusieurs fois par jour, mais quand je le fais, j'égrène les mots avec autant de conviction que pour une commande au drive-in du fast-food mexicain. Je pense souvent à ce verset d'Isaïe où il s'en prend aux hypocrites Israélites :

> Parce que ce peuple est près de moi en paroles
> et me glorifie de ses lèvres,
> mais que son cœur est loin de moi
> et que sa crainte n'est qu'un commandement humain, une leçon apprise.

C'est tout moi en ce moment.

J'en arrive même à douter de ces instants, au cours des derniers mois, où mon cœur *était* près de Dieu. C'était peut-être une illusion. Si je priais Apollon tous les jours, aurais-je le sentiment d'entrer en rapport avec lui ? Et si j'étais attiré par la religion par simple lassitude de l'esprit rationnel, aride et ennuyeux qui fut le mien pendant toutes ces années ? Je me lasse vite. Je suis incapable de regarder les suites de film parce que les personnages m'ennuient déjà. Peut-être que la spiritualité m'attire uniquement par sa nouveauté.

Ne dis pas à ton prochain : "Va-t'en ! Repasse ! Demain je te donnerai !"
PROVERBES 3,28

177e jour. J'ai peut-être trouvé un moyen d'aider ma voisine Nancy, celle qui se décrit comme "la dame cinglée avec le chien" et occupe l'appartement 5I. Elle a frappé à ma porte aujourd'hui.

– Puis-je te demander un service ?

– Bien sûr.

Visiblement, cette conversation lui était déjà pénible. Je pense qu'elle a peur d'abuser quand elle demande l'addition au serveur, alors me demander un service, c'était carrément un calvaire.

– Mais je ne veux pas que tu le fasses parce que la Bible te le demande. Je veux que tu le fasses parce que tu en as envie.

– D'accord, dis-je. J'ai parfois un peu de mal à faire la différence à présent, mais d'accord.

– J'ai une idée de livre.

– Hmm.

J'aurais probablement dû répondre autre chose, parce que Nancy rentre dans sa coquille.

– Je ne sais pas.

Elle se retourne, prête à partir.

Je parviens finalement à lui tirer les vers du nez : Nancy veut écrire un livre sur sa vie dans les sixties. Sur l'époque où elle fréquentait les grands du rock : Janis Joplin, Frank Zappa, et surtout Jimi Hendrix. Elle connaissait bien Jimi. Elle l'a dessiné pour la pochette d'un de ses albums et a collaboré avec lui à l'écriture de poèmes inédits à ce jour.

– Ils parlaient de quoi, ces poèmes ?

– De trucs hippies. Les nuages. Le ciel. L'amour. Je te les donnerai quand j'aurai fini le livre.

– T'en es où pour l'instant ?

– Je n'ai que mille cinq cents pages. Il me reste encore beaucoup à faire.

Elle sourit. Elle dit qu'elle a toujours résisté à la tentation de raconter sa vie de rockeuse, mais que, bon, c'est du passé maintenant. Et à vrai dire, elle a besoin d'argent.

Je l'assure que je serais heureux de lui fournir tous les conseils et/ou contacts que je pourrai. Je veux vraiment l'aider. A part quelques moments de félicité dans les sixties, Nancy a écopé d'une vie malheureuse – une mère violente, un mariage difficile, l'impossibilité d'avoir des enfants, une carrière décevante. Elle mérite quelque chose de mieux. Et puis, si je l'aide, je "ferai un versement à la banque de la vertu", comme le disait récemment un prédicateur.

Mais sa question me travaille : est-ce que je le fais seulement à cause du projet Bible ? Ou est-ce que j'y aurais mis le même empressement quoi qu'il arrive ?

"A la fin, les gens préfèrent la franchise à la flatterie."

PROVERBES 28,23 (TLB)

179e jour. Je me débats toujours avec le commandement contre le mensonge. C'est brutal. Mais la Bible prescrit de dire la vérité en toute circonstance. Les gens apprécient la franchise. Il faut que je suive l'exemple de ces héros bibliques qui ont pris d'énormes risques en disant la vérité.

Prenez le prophète Nathan, qui a affronté le roi David. C'est l'un des récits les plus dramatiques du Livre. Voici le contexte : David a fait du tort à son fidèle soldat Urie en subornant sa femme, Bethsabée, pendant qu'Urie était à la guerre. Bethsabée tombe enceinte de David. Alors, pour masquer sa faute, David prend des dispositions pour faire disparaître Urie.

C'est pourquoi Nathan, l'un des hommes les plus sages du royaume, raconte à David cette parabole : c'est l'histoire d'un homme riche et d'un homme pauvre. Le riche possède un vaste troupeau de moutons. Le pauvre ne possède qu'un agneau. Un jour, le riche a un invité. Que va-t-il lui servir à dîner ? Le riche choisit de tuer l'unique agneau du pauvre et de le servir à son invité.

Lorsqu'il entend cette parabole, le roi David a la même réaction que beaucoup : le riche est un méchant homme, cupide et impitoyable.

Nathan fait alors cette révélation à David : le riche, c'est *toi*. Ce que Nathan voulait dire, c'est que le roi David avait tout – y compris de nombreuses épouses et concubines – mais qu'il n'en décidait pas moins de voler sa femme à Urie.

Nathan prenait un risque immense – critiquer le roi en face aurait pu lui valoir des ennuis. Mais en l'espèce, la vérité a payé. Le roi David s'est rendu compte que le prophète avait raison. Il avait mal agi.

Comme vous pouvez l'imaginer, je ne suis pas le prophète Nathan. Jusqu'ici, ma franchise ne m'a pas conduit à mettre à nu l'hypocrisie des grands hommes. Mais j'ai réussi à réduire de 30 % ma production totale de pieux mensonges.

Parfois ça me réussit, et parfois pas tant que ça. Ce soir, à cinq heures, Julie, Jasper et moi allons dîner chez Homer, une gargote qui a le bon goût d'être décorée d'une télé à écran plat qui diffuse Nickelodeon en continu.

Je suis occupé à couper le hot-dog de Jasper, en faisant bien attention à ne pas toucher la peau de la saucisse, qui est impure. La table d'à côté, comme toutes les autres à peu près, est occupée par une famille. Un père en pantalon de toile typique de l'Upper West Side, une mère avec une queue de cheval, et une petite fille de trois ans qui s'affaire avec des Crayolas.

– Julie Schoenberg ? s'exclame la femme à queue de cheval.

C'est une connaissance que Julie n'avait pas revue depuis l'université. On s'embrasse, on se complimente sur la progéniture, on se présente les conjoints, on se donne des nouvelles des amis communs.

A la fin du repas, nous demandons l'addition, et l'amie de Julie s'exclame :

– Il faudrait qu'on se revoie un de ces jours, les enfants pourraient jouer ensemble.

– Bien sûr, répond Julie.

– Euh, je ne sais pas, fais-je.

L'amie de Julie ne sait pas comment le prendre. Elle a un rire nerveux.

Julie me lance un regard noir.

– Vous avez l'air super sympas tous les trois, mais je n'ai pas tellement envie d'avoir de nouveaux amis en ce moment. Je crois que je préfère m'abstenir.

Il y a quelques semaines, j'ai lu un bouquin, *L'Honnêteté radicale*, sur le fait de dire la vérité en toute circonstance. Il y était question de l'ivresse mêlée de peur qu'on éprouve lorsqu'on est totalement franc, de cette poussée d'adrénaline digne du grand huit. Je l'ai ressentie. Je me suis entendu prononcer ces mots, mais ils paraissaient irréels, comme dans une pièce de théâtre expérimental.

Julie ne me regarde plus méchamment. Elle est trop furieuse pour tourner les yeux dans ma direction.

– C'est juste que je manque de temps pour voir nos vieux amis, alors je préfère ne pas trop m'engager, dis-je avec un haussement d'épaules.

Et, dans l'espoir d'arrondir les angles, j'ajoute :

– Je voulais juste être honnête.

– Moi, en tout cas, je serais très contente de vous voir, dit Julie. A. J. pourra rester à la maison.

En sortant de chez Homer avec sa poussette, l'amie de Julie lance un regard furtif par-dessus son épaule.

Et cela te sera un signe sur ta main, et un mémorial entre tes yeux...

EXODE 13,9 (DAR)

180e jour. Aujourd'hui, c'est la vingt-sixième fois qu'on me demande si je vais sacrifier Jasper au cours de mon année biblique. Non, dis-je poliment, seul Abraham a reçu ce commandement.

– Tu ne vas pas lier ton fils au sommet d'une montagne? s'est enquis David, un ami de Julie qui, avec les ans, a lentement dérivé vers le judaïsme orthodoxe.

– Je ne vais pas lier mon fils.

A l'évidence, David connaît son affaire : ce "ligotage" est ce que certains exégètes juifs nomment le presque sacrifice d'Isaac par Abraham. Je me suis aperçu que les histoires de liens occupaient une grande place dans la Bible. L'épisode d'Isaac est le plus connu, mais on en trouve beaucoup d'autres, moins violents. Et ceux-là, j'essaie de les imiter.

La semaine dernière, j'ai rayé de ma liste le verset 14,25 du Deutéronome : "Tu lieras l'argent dans ta main" (RSV). C'est l'un des versets que mon ex-oncle Gil a pris au pied de la lettre, et bien que la plupart des gens l'interprètent métaphoriquement (comme un conseil, "fais bien attention à ton argent"), je voulais imiter Gil, ne serait-ce qu'une journée.

Quand je me suis réveillé, j'ai trouvé un élastique dans le bureau de Julie et m'en suis servi pour fixer un billet de cinq dollars sur le dessus de ma main gauche. Puis j'ai vaqué à mes occupations – je suis passé au supermarché et chez Starbucks. Mais j'avais l'impression de tenter le sort. New York a toujours un taux de criminalité très élevé, donc c'était à peu près aussi malin que de se promener dans le parc national de Yellowstone avec un poisson attaché à la main. Par chance, malgré quelques regards appuyés, personne n'a essayé de prendre cet argent exposé à toutes les convoitises.

Il y a un autre type de lien que je pratique tous les jours. Il s'agit cette fois d'obéir au verset 6,8 du Deutéronome, qui commande de s'attacher les commandements sur la main et entre les yeux.

Depuis le début de l'année, j'ai eu recours à une méthode maison : je prends deux photocopies des dix commandements et je les plie au format polaroïd. Chaque matin, avec de la ficelle blanche, j'en attache une à mon poignet et une autour de ma tête.

C'est étonnamment efficace. Essayez un peu d'oublier la parole de Dieu quand vous l'avez juste devant les yeux et qu'il y en a même un coin qui vous bouche la vue. Parfois, j'imagine que les commandements vont traverser ma peau et m'arriver droit au cerveau, comme si c'était un patch de nicotine sacré. Quand on regarde vraiment de près, on peut lire les mots "Tu ne voleras point" imprimés quelque part sur mon lobe frontal.

Même après avoir enlevé la ficelle pour la journée (généralement vers midi), il me reste des marques rouges sur la main et la tête pendant des heures.

En ce sens, donc, mon ficelage quotidien est une bonne chose, vertueuse. Mais ces derniers temps, il s'est aussi teinté de culpabilité. Je sens que mes ancêtres ou ma conscience ou Dieu me tirent par la manche, pour me dire que le moment est peut-être venu d'essayer la méthode juive traditionnelle : les tephillin.

J'ai déjà eu l'occasion de me familiariser un peu avec les lanières de prière des juifs (qu'on appelle généralement tephillin, mais parfois aussi phylactères). Quand j'avais quatorze ans, dans un avion d'El Al à destination d'Israël, j'ai assisté au rituel pour la première fois : les membres d'un groupe de juifs orthodoxes se sont mis debout dans l'allée, portant sur la tête une boîte de cuir qui ressemblait à une loupe de bijoutier. Ils ont enroulé des lanières à leurs bras, secoué la tête d'avant en arrière, psalmodié. C'était déroutant et un peu effrayant.

Mon seul autre contact avec le tephillin fut un livre que j'avais reçu à *Esquire* il y a quelques années. Un livre de Leonard Nimoy – le Monsieur Spock de *Star Trek* en personne – qui, avais-je découvert, était aussi photographe et juif quasi pratiquant. Son livre présentait des photos érotiques en noir et blanc de femmes à demi nues enveloppées de tephillin, genre Mapplethorpe-rencontre-le-Talmud. (Brève mais pertinente note marginale : vous connaissez le salut de Monsieur Spock, "Longue vie et prospérité" avec les doigts du milieu écartés ? Il s'agit en fait d'un geste sacré utilisé par les prêtres juifs, les *kohanim*.)

Les tephillin existent depuis très longtemps – près de la mer Morte, en Israël, des archéologues en ont trouvé une paire qui date à peu près de l'époque du Christ. Et certains prétendent que Jésus lui-même passait des tephillin tous les jours, même s'il critiquait ceux, volumineux, que portaient les pharisiens.

Mais quid des origines des tephillin ? Comment faisait-on, au tout début ? A l'époque de Moïse ? Personne ne le sait vraiment. D'après l'exégète Oded Borowski – auteur de *La Vie quotidienne dans les temps bibliques* – le procédé était peut-être beaucoup plus primitif, peut-être une simple ficelle et un rouleau de parchemin. D'autres tendent à penser qu'on ne portait rien du tout : qu'à l'origine, ce passage avait un sens métaphorique.

Quoi qu'il en soit, les tephillin se sont peu à peu transformés en un rite extrêmement compliqué, soumis à des dizaines de règles, jusqu'à l'interdiction d'avoir des gaz quand on les porte.

Je vais avoir besoin d'aide. Je demande à Yossi, l'un de mes conseillers orthodoxes, d'être mon professeur de tephillin. Il m'invite dans sa maison de l'Upper West Side. C'est la fin de l'après-midi – dans l'idéal, les tephillin se mettent tôt le matin, mais il est encore acceptable de le faire maintenant.

Yossi m'accueille par une poignée de main, se dirige vers son placard et en sort une petite trousse de velours bleu. Elle contient deux boîtes de cuir noir qui renferment chacune un minuscule rouleau et sont munies de lanières de cuir.

– Êtes-vous droitier ou gaucher ? me demande Yossi.

– Droitier.

– Bien, alors donnez-moi votre bras gauche.

Je tends la main, la paume vers le haut, et Yossi place la boîte noire sur mon biceps gauche. Comme le veut la coutume, j'enroule la lanière sept fois autour de mon bras, en commençant sous le coude pour finir au poignet. Sauf qu'au bout de cinq tours, je suis à court de bras. Alors je recommence avec l'aide de Yossi, ce qui n'est pas facile pour lui, parce qu'il est à l'envers.

– C'est comme d'essayer de nouer sa cravate à quelqu'un d'autre, me dit-il.

Il parvient finalement à faire les sept tours réglementaires. Il place la seconde boîte noire sur mon front, puis m'indique un passage dans le livre de prière. Je lis :

– Béni soit le Nom de Son royaume glorieux pour les siècles des siècles.

Les tephillin sont serrés et découpent mon bras en six petits boudins. L'expérience n'est pas effrayante ou bizarre, comme je l'imaginais. Elle est plutôt… apaisante. Ça me rappelle que je devrais me faire prendre la tension, ma logique inconsciente doit donc être de cet ordre :

Me faire prendre la tension est bon pour moi.

J'ai l'impression qu'on est en train de me prendre la tension.

Donc c'est sûrement bon pour moi.

Ou peut-être que ça me rappelle quand on me langeait. J'enviais toujours Jasper quand je le transformais en *burrito* humain en l'emmitouflant dans sa gigoteuse. Peut-être que Dieu était en train de me langer.

Ou peut-être que c'est à cause du lien avec le père de mon père. Ma tante m'a récemment raconté que mon grand-père portait les tephillin. Ce qui m'a surpris. Je savais qu'il était plus religieux que beaucoup de membres de ma famille laïque. Mais porter les tephillin ? C'est du sérieux. Et s'il le faisait, ça veut dire que son propre père le faisait. Et ainsi de suite depuis des centaines d'années.

Tandis que Yossi m'aide à dérouler les lanières de mon bras et de ma tête, je me sens soulagé. Pas seulement parce que je n'ai pas complètement saboté le rite. Mais parce que, après des mois de religion bricolée, je l'ai enfin accompli suivant la procédure homologuée. Le gaon de Vilna serait ravi.

Cela ne m'a pas plongé dans l'état de transe auquel j'aspire, mais c'était bien plus émouvant que je ne l'imaginais. Pour étrange qu'il soit, ce rite n'est pas dépourvu de beauté. Sur le chemin du retour, je sens refluer le scepticisme consécutif à l'affaire de la vache rousse.

Moïse écrivit dans un livre le texte complet de la loi de Dieu.

DEUTÉRONOME 31,24 (BFC)

181e jour. Mon chef à *Esquire* vient de m'envoyer la version finale de l'article que j'ai écrit au sujet de Wikipédia, l'encyclopédie collaborative en ligne. J'admire Wikipédia, bien que je m'en sente coupable, car c'est l'ennemie de ma *Britannica* bien-aimée.

En tout cas, j'en suis arrivé à la conclusion – et ma tante Kate me tuerait si elle entendait ça – que Wikipédia et la Bible avaient beaucoup de choses en commun. Les croyants purs et durs disent que la Bible est sortie du four de Dieu comme un gâteau tout cuit. Ou, plus précisément, comme plusieurs gâteaux tout cuits. Moïse a transcrit les cinq premiers livres. Le roi David a écrit les Psaumes. L'Evangile selon saint Luc a été rédigé par le seul saint Luc. Chacun des livres de la Bible a été écrit par un auteur unique qui transcrivait la parole de Dieu.

A cette vision s'oppose ce qu'on appelle l'hypothèse documentaire, selon laquelle la Bible est le fait d'un très grand nombre d'auteurs et d'éditeurs. Les cinq premiers livres de la Bible n'émanent pas du seul Moïse. C'est un patchwork de quatre sources anonymes qu'on a désignées comme *yahviste*, *élohiste*, *deutéronomiste* et *sacerdotal*. Chaque auteur a ses singularités linguistiques et ses passions théologiques propres. L'auteur dit *sacerdotal*, par exemple, était fasciné par les lois. C'est de lui que proviennent les passages sur la nourriture et les prohibitions sexuelles du Lévitique.

Les morceaux ont été découpés et réagencés par différents éditeurs. Bref, cette hypothèse consiste à dire que la Bible a évolué dans le temps, comme les humains eux-mêmes. Et comme un article de Wikipédia.

Je crois à l'hypothèse documentaire. Et, comme dans le match entre créationnisme et évolutionnisme, je ne me vois vraiment pas embrasser un jour l'hypothèse adverse. J'ai trop de révérence pour l'archéologie et le savoir historique profane pour les rejeter. Je suis trop attaché à l'idée que tout a des origines confuses.

Tout le défi consiste à trouver du sens, des repères et du sacré dans la Bible quand bien même je ne crois pas que Dieu, assis derrière son grand bureau de chêne, au paradis, ait dicté sa parole mot à mot à une bande de secrétaires infaillibles. Mais peut-être que les fondamentalistes ont raison et que c'est impossible.

Oui, l'engeance de l'impie est stérile…

JOB 15,34

181e jour, après-midi. Dans le métro, aujourd'hui, je me suis retrouvé assis non loin d'un moine bouddhiste. Il m'a regardé, avec mes habits blancs et ma barbe foisonnante ; je l'ai regardé, avec sa robe orange ; nous avons alors échangé un signe de tête et un sourire de connivence.

Ce fut un grand moment. C'est comme si on m'avait ouvert le cordon d'une boîte de nuit sacrée.

Là, au mitan de ma journée, mon esprit a pris un tournant inattendu. Je me sens plus proche des New-Yorkais ultrareligieux que des laïques. Le type qui a un autocollant avec un poisson. Le Noir qui porte la chéchia. Les hassidim avec leurs franges qui se balancent. Tels sont mes compatriotes. Comme moi, ils pensent sans arrêt à Dieu, à la foi et à la prière.

Certes, il y a toujours une différence entre moi et mon alter ego Jacob – mais Jacob se renforce. En fait, c'est souvent lui qui domine à présent, et porte sur mon moi profane un regard perplexe. Jacob contemple le monde et se dit : "Ce sont les non-croyants qui sont bizarres, pas les croyants. Comment peut-on *ne pas* passer son temps à réfléchir aux Grandes Questions ? Comment peut-on mettre tant d'énergie à se soucier de problèmes terrestres tels que les matchs de baseball, les chiffres de vente d'*Esquire* ou les procédures de divorce d'actrices télé ?"

J'ai toujours à l'esprit les passages délirants de la Bible. Je n'ai pas oublié la vache rousse. Mais je me sens obligé de chercher les bons côtés des Ecritures – ou du moins de replacer ces passages délirants dans leur contexte. Bien sûr, il est fou de devoir se laisser pousser une barbe immense. Mais tout bien réfléchi, la barbe est un signe de bienveillance. On n'est pas censé en raser les coins – les *péot* : c'est le même mot qui est employé quand Dieu nous dit de ne pas moissonner les coins d'un champ. Comme les mèches temporales et les sauterelles comestibles, peut-être que la barbe nous apprend à nous souvenir de ceux qui n'ont pas notre chance.

La semaine dernière, dans le cadre de ma politique de partage égal du temps, j'ai lu les *Lettres de la terre* de Mark Twain, qui sont à la fois très drôles et furieusement sacrilèges. A un moment, Twain dit qu'il ne comprend pas pourquoi la Bible méprise tant ceux qui pissent contre un mur. Il fait référence à ce verset du premier Livre des Rois : "Aussitôt sur le trône, le nouveau roi frappe tous ceux qui pissent contre un mur : toute la maison de Basha, ses proches parents et ses compagnons" (1 Rois 16,11 [NT]).

Twain écrit : "On peut pisser contre un arbre, pisser contre sa mère, pisser dans son froc et s'en tirer à bon compte, mais pas question de pisser contre un mur – il y a des limites à ne pas franchir."

Or mes recherches m'avaient appris que "ceux qui pissent contre un mur" est une expression idiomatique désignant tous les hommes adultes, puisque les hommes ont coutume de chercher derrière les murs un minimum d'intimité. Pas si absurde que ça. J'ai envie de prendre la défense de la Bible et, pourquoi pas, d'insérer une note de bas de page dans le livre de Twain.

Aujourd'hui, l'un de mes amis qui est au courant de ma quête biblique m'a envoyé un e-mail amusant. C'est la troisième fois que je le reçois depuis le début de mon année. Il s'agit d'une lettre ouverte adressée, selon les versions, soit à l'animatrice de radio juive et conservatrice Laura Schlessinger, soit à un pasteur évangélique rigoriste. Elle a commencé à circuler il y a quelques années et a inspiré une scène de la série *A la Maison-Blanche* dans laquelle le président Josiah Bartlet passe un savon à une version à peine déguisée du docteur Laura Schlessinger.

L'e-mail remercie le docteur Laura/le pasteur de nous avoir rappelé que la Bible condamnait l'homosexualité (Lévitique 18,22). L'auteur aurait cependant quelques questions.

Doit-il lapider sa mère, qui travaille le samedi ?

S'il vend sa fille comme esclave, comme l'autorise le Livre de l'Exode, combien peut-il en espérer ?

Il aimerait bien brûler un taureau en sacrifice, mais ses voisins sont des emmerdeurs qui se plaignent sans arrêt : que faire ?

La Bible demande de ne pas toucher la peau d'un cochon mort, mieux vaut donc éviter tout contact direct avec un ballon de football américain *. Mais s'il porte des gants, est-ce qu'il peut jouer quand même ?

---

* Ballon qu'on appelle en anglais *"pigskin"*, soit, littéralement, "peau de porc".

La première fois que j'ai lu cet e-mail, je me suis dit : excellent. Quelle formidable critique de ceux qui suivent la Bible de façon littérale mais aveugle. Il dépeint ce que donnerait un littéralisme biblique non sélectif – celui-là même que j'essaie d'atteindre.

Et voilà que je le recevais de nouveau, pour la troisième fois. Comme chaque fois, ça m'a amusé, et j'ai souscrit à la défense des droits des homosexuels. Mais, chose curieuse, je me suis aussi senti un peu sur la défensive. J'avais envie d'envoyer un mot à l'auteur. Certes, l'histoire des fibres mélangées paraît démente, mais il devrait peut-être demander à Mr Berkowitz de lui expliquer ce qu'il y a de grandiose à suivre des règles qui nous échappent.

Par ailleurs, j'ai appris en lisant l'encyclopédie que les ballons de football n'étaient plus en peau de porc. Ceux de la National Football League sont faits avec du bon vieux cuir de vache. Et celui de mon fils avec une espèce de plastique. L'e-mail tombe dans le même excès que celui qu'il dénonce : il prend le mot *"pigskin"* trop au pied de la lettre.

En tout cas, grâce à lui, j'y réfléchis à deux fois avant de toucher des carcasses de cochon. Je n'ai aucun vêtement en cuir de porc, c'est déjà une bonne chose. Mais pour plus de précautions, j'évite tout contact avec des cartes à jouer, parce qu'elles sont souvent faites avec de la gélatine, laquelle est parfois faite avec du porc. Donc même si le poker ne conduisait pas à la cupidité et à la convoitise, je me l'interdirais.

SEPTIÈME MOIS : MARS

Qui cligne des yeux a des desseins pervers...

PROVERBES 16,30 (RSV)

184e jour. Le père de Julie est venu de Floride pour nous rendre visite. Nous allons dîner dans un restaurant chinois. Cela s'avère éprouvant, principalement parce que cet homme – un ancien représentant en logiciels – se laisse aller à son penchant pour les calembours les plus lamentables.

Je ne sais même plus comment c'est venu, mais pendant l'entrée, il a fait un jeu de mot sur *olive* et *alef*, la première lettre de l'alphabet hébraïque.

Puis il m'a adressé un clin d'œil.

– Figurez-vous que la Bible est contre les clins d'œil, dis-je.

– Ah bon ? Pour quelle raison ?

– Ce n'est pas clair.

– Et vivre bibliquement, alors, ça rend *riche, comme job* ?

Je fais la moue et hoche la tête. Quelque chose meurt en moi.

– Comme *Job*, explique-t-il. Du Livre de Job.

– J'avais compris.

Le rejet des clins d'œil (on dénombre au moins quatre avertissements contre les clignoteurs) est l'un des motifs les moins étudiés de la Bible. Je n'ai presque rien trouvé sur le sujet. Mais cela me semble sage et en avance sur son temps – le clin d'œil étant peut-être le geste le plus détestable qui soit, puisque l'émetteur en use pour forcer son destinataire à participer à sa petite cabale. Si seulement la Bible interdisait aussi aux gens d'appeler leur beau-fils “Chef”... Enfin, on peut toujours rêver.

Yahvé fit toute chose en vue d'une fin...

PROVERBES 16,4

187e jour. J'ai sonné mon schofar pour le commencement du mois et, franchement, je suis rassuré quant à mes aptitudes. Mr Berkowitz m'a donné quelques conseils – notamment de tenir mon schofar entre mes doigts comme une cigarette géante – alors il commence à rendre un son potable. Je ne suis pas Miles Davis, mais j'arrive à sortir quelques notes cristallines.

Aujourd'hui, Julie et moi avons rendez-vous pour une échographie au Mount Sinai. Julie a de l'appréhension. Ce n'est pas qu'elle ait peur des hôpitaux. Mais elle craint que nous apprenions le sexe des jumeaux – et que ce soit deux garçons. Elle veut une fille depuis le début.

– Ne t'inquiète pas, lui dis-je. Il y a 75 % de chances pour que nous ayons au moins une fille. Je parie même qu'on en aura deux.

Une heure plus tard, l'infirmière à l'accent italien fait glisser une sonde aux allures de micro sur le ventre de Julie. Elle s'arrête sur le côté droit.

– O.K., le bébé A est un garçon. Aucun doute. A est un garçon.

Julie part d'un rire nerveux. Elle murmure : "Sois une fille, bébé B, je t'en prie, sois une fille."

L'infirmière applique à présent la sonde du côté gauche.

– Et, désolée, dit-elle.

A ces mots, mon estomac se noue, mon rythme cardiaque triple. Quoi ? Qu'est-ce qui cloche ?

– Je suis désolée, mais ce sont deux garçons. Le bébé B est un garçon.

Je suis soulagé. Pendant un instant, j'ai cru que le bébé avait quelque chose de vraiment grave. Mais son seul défaut est d'avoir un chromosome Y.

Julie, elle, n'est pas soulagée. Son visage se fripe. Elle commence à pleurer puis éclate en sanglots. Mon soulagement se mue en légère dépression.

– Je sais que c'est stupide, dit Julie, qui a retrouvé son souffle. Ça m'énerve de me mettre dans cet état. Mais c'est parce que c'est pour toujours. Je n'aurai jamais de fille. C'est fini.

C'est vrai. J'adore Jasper – mais trois garçons ? Ça fait bien trop de testostérone pour un trois-pièces new-yorkais. Ça promet un avenir plein de parties de lacrosse et de discussions interminables sur des éléments mécaniques tels que les pelles rétrocaveuses et les engrenages à crémaillère.

Entre le docteur, un quinquagénaire corpulent. Il voit les joues mouillées de Julie.

– Dans le temps, j'ai opéré un paquet de transsexuels, dit-il en gloussant. Je pourrai vous arranger le coup.

Julie et moi ne daignons même pas sourire. Mais il ne se démonte pas.

– Daniel, tenez, c'est pas mal comme prénom. C'est la force. Dany. Daniel dans la fosse aux lions.

C'est que, voyez-vous, le docteur lui-même s'appelle Daniel.

Daniel enduit le ventre de Julie de vaseline pour l'échographie.

– Hier, j'ai pris raisin. Aujourd'hui c'est framboise.

On ne l'arrêtera donc jamais.

Après l'échographie, Julie et moi allons déjeuner. Nous ne parlons presque pas.

Il faut que je me concentre pour être reconnaissant. Et si c'était la volonté divine ?

– Ce n'est peut-être pas si mal, dis-je. Regarde dans *My Three Sons**. Ils avaient l'air heureux.

– Ça ne m'aide pas, répond Julie. La mère était morte.

Nous gardons de nouveau le silence pendant quelques minutes.

– Tu sais ce que dirait mon conseiller Yossi ?

– Quoi ?

– Ce qui semble terrible de prime abord peut s'avérer être un prodige. On ne sait jamais.

* Série américaine des années soixante racontant la vie d'un ingénieur aéronautique veuf et de ses trois fils.

Yossi me parlait de ça l'autre jour. Nous évoquions l'histoire d'Esther. C'est l'histoire d'un roi païen qui se met en quête d'une nouvelle femme dans tout son royaume. Il organise un véritable concours de beauté, au demeurant étonnamment charnel. Chaque participante est bichonnée pendant toute une année – six mois à l'huile de myrrhe, six mois au baume et aux onguents – puis va passer une nuit avec le roi. La gagnante – celle que le roi "préfère à toutes les autres femmes" – est une exilée juive du nom d'Esther. Le roi la fait reine. Ce mariage mixte aurait dû horrifier les Juifs de l'époque. Seulement voilà : c'était finalement la meilleure chose qui pût arriver. Car Esther finit par convaincre le roi d'épargner les Juifs, contrariant les souhaits de son conseiller, le méchant Aman. Un mal peut conduire à un bien. Nous ignorons le grand dessein.

– J'y souscris intellectuellement, me dit Julie. Mais là, maintenant, c'est un peu dur à avaler.

Ouais. Ça ne m'aide pas beaucoup non plus.

Ma bouche est remplie de ta louange, tout le jour, de ta splendeur.

PSAUMES 71,8

191e jour. En parlant de Yossi, il m'a sévèrement tancé aujourd'hui. Je suis passé chez lui dans l'Upper West Side. Nous étions assis sur le canapé du salon, une pièce remplie de livres. Il y a une étagère immense bourrée de volumes reliés, de livres de poches et d'opuscules sur tous les sujets bibliques possibles et imaginables, même les plus obscurs, comme la polygamie ou les glanures.

– J'adore les prières de remerciement, parce que ça me rend plus reconnaissant envers la vie. Mais j'ai toujours du mal avec les louanges à Dieu…

– Vous vous aventurez sur un terrain glissant…

Il m'a dit : "Arrêtez de prendre la Bible pour un manuel d'épanouissement personnel." C'est bien souvent ce que je fais.

Je me demande tout le temps : “Comment la religion peut-elle me rendre plus joyeux ? Comment peut-elle donner plus de sens à ma vie ? En quoi peut-elle m’aider à éduquer mon fils pour qu’il ne finisse pas escroc ou racketteur ?”

Mais la religion, c’est plus que ça. La religion, c’est servir Dieu. Yossi me raconte cette histoire :

Deux hommes font leur prière quotidienne au travail. Le premier passe vingt minutes dans son bureau, porte close, et en ressort revigoré, rasséréné, comme après une séance thérapeutique. Le second est tellement débordé qu’il case ça en cinq minutes entre deux coups de téléphone. Il récite ses prières en accéléré dans un placard à fournitures.

Lequel des deux a-t-il mieux fait ?

– Le premier, dis-je.

– Non, me rétorque Yossi. Le second.

Le second le faisait uniquement pour Dieu. Il sacrifiait son temps. Il n’en tirait aucun bénéfice.

Je me dis : intéressant. Voilà un bon moyen d’apprendre à sacrifier mon temps pour un bien supérieur. A agir de façon désintéressée. A devenir meilleur.

Et j’ai soudain cet éclair de lucidité : je suis en train de retomber dans l’épanouissement personnel. Pas moyen d’y échapper.

“Je vais te poser une question, ne me cache rien !”

JÉRÉMIE 38,14 (BDS)

196e jour. Mercredi matin, 15 mars, je me réveille de bonne heure pour accomplir mon pèlerinage en Terre sainte. Si toutefois j’arrive à franchir les contrôles de sécurité d’El Al à Newark.

L’agent de sécurité – une Israélienne impétueuse au teint olivâtre – me cuisine sans ménagement. Je n’entre dans aucune de ses catégories – une barbe, mais ni chapeau ni manteau noirs traditionnels ? C’est donc parti pour une demi-heure de questions.

– Quel est le nom de jeune fille de votre mère ?

– Kheel.

– Pourquoi avez-vous une si grosse barbe ?

– J'écris un livre sur la Bible, et [ici, topo d'une minute sur mon projet].

– Hmm. Avez-vous fêté Pourim ?

– La Bible ne l'exige pas à proprement parler, donc non.

– Que signifie le "J-R" à la fin de votre prénom ?

– Junior.

– Pourquoi portez-vous le même nom que votre père si vous êtes juif ?

– Mes parents ne sont pas très pratiquants.

– Avez-vous fait votre bar-mitsvah ?

– Euh, non.

A la fin, j'ai la bouche sèche, les mains moites, et l'impression que je viens de vivre le pire premier rancard de l'histoire – mais pour une raison mystérieuse, elle me laisse embarquer.

Monte vers une terre qui ruisselle de lait et de miel...

EXODE 33,3

197e jour. L'avion se pose à Tel Aviv et j'attrape la navette qui, en une heure, me conduit à Jérusalem, en compagnie de quelques touristes scandinaves.

Je suis déboussolé. A la fois exalté et sous le coup du décalage horaire. Et, par-dessus tout, je suis nerveux. Nerveux à l'idée de rencontrer Gil. Nerveux de n'avoir qu'une petite semaine pour essayer de comprendre quelque chose à ce lieu chargé d'histoire et de mystère. Nerveux à cause du syndrome de Jérusalem : ce trouble psychologique avéré qui plonge les touristes dans le délire et les conduit à errer par les rues en robe blanche et en débitant des sermons. Parmi les symptômes : "Le besoin de crier, de hurler ou de chanter à pleine voix des psaumes, versets bibliques, cantiques ou gospels." Je doute que j'en serai victime – je me contrôle trop pour ça – mais on ne sait jamais. Enfin, depuis le 11-Septembre, je suis nerveux à cause du terrorisme.

Après être passé à l'hôtel, je rencontre une amie d'ami – une productrice de télé de 26 ans aux cheveux bouclés, Neta – qui veut bien me servir de guide. Nous nous rendons dans un café de son choix, ambiance détendue avec sofas et coussins à motifs. Je mange des pâtisseries et lui demande ce que je dois visiter.

En sortant, elle m'emmène vers la vitrine latérale du café.

– Je ne voulais pas te montrer ça avant de manger, mais tu vois cette plaque ?

Je hoche la tête. C'est une plaque de pierre où sont gravés une flamme et une demi-douzaine de noms.

– C'est en mémoire des victimes d'un attentat qui s'est produit ici il y quelques années.

Mes épaules se crispent. Neta devance ma question :

– Ça n'a rien d'extraordinaire. Presque tous les cafés du quartier ont été touchés un jour ou l'autre.

Elle n'était pas blasée, mais pas hyperdramatisante non plus. C'est l'une des données de la vie à Jérusalem ; elle en parlait comme un habitant de Los Angeles parlerait des séismes ou un habitant de l'Alaska du blizzard. Quand on aime Israël comme je l'aime, me dit-elle, on vit avec.

Yahvé est mon berger…

PSAUMES 23,1

198e jour. Le matin suivant, je pars pour le désert du Néguev. C'est là où j'ai envie d'aller en premier.

Il apparaît avant Jérusalem dans la chronologie biblique – c'est le pays aride où Abraham et Isaac plantèrent un jour leur tente. J'espère aussi qu'il me permettra de m'imprégner de l'esprit biblique. Ça fait des mois que je lis l'histoire de ces patriarches. Je veux enfin fouler la terre qu'ils ont foulée.

Je loue une petite voiture chez Hertz, Neta me met en contact avec un interprète, et nous nous mettons en route à dix heures avec deux tasses d'un fort café israélien. Le paysage se fait de plus en plus clairsemé. Le vent se renforce. Les noms de rue se font plus bibliques : rue Jacob, rue Abraham. Et, quelques heures plus tard, nous y sommes.

Le Néguev est un endroit extraordinaire. Il suffit de poser le pied par terre et de jeter un regard autour de soi pour se figurer ce qu'était la vie à l'époque biblique. Enfin, à condition de faire abstraction des panneaux jaune et noir "Attention chameaux". Et des paquets de cigarettes qui jonchent le bord de la route. Et des fils électriques omniprésents, avec leurs drôles de boules orange qui empêchent les avions de s'emmêler dedans.

Au fil des trois derniers millénaires, le désert a été quelque peu envahi. Mais ça reste l'un des paysages les plus bibliques qu'on puisse trouver sur cette terre : des dunes qui s'étendent à perte d'horizon, du sable fin qui vous colle à la bouche à la première bourrasque.

Malheureusement, mise à part la vue, le voyage s'avère un peu décevant. Nous ne trouvons rien de mieux à faire que de visiter un musée bédouin présentant une fausse tente bédouine trop bien rangée et aseptisée, comme une chambre de Holiday Inn antique.

Nous sommes déjà sur le chemin du retour à Jérusalem lorsque nous apercevons ce qui va sauver la journée. A droite, sur le bord d'une route sinueuse, déserte : un troupeau de moutons. Et un berger.

Comme le savent les lecteurs même les moins assidus de la Bible, les moutons et l'imagerie pastorale parcourent toutes les Ecritures. Le Psaume 23 décrit le Seigneur comme un berger. L'Exode compare les Israélites à un troupeau de moutons. Jésus est l'agneau de Dieu. Enfin, la plupart des patriarches ont été bergers à un moment ou l'autre de leur vie : Jacob, Moïse, le roi David.

Ces temps-ci, les agneaux font donc partie de mes préoccupations. (Ma plus étrange rencontre avec un agneau avant aujourd'hui : dans un magasin Judaica du West Side, à Manhattan, j'étais tombé sur une vidéo pour enfants du dîner de la Pâque avec Dom DeLuise, Shari Lewis et la marionnette Lamb Chop, ce qui devait être perturbant pour Lamb Chop, puisque le *Séder* comprend traditionnellement un jarret rôti représentant l'agneau sacrifié*.) Mais là, devant moi, j'avais enfin un troupeau, un vrai.

Le berger est un Bédouin d'une vingtaine d'années vêtu d'un pull rouge et d'une veste orange. Il est doux et timide mais, en vertu de cette hospitalité propre au Moyen-Orient, il me convie à garder le troupeau avec lui.

Debout côte à côte, nous regardons paître les moutons. Je m'attendais à ce que cela soit une occupation silencieuse, mais ce n'est pas le cas. Deux cents moutons qui mâchent de l'herbe, ça fait un raffut étonnant. Sans parler des bêlements incessants. Et les agneaux ne savent vraiment rien dire d'autre que ce "*B-ê-ê-ê-ê-ê*".

Le berger n'a ni flûte, ni harpe, ni houlette. Mais il possède une canne. Il se promène avec un tube de caoutchouc noir qui a peut-être un jour fait partie d'un tracteur.

Je l'interroge via mon interprète.

– Que faites-vous avec cette baguette ?

– C'est juste pour me donner des airs, avoue-t-il.

Voilà qui me plaît. Même les bergers se soucient du superficiel.

Je lui pose encore quelques questions.

– Vous faites ça depuis combien de temps ?

– Deux ans.

– Est-ce que le mouton noir est vraiment rebelle ?

– Non, il se comporte comme les moutons blancs.

– Ça vous plaît d'être berger ?

---

* Lamb Chop, ou "côtelette d'agneau", est une marionnette d'agnelle, héroïne de programmes télévisés pour enfants créée en 1957 par Shari Lewis. Le *Séder* est la cérémonie familiale du premier soir de la Pâque juive.

– Oui, beaucoup.

Puis la conversation tarit. Ce qui soulage mon interlocuteur, et ne me dérange pas. Nous nous contentons de marcher en silence, au son des *b-ê-ê-ê-ê-ê*-lements et des mastications.

J'ai les idées claires, l'esprit apaisé. Pendant quelques minutes au moins, la frontière entre mon moi profane et mon alter ego Jacob se dissout. En théorie, si Dieu est partout, Il doit être aussi présent dans un chariot élévateur new-yorkais que dans un pâturage israélien. Mais que voulez-vous ? Je ne suis peut-être pas très visionnaire, mais l'idée de Dieu m'est beaucoup plus sensible ici, loin des bip-bip des camions qui reculent et des publicités pour les salles de sport.

De temps à autre, l'un des agneaux s'écarte un peu trop du troupeau. Le berger m'apprend à le faire rentrer dans le rang en lui jetant un caillou. C'est la méthode en usage depuis l'époque du roi David, c'est d'ailleurs pour ça que David fut si adroit à loger une pierre dans le front de Goliath.

Le plus grand enseignement de cet après-midi passé à garder les moutons est peut-être celui-ci : ça vous donne une assurance incroyable. Malgré des compétences managériales très limitées, même moi, je suis capable de diriger deux cents moutons. Parce qu'en plus de *b-ê-ê-ê-ê-ê*-ler, les moutons répondent à un autre cliché : ils sont moutonniers. Il suffit de crier un bon "Hé!" ou de balancer une pierre pour les remettre en place. Dans un pâturage, n'importe qui peut jouer les leaders charismatiques. On comprend tout de suite pourquoi les patriarches trouvaient dans le métier de berger un premier job idéal. Si Moïse a conduit des moutons avant de faire sortir les Israélites d'Egypte, ce n'est pas pour rien.

"Il n'est pas bon que l'homme soit seul."

GENÈSE 2,18

198e jour, fin d'après-midi. Si le désert est relativement vide (passons sur l'accumulation de détritus du XXIe siècle), Jérusalem est l'endroit le plus comble que j'aie jamais vu. Chaque centimètre carré est saturé de gens, d'histoire et de religion.

Cet après-midi, au tournant d'une des rues pavées et tortueuses de la vieille ville, je tombe sur ce qui doit être la plus forte concentration de ferveur religieuse au monde. La scène est la suivante :

Lentement, solennellement, des dizaines de frères franciscains en robes brunes, les mains jointes, font le chemin de Croix.

Ils chantent l'Ave Maria, accompagnés par un radiocassette à un baffle ficelé sur l'épaule droite de l'un d'entre eux. Un autre frère agite un miniparapluie exactement comme un enfant de chœur secouerait un encensoir.

Puis, fendant la foule des franciscains, passe une famille de juifs orthodoxes. Le père – qui porte une toque brune de la taille d'une plaque d'égout – ouvre la voie, suivi par huit petits hassidim à la queue leu leu. Au même moment, l'appel à la prière des musulmans jaillit d'un minuscule haut-parleur et se mêle à l'Ave Maria. Un homme coiffé d'un fez se faufile et dépasse la famille juive. Les trois religions abrahamiques se croisent dans la même rue.

Le spectacle est stupéfiant. Et jamais, depuis le début de mon projet, je ne me suis senti aussi seul.

Je suis là, étranger en terre étrangère, loin de ma femme et de mon enfant, dans une ville où chacun vit enfermé dans sa propre communauté spirituelle. Cela me fait prendre conscience d'une chose : c'est que ma quête est vraiment paradoxale.

J'essaie de suivre en solitaire une voie qui a été spécifiquement tracée pour les foules. Comme le disait l'un de mes conseillers, David Bossman, professeur de religion à la Seton Hall University : “Les gens de la Bible étaient des « groupies ». On faisait comme le reste du groupe, chacun observait les coutumes de son groupe. Seuls ces fous d'Européens pouvaient inventer l'individualisme. Ce que vous faites en ce moment est donc complètement moderne.”

J'aime ce fol individualisme européen depuis toujours. Pour reprendre l'expression du sociologue Robert Putnam*, j'ai toujours préféré jouer au bowling tout seul. Je maîtrise mieux la situation, ou du moins j'en ai l'illusion. Ça m'a rendu rétif à toute activité collective. Pas d'associations d'étudiants, pas de Rotary club, je n'ai même pas fait partie du fan club de Kiss quand j'étais petit.

Cette année, j'ai essayé de pratiquer un culte individuel et de trouver du sens tout seul. L'approche solitaire a ses avantages – j'aime essayer de comprendre les choses par moi-même. J'aime que le texte sacré ne soit pas filtré par des couches d'interprétation. Mais elle a aussi des limites, et de sérieuses. Je passe à côté du sentiment d'appartenance, qui constitue une part fondamentale de l'expérience religieuse. Je l'ai ressenti de façon particulièrement aiguë à l'occasion des fêtes bibliques de Yom Kippour et de *Roch ha-chanah* au mois d'octobre dernier. J'ai essayé de les célébrer tout seul. J'ai jeûné. J'ai mangé des friandises. J'ai envoyé leur part aux pauvres. Mais je faisais ça dans mon coin, sans trop savoir, et ça m'a paru complètement vain. Je n'ai même pas pu me résoudre à écrire un chapitre sur le sujet, parce que j'étais incapable d'en extraire quelque chose de suffisamment signifiant. Et nombre de mes expériences les plus profondes, je les ai vécues en me joignant à un groupe, même si c'était momentané, qu'il s'agisse d'un très grand groupe (les danses hassidiques) ou d'un petit (Amos, Julie et moi chantant "Amazing Grace").

Il faut peut-être que j'arrête un peu de fétichiser l'individualisme. Ce serait une bonne chose à faire ; d'ailleurs, l'individualisme radical est sur le déclin. A mon avis, le monde va évoluer dans le sens de Wikipédia. Tout va devenir collaboratif. Mon prochain livre comptera deux cent cinquante-huit coauteurs.

---

* Chercheur en sciences politiques américain dont l'ouvrage le plus connu, *Bowling Alone : America's Declining Social Capital* (2000), défendait la thèse d'un effondrement de la vie civique et sociale aux Etats-Unis.

Acquitte scrupuleusement la dîme de la récolte...

DEUTÉRONOME 14,22 (NT)

201e jour. Avant que je ne parte pour Israël, mon conseiller Yossi m'a fourni la liste des commandements qui – selon la tradition juive – ne peuvent être suivis que sur le sol de la patrie. Un grand nombre d'entre eux porte sur les sacrifices animaux. Mais il y en a un qui est relativement peu sanglant : donner la dîme de ses fruits.

Aujourd'hui, pour quelques shekels, j'achète une orange dans un marché de produits locaux. A l'extérieur, je tombe sur un dénommé David. C'est un homme corpulent qui porte un bob à la Gilligan et lit tout haut un passage de la Bible. Je ne me rappelle plus quel passage au juste, mais je sais qu'il y avait le mot *prostitution*. L'assistance se compose de moi et d'un grand type au jean déchiré.

David me semble être un bon candidat.

– J'aimerais vous donner 10 % de mon fruit, lui dis-je. Je dois le donner à mon semblable dans la rue.

– Ah, vous acquittez la dîme?

David n'ignore rien de la chose et pense que c'est une bonne idée.

– Le problème, dit-il, c'est que je ne mange pas d'oranges. Donnez-le donc à Lev, là.

Il fait signe vers le grand type. Lev est hésitant.

– Allez! fait David. Il ne peut pas manger son orange si tu n'en prends pas un dixième.

– Bon, dit Lev.

Je pèle donc l'orange et, avec l'index, en extrais deux quartiers.

– Voilà pour vous!

Lev renâcle. C'est assez compréhensible. Moi non plus, je n'accepterais pas un quartier d'orange qu'un inconnu a tripoté avec ses doigts.

– Prends donc! le presse David.

Lev réfléchit.

– Et si vous preniez les 10 % et moi les 90 % ?

Il ne rigole pas. J'acquiesce et garde le petit morceau pour moi. C'est vrai ce qu'on dit. Tout est négociation, au Moyen-Orient.

Mais un Samaritain, qui était en voyage,
arriva près de lui, le vit et fut pris de pitié.
LUC 10,33

202e jour. Le lendemain, je saute dans un taxi israélien pour aller rendre visite à un Samaritain. Avant mon projet, je croyais qu'il fallait sauter dans une machine à remonter le temps pour aller rendre visite à un Samaritain. J'imaginais qu'ils avaient disparu comme les Hittites, les Cananéens ou d'autres tribus bibliques depuis longtemps éteintes. Mais non, vingt et un siècles après, les Samaritains sont encore là.

S'il est brièvement fait mention des Samaritains ici ou là dans la Bible hébraïque, leur célébrité s'explique essentiellement par leur rôle dans la parabole de Jésus. Lorsqu'un légiste lui demande : "Et qui est mon prochain ?", Jésus répond :

> Un homme descendait de Jérusalem à Jéricho, et il tomba au milieu de brigands qui, après l'avoir dépouillé et roué de coups, s'en allèrent, le laissant à demi-mort.
>
> Un prêtre vint à descendre par ce chemin-là ; il le vit et passa outre. Pareillement un lévite, survenant en ce lieu, le vit et passa outre.
>
> Mais un Samaritain, qui était en voyage, arriva près de lui, le vit et fut pris de pitié. Il s'approcha, banda ses plaies, y versant de l'huile et du vin, puis le chargea sur sa propre monture, le mena à l'hôtellerie et prit soin de lui. (Luc 10,30-34)

C'est une histoire frappante – surtout quand on connaît le contexte historique. Les Judéens et les Samaritains se détestaient. L'idée qu'un Samaritain vienne en aide à cet homme était donc délibérément choquante, un peu comme si, aujourd'hui, un combattant du Hezbollah s'occupait d'un soldat israélien.

Les Samaritains m'intéressent particulièrement parce qu'ils tendent vers le littéralisme biblique. Ils font peu de cas des interprétations rabbiniques du judaïsme dominant et mettent énormément l'accent – mais pas exclusivement – sur la Bible elle-même.

J'ai donc appelé Benyamin Tsedaka, le porte-parole non officiel de la communauté – il dirige le journal samaritain –, et il m'a invité chez lui, à la périphérie de Tel Aviv. Quand le taxi me dépose, Benyamin attend dans la cour.

– C'est quoi, déjà, votre nom ? me demande-t-il.

– A. J.

– Ah oui. Comme C. J. dans *Alerte à Malibu.*

Je reste interloqué. Je savais qu'à une époque *Alerte à Malibu* avait été diffusé sur les cinq continents, mais c'est quand même un peu surprenant. J'ai devant moi un membre d'une des plus anciennes tribus bibliques qui ait survécu, et ses premiers mots sont pour cette hypertrophiée du décolleté qu'est Pamela Anderson ?

– C'est une bonne façon de briser la glace, dit Benyamin en riant.

– Ça, pour briser la glace…

Benyamin, soixante-deux ans, a des cheveux gris peignés en arrière, une moustache blanche taillée avec soin, et un fort accent. Il porte une jupe grise qui lui tombe sur les chevilles, l'habit traditionnel des Samaritains le jour du sabbat, qu'il a gardé en mon honneur. Son appartement est propre, moderne ; il m'évoque un peu une version orientale de celui de feu ma grand-mère dans son village pour retraités de Palm Beach. Comme tous les gens à qui j'ai rendu visite jusqu'ici, Benyamin me propose à boire et à manger sitôt que j'ai franchi la porte. Il apporte une théière et une assiette de gâteaux samaritains qui ressemblent à des madeleines, mais sont plus épicés que sucrés.

Nous nous promenons dans son appartement, admirant la galerie de photos de Samaritains qui couvre les murs. Je m'arrête devant l'image d'un groupe de Samaritains rassemblés au sommet d'une montagne, où les hommes portent un costume blanc et sont coiffés de fez.

– Ça, c'est la totalité de la communauté samaritaine en 1914, dit Benyamin. Cent quarante-six personnes.

Aujourd'hui, cette population doit bien s'élever à sept cents personnes, ajoute-t-il. Ce qui reste un chiffre ahurissant. Sept cents personnes. Son ethnie entière tiendrait confortablement installée dans l'auditorium d'un lycée.

Ou, pour le dire autrement : Benyamin me raconte qu'une mère samaritaine a récemment mis au monde des jumeaux grands prématurés. Ils ont survécu – mais s'ils étaient morts, me dit-il, ça aurait été la même chose que si "on vous avait rayé votre Kansas City de la carte."

Les sept cents Samaritains restants vivent soit près de chez Benyamin – dans la ville d'Holon – soit en Cisjordanie. Ni Israéliens ni Palestiniens, ils se sentent un peu en porte à faux dans l'Israël d'aujourd'hui et s'efforcent de rester en bons termes avec les deux parties. Selon la formule de Benyamin, ils essaient "de passer entre les gouttes politiques."

Les Samaritains – qui plongent leurs racines dans la Samarie antique, dans le nord d'Israël – n'ont pas toujours été aussi minoritaires. Au IVe siècle avant notre ère, la population a atteint un pic de plus d'un million d'adeptes. Ils ont ensuite été anéantis au cours des siècles suivants par les Romains, les Ottomans et la peste. Benyamin et les siens pensent constituer l'une des tribus perdues d'Israël, défendant la vraie tradition biblique.

– On va faire un tour ? me propose Benyamin.

Nous sortons et nous nous engageons dans l'enclave samaritaine – un tranquille dédale de ruelles. Nous ne rencontrons personne à part une demi-douzaine d'ados qui jouent au foot et un voisin sorti faire une course tardive. Benyamin me fait remarquer que chaque façade comporte une plaque de pierre sur laquelle est gravé un passage de la Bible, leur façon à eux d'écrire sur les montants de la porte.

Environ trois rues plus loin, nous atteignons le temple samaritain, un édifice trapu aux murs blancs qui est fermé pour la nuit. Mais dedans, me dit Benyamin, se trouve la Bible samaritaine.

La Bible samaritaine est une chose fascinante. Parce qu'elle est presque identique à la Bible hébraïque – à une différence près, et de taille. Ses dix commandements ne sont pas les dix que nous connaissons. L'un d'entre eux demande aux fidèles de bâtir un autel sur le mont Garizim, qui se trouve en Cisjordanie. Pour les Samaritains, le mont Garizim est le lieu le plus sacré au monde, c'est la montagne où Noé a échoué son arche, où Abraham a failli sacrifier son fils.

Aujourd'hui encore, c'est là-bas qu'ils procèdent au sacrifice annuel de l'agneau. Oui, contrairement aux juifs, les Samaritains pratiquent toujours le sacrifice animal. Chaque année, lors de la Pâque, le chef de chaque foyer égorge un mouton. Puis tous les moutons – soit une quarantaine – sont écorchés, embrochés et rôtis au-dessus d'une fosse pour être mangés.

– C'est une très belle cérémonie, me dit Benyamin. Il flotte une odeur délicieuse. C'est la semaine prochaine – vous devriez venir.

J'ai assez souffert avec les poulets.

– Malheureusement, je serai déjà rentré à New York.

Lorsque nous retournons chez Benyamin, il me présente son épouse, une femme aux cheveux courts qui, pour tout dire, n'a pas l'air d'humeur à bavarder avec moi. Elle me fait un signe de tête, et c'est à peu près tout. La femme de Benyamin est une juive convertie. Apparemment, il y a un petit nombre de juives qui sautent le pas, mais très peu. Comme le souligne un commentateur, les lois menstruelles des Samaritains sont extrêmement strictes et donc assez rédhibitoires.

– Dans la Torah, une femme qui a ses règles doit être mise à l'écart, dit Benyamin.

C'est pourquoi, m'explique-t-il, les maisons des Samaritains comportent une pièce spécialement prévue à cet effet.

– Ma femme a sa propre télé et son petit réfrigérateur. C'est comme une chambre d'hôtel.

Peut-elle sortir ?

– Oui, et nous pouvons parler mais pas face à face, à cause de la salive. Et pour parler, ça, on parle. Essentiellement de ma cuisine.

Benyamin doit préparer les repas car sa femme ne peut pas toucher la nourriture. Benyamin essaie de présenter les choses sous un jour avantageux : ça leur fait des vacances, elles sont dispensées des tâches ménagères.

– Il y a une cinquantaine d'années, il y avait une tente réservée aux femmes. Et je crois que c'était la tente la plus gaie du campement.

J'ai quelque doute. J'ai toujours du mal à accepter les lois menstruelles, qu'elles soient juives ou samaritaines.

Avant de partir, je pose la question obligée : que pensent les Samaritains de la parabole du bon Samaritain ? Eh bien, sans surprise, ils n'y voient rien à redire. Elle leur plaît. En Cisjordanie, il y a même un Café du Bon Samaritain tenu par un Samaritain.

Benyamin me dit qu'il a beaucoup réfléchi à la parabole de Jésus et qu'il a son idée sur la question : pour lui c'est autobiographique. Il pense que l'homme blessé représente Jésus lui-même. Et que Jésus a choisi d'être secouru par un Samaritain parce qu'il gardait un bon souvenir de la Samarie. Quand, fuyant les Pharisiens, Jésus est passé par la Samarie, les gens l'ont traité avec égards et ont bien voulu croire qu'il était le sauveur (Jean 4).

Dans le taxi qui me ramène à l'hôtel, j'ai l'esprit hanté par la Bible samaritaine. Si semblable, mais si différente. Et si l'histoire avait penché dans l'autre sens ? Si la Torah samaritaine était devenue le canon, et que, chaque année, des millions de fidèles sémites affluaient vers le mont Garizim pour y sacrifier des agneaux, sauf quelques centaines de personnes qu'on appellerait les juifs, et qui rendraient leur culte dans un lieu obscur du nom de Mur des Lamentations ?

Je te rends grâce de tout mon cœur, Seigneur mon Dieu,
à jamais je rendrai gloire à ton nom...
PSAUMES 86,12

204e jour. Je n'arrête pas de repenser aux deux types qui prient dans l'histoire de Yossi : celui qui en sort revigoré et celui qui en sort plus stressé qu'avant. Je suis tantôt l'un et tantôt l'autre.

Aujourd'hui, je me repose d'une promenade, sur des marches, près de la Porte de Jaffa. A moins que ce ne soit la Porte des Lions. Je ne sais plus. Franchement, je suis perdu. Mais je me repose ici, sur les marches de pierre, qui sont fraîches, ombragées et bosselées comme une barre Rice Krispies.

Je penche la tête, ferme les yeux. J'essaie de prier, mais mon esprit cavale. Je n'arrive pas à le fixer. Je songe à un article que je viens d'écrire pour *Esquire*. Il avait de la gueule, me dis-je. J'aimais bien cette tournure dans le premier paragraphe.

Et soudain quelque chose me frappe. Et quand je dis *frappe*, c'est le mot – c'est comme un coup de poing dans le ventre. Je suis là, fier de moi parce que j'ai écrit un article dans un magazine américain de moyenne tenue. Mais Dieu – s'Il existe – a créé le monde, Lui. Il a créé les flamants roses et les supernovæ et les geysers et les scarabées et les pierres qui ont servi à construire ces marches sur lesquelles je suis assis.

– Rends gloire à Dieu, dis-je tout fort.

J'ai toujours eu du mal avec les passages de louange à Dieu qu'on trouve dans la Bible ou dans mes livres de prière. Les phrases qui parlent du dieu tout-puissant, omnipotent, omniscient, du Dieu des dieux, Lui dont la grandeur dépasse notre compréhension. Je n'ai pas l'habitude de parler comme ça. C'est tellement excessif. J'ai l'habitude de manier la litote, les circonlocutions et l'ironie. Et d'abord, pourquoi aurait-il besoin d'être loué ? Il n'a aucune raison de douter de Lui-même. Il est l'Être suprême.

Mais à présent je vois à peu près pourquoi. Ce n'est pas pour Lui. C'est pour nous. Ça nous arrache à nous-mêmes et à notre petite tête suffisante.

Ainsi les enfants d'Israël garderont le Sabbat...

EXODE 31,16 (DM)

205e jour. Tandis que je fais un tour au café proche de l'hôtel pour m'acheter un bagel, je m'aperçois d'une chose : me promener dans Jérusalem dans mon déguisement biblique m'inspire à la fois un sentiment de libération et une vague déception. A New York – même si c'est la ville du Naked Cowboy et de Gene Shalit* – je suis toujours suffisamment insolite pour ne pas passer inaperçu. Mais en Israël, je suis noyé dans la foule messianique. Un gars avec des fringues bizarres et des poils plein le visage ? La belle affaire. J'en ai vu trente-six aujourd'hui. Jérusalem, c'est les îles Galápagos de la religion – tu ne peux pas ouvrir les yeux sans tomber sur une créature exotique.

A propos, on est vendredi. Le jour où je vais enfin le rencontrer, lui, la créature la plus exotique de ma famille, le mouton noir officiel, l'homme sans qui ce livre n'aurait jamais existé : Gourou Gil.

Quand j'ai appelé Gourou Gil, il y a quelques semaines, il m'a dit qu'il voulait me retrouver au Mur des Lamentations, le lieu saint par excellence pour les juifs de Jérusalem. Il s'y rend tous les jours. J'y arrive par un vendredi après-midi froid et bruineux. C'est un lieu incroyable : des dizaines de juifs, pour la plupart orthodoxes, psalmodient en se balançant, font tanguer leurs franges, et certains sont plongés dans une telle extase

---

* *Naked Cowboy* : guitariste de Times Square se produisant en slip, chapeau et bottes de cowboy. *Gene Shalit* : critique excentrique du *Today Show* à grosse moustache et nœud papillon bigarré.

qu'ils en serrent les poings, en frémissent. Il est impossible de ne pas être ému par ces kilowatts de foi accumulés.

Pas de Gil à l'horizon. Lorsque j'interroge les gens à son sujet, je découvre que ma famille n'est pas la seule à entretenir des sentiments mitigés à son égard. Un orthodoxe des Pays-Bas me dit que lui et Gil ne se parlent plus. Motif de la querelle ? Il refuse de me le dire. Mais quoi que Gil ait fait, il l'a fait "*encore* et *encore* et *encore !*"

Finalement, je repère le coupable. Je le reconnais sans mal grâce à la pléthore de photos qui figurent en couverture de son livre. Il descend les marches, sa longue barbe fendue par un vent de face, une grosse touffe blanche lui volant par-dessus chaque épaule.

– Gil ? Je suis A. J. Jacobs.

– C'est toi, A. J. ? Tu as l'air drôlement religieux, dit-il en observant ma barbe. Je ne t'imaginais pas comme ça.

– Oui, enfin, elle n'est pas aussi longue que la tienne.

– Ça viendra.

Il est plus petit que je ne pensais. Je ne sais pas pourquoi, mais dans mon esprit, grâce à des années de légendes familiales, il avait pris les proportions d'un superjuif à la Paul Bunyan. Alors que dans la vraie vie, il croise loin au sud des 1,80 m. Et avec sa barbe, il a l'air d'avoir soixante ans.

Je lui dis que j'ai commencé son livre.

– Commencé ? Tu es bien le premier à le lâcher avant la fin.

Je ne saurais dire s'il plaisante ou s'il est vraiment offusqué.

Il attrape une chaise et un livre de prière, et nous nous asseyons pour faire nos dévotions au pied des dix-huit mètres du mur. J'apprends que c'est la deuxième fois que Gil vient aujourd'hui. Chaque jour, il se lève à 1 h 45, prend un bain rituel, et à 3 h, il est au Mur. Il y reste quelques heures, passe les tephillin (les lanières de prière) aux touristes qui le souhaitent, puis rentre chez lui étudier, pour ne revenir que dans l'après-midi. Si, comme moi, vous pensez que 1 h 45 n'est pas une heure décente, détrompez-vous. Selon Gil, le moment le plus spirituel de la journée, c'est entre minuit et huit heures.

Après environ une heure de prière, nous gagnons l'appartement de Gil pour le dîner de Shabbat. Ses invités arrivent quelques minutes plus tard.

– Entrez et prenez place, leur dit-il sévèrement. Vous êtes en retard.

Les dîners de Gil sont quasi célèbres et constituent une attraction touristique annexe pour les étudiants et les pèlerins. Aujourd'hui, nous avons deux élèves d'une *yeshiva* russe, une paire de filles de rabbin du New Jersey, un psy orthodoxe et sa femme, et ce mec un peu space de Berkeley qui porte une kippa arc-en-ciel. Gil prévient ce dernier qu'il n'a pas intérêt à draguer les filles du rabbin, ou il lui "casse les deux jambes".

– Hé oh ! crie Gil, une fois que nous sommes assis. On se tait maintenant ! La paix ! La paix !

Nous cessons nos bavardages. L'heure est venue d'expliquer les règles du jeu.

– Celui qui pose le plus de questions aura droit au plus gros dessert. Mais il faut que ce soit de bonnes questions. Pas des trucs du genre "qu'est-ce qu'il y a au dessert ?"

Gil mène le dîner comme s'il était encore chef de sa secte en yourte dans la brousse new-yorkaise. Sauf que maintenant, il parle. Et pendant les deux minutes de prières liminaires, personne d'autre ne moufte – sinon, obligé d'aller se laver les mains, comme le veut la coutume orthodoxe.

Gil regarde le gars de Berkeley.

– Est-ce que tu vas parler ?

– Euh… non.

– Tu viens de le faire. Va te laver les mains.

Le gars de Berkeley est déjà dans le collimateur. Arrivé le premier, il a commis l'erreur de toucher prématurément à ses couverts, s'attirant les foudres de Gil : "Laisse ces assiettes tranquilles, lâche cette cuiller, arrête !"

Ne tenant pas à croiser les regards des convives, je jette un œil au décor. La table de la salle à manger occupe une grande partie de la pièce. Les murs sont couverts de photos de rabbins à barbe blanche. Dans le coin, j'aperçois un cliché de Gil en train de jouer… de la harpe à dix cordes. Oui, une harpe qui présente des similitudes inquiétantes avec la mienne. Gil me dira plus tard qu'il l'a conçue lui-même. "Je l'ai accordée sur les bruits d'une chute d'eau hawaïenne."

L'un des leitmotiv de Gil, c'est que tout a une cause. Julie partage ce point de vue, mais Gil pousse la chose à l'extrême : absolument rien n'est accidentel. Il y a quelques années, nous raconte-t-il, des oiseaux ont fienté sur ses tephillin. Ça l'a anéanti.

– Je me suis dit : "Dieu me déteste ! Il déteste mes prières. Toutes ces années j'ai essayé de le contenter, et voilà comment il me traite."

Il a montré les tephillin à un expert, et il s'est avéré que l'un des parchemins était à l'envers. Dieu ne le détestait pas – Il voulait juste l'avertir.

De même, chacune des lois bibliques a une raison. Une explication parfaitement rationnelle.

– Je croyais que certaines restaient inexpliquées, fais-je.

– Celui qui t'a dit ça n'était pas très profond, répond Gil.

Et souvenez-vous bien, les petites règles sont aussi importantes que les grandes.

– Si vous apprenez la neurochirurgie, est-ce que vous suivrez toutes les règles ? Ou seulement les "plus importantes" ?

L'une des filles de rabbin a une question :

– Pourquoi est-il si important que les garçons portent la barbe ?

– Parce que Abraham avait une barbe.

– Il avait aussi deux femmes, réplique la fille du rabbin.

– Je m'excuse, mais l'une d'elles était une concubine.

– Salomon avait sept cents femmes, fais-je.

– Ferme-la. A l'époque on avait le droit. Mais comme ça devait finalement être interdit, Jacob a été enterré avec Rachel et pas avec ses autres femmes.

La fille du rabbin n'est pas satisfaite. Gil essaie à nouveau :

– Quand vous voyez un type avec une longue barbe, vous savez tout de suite que ce n'est pas un guerrier. C'est forcé. On ne peut pas se battre avec ces trucs-là. Ils vous prennent tout de suite par la barbe. C'est comme une poignée sur votre tête.

Je ne la connaissais pas, celle-là. Gil boit une bonne lampée de vin rouge, dont la moitié à peu près dégouline, justement, dans sa barbe. Il se lève pour débarrasser l'entrée, une soupe aux légumes. Les bavardages se tournent vers notre seule connaissance commune. Gil revient. Il n'est pas content.

– Sujets sacrés uniquement !

– Mais qu'est-ce qui est sacré ? proteste l'un des jeunes Russes. Tous les sujets peuvent l'être.

Ce gars s'est déjà fait remarquer plus tôt dans la soirée – il voulait absolument entonner un chant russe – et Gil en a par-dessus la tête.

– Crois-moi, tu n'imagines pas les risques que tu prends, tempête-t-il. Une fois, y avait un type d'une *yeshiva* qu'était assis à ta place et qui me cassait les pieds. Alors je lui ai dit : "Ecoute, j'ai deux ceintures noires de judo." Et vous savez ce qu'il a répondu ? "Ah ouais ? Moi aussi j'ai fait des arts martiaux." Alors j'ai bondi, je l'ai étranglé par-derrière et il est devenu tout bleu, il a fait "*Ahhhggghghh !*" Je l'ai lâché, et après ça, ç'a été l'hôte le plus doux que j'aie jamais eu. Alors *faut pas me chercher,* petit, O.K. ?

Le Russe ne dit rien.

Je décide que le numéro de Gil dénote à la fois la petite frappe, l'acteur de variétés et le leader charismatique. C'est le Donald Trump du fondamentalisme, et nous sommes dans sa salle de réunion*. Je ne sais pas si c'est dû à notre lien de parenté, mais je ne me fais pas complètement démolir. Il ne me traite jamais de "crétin" ou "d'imbécile", comme les autres. Le pire auquel j'aie droit, c'est "empoté !" lorsque je ne me lave pas les mains comme il faut.

Je comprends qu'il ait dirigé une secte. On ne peut pas le quitter des yeux. Lorsqu'il raconte une histoire, il arrive qu'il

* Allusion à l'émission de télé-réalité *The Apprentice* dans laquelle Donald Trump fait passer des entretiens d'embauche à seize candidats.

bondisse de son fauteuil d'osier pour prêcher un point important. Il lui arrive de rire sans raison apparente – pendant les prières, il s'est mis comme ça à glousser, à devenir tout rouge, manifestement au comble de la joie divine. Il pleure également. Alors qu'il parlait d'un rabbin qu'il avait connu, il s'est arrêté en pleine phrase, a détourné les yeux, et s'est mis à pleurer pendant une bonne minute, tandis que nous contemplions nos verres en silence.

Il n'évoque que rarement son passé de gourou. A un moment, il râle contre le fardeau que représentent quarante serviteurs.

– Vous savez ce que je disais tous les jours ? “Dieu, vire-les-moi d'ici !” Ce que c'est casse-*tukhès** de devoir dire à quarante personnes ce qu'elles doivent faire !

Lorsqu'il découvre que l'une des filles parle la langue des signes, il se vante de celle qu'il a inventée pour sa secte – et qui s'était répandue à New York dans les années soixante-dix.

– Je me suis aperçu que beaucoup de mes signes étaient les mêmes que ceux de la langue des sourds. Par exemple, le mot *comprendre*.

Gil pose deux doigts sur sa paume.

– Vous venez de dire *toast*, répond la jeune fille.

Gil hausse les épaules.

– Oui, enfin, j'ai inventé des choses plus importantes dans ma vie.

Vers neuf heures, Gil dit qu'il va bientôt être l'heure pour lui d'aller se coucher, alors nous récitons les dernières prières et faisons passer un bol d'eau pour nous laver les mains. Quand je dis “nous”, je veux dire les hommes. Car lorsque la femme du psy essaie d'en faire autant, Gil explose.

– *Ahhhhhhh ! Ahhhh !!* Pas les femmes, pas de ça à ma table !!!

Gil n'est pas féministe. Il se calme, essaie de dire les choses gentiment.

---

* Mot yiddish désignant l'arrière-train d'une personne.

– Pas les jolies femmes, en tout cas. Une petite grosse, d'accord.

Je regarde la femme du psy, une dame d'une soixantaine d'années qui ne déparerait pas dans une partie de bingo à Palm Beach. Elle n'est pas jolie au sens traditionnel du terme.

– Pourquoi pas les femmes ? demande-t-elle.

– Parce que vous allez faire faire des cauchemars à ce garçon ! répond Gil.

Il pointe le doigt vers moi. Je souris mollement.

Après cet incident, je m'apprête à partir. Gil m'attrape la main, me regarde dans les yeux et dit :

– Je t'aime.

Hou là, ma famille ferait une crise cardiaque si elle entendait ça. Que répondre ?

– Euh… merci pour le dîner !

Tandis que je foulais les rues pavées de la vieille ville, je me suis rappelé que lors de sa première rencontre avec Kate, lors d'une soirée, Gil avait prononcé les mêmes mots : "Je t'aime." Je comprends que mon grand-père se soit inquiété. Je n'aimerais vraiment pas que ma fille épouse le Gourou Gil du XXIe siècle.

Certes, il n'a finalement pas étranglé ce Russe. En fait, il m'a davantage l'air d'être un clown religieux qu'un dangereux criminel. Et j'étais même d'accord avec certains de ses préceptes. Celui-ci me paraît plutôt sage : "Chaque fois que vous êtes triste, que vos affaires vont mal, regardez autour de vous si quelqu'un d'autre a des problèmes, et essayez de l'aider. Et je vous promets, je vous assure, je vous jure que vos problèmes disparaîtront."

Mais dans l'ensemble, ce que j'ai trouvé déplaisant et subtilement dangereux chez Gil, c'est qu'il prétend avoir réponse à tout. Comme il me l'a rappelé à plusieurs reprises. "Je suis content que tu m'aies trouvé. Parce que j'ai la réponse à toutes tes questions." Et plus tard : "Si tu as des questions, appelle Gil. Les autres t'induiront en erreur."

C'est le porte-parole de l'arrogance religieuse. Mes passages préférés de la Bible sont ceux qui prennent l'exact contre-pied, qui insistent sur le mystère de Dieu et de l'univers. Comme le dit l'Ecclésiaste 6,12 :

> Car qui sait ce qui est bon pour l'homme dans la vie, pendant le nombre des jours de sa vie de vanité, qu'il passe comme une ombre ? Et qui peut dire à l'homme ce qui sera après lui sous le soleil ? (LSG)

HUITIÈME MOIS : AVRIL

Laisse partir mon peuple.

EXODE 5,1

215e jour. Je suis rentré depuis une semaine. Julie récupère encore de son labeur de mère célibataire, et j'en suis toujours à décompresser de mon voyage en Israël.

Ce voyage fut si intense que j'ai besoin d'avoir le moins d'activité possible cette semaine. J'ai passé beaucoup de temps sur le canapé à bayer aux corneilles en regardant des films à thème biblique. Julie m'avait loué *Les Dix Commandements* avec Charlton Heston sur Netflix. Eh bien, je ne me souvenais pas que ce fût si merveilleusement kitsch. Dieu parle comme Dark Vador. Les charmantes danseuses égyptiennes à demi nues ont l'air de s'être échappées du plateau de *Clambake*, le film avec Elvis Presley. Et le réalisateur, Cecil B. DeMille, est l'homme le moins humble du monde. Juste au cas où il y aurait le moindre doute sur la paternité de ce chef-d'œuvre, il a rempli l'écran de la mention DIRECTED BY CECIL B. DEMILLE dans une police corps 72. Son nom figure en plus gros que celui de Dieu.

C'est un moyen plaisant d'arrêter de ruminer sur Israël. Parce que Israël m'a fait des nœuds à la cervelle. Le bon côté, c'est que ça vous rend humble. Ne serait-ce que physiquement. L'immensité du désert vous rend humble. La hauteur du Mur des Lamentations vous rend humble. La résonance intérieure de l'église du Saint-Sépulcre vous rend humble. Et l'histoire. Tous ces millions de pèlerins qui ont foulé ces mêmes rues pavées en se posant exactement les mêmes questions – comment ne pas avoir le sentiment de faire partie de quelque chose de bien plus grand que soi ?

Mais Israël peut aussi être dangereux. Israël peut réveiller le fondamentaliste qui dort en chacun de nous. Faire ressortir notre Gourou Gil intérieur. Nourrir notre tendance au pharisaïsme. Je m'en suis rendu compte dès que j'ai pris le taxi à l'aéroport de Newark. J'ai regardé les piétons qui jacassaient dans leurs portables, qui étaient sans nul doute en train de médire ou de convoiter. Pouah. "Moi, je ne suis pas comme ça, me suis-je dit. Je suis tellement plus biblique que ces gens-là. Ces losers de laïcs." Une façon de penser qui est tout sauf biblique, je sais.

Tu n'endurciras pas ton cœur ni ne fermeras ta main à ton frère pauvre...
DEUTÉRONOME 15,7

219e jour. L'un des effets secondaires inévitables de la vie biblique, c'est qu'on pense beaucoup à ses ancêtres. Pour ma part, je suis fasciné par le père de mon père.

Mon grand-père, qui est mort quand j'étais au lycée, portait un feutre gris et vivait au bord de l'Hudson, dans un appartement au canapé protégé par une housse plastique. Je me souviens de lui comme de l'homme le plus doux, peut-être, que j'aie jamais connu, un homme qui parlait si discrètement qu'il fallait se pencher vers lui pour l'entendre.

Et je me rappelle qu'il faisait l'aumône. Chaque fois que nous allions nous promener – c'est-à-dire, en général, chaque fois que nous allions ou revenions de manger un poulet sauté aux champignons noirs au Szechuan Palace –, nous passions immanquablement devant un sans-abri, et immanquablement mon grand-père sortait quelques pièces du fond de sa poche. Nul doute que ce fût en réaction à son passé. Il avait grandi dans une cité du Lower East Side. Il n'en parlait jamais, mais sa belle-mère – une femme tout droit sortie d'un conte de Grimm – mettait un cadenas sur le frigo pour que mon grand-père n'aille pas chaparder une tranche de pain supplémentaire.

Aujourd'hui, sur le quai du métro, j'attends le B direction Downtown en essayant de ne pas m'agacer de ce que les trains express me passent sous le nez sans s'arrêter tandis que l'omnibus est porté disparu. A quelques mètres de là, je repère une femme avec un tee-shirt Adidas et un blue-jean. Elle remonte le quai en demandant de l'argent à chaque voyageur.

Elle ne fait absolument pas recette. Ces gens sont passés maîtres dans l'art d'ignorer les sans-abri. Leur corps parle d'une façon éloquente : "Je suis dans l'incapacité de tourner les yeux ne serait-ce qu'une seconde tant je suis profondément absorbé dans la contemplation de ce carton de jus d'ananas Tropicana que quelqu'un a jeté sur la voie." Ça fait peine à voir.

La sans-abri fait tout ce qu'elle peut ; elle les regarde fixement, la paume ouverte, pendant trente bonnes secondes, avant de passer au suivant. Mon tour arrive. J'ai l'obligation biblique de donner, alors je sors mon portefeuille et lui tends un dollar. Elle prend l'argent et sourit. Je me sens bien.

Mais là, elle ouvre grands les bras pour m'embrasser. Je ne m'attendais pas à ça. De par ma phobie des germes, je ne suis pas un grand adepte des câlins. Plutôt un adepte des signes de tête polis. Et depuis que je vis bibliquement, je me garde encore plus des embrassades, puisque les Ecritures hébraïques déconseillent de toucher les femmes. Mais que faire ? Agir comme un connard sans cœur ? Je la serre dans mes bras.

C'est alors qu'elle essaie de me donner un baiser. Je détourne la tête à temps pour qu'elle rate mes lèvres et tombe sur ma joue.

Elle recule et me regarde.

– Est-ce que vous venez d'abuser de moi ?

Je ris nerveusement.

– Non.

– Je crois que vous venez d'abuser de moi. Je crois que vous m'avez fait des avances.

Mon rire nerveux redouble.

– Je vais appeler la police ! dit-elle, haussant le ton.

Elle ne sourit pas. Elle se contente de me regarder méchamment bafouiller des dénégations et des excuses pour ce regrettable malentendu. A ce stade, la plupart des voyageurs ont arrêté de lire leur journal pour dévisager ce pervers tapageur, hirsute, à franges, qui a essayé de peloter une clocharde.

– Je vais appeler la police, répète-t-elle.

Le C arrive à quai. Ce n'est pas le train que j'attendais, mais ça fera l'affaire.

– Désolé, faut que j'y aille.

En m'asseyant, je regarde par la fenêtre pour voir si la femme au tee-shirt Adidas me suit. Non. Au lieu de ça, elle se gondole – un bon gros rire à se décrocher la mâchoire. Elle s'est payé ma tête. Elle a foncé sur le grand échalas avec la barbe et a décidé de pimenter sa journée. Je ne peux pas lui en vouloir. Peut-être même que ce don-là vaut plus qu'un dollar.

La balance fausse est une abomination pour Yahvé,
mais le poids juste a sa faveur.

PROVERBES II,I

222e jour. Julie envisage un peu plus sereinement la perspective d'avoir bientôt trois fils. Ce qui lui pose problème, c'est notamment que le ratio homme/femme à la maison sera de 4 contre 1. Elle sera largement minoritaire. Elle sera l'intruse.

En guise d'automédication, elle a dressé une longue liste de fils qui traitent bien leur mère. Et, à l'inverse, une longue liste de fils qui ont des relations terribles avec leur père. Elle consulte souvent cette dernière. Ça ne me paraît pas très biblique. Mais je n'ai pas l'intention de l'en empêcher. En fait, je décide même d'ajouter quelques histoires d'affrontements père-fils présentes dans la Bible pour servir sa cause.

– Absalom a conduit une rébellion contre son père, le roi David, lui dis-je.

– Bien.

– Et Ruben, le premier-né de Jacob, a couché avec la concubine de son père. Jacob était si en colère qu'il l'a privé de son droit d'aînesse.

Au fait, vous n'imaginez pas le nombre de gens qui ont essayé de nous consoler en nous disant qu'avec nos trois fils, nous allions pouvoir monter notre propre équipe. Ils ne précisaient jamais *quel genre* d'équipe. Bob à trois ? Paddock-polo ? Les possibilités semblent assez limitées.

Julie se sent également mieux parce qu'elle a réussi à éviter de devenir énorme, du moins jusqu'ici. Ses jambes, ses bras et son visage ont étonnamment peu enflé. Il est cependant difficile de ne pas remarquer son ventre. A le voir, on a l'impression qu'elle a mangé un boulet de démolition au petit-déj'.

Ce matin, elle a une visite de contrôle chez l'obstétricien. "Je déteste leur balance, dit-elle. Elle donne toujours un kilo de plus que celle de la salle de sport. En plus, l'infirmière me presse. Je n'ai jamais le temps d'enlever mes baskets avant de me faire peser."

Je hoche la tête. Je préfère ne pas le dire à Julie, parce que je sais qu'elle va lever les yeux au ciel, mais elle vient de mettre le doigt sur un thème biblique important : les balances fausses. J'imagine que les balances en question servaient à peser de l'orge et de l'épeautre, pas des épouses dans leur quatrième mois de grossesse, n'empêche que la question occupe une grande place.

Grande comment ? La loi sur l'équité des poids et mesures n'apparaît pas moins de six fois dans la Bible. A titre de comparaison, les passages souvent invoqués pour condamner l'homosexualité sont au nombre de six également.

Les lois sur les poids et mesures font généralement l'objet d'une interprétation au sens large ; ce que la Bible exige par là, c'est l'honnêteté des pratiques commerciales. Ce qui paraît judicieux. Mais s'il faut prendre en compte la fréquence des mentions, je devrais probablement reporter tout mon courroux sur les stations de pesage de poids lourds mal étalonnées.

Raillerie dans le vin ! Insolence dans la boisson ! Qui s'y égare n'est pas sage.

PROVERBES 20,1

Tu fais (...) le vin qui réjouit le cœur de l'homme.

Psaumes 104,14-15

223e jour. Je suis dans la cuisine en train de boire un verre de vin tandis que Julie réchauffe de la pizza au micro-ondes. Elle me dit qu'elle aimerait que j'arrête l'alcool pendant le reste de sa grossesse.

– En signe de solidarité, m'explique-t-elle. Paul l'a fait quand Lisa était enceinte.

Penser à avoir une discussion avec notre ami Paul.

– Il n'y a rien contre la boisson dans la Bible ?

Je lui réponds que c'est compliqué. Après plusieurs minutes de débat, Julie me dévoile le vrai motif de sa requête : elle pense que quelques semaines d'abstinence m'aideraient à perdre un peu de ventre.

– Regarde-moi cette brioche, dit-elle. T'es enceinte de combien ? Quatre mois ? Cinq ? T'attends des jumeaux, toi aussi ?

O.K., O.K., d'accord. Pourtant, il doit y avoir un meilleur moyen de maigrir. Je ne suis pas un passionné de vin – en dépit du fait étrange et inexplicable que j'ai, pendant quelques mois, été responsable de la page vins d'*Esquire* (ce qui consistait essentiellement à vérifier l'orthographe de mots comme *gewurztraminer*) – mais j'aime bien boire un verre de temps en temps.

Avant de commencer à vivre bibliquement, je craignais d'être condamné à un an de sobriété. En effet, je savais que certains puritains proscrivaient la bibine. Et que certains chrétiens fondamentalistes la mettaient dans le même panier que l'adultère, le culte des idoles et *South Park*. Certains prétendent même que le "vin" bu dans la Bible n'est pas du tout du vin, mais du jus de raisin. C'était la conviction d'un promoteur de la tempérance du nom de Thomas Welch, qui essaya de vendre du "vin non fermenté" pour la communion à la fin du XIXe siècle. Ce fut un échec. Du moins, jusqu'au jour où sa famille décida d'en changer le nom en "jus de raisin" et de le vendre aux profanes.

La vérité, c'est que le vin biblique est bien du vin. Mais est-ce une bonne ou une mauvaise chose? Dans certains passages, le vin apparaît comme un don de Dieu. Dans d'autres, il est dépeint comme une méchante toxine : "[Le vin] finit par mordre comme un serpent, par piquer comme une vipère. Tes yeux verront d'étranges choses, ton cœur s'exprimera de travers. Tu seras comme un homme couché en haute mer, ou couché à la pointe d'un mât" (Proverbes 23,32-34).

Pour tirer les choses au clair, j'ai trouvé le plus grand de tous les experts, un chrétien conservateur œnophile du nom de Daniel Whitfield. Whitfield a mené une étude incroyablement exhaustive de toutes les références à l'alcool dans les Ecritures – soit 247. Voici ses conclusions :

> Du côté négatif, on trouve 17 avertissements contre l'abus d'alcool, 19 exemples de personnes ayant abusé de l'alcool, 3 références à la sélection des chefs sur un critère de modération, et un verset qui prône l'abstinence dans les cas où boire risque de faire chanceler un frère. Total des références négatives : 40, soit 16 %.
>
> Du côté positif, on trouve 59 références à la pratique généralement admise de boire du vin (ou des boissons alcoolisées) pendant les repas, 27 évocations de l'abondance de vin comme une grâce divine, 20 évocations de la perte de vin ou d'alcool comme une malédiction divine, 25 références à l'utilisation du vin lors des offrandes ou sacrifices, 9 références au vin comme cadeau, et 5 références au vin comme métaphore méliorative. Total des références positives : 145, soit 59 %.

Les références neutres constituent les 25 % restants.

Si je peux me permettre d'ajouter une observation à l'étude de Whitfield : on trouve aussi une référence à l'alcool comme médicament : "Cesse de ne boire que de l'eau. Prends un peu de vin à cause de ton estomac et de tes fréquents malaises" (1 Timothée 5,23).

On en revient à cette bataille entre l'appétit de la Bible pour la vie, et sa méfiance envers l'excès. Entre son épicurisme et son puritanisme. Ces deux tendances sont également présentes. C'est dans l'Ecclésiaste que la dimension épicurienne est la plus manifeste :

"Il n'y a de bonheur pour l'homme que dans le manger et le boire et dans le bonheur qu'il trouve dans son travail, et je vois que cela aussi vient de la main de Dieu" (Ecclésiaste 2,24).

La clé semble être de jouir du vin comme de l'un des nombreux bienfaits dont Dieu nous a comblés. Mais de ne pas en jouir trop. D'être ce que les messages de prévention des brasseries Anheuser-Busch appellent un "buveur responsable".

Sinon, des malheurs se produisent. Dans l'histoire de Loth, par exemple – celui qui avait fui Sodome –, l'abus de boisson eut des conséquences remarquables. Loth s'était réfugié dans une grotte avec ses deux filles (sa femme, comme chacun sait, avait été transformée en colonne de sel). Les filles, pensant que tous les hommes du monde étaient morts, soûlèrent leur père tant et plus – et couchèrent avec lui. Elles tombèrent toutes les deux enceintes. Et leurs rejetons incestueux fondèrent deux nations, les Moabites et les Ammonites, qui devinrent des ennemis d'Israël.

L'abus de vin est une abomination. Mais un verre ou deux ? Ça ne paraît pas poser problème. Je montre à Julie les résultats de l'étude de Whitfield. Je lui dis que je suis disposé à mettre un peu d'eau dans mon vin, puisque, pour la plupart des exégètes, le vin biblique contenait moins d'alcool que le nôtre.

Tant que j'y suis, je viens de faire une recherche sur la marijuana et la Bible. Comme je le soupçonnais, quelqu'un a trouvé le moyen de faire dire à la Bible qu'il était bon de fumer de la beu. Non seulement ce site internet, Equal Rights 4 All !, cite le verset 1,29 de la Genèse ("Je vous donne toutes les herbes portant semence, qui sont sur toute la surface de la terre (...) : ce sera votre nourriture."), mais il prétend que l'huile d'onction de Moïse avait une haute teneur en THC. Comme le dirait Jeff Spicoli, mon héros des années lycée, ça m'a l'air complètement bidon.

"Vous ne mangerez pas de pain levé, en tout lieu où vous habiterez vous mangerez des azymes."

EXODE 12,20

229e jour. On est le 12 avril, jour de la fête biblique peut-être la plus célèbre de toutes : la Pâque. Si vous êtes tant soit peu juif, vous la connaissez comme la version printanière et religieuse de Thanksgiving. Et si vous êtes chrétien, vous la connaissez probablement, au minimum, comme le dernier repas du Christ, la Cène.

Même moi qui suis d'une famille non pratiquante, j'ai assisté à un certain nombre de dîners de la Pâque, le plus souvent chez un cousin de mon père à Long Island. On racontait une version abrégée de la fuite d'Egypte, on mangeait le pain azyme, puis on parlait cinéma. Ces repas étaient bien agréables, mais étaient-ils conformes à la lettre de la Bible ? Pas franchement. Pour vous donner une idée : nous récitions les *neuf* plaies d'Egypte. La dixième – le meurtre du premier-né d'Egypte – était mise de côté car trop dure. Un peu comme si on mettait de côté cette déplaisante affaire de femme qui se jette sous un train dans *Anna Karénine*.

Cette année, je voulais une Pâque non censurée. Je voulais l'histoire de l'Exode dans sa version longue. Mais, plus encore, je voulais essayer, autant que possible, de recréer la toute première Pâque. De nos jours, même le Séder le plus strict ne ressemble que très peu à ce repas originel. Et je me suis aperçu que ça valait peut-être mieux.

J'organise ma tentative de Séder biblique dans notre appartement. Mes parents et beaux-parents arrivent vers cinq heures. Je les salue dans le costume prescrit par la Bible. L'Exode commande de manger "les reins ceints" – je porte une robe blanche à ceinture. "Vos sandales aux pieds" – mes Teva. "Et votre bâton en main" – la "canne Walden" en érable que j'ai achetée sur internet.

Nous nous asseyons, et je fais passer une assiette de pain azyme. Je l'ai fait moi-même ; pas de *matsah* du magasin chez moi. La Bible raconte que les Israélites avaient fait la toute première *matsah* au moment de la fuite d'Egypte. Ils n'avaient pas eu le temps de mettre le pain sur des pierres, alors ils l'avaient mis sur leurs dos afin qu'elle durcisse au soleil.

J'ai décidé d'en faire autant. Ce matin-là, j'ai pris de la farine casher, j'ai ajouté de l'eau, fabriqué une galette de la taille d'un enjoliveur, l'ai glissée dans un sachet hermétique, puis j'ai flanqué le tout sur mon dos. Les épaules voûtées, j'ai marché jusqu'à la quincaillerie, à quelques rues de là, j'ai acheté des piles LR14 pour Julie, et je suis revenu. La pâte devait être trop bien camouflée par ma chemise blanche parce que le type de la quincaillerie n'a pas bronché.

L'assiette me revient intacte. Personne ne s'est servi.

– Je l'avais mise dans un sachet plastique, dis-je. Ce n'est pas comme si j'avais transpiré dessus.

Ils secouent la tête. Rien d'étonnant, j'imagine. "Ça en fera plus pour moi." Ce n'est pas mauvais ; un peu caoutchouteux, comme une pâte à pizza qu'on aurait passée trente secondes au four électrique.

Tandis que je mange la *matsah*, je perds le contrôle des événements. Je suis censé être le chef, celui qui raconte la grande histoire de l'Exode, mais la conversation a déjà dévié vers les tarifs des parkings du coin. Je repense à mon ex-oncle Gil, à son cri : *"Sujets sacrés uniquement!"* J'aimerais avoir son charisme hystérique.

Au lieu de ça, je vais chercher l'agneau dans la cuisine. Les anciens Israélites mangeaient l'agneau du sacrifice – entièrement, de la tête aux pattes. (De nos jours, beaucoup de juifs ne mangent pas d'agneau pour la Pâque parce que en l'absence de Temple, on ne peut pas le sacrifier dans les règles.) Ce que j'ai pu trouver de plus proche de ce plat originel est un gros morceau d'agneau casher de sept kilos acheté chez un boucher de l'Upper West Side et que j'ai, non sans roublardise, persuadé ma belle-mère de rôtir.

L'agneau de cette première Pâque était fondamental, parce qu'il a fourni le sang qui a sauvé une nation. Dieu a ordonné aux Israélites d'enduire de ce sang les montants de leurs portes – signe secret grâce auquel l'Ange de la Mort savait qu'il pouvait épargner le premier-né de la maison.

Voilà autre chose : le sang d'agneau ; il fallait que je fasse quelque chose pour ça. Après plusieurs coups de téléphone, j'avais établi que la vente de sang d'agneau était interdite aux Etats-Unis. A mon grand soulagement. Je n'avais pas réellement envie d'avoir un seau de sang dans le frigo – trop Dahmeresque. A la place, j'ai improvisé et utilisé le jus de la casserole, en me disant qu'il devait bien contenir un peu de sang. Et pour l'enduire sur le montant de la porte ? Le pinceau, dit la Bible, doit être fait d'hysope, une plante de la famille de la menthe. J'ai découvert une boutique en ligne appelée Plantes Bénies – cofondée par Martha Volchok, "herboriste et mère de quatre enfants scolarisés à domicile" – et j'ai commandé un sachet présentant des ressemblances inquiétantes avec ceux que j'achetais en terminale à un dénommé Boo sur la 68e Rue.

– Si quelqu'un veut me voir enduire les montants de la porte, venez, c'est maintenant, dis-je à la cantonade.

A peu près tout le monde reste à table, sauf Julie qui veut superviser le travail, et mes nièces qui nous suivent par curiosité. Je sors sur le palier et tamponne soigneusement l'encadrement de la porte, en haut et sur les côtés, y laissant quelques taches brunâtres et une ou deux feuilles d'hysope échappées. Julie se désole des taches mais s'inquiète surtout pour le chien de notre voisine Nancy.

– Il va devenir tout fou quand il va sentir le sang.

De retour à table, je sors la Bible de mon ex et lis un extrait de l'Exode. Ça vaut probablement mieux que d'essayer de résumer l'histoire moi-même. Je lis pendant trois minutes environ, en commençant par ce passage :

"Après cela, Moïse et Aaron vinrent trouver Pharaon et lui dirent : « Ainsi parle Yahvé, le Dieu d'Israël : laisse partir mon peuple, qu'il célèbre une fête pour moi dans le désert. »"

Je referme la Bible et laisse l'histoire faire son chemin.

– Quelqu'un veut-il ajouter quelque chose ? fais-je.

Mon père dit que oui. Il a apporté une liasse de pages manuscrites photocopiées. C'est un recueil de souvenirs d'enfance que sa mère – ma grand-mère – avait écrit avant de mourir. Il lit le passage qui évoque les dîners de la Pâque en famille dans les années 1920.

> Avant le *Séder*, ma mère achetait toujours une très grosse carpe vivante qu'elle rapportait à la maison (comment, ça, je l'ignore). Elle la mettait à nager dans la baignoire jusqu'au moment de préparer le *gefilte fish* dont nous raffolions tant. Nous adorions la regarder nager, nous, les enfants, mais elle était si grosse qu'elle peinait (et parfois échouait) à négocier son virage au bout de la baignoire. Nous prenions tous notre douche au rez-de-chaussée tant que le poisson n'avait pas libéré les lieux.

Elle raconte que les enfants montaient et descendaient les escaliers à la queue leu leu chargés des différents plats casher de la Pâque, "comme autant de fourmis, enchaînant les allers et retours, les uns à la suite des autres". Qu'un jour, mis au défi, l'oncle Oscar avait englouti une douzaine d'œufs durs. Que lorsque le *Séder* s'éternisait, les prières filaient "direct, sans s'arrêter en gare".

Son style est frais, vivant. Les allusions aux coutumes ne sont plus déroutantes ou bizarres. Tout paraît familier. Mes rites bibliques – enduire la porte, porter des sandales – étaient intéressants au niveau intellectuel, mais, franchement, je n'ai pas été aussi ému que je l'espérais. Je n'ai pas eu le sentiment d'être ramené à l'époque des pharaons.

Mais ces écrits de ma grand-mère, eux, m'ont fait voyager dans le temps. Pour qu'un rite ait des résonances, je ne peux peut-être pas passer directement de ma table antitaches new-yorkaise au désert d'il y a trois mille ans. J'ai besoin d'un relais. J'ai besoin de ma grand-mère et de ses souvenirs de carpes à taille de Léviathan à Hinsdale Street, Brooklyn.

Ne te vante pas du lendemain...

PROVERBES 27,1 (NT)

230e jour. Extrait d'une conversation téléphonique que je viens d'avoir avec ma femme. J'étais à *Esquire* pour une réunion :

– Tu rentres à quelle heure ? demande Julie.

– Six heures, si Dieu le veut.

– Ah, et John Munzer a laissé un message sur le répondeur.

– D'accord, merci. Je le rappellerai, si Dieu le veut.

– A tout à l'heure.

– Dieu le veuille.

Ce n'est pas un moment atypique. Au cours du mois écoulé, j'ai prononcé “Si Dieu le veut” au moins quatre-vingts fois par jour.

L'Ancien comme le Nouveau Testament pensent que c'est une bonne idée. Les Proverbes conseillent : “Ne te vante pas du lendemain / sais-tu ce qu'enfante aujourd'hui ? (NT)” Et dans le Nouveau Testament, Jacques 4,13-15 préconise de ne pas dire : “Aujourd'hui ou demain nous irons dans telle ville”, mais : “Si le Seigneur le veut, nous vivrons et nous ferons ceci ou cela.”

C'est devenu un réflexe. Chaque fois que j'utilise le futur, j'essaie d'y ajouter ces quatre mots : “Si Dieu le veut.” Ma mère a horreur de ça. Elle m'a dit que j'avais l'air de quelqu'un qui envoie des vidéos à Al Jazeera. Et je sais que dans un cadre profane, ce tic linguistique sonne vraiment bizarre. Mais je trouve profonde cette façon de se rappeler combien l'avenir est trouble, instable. J'espère rentrer à six heures, bien sûr, mais Dieu ou le destin ont peut-être d'autres projets. En retour, j'apprécie d'autant plus le présent. Comme le dit Jacques 4,14 : “Car qu'est-ce que votre vie? Ce n'est certes qu'une vapeur qui paraît pour un peu de temps, et qui ensuite s'évanouit” (DM).

Il faut que je m'efforce d'extraire tout ce que je peux de cette vapeur.

Or, au temps de ses couches, il y avait des jumeaux dans son sein.
GENÈSE 38,27 (TOB)

232e jour. Julie et moi avons passé la matinée chez le docteur pour une deuxième échographie. Julie soulève sa chemise, et les garçons apparaissent sur le moniteur. Ils commencent à avoir figure humaine. Tous deux ont le crâne surdimensionné d'une figurine à tête branlante ou d'un animateur de talk-show, juché sur un minuscule corps aux membres reptiliens. On les voit bouger – ils se tortillent, se bousculent et… euh… se fichent des gnons.

– T'as vu ? s'exclame Julie.

– J'ai vu.

Le fœtus droit vient d'allonger un direct dans la tête du fœtus gauche. Enfin, plutôt un uppercut. Il a brandi son poing gros comme un noyau d'olive et l'a lancé droit dans la membrane, l'étirant jusqu'à atteindre le visage de son frère.

– Tu crois qu'il l'a fait exprès ? me demande Julie.

– Je ne sais pas. C'était peut-être un spasme. Même si on aurait pu croire qu'il le faisait exprès.

– Oh, la vache. On n'est pas sortis de l'auberge.

Evidemment, obsédé comme je le suis, mon esprit se tourne aussitôt vers les jumeaux les plus célèbres de la Bible : Jacob et Esaü, qui entrèrent eux aussi en guerre *in utero*. Un guerre bien plus sérieuse.

> Or les enfants se heurtaient en [Rébecca] et elle dit : "S'il en est ainsi, à quoi bon vivre ?" Elle alla donc consulter Yahvé, et Yahvé lui dit :
>
> "Il y a deux nations en ton sein, deux peuples, issus de toi, se sépareront" (Genèse 25,22-23).

J'ai beaucoup pensé à Jacob et Esaü récemment (le vrai Jacob, pas mon alter ego biblique). Les deux frères ont non seulement un rapport – presque inquiétant – avec ma vie de famille, mais aussi avec ma quête de vérité biblique.

L'histoire de Jacob et Esaü est l'exemple même du fossé qu'il peut y avoir entre, d'une part, ce que dit la lettre de la Bible, et, d'autre part, les couches d'interprétation qu'elle a suscitées au fil des siècles. Si vous lisez la Bible directement, comme si vous aviez grandi sur l'une des lunes de Jupiter, je gage que vous réagiriez comme suit : Jacob est un intrigant, une fripouille. Et Esaü n'est certes pas un membre de Mensa, mais on lui a vraiment mené la vie dure. Or la tradition – du moins sa part la plus conservatrice – dit exactement l'inverse : Jacob est un homme juste. Et Esaü, s'il n'est pas complètement mauvais, est assurément dépravé, impétueux et tout sauf fiable.

Comment ça se fait ?

Prenons l'histoire du troc du droit d'aînesse. Esaü était le premier et possédait le droit d'aînesse, un privilège que Jacob convoitait. La Bible dit :

> Une fois, Jacob prépara un potage et Esaü revint de la campagne, épuisé. Esaü dit à Jacob : "Laisse-moi avaler ce roux, ce roux-là ; je suis épuisé." (...) Jacob dit : "Vends-moi d'abord ton droit d'aînesse." Esaü répondit : "Voici que je vais mourir, à quoi me servira le droit d'aînesse ?" Jacob reprit : "Prête-moi d'abord serment." Il lui prêta serment et vendit son droit d'aînesse à Jacob.

La première pensée que j'ai eue en lisant ce passage fut : quel genre de frère ce dément de Jacob est-il donc ? Que ne se contente-t-il de servir un bol de roux à son jumeau affamé au lieu de le racketter, le pauvre ?

Mais la tradition en fait une lecture différente : Esaü n'était pas vraiment sur le point de mourir ; il avait seulement faim. Il est l'esclave de ses désirs, pur Ça, et par-dessus le marché il exagère. Il est prêt à tout pour casser une croûte, même à vendre le droit d'aînesse sacré ; il n'a montré aucun respect envers ce que Dieu lui avait confié.

A peine quelques pages plus tard, Jacob double à nouveau son frère. Cette fois-ci, Isaac, leur père, qui est aveugle et sur son lit de mort, veut donner la bénédiction à son aîné. Il envoie chercher Esaü. Mais Jacob – pressé par sa mère – se déguise en Esaü, se couvrant les bras et le cou de peau de chevreau pour imiter la pilosité de son frère. Puis il va voir son père et se présente comme Esaü. Isaac vérifie en tâtant les faux bras velus et lui donne sa bénédiction. Une fois encore, un lecteur vierge pensera que berner son père mourant est le fait d'un vaurien. Mais d'après la tradition, Esaü n'a que ce qu'il mérite.

Il faut garder en mémoire que Jacob est un patriarche, l'un des pères originels du peuple de Dieu. Les exégètes ont donc toutes les raisons du monde de présenter ses exploits sous un jour favorable. Esaü, lui, n'était pas un patriarche. Du moins, pas d'un peuple de justes : selon la tradition rabbinique, Esaü engendre une race mauvaise – les Romains ou les Edomites, suivant les sources (les uns comme les autres ont souvent été les ennemis d'Israël).

Même lorsque Esaü, semble faire preuve de grandeur d'âme et d'indulgence, la tradition refuse d'y croire. Prenez la réconciliation des deux frères. Au bout de vingt ans, ils finissent par se retrouver dans le désert.

La Bible dit : "Esaü courut à la rencontre [de Jacob] ; il l'embrassa, se jeta à son cou, et le baisa. Et ils pleurèrent." (Genèse 33,4 [LSG]).

Cela paraît assez innocent. Mais mon ami Nathaniel Deutsch, qui enseigne la religion à Swarthmore College, m'a raconté un *midrach* étonnant sur ce qui s'était vraiment passé. D'après cette légende juive, le "baiser" d'Esaü n'était pas du tout un baiser, mais une tentative de mordre Jacob dans le cou. Et pas pour lui faire un suçon, hein, pour lui faire mal. Homme de Dieu, Jacob a été sauvé quand son cou s'est miraculeusement changé en marbre.

Je ne suis pas immunisé contre la tradition interprétative. Maintenant que je relis le passage à travers le prisme des rabbins, je reconnais qu'Esaü a vendu son droit d'aînesse un peu vite. Il aurait dû envisager les choses à plus long terme. Et Jacob est certainement le plus malin des deux – et c'est un casanier, comme moi – alors c'est peut-être une bonne chose qu'il se soit joué de ce balourd d'Esaü pour devenir le patriarche.

Quoi qu'il en soit, je ne veux pas blanchir Jacob. J'aime la complexité des patriarches, que leurs défauts soient aussi nombreux que les étoiles dans le ciel et, dans certains cas, éclipsent presque leur vertu. Et j'admire comme un fait profond et extraordinaire que tout l'héritage judéo-chrétien n'ait tenu qu'à un bol de soupe.

"Tu ne donneras pas la main au méchant..."

EXODE 23,1 (DAR)

233e jour. Je déteste la coutume insensée, pathogène de la poignée de main. Et le projet Bible – avec ses nombreuses lois sur la pureté – m'a fourni un excellent prétexte pour éviter de serrer la main aux femmes. Or voilà que je découvre une chose magnifique : je peux étendre ma prohibition au reste de la population.

La Bible dit de ne pas donner la main au méchant. Or quelles sont les chances pour qu'un homme soit méchant ? Extrêmement élevées, surtout selon les critères très stricts auxquels je recours cette année. J'estime donc plus sage de garder les mains dans les poches de mon pantalon blanc et de me contenter de hocher poliment la tête.

Pour être franc, l'interdiction de "donner la main" apparaît en lien avec l'interdiction de conspirer pour porter un faux témoignage. Donc ça ne vaut peut-être pas en toute situation. C'est pourquoi j'ai prévu une excuse de secours.

Les lois sur l'impureté des femmes sont les plus connues, mais il existe en fait des lois analogues s'appliquant aux hommes. Les hommes ne s'en tirent pas à si bon compte. Le Lévitique dit qu'un homme qui a eu "un épanchement séminal", comme le formule la Bible, est "impur jusqu'au soir" et doit prendre un bain pour se purifier. Au XXIe siècle, les lois sur l'impureté des hommes sont rarement observées, même par les légalistes les plus stricts. Raison invoquée : de telles lois ne valaient qu'à l'époque des temples de Jérusalem, aujourd'hui détruits. Mais si j'essaie de recréer la vie biblique, je devrais probablement en tenir compte.

En général, mes amis de sexe masculin imaginent que j'évite les poignées de main à cause des microbes. Puisque la Bible m'enjoint de dire la vérité, je rectifie : "Non, ce n'est pas les microbes." Et j'explique. Ce qui s'avère encore plus gênant que de parler cycle menstruel avec les femmes. Les hommes n'aiment vraiment pas parler de leurs épanchements.

– Eh bien, ce n'est pas que ça te regarde, me dit John, mais ça ne m'est pas arrivé depuis une semaine.

Je me suis aperçu que les hommes de mon âge n'avaient pas une vie sexuelle débridée. Je crois que je fréquente trop de jeunes papas.

Les lois sur l'impureté des hommes me plaisent, et pas seulement parce qu'elles me permettent de rester dans ma bulle antiseptique. Elles me plaisent parce qu'elles rendent les lois sur l'impureté des femmes beaucoup plus acceptables. Les femmes ne sont plus les seules à voir leur vie rognée. Les hommes aussi. La Bible a ses moments d'égalitarisme.

"Honore ton père et ta mère…"

EXODE 20,12

234e jour. J'ai le sentiment d'avoir déshonoré mon père et ma mère rien qu'en m'embarquant dans cette quête. Ils auraient aimé que j'écrive un livre sur un sujet plus bénin, comme une année de leçons de salsa. Pire, je ne leur ai toujours pas dit que j'avais vu Gil.

Ce soir, Julie et moi rendons visite à mes parents, et je prévois de faire un effort conscient pour les honorer davantage. Honorer ses parents n'est pas un de ces *houqim* inexplicables. C'est éminemment rationnel, et l'était peut-être plus encore à l'époque biblique.

Si vous étiez nomades – et c'était le cas de beaucoup d'Israélites – vos parents, avec l'âge, devenaient encombrants. Ils ne pouvaient plus vous aider à porter des charges ou à enfoncer les piquets de la tente. La tentation de les abandonner devait être grande. Mais c'était impossible. Car Dieu vous commandait de les honorer.

J'ai lu des objections à ce commandement. Le problème, c'est qu'il soit absolu. Car si vos parents ne sont pas honorables ? La fille de Staline devait-elle honorer son père ? Difficile question, à laquelle je n'ai pas de réponse. Mais quant à moi, j'ai des parents tout à fait honorables. Malgré le couvre-feu précoce et embarrassant qu'ils m'imposaient quand j'étais au lycée, malgré leur manie culpabilisante de me répéter chaque jour qu'on ne se voit pas assez souvent, malgré les bisbilles, ils ont, somme toute, été de très bons parents. Pas plus tard que la semaine dernière, j'ai découvert un truc au sujet de mon père. Je me suis aperçu qu'il visitait chaque jour ma page sur Amazon et que pour chaque mauvaise critique, il cliquait "Non" à la question "Avez-vous trouvé ce commentaire utile ?" J'aurais presque envie de l'embrasser – si nous n'étions pas tous les deux si coincés.

Je ne traite vraiment pas mes parents comme je le devrais. Je ne les honore que pour la forme. Je les appelle tous les week-ends, mais je passe les vingt minutes que dure la conversation à jouer à la dame de pique sur mon PowerBook ou à nettoyer le placard en lâchant un "hmm-hmm" régulier. Je supprime sans les lire les e-mails de blagues sur les blondes ou d'étymologies loufoques de ma mère. Et bien souvent, quand je lui réponds, je joue l'homme-important-qui-n'a-pas-le-temps-de-taper-les-majuscules-et-la-ponctuation.

Donc, durant cette année biblique, j'ai pour mission de m'amender. J'essaie de mettre les majuscules quand j'écris un mail à ma mère. D'écouter vraiment ce que mes parents me disent pendant le coup de téléphone hebdomadaire. L'écoute est un thème central des Ecritures. Ou, en hébreu, *Chema*. En fait, le *Chema* – un passage du Deutéronome qui commence par "Ecoute, Israël" – est considéré comme la prière la plus importante du judaïsme.

Au programme, ce soir : dîner et DVD. Ils ont choisi *Gods and Generals*, un film sur la guerre de Sécession qui provoqua l'apathie générale il y a quelques années. Le titre a des relents de polythéisme, mais je ne proteste pas, et nous nous installons chacun dans un fauteuil pour regarder.

Au bout de quarante-cinq minutes environ, pendant l'une des nombreuses scènes de chargement de mousquet, je jette un œil à la ronde et constate que ma mère dort dans son fauteuil. Et je ne parle pas d'un léger somme. Je parle d'un profond sommeil, la bouche béante et la tête effondrée sur la poitrine.

Je donne un coup de coude à Julie. A cet instant, je prévois de chuchoter un truc spirituel du genre "Regarde, maman a vraiment l'air d'adorer le film." Ou d'opter pour le gag visuel – une imitation de la mâchoire pendante de maman, par exemple. Mais je me retiens. Ça n'a rien de bon enfant. C'est même un peu railleur. Le cinquième commandement produit son effet. Alors je me contente d'adresser un sourire stupide à Julie, qui préfère se reconcentrer sur Jeff Daniels.

Je m'aperçois que j'ai failli commettre un péché majeur. Du moins dans sa version tous publics.

Voyez cette histoire de la Genèse : quand les eaux du déluge se furent retirées, Noé planta une vigne, en récolta le raisin et fabriqua du vin. Un jour, il but un peu trop et s'endormit comme une masse dans sa tente, tout nu. Son fils Cham l'aperçut dans cet appareil et avertit ses frères – sur un ton qu'on suppose jovial et irrespectueux. Pour ça, Cham allait payer. Ou plus précisément, son fils Canaan allait payer. Noé tempêta : "Maudit soit Canaan ! Qu'il soit pour ses frères le dernier des esclaves !"

Quel était, au juste, le péché de Cham ? Peut-être d'avoir vu la nudité de son père. Ou peut-être avait-il fait plus que regarder : certains pensent que Cham avait commis quelque acte classé X sur son père, bien que cela n'apparaisse pas explicitement dans le texte. Pour moi, le plus grave était peut-être que Noé fût endormi. On n'est jamais si vulnérable que quand on dort. Si vous vous moquez de quelqu'un qui dort, qui dit que vous n'irez pas mettre un obstacle devant l'aveugle (pour prendre une autre expression biblique).

Alors, même s'il était tentant de me gausser de ma mère, j'ai bien fait de me retenir. En rentrant à la maison, je vais voir Jasper, qui dort aussi profondément qu'un Noé enivré. Il est dans ma position préférée : à genoux, prosterné devant quelque invisible magistrat chinois. Je le contemple pendant trois bonnes minutes, un sourire idiot sur les lèvres.

Si tu prêtes sur gages à ton prochain, tu n'entreras pas dans sa maison pour saisir le gage, quel qu'il soit.

DEUTÉRONOME 24,10

236e jour. Les écritures sur les montants de notre porte commencent à attirer l'attention. Le gérant de l'immeuble – un grand Russe à barbichette – a frappé à la porte aujourd'hui. Il m'a demandé de repeindre par-dessus. Quelqu'un s'est plaint. Je lui demande si ça peut attendre quelques mois, que mon année soit finie.

– Pourquoi si longtemps ?

– C'est que…

– Et d'abord, c'est quoi ces écritures ?

– C'est les dix commandements. La Bible.

– La Bible ? Ah, c'est religieux ?

Il lève les bras au ciel et les laisse retomber. Il a l'air tout troublé, comme s'il venait de marcher sur la queue de mon chat ou d'être surpris en train de peloter ma femme.

– Alors laissez, laissez.

Ce n'est sûrement pas notre voisine Nancy qui s'est plainte. Je tombe sur elle dans le couloir tandis qu'elle sort promener son chien.

– J'adore les écritures, dit-elle. J'ai envie de faire pareil à ma porte.

Génial ! Ma première disciple.

–Je te le fais si tu veux.

– O.K., je te prendrai peut-être au mot.

Elle marque un temps d'arrêt.

– Tu sais quoi ? Bouge pas.

Nancy disparaît dans son appartement et en ressort un livre de poche bleu à la main.

– Je ne suis pas très religieuse, dit-elle, mais j'aime bien ce livre. Ça s'appelle *Pirqé Avot : les maximes des Pères.*

Elle l'ouvre jusqu'à une page où un passage est surligné en jaune. Elle lit :

– "Dans un lieu privé d'humanité, efforce-toi d'être humain." C'est ma devise pour vivre à New York.

Belle maxime. Ça n'est peut-être pas extrait de la Bible, mais c'est plein de sagesse.

– Tiens, prends-le, dit Nancy.

Avant que j'aie eu le temps de dire non, elle me l'a fourré dans les mains et regagne son appartement.

– Où en est ton projet Hendrix ? fais-je avant qu'elle referme la porte.

– Encore quelques milliers de pages, et j'aurai fini.

Tu te souviendras que tu as été en servitude au pays d'Egypte...

DEUTÉRONOME 16,12

237e jour. J'ai reçu un mail inattendu aujourd'hui. Il m'a été envoyé à 13 h 07 par un certain Kevin Roose. "Permettez-moi de me présenter. Je suis de l'Ohio, j'ai dix-huit ans et je suis au milieu de ma première année à Brown."

Kevin m'explique ensuite qu'il va travailler dans un café new-yorkais cet été, mais qu'il veut écrire, et qu'il a vu que j'avais aussi été à Brown, et... est-ce que j'accepterais de le prendre comme stagiaire personnel, à temps partiel ?

Cette requête est inhabituelle, à plus d'un titre. D'abord, il y a le fait qu'il veuille devenir écrivain par les temps qui courent, ce qui semble à peu près aussi pragmatique que de se lancer dans la vente de matériel Betamax. Ensuite, il a pris l'initiative de m'écrire. Je ne collectionne pas les groupies. Je garde toujours une place à part dans mon cœur pour mon seul et unique fan inconditionnel – le type qui a enlevé son sweat lors d'une signature dans le Texas, dévoilant des extraits de mon livre griffonnés au marqueur sur son tee-shirt. A part ça, je peux me passer de garde du corps.

J'ai répondu à Kevin que j'étais prêt à l'engager sur le champ à une condition : que je puisse l'appeler mon "esclave". Evidemment, ça peut paraître impudent, et peut-être même que ça l'est, mais l'esclavage occupe une grande place dans la Bible hébraïque, et justement, je me creusais la tête pour trouver un moyen de l'inclure dans mon année biblique. Qu'est-ce qui s'approche le plus de l'esclavage légal dans l'Amérique d'aujourd'hui ? Un stage non rémunéré. Et voilà qu'il tombait tout cuit. Un cadeau du ciel.

Kevin a accepté.

Son stage ne commence que dans quelques mois. Ce qui me convient très bien, car ça me laisse tout loisir d'approfondir la question de l'esclavage biblique. On trouve quelques règles intéressantes, par exemple :

- On peut battre son esclave à plaisir – du moment qu'il survit un jour ou deux à ses coups (Exode 21,21).
- Mais si on le frappe avec un bâton et qu'il meurt aussitôt, on sera puni (Exode 21,20).
- On ne peut pas non plus lui arracher les yeux, sinon on est obligé de lui rendre sa liberté. Même chose si on lui casse les dents (Exode 21,26-27).
- Si l'esclave est hébreu, quel que soit l'état de ses yeux ou de ses dents, il retrouve la liberté au bout de six ans. S'il refuse la liberté, on doit le placer contre le montant de la porte et lui percer l'oreille au poinçon (Exode 21,6).

Même s'il me tarde que Kevin prenne en charge mes corvées de photocopie, la présence de l'esclavage dans la Bible est troublante. Et renvoie à un casse-tête plus vaste, à savoir : le judaïsme tel qu'on le pratique aujourd'hui, quand on en cultive les meilleurs côtés, est une religion de la compassion – tout comme le christianisme quand on en cultive les meilleurs côtés. Ce judaïsme de la compassion défend les opprimés, promeut la générosité, etc.

Mais quand on lit la Bible hébraïque à la lettre, on touche parfois le degré zéro de la compassion. D'énormes pans de l'Ancien Testament paraissent tout simplement barbares. Il y a l'esclavage. L'œil pour œil. La peine capitale pour tout et n'importe quoi, de l'adultère au fait d'avoir lu son horoscope. Le génocide perpétré avec la bénédiction divine contre les Cananéens. Et le sexisme : le prix pour consacrer une petite fille est de trois sicles et pour un petit garçon de cinq, elle ne vaut donc que 60 % de ce qu'il vaut.

Alors comment réconcilier le judaïsme moderne avec les réalités de la Bible ? Au cours de mon exploration, j'ai rencontré trois grandes approches :

1. De facto, l'ancien Israël était barbare. C'était un pays sexiste, raciste et violent. Le judaïsme a simplement dépassé ce stade.

2. L'ancien Israël n'était pas du tout barbare. Loin s'en faut. La compassion y régnait, même d'après les critères actuels. Vous trouverez ce point de vue chez certains traditionalistes purs et durs. Œil pour œil ne veut pas dire ce que vous croyez ; c'est *de l'argent* que l'énucléeur doit verser à l'énucléé. Ou prenez l'esclavage, disent-ils. Les esclaves de l'époque biblique n'étaient pas traités comme ceux de la Georgie d'avant la guerre de Sécession. Leurs conditions de vie étaient bien meilleures. Je connais un juif orthodoxe – par ailleurs intelligent, drôle et sain d'esprit – qui a comparé le statut des esclaves de la Bible à celui des majordomes anglais. Ce n'était pas mal du tout comme boulot. Les nombreuses lois sur l'esclavage des Ecritures étaient là pour garantir leur sécurité.

3. L'ancien Israël était barbare selon nos critères, mais moralement évolué comparé à d'autres sociétés de l'époque. Certes, l'esclavage était cruel. Mais au moins, il y avait des limites, notamment la libération des esclaves hébreux au bout de six ans et l'interdiction du meurtre. Oui, œil pour œil voulait bien dire qu'il

fallait arracher l'œil de l'agresseur. Mais c'est toujours mieux que de leur couper la tête, comme on le faisait dans d'autres sociétés du Moyen-Orient. L'œil pour œil était une façon d'enrayer le cycle de la violence. Et bien sûr, il y avait la peine capitale, mais pour un nombre de crimes bien moins élevé que dans le Code d'Hammourabi en vigueur en Mésopotamie.

Pour autant que j'en puisse juger, la solution numéro 3 me paraît la plus juste. Ou plutôt, la solution numéro 3 à une nuance près. Les auteurs de la Bible étaient des réformateurs. Comme me le disait un rabbin, la Bible est un "programme minoritaire". La société décrite dans les histoires bibliques est probablement plus évoluée que ne l'était la vraie société israélite.

Il y a aussi une solution numéro 4, mais elle n'aborde pas directement la question. C'est plus un moyen élégant de détourner l'attention.

L'un des mes conseillers spirituels, Julie Galambush, professeur de religion au College of William and Mary, m'a expliqué cette tactique : il suffit de faire comme si la Bible ne disait pas ce qu'elle dit. Il y a un passage du Deutéronome qui dit que les Israélites doivent proposer la paix avant d'attaquer une ville située en dehors du pays d'Israël. Si la ville accepte, tu tiens ses habitants en esclavage. Si elle refuse, tu assassines tous les mâles et tiens les autres en esclavage. Pour les villes situées à l'intérieur du pays, tu ne proposes même pas la paix. Tu te contentes de tuer tout le monde : hommes, femmes, enfants, bétail – "tu n'en laisseras rien subsister de vivant" (Deutéronome 20,16). C'est un rien choquant. Mais lorsqu'ils en ont parlé dans le *Midrach*, les rabbins ont complètement mis de côté l'effusion de sang, préférant se focaliser sur la partie où les Israélites proposent la paix. Ils disent : *vous avez vu, dans ce passage, il n'est question que de compassion* (je paraphrase). "A l'évidence, ce passage pose des problèmes moraux aux rabbins, m'explique le professeur Galambush. Alors ils font semblant que ce passage exprime une chose en laquelle ils croient – la paix – plutôt qu'une chose qu'ils réprouvent. Il ne faut pas sous-estimer la radicalité des rabbins."

Mon esclave Kevin a l'air d'un type sympa, alors j'opterai sûrement pour la solution numéro 4 vis-à-vis de ces passages qui m'autorisent à lui flanquer une raclée biblique.

Yahvé, entends ma prière...

PSAUMES 86,6

237e jour, après-midi. Jasper est sorti de son plâtre depuis quelques semaines. Mais les traumas médicaux sont sans fin. Aujourd'hui, il trébuche et tombe en dansant avec un peu trop d'enthousiasme au son de "Fruit Salad", le chef-d'œuvre des Wiggles*. Je le vois partir en avant et se cogner durement le front contre le chambranle de la porte. Ça fait un bruit horrible, sec, comme un coup de batte qui ferait sortir la balle de l'enceinte du Shea Stadium.

Je le relève. Il s'est mis à pleurer. J'examine son front – il a une petite bosse.

– Tu veux qu'on te mette un peu de glace?

Il continue seulement de hurler à gorge déployée.

J'examine à nouveau la bosse. Elle a grossi. Dans des proportions inquiétantes. Le genre de bosse que Fred Pierrafeu a sur le front après s'être pris un rocher à la carrière. C'est comme si on avait cousu une balle de golf sous la peau de Jasper.

Je me précipite dans notre chambre pour montrer ça à Julie, qui dort encore. Nous appelons le médecin qui nous dit de l'emmener aux urgences si jamais il se met à vomir. Sinon, on peut se contenter de passer de la glace et s'attendre à ce qu'il ait un œil au beurre noir demain matin. Apparemment, les fronts des petits sont sujets à se déformer de la sorte.

C'est un moment horrible – mais une sorte d'événement aussi. Ma première réaction, en courant voir Julie, a été de prier Dieu que Jasper n'ait rien. C'étaitt comme une prière réflexe. Non planifiée, non forcée.

* Groupe australien de chansons pour enfants très célèbre aux Etats-Unis.

Une panthère [peut-elle changer] de pelage ?

JÉRÉMIE 13,23

238e jour. Bilan spirituel : j'ai la tête dans tous les sens. Ma croyance en Dieu change en l'espace d'une heure. Je passe par trois phases différentes qui se partagent la journée de façon à peu près égale. Au moment où je tape ces mots, je suis dans la phase 2. Mais ça a le temps de changer d'ici la fin du prochain paragraphe.

Primo, j'ai ma bonne vieille position confortable : l'agnosticisme. Je ne l'ai pas totalement liquidé, et il ressurgit en particulier chaque fois que j'entends parler d'extrémisme religieux.

La seconde phase tourne autour de ma toute nouvelle révérence pour la vie. La vie n'est pas une simple suite de réactions moléculaires. Il y a une étincelle divine dans tout ça. Le terme officiel est celui de "vitalisme". J'ai toujours considéré le vitalisme comme un vestige du XIXe siècle – au même titre que les sangsues et la phrénologie. Mais j'en suis un adepte, du moins par moments.

La troisième phase, le point culminant, c'est lorsque je crois en quelque chose de plus précis, en un Dieu vraiment attentif, soucieux de mon existence, un Dieu aimant. Pourquoi n'y aurait-il pas un Dieu ? Ce n'est pas plus absurde que de penser le contraire. Sans ça, l'existence n'est que trop hasardeuse.

La phase 3 me met dans un état incroyable, me transporte. Par exemple, mes rêves hollywoodiens vont à vau-l'eau. Les droits d'adaptation cinématographique de mon précédent livre – celui sur l'encyclopédie – ont été vendus. Mais maintenant, le réalisateur ne répond pas à mes mails. Et quand j'appelle son assistante, elle me dit à chaque fois "ne quittez pas", puis elle revient et m'annonce – ô surprise ! – qu'il n'est pas là pour le moment mais que je peux lui laisser un message. Hmm. Il y a une question que je me pose : se pourrait-il qu'il enfreigne le commandement de ne pas mentir ?

C'est ennuyeux, mais il y a une raison à tout, pas vrai ? Cela ne devait probablement pas être. Peut-être qu'il en sortira quelque chose de mieux encore. Peut-être que Scorsese va m'appeler de but en blanc pour me dire qu'il en a marre des effusions de sang et que sa nouvelle obsession, c'est les encyclopédies.

Julie m'a toujours dit qu'il y avait une raison à tout. A quoi j'avais coutume de répondre : bien sûr, il y a une raison à tout. Certaines réactions chimiques se produisent dans le cerveau des gens et font qu'ils arrêtent de bouger les lèvres ou les bras. La raison, la voilà. Mais il n'y a pas de grand dessein. Maintenant, il m'arrive de penser que Julie a raison. Qu'*il y a* une raison. C'est forcé. Sinon, tout est trop absurde. Le monde ne peut pas être aussi dadaïste que ça.

C'est certainement une façon plus saine d'envisager la vie. Je me sens mieux quand je regarde le monde ainsi. J'interroge à ce sujet Elton Richards, le pasteur par passe-temps. Peut-être devrais-je m'engager dans la foi pour cette simple raison que cela rendrait ma vie meilleure ?

– Pourquoi pas, me dit-il. Mais je trouve ça un peu trop calculateur.

Ça a un petit goût de pari pascalien. C'est un truc qu'a imaginé Blaise Pascal, le mathématicien français du XVIIe siècle. Il a expliqué que nous devrions croire en Dieu parce que le coût est minimal, et le bénéfice potentiel du paradis immense. Croire en Dieu juste pour éviter l'enfer. Un rien cynique, je trouve. Ou, pour utiliser une métaphore plus actuelle, c'est peut-être le pari de *Matrix*. Est-ce que je prends la pilule bleue juste parce ça me permet de voir le monde sous un meilleur jour ?

– Je pense que tu devrais trouver une raison plus fondamentale de croire, me dit Elton. Si vraiment tu dois croire.

Qui poursuit la justice et la bonté trouvera la vie, la justice, et la gloire.

PROVERBES 21,21 (DAR)

239e jour. J'essaie d'être aussi charitable que possible. Souvent, cela requiert énergie et organisation – quand je vais à la soupe populaire, par exemple.

Mais aujourd'hui, Dieu ou le destin m'a fourni une bonne grosse occasion en or 24 carats : une vieille dame m'a demandé de l'aider à traverser la rue. Jamais, depuis trente-huit ans que je respire, une vieille dame ne m'avait demandé de l'aider à traverser la rue. Je pensais que ces choses-là étaient d'un autre temps. Je croyais que c'était juste une expression, comme les chatons coincés dans les arbres.

Mais après le déjeuner, devant le Jewish Theological Seminary où j'étais venu voir un ami, cette charmante vieille octogénaire me dit qu'elle a peur de franchir seule les six voies de Broadway, peut-être pourrais-je l'aider ?

Avec joie. Quoique je devrais plutôt dire *avec exultation*. Elle accroche son bras au mien – j'imagine qu'elle a largement passé l'âge d'être impure – et tandis que nous entamons la traversée, je lève solennellement la main droite pour stopper la circulation, ce qui est parfaitement inutile, puisque les voitures attendent sagement au feu rouge.

Je suis tellement heureux de ce qui m'arrive que je l'accompagne encore pendant plusieurs centaines de mètres, ce qui, curieusement, n'a pas l'air de lui fiche les jetons.

Justes, réjouissez-vous en l'Eternel et soyez dans l'allégresse !
Poussez des cris de joie, vous tous qui êtes droits de cœur !

PSAUMES 32,11 (LSG)

240e jour. Mr Berkowitz est encore venu prier aujourd'hui. Je ne peux pas lui dire non à chaque fois. Doux mais sévère, il me fait de nouveau la leçon.

– Il faut que vous disiez une prière le matin, me rappelle-t-il.

– Je sais.

– Il faut que vous disiez une prière pour le pain.

– Je sais.

– Avez-vous bien dit la prière pour le pain aujourd'hui, Arnold ?

– Je sais.

– Arnold, je vous ai posé une question. Est-ce que vous écoutez ?

Oups, grillé. J'avais mis le pilote automatique. Mr Berkowitz est contrarié, pas fâché mais contrarié.

– Oui, oui, j'ai dit la prière pour le pain.

– Bien.

Puis nous passons à l'apprentissage de l'alphabet hébreu.

– *Alef, bet, dalet.*

– Non, alef, bet, *guimel.*

– Alef, bet, guimel, dalet.

Cette visite est chronophage – elle ampute ma journée de quatre-vingt-dix minutes. Mais au final, je suis content que Mr Berkowitz soit venu, parce qu'il a dit deux choses qui m'ont frappé par leur sagesse.

La première, c'est combien il aimait respecter les commandements. "Pour moi, aller prier, c'est comme aller conclure un marché de cent mille dollars."

C'est un état d'esprit que j'essaie d'adopter. Il ne faut pas que je considère la Bible comme une collection de tâches ennuyeuses sur ma liste de corvées. Il faut que je sois impatient d'accomplir les commandements. Que je les aime.

Et pour certains – mais vraiment qu'une poignée – ça commence à être le cas. Le sabbat, par exemple. J'avais coutume d'axer ma semaine sur le lundi, le début de la semaine de travail. Maintenant, c'est sur le shabbat. Tout converge vers le shabbat. Dès le vendredi matin, je commence à m'apprêter comme pour le rancard de l'année. Je me prépare un énorme thermos de café afin de ne rien avoir à faire qui ressemble à de la cuisine le jour du shabbat. J'empile mes livres dans un coin.

Et quand le soleil se couche, j'éteins mon ordinateur et travaille à ne plus travailler. Car, paradoxalement, se reposer n'est pas chose aisée. L'auteur Judith Shulevitz parle de l'effort qu'il faut fournir pour éviter de s'affairer. Elle a raison. Pas le droit de parler travail, pas même le droit d'y penser. Quand une pensée en lien avec *Esquire* s'insinue dans mon esprit – j'ai cet article sur les mariages à écrire pour jeudi –, je la réprime. Et une autre surgit. C'est comme une partie de Whac-a-Mole* mental. Quand arrive le samedi soir et que le soleil se couche enfin, j'ai le sentiment d'avoir fait quelque chose d'épuisant mais bon pour la santé, comme si j'étais allé courir à Central Park. Je me sens bien, comme si j'avais mérité la décharge d'endorphine que le shabbat m'a donnée. Et je commence déjà à attendre le prochain.

La seconde chose que me dit Mr Berkowitz est celle-ci : "C'est une autre façon de voir le monde. Votre vie ne tourne pas autour de vos droits. Elle tourne autour de vos responsabilités." C'est la version biblique de la fameuse citation de notre premier président catholique : "Ne demandez pas ce que votre pays peut faire pour vous, demandez ce que vous pouvez faire pour votre pays." C'est une bonne façon de penser. Elle ne m'est pas naturelle, loin de là, mais je vais essayer de prendre le pli.

Prenez la parole. En tant que journaliste – même si je passe le plus gros de ma carrière dans le journalisme de divertissement frivole – j'ai toujours été obsédé par ma liberté d'expression. Si je suis absolutiste en quelque chose, c'est bien comme fanatique du premier amendement. Il faut laisser les journalistes raconter ce qui leur chante. C'est leur droit. C'est ça, l'Amérique. Pas de quartier. Mais à présent, j'essaie de contrebalancer cette mentalité avec le devoir de ne pas pratiquer la médisance, que ce soit à l'oral ou à l'écrit. Dans mon article sur les smokings, ai-je vraiment besoin de faire une blague à deux francs aux dépens de David Arquette ? Est-ce que ça rend le monde meilleur ? Quoi qu'il m'en coûte, je rends un article vierge de toute attaque anti-Arquette.

---

* Jeu d'arcade où le joueur marque des points en tapant avec un maillet sur la tête de taupes qui surgissent de trous.

Chips Ahoy!
RITZ

NEUVIÈME MOIS : MAI

Au commencement était le Verbe...

JEAN 1,1

243e jour. Aujourd'hui débute mon exploration du Nouveau Testament. Je suis nerveux comme jamais je ne l'ai été depuis le début de cette expérience, plus nerveux que le tout premier jour, plus nerveux que lorsque j'ai appelé Gourou Gil.

D'un côté, je suis impatient de me lancer. Ce sera probablement toute une éducation. Avant cette année, je ne connaissais vraiment que le b.a.-ba du Nouveau Testament et du christianisme. Enfin, le b.a.-ba plus quelques données retenues çà et là dans l'encyclopédie (par exemple, que certains des premiers chrétiens pensaient que la création du monde était l'équivalent de la conception, et qu'elle s'était produite un 25 mars, ce qui donnait du poids symbolique à la naissance du Christ neuf mois plus tard, le 25 décembre). Mais je veux approfondir mes connaissances. Ce sera donc très bon pour moi.

En plus, ça tombe à point nommé. On peut difficilement nier que le Nouveau Testament exerce une plus grande influence sur l'Amérique d'aujourd'hui que l'Ancien. Ou, pour être plus précis, que l'interprétation littéraliste chrétienne joue un plus grand rôle que la méthode exégétique juive. Je ne crois pas à la thèse de l'instauration imminente de la théocratie, mais nul doute que le christianisme évangélique – dans ses formes conservatrices comme progressistes – n'ait un impact considérable sur nos vies.

D'un autre côté, je suis complètement paniqué. Je me suis déjà senti submergé par la complexité de mon propre héritage, et voilà que je m'aventure dans des territoires encore plus inconnus. J'ai dit à Julie que j'avais une céphalée de stress.

– Tu n'es pas obligé de le faire, tu sais, me dit-elle.

– Si je ne le fais pas, je ne raconterai que la moitié de l'histoire.

– Oui, mais c'est une grosse moitié.

Pas faux. Mais comme Nahshôn, l'Israélite qui est entré dans la mer Rouge, je vais me jeter à l'eau et voir ce qu'il advient. Avant cela, toutefois, je dois me colleter avec deux ou trois Grandes Questions.

Première Grande Question : si je reporte mon attention sur le Nouveau Testament, dois-je continuer à suivre toutes les règles de la Bible hébraïque ? En d'autres termes, dois-je conserver ma barbe et mes franges ? Ou bien dois-je sortir le Gillette Mach 3 et me commander des fajitas aux crevettes ?

Après avoir posé la question à quasiment tous les experts chrétiens que j'ai rencontrés, j'en suis arrivé à cette conclusion définitive : je ne sais pas.

On trouve un petit groupe – un tout petit groupe – de chrétiens qui disent qu'aujourd'hui encore, tout le monde devrait suivre absolument toutes les règles de l'Ancien Testament. C'est le camp ultra-légaliste. Ils citent ces paroles de Jésus qu'on trouve dans Matthieu 5,17-18 :

> N'allez pas croire que je sois venu abolir la Loi ou les Prophètes : je ne suis pas venu abolir, mais accomplir. Car je vous le dis, en vérité : avant que ne passent le ciel et la terre, pas un i, pas un point sur l'i, ne passera de la Loi, que tout ne soit réalisé.

Jésus est Dieu, mais il affirme que les lois des anciens Israélites tiennent toujours.

A l'autre bout du spectre, il y a ces chrétiens pour qui Jésus a rendu caduques toutes les règles de l'Ancien Testament. Il a proposé une nouvelle alliance. Sa mort constitue le sacrifice ultime, il n'est donc plus besoin de sacrifices animaux – ni, d'ailleurs, d'aucune autre loi de l'Ancien Testament. Même les fameux dix commandements sont superflus aux yeux de Jésus. Cf. Matthieu 22,37-39, où un légiste lui demande quel est le plus grand commandement de la Loi.

Jésus répond :

> *Tu aimeras le Seigneur ton Dieu de tout ton cœur, de toute ton âme et de tout ton esprit* : voilà le plus grand et le premier commandement. Le second lui est semblable : *Tu aimeras ton prochain comme toi-même.*

D'après certains chrétiens, les huit autres commandements découlent de ces deux-là. Tu aimes ton prochain, donc tu ne lui mens pas. Tu aimes ton prochain, donc tu ne le voles pas. L'Ancien Testament est important d'un point de vue historique, mais en tant que bréviaire moral, il est dépassé.

Enfin, il y a une vaste zone intermédiaire. La plupart des chrétiens que j'ai rencontrés distinguent entre a) les lois morales et b) les lois rituelles. Les lois morales sont du même ordre que les dix commandements : interdiction de tuer, de convoiter, etc. Celles qu'il nous faut toujours suivre. Les lois rituelles sont celles qui nous interdisent de manger du bacon ou de porter des vêtements laine-lin. Celles-là, Jésus les a rendues obsolètes.

Ça veut dire quoi, obsolètes ? Est-ce un péché de porter la barbe et d'éviter les fruits de mer ? Ou est-ce simplement inutile, comme de mettre de la crème solaire à l'intérieur ? Vous pouvez demander à dix personnes, et, là encore, vous obtiendrez dix réponses différentes. Mais la plupart semblent dire vas-y, mets ta crème solaire. Ça ne peut pas te faire de mal. Tu dois accepter Jésus, mais tu n'as pas besoin pour ça de te raser la barbe.

C'est un soulagement. Car j'ai envie de garder ma barbe. Je ne suis pas prêt à renoncer à mes rites. C'est comme si j'avais couru trente-trois kilomètres de marathon. Donc, sauf en cas de lois contradictoires – par exemple, l'interprétation littérale "d'œil pour œil" contredit l'interprétation littérale de "tends l'autre joue" – je suivrai à la fois l'Ancien et le Nouveau Testament.

Ma seconde Grande Question est la suivante : en tant que juif, comment envisager le problème de la divinité du Christ ?

Pour véritablement faire l'expérience littérale du Nouveau Testament, il faudrait que j'admette que Jésus est le Seigneur. Mais je n'y arrive pas. J'ai lu le Nouveau Testament plusieurs fois, et j'ai beau trouver que Jésus est un grand homme, je n'en sors pas avec la conviction qu'il est le Seigneur. Je n'ai pas foulé mon "chemin de Damas" pour l'instant.

Le mieux que j'aie connu, jusqu'ici, c'est probablement quand je suis devenu étrangement envieux de mon meilleur ami catholique à l'université. Il allait à la messe plusieurs fois par semaine et faisait le signe de croix avant chaque repas. Nous mangions ensemble au moins une fois par jour, et je me sentais toujours gêné quand j'attendais qu'il ait terminé sa prière. Gêné et superficiel. Il était là, intelligent et drôle, mais travaillé par quelque chose de plus profond que je ne connaissais pas. Je faisais semblant de ne pas regarder, mais j'étais obsédé par le signe de croix. Un rite à la fois si beau et si simple. Et si je me mettais à le faire avec lui au dîner ? Juste pour voir ce que ça donne ? Pour voir si je ressens quelque chose ? Mon ami en serait-il troublé ? Probablement. Du coup je n'ai jamais essayé.

Il en va de même aujourd'hui. Je pourrais opter pour la stratégie de la dissonance cognitive. Si j'agis comme si Jésus était Dieu, je finirai peut-être par croire que Jésus est Dieu. C'est la tactique que j'ai employée pour le Dieu de la Bible hébraïque, et le fait est que ça commence à marcher. Mais il y a une différence. Quand je le fais pour le Dieu des Hébreux, j'ai le sentiment d'essayer la robe et les sandales de mes ancêtres. Il y a un lien familial. Le faire pour Jésus me mettrait mal à l'aise. Je prise désormais suffisamment mon héritage pour envisager la conversion comme une trahison.

Ce qui m'amène naturellement à ce dilemme : si je ne reconnais pas le Christ, puis-je espérer tirer quoi que ce soit du Nouveau Testament ? Et si je suivais les enseignements moraux de Jésus sans lui vouer un culte en tant que Dieu ? Mais ce serait peut-être une perte de temps ? Là encore, tout dépend à qui vous demandez.

Les plus humanistes des grands courants chrétiens disent que oui, on peut très bien suivre les préceptes de Jésus sans se convertir. Interrogez un unitarien ou un luthérien plus libéraux et ils vous diront qu'il y a beaucoup à apprendre du professeur de morale qu'était le Christ. On a affaire là au christianisme dans sa version la plus éclairée.

L'exemple le plus extrême nous en est fourni par l'archevêque des Lumières en personne, j'ai nommé Thomas Jefferson. Sa version du christianisme est si sélective qu'elle en paraît presque caricaturale. Au début des années 1800, Jefferson publia une édition de la Bible qui porte son nom. Il en retrancha tous les éléments surnaturels. Exit la Résurrection. Exit le miracle de la multiplication des pains. Exit l'Immaculée Conception. L'idée de Jefferson, c'était que Jésus était un grand philosophe moral. Il ne conserva donc que les enseignements moraux du Christ : le pardon, l'amour du prochain, le combat pour la paix. Il les décrivit comme "le code moral le plus sublime et le plus généreux qui fût jamais offert à l'homme".

Le *Da Vinci Code* suit un peu la pente jeffersonienne. Dan Brown ne dit pas carrément que le Christ était 100 % humain, mais indéniablement, un Christ qui se marie et qui a des enfants semble bien plus proche de nous autres, mortels.

D'un côté, donc, on a ça. En face, la plupart des chrétiens évangéliques diront que prêter attention aux seuls préceptes de Jésus, c'est viser à côté de la plaque. Le message central des Evangiles est que Jésus est Dieu, qu'Il est mort pour nos péchés, et qu'Il est ressuscité le troisième jour. Il faut croire en Lui.

L'accent mis sur la foi est une différence fondamentale entre le judaïsme moderne et le christianisme évangélique actuel. Le judaïsme a un slogan : les actes avant la foi. L'accent est mis sur le comportement ; commencez par suivre les règles de la Torah, et vous finirez par croire. Mais le christianisme évangélique dit qu'il faut d'abord croire en Jésus-Christ et que les bonnes œuvres suivront naturellement. Bonté et charité ne suffisent pas à vous sauver. Il faut, comme on dit, être "justifié par la foi".

Voici ce que m'écrit un évangélique conservateur que j'ai contacté, et qui s'occupe d'un site internet qui essaie de réconcilier la science et la lettre de la Bible :

> C'est en suivant le Christ et à travers Lui que nous sommes transformés. Si l'on ne franchit pas ce cap, on ne saurait être vraiment transformé. Ainsi, quand votre année sera écoulée, vous redeviendrez un homme qui trouve sens à poursuivre des projets étranges et à rédiger des dissertations. Devenir disciple de Jésus-Christ est bien plus gratifiant.

Bref, il me fait la leçon.

Reste que... J'ai toujours envie d'explorer le littéralisme chrétien. Ce n'est pas un sujet mineur. C'est essentiel à ma quête. Alors voici mon nouveau plan : je vais rendre visite à des communautés chrétiennes qui suivent la Bible littéralement. Je vais essayer d'apprendre à les connaître. Et quand je me sentirai inspiré, et quand ce sera possible, j'essaierai d'expérimenter moi-même certains de leurs enseignements. Dans l'ensemble, je serai beaucoup moins dans le fait maison que pendant ma traversée de la Bible hébraïque. Ça tiendra davantage de la visite guidée.

Ce qui m'amène à ma dernière Grande Question : à qui rendre visite? Au rayon littéralisme chrétien, on trouve des dizaines de parfums. Jamais je ne pourrai goûter à tout. Je ferai de mon mieux. Mais je passerai le plus clair de mon temps à m'intéresser aux deux pôles qui structurent notre débat moral :

1. Le fondamentalisme conservateur tendance Pat Robertson-Jerry Falwell, qui insiste énormément sur l'homosexualité, l'avortement, l'Apocalypse et la politique étrangère de George W. Bush.
2. Les Red-letter Christians, un groupe évangélique en expansion préoccupé par la justice sociale, la pauvreté et l'environnement.

Les uns comme les autres considèrent la Bible comme la parole de Dieu et reconnaissent Jésus comme le Sauveur, mais ils en tirent des conclusions diamétralement opposées.

Avertissement : je vais essayer d'être juste, mais il est probable que j'échoue. C'est le même problème qu'avec le Creation Museum. Mon ouverture d'esprit a des limites. Toute ma vie, j'ai été un progressiste modéré new-yorkais. Serai-je vraiment capable de me mettre dans la tête d'un évangélique conservateur de Virginie ?

"Ne jugez pas, afin de n'être pas jugés."
MATTHIEU 7,1

247e jour. Ce soir, je passe une heure au téléphone avec le pasteur Elton Richards. Il veut m'inoculer un vaccin théologique.

Je lui dis que je m'apprête à faire une virée à l'église de Jerry Falwell, et il tient à ce que je sache qu'à son avis, le christianisme de Falwell est à peu près sans rapport avec le message de Jésus.

– En général, quand ils te disent un truc, tu peux être sûr que le message de Jésus dit exactement le contraire. Le message de Jésus allait dans le sens de l'inclusion. Le leur est un message d'exclusion.

– O.K., dis-je.

– Et puis, ils sont obsédés par l'autre monde et la fin des temps. Alors que Jésus, lui, se souciait des exclus et des opprimés de ce monde-ci.

– Pigé.

– C'est qu'ils sont bouffis de certitude.

Je lui fais la promesse renouvelée de consacrer autant de temps à d'autres interprétations, plus progressistes, du christianisme.

Falwell – qui est mort quelques mois après ma visite – incarnait une certaine idée ultra-littérale du christianisme. Pendant des décennies, il a été l'homme vers qui se tournaient les médias grand public quand ils avaient besoin d'une citation de la droite chrétienne sur l'homosexualité ou l'avortement. Il était le cauchemar du camp progressiste, l'homme qui a inspiré des milliers d'intrigues de la série *A la Maison-Blanche.*

J'ai enfin une chance de voir Falwell tel qu'en lui-même. Je prends un avion pour Richmond, Virginia, puis loue une voiture pour me rendre à la Thomas Road Baptist Church de Lynchburg. C'est une grande semaine dans l'univers falwellien. Pour son cinquantenaire, l'église a déménagé de son temple de trois mille places vers un nouveau bâtiment tape-à-l'œil de six mille places.

A neuf heures et demie du matin, je gare ma voiture parmi des centaines d'autres, passe les portes de verre style centre commercial, et pénètre dans l'enclave de Falwell. Comme toutes les églises géantes, ce n'est pas seulement une église. C'est un complexe.

Il y a une allée imposante et très éclairée qui s'appelle "Grand Rue". Il y a une aire de jeux avec une arche de Noé équipée de paires de zèbres et de tigres de bois, ainsi que d'une immense bouche de baleine dans laquelle les enfants peuvent grimper, à la Jonas. Il y a un café du genre Starbucks qui s'appelle Le Lion et l'Agneau et sert un assez bon café glacé. Non loin, un piano mécanique joue les hymnes préférés de Mrs Falwell.

Les services religieux ne commencent pas avant un moment, mais à dix heures, nombre de paroissiens assistent à l'un des enseignements bibliques dispensés dans les classes qui donnent sur la Grand Rue. Le nombre de cours est incroyable – trente-huit en tout, du T.D. sur l'Apocalypse à la rencontre organisée à destination des motards chrétiens.

Etant donné l'extension prochaine de ma maisonnée, j'opte pour un cours intitulé "La famille s'agrandit" en salle 255. Une trentaine de fidèles sont déjà assemblés, dont la plupart sont blancs, propres sur eux et discutent en attendant que le cours commence.

– Bonjour, ravie que vous soyez venu, me dit une femme de quarante et quelques années.

Elle considère ma barbe.

– Nous accueillons des gens de toutes, euh, de tous les horizons.

– Merci.

– Est-ce que votre famille s'agrandit ?

– Oui, j'ai déjà un fils, et nous en avons deux autres en route.

– Ouah ! Et vous êtes de Lynchburg ?

– Non.

Je marque un temps d'arrêt.

– De New York.

– Super ! Qu'est-ce vous faites dans le coin ?

– Euh, j'avais envie de visiter un peu le Sud.

Et merde. La Bible aurait voulu que je sois honnête et lui parle de mon livre, mais je ne reste qu'une journée au quartier général de Falwell, et je ne veux pas perdre de temps.

– Vous êtes venu avec votre femme ?

– Euh, oui oui. Elle est restée à l'hôtel.

Deuxième mensonge. Je ne voulais pas avoir l'air d'un rustre qui abandonne sa femme enceinte, ce que j'ai fait.

– Elle ne voulait pas venir ?

– Si, mais, euh, elle a eu des nausées matinales.

Et ça continue, c'est inextricable. Elle pose question sur question, je sors mensonge sur mensonge.

Dieu merci, le cours commence. Le pasteur, sorte de Falwell en plus jeune, plus maigre, avec des cheveux châtains, a quelques annonces à faire. Une fête hawaïenne à venir, les vingt ans de mariage d'un couple – et un mot de bienvenue pour moi, futur père de jumeaux. Les paroissiens applaudissent. Je remercie d'un petit signe timoré de la main.

Mince alors, ces gens sont sympas, ma parole. C'est l'impression qui m'envahit d'emblée : ils sont d'une gentillesse inattendue. Quand j'ai pénétré dans l'église, un homme officiellement chargé de saluer les gens, un certain Tip, m'a lancé un "Bonjour!" d'un tel enthousiasme qu'il me faudrait aligner une demi-douzaine de points d'exclamation pour vous en donner une idée. Personne n'est distant. Tout le monde se regarde. Tout le monde sourit. Au cours des quatre heures que j'aurai passées là-bas, on m'aura plus souvent tapé dans le dos, pris par l'épaule et serré la louche à deux mains qu'en dix ans à New York.

Je sais que cette amabilité a des limites – et des limites gênantes. Je sais que Falwell a déclaré : "le sida est l'expression du juste courroux de Dieu contre l'homosexualité." Je sais qu'après le 11-Septembre, il a lancé : "Les païens, les avorteurs et les féministes, et les gays, les lesbiens (...), les militants des libertés civiles (...), je pointe le doigt vers eux et je leur dis : « Vous n'y êtes pas pour rien. »" Je sais qu'il a récemment déclaré qu'il n'y avait pas lieu de s'inquiéter du soi-disant réchauffement climatique, puisque le verset 119,90 des Psaumes dit : "Tu fixas la terre, elle subsiste." Je sais que son magazine a "outé" le pauvre Télétubby à sac à main rouge Tinky Winky.

Selon toute vraisemblance, Tip et les autres partagent ses vues. Mais cette intolérance coexiste avec une stupéfiante bonhomie. La saveur dominante est l'aigre-doux.

Après environ quinze minutes d'annonces dont on n'entrevoit pas la fin, je me dis qu'il faut que je sorte de là. Ça ne diffère en rien de n'importe quel autre temple ou église d'Amérique. Il me faut quelque chose de plus croustillant.

– Je reviens tout de suite, dis-je à mon voisin en filant discrètement – encore un mensonge. J'ai besoin de passer aux toilettes.

Je prends un escalier au hasard et me retrouve au séminaire pour les célibataires. Ça pourrait être intéressant.

La femme chargée d'accueillir les célibataires me demande mon âge.

– Trente-sept, dis-je.

– Alors c'est juste là, répond-elle en pointant le doigt. Célibataires de trente-cinq à cinquante ans.

Ça fait mal. Je suis dans le groupe des vieux. A propos, encore un bobard. J'ai trente-huit ans. Vanité.

L'animateur du séminaire pour les célibataires est un ex-militaire baraqué, chauve, qui porte un bouc gris, des lunettes à monture métallique relevées sur le front, et a de l'énergie à revendre. Il a l'air davantage porté sur la fermeté que les gens du cours sur la famille.

Il marche de long en large en nous disant de renoncer à l'idée que nous puissions être parfaits.

– Ça vous arrive de dire du mal des autres ?

Nous hochons la tête.

– Ça vous arrive d'avoir de mauvaises pensées sexuelles ?

Oui.

– Ça vous arrive d'être envieux ?

Oui.

– Ça vous arrive de mentir ?

Ce sermon est fait pour moi.

– Je vous ai déjà raconté ce qui m'était arrivé quand je travaillais comme garde du corps du professeur Falwell ? Je lui ai tendu le courrier, un mardi, et il m'a demandé : "T'es allé voter, aujourd'hui ?" J'ai répondu : "Euh... Euh... Euh... Ouais." Mais c'était faux. J'avais menti. J'avais menti au professeur Falwell. J'avais oublié que c'était le jour des élections. Mais je peux vous garantir que depuis ce jour-là, j'ai jamais plus raté une élection.

J'ai du mal à saisir le rapport avec les rendez-vous galants, mais on n'a pas le temps de poser des questions. La séance s'achève à onze heures, et le clou de la journée commence juste après : le sermon de Falwell.

Le sermon se déroule dans une immense salle pourvue de bons gros fauteuils de cinéma ; de trois caméras de télévision pivotantes ; et de deux écrans géants où les paroles des cantiques s'affichent comme au karaoké, sur un fond de mouettes et d'orchidées violettes.

Sur les côtés, deux "Pleuroirs". Quand j'ai vu ce mot *Pleuroir* sur le plan de l'église, j'ai cru que c'était pour les fidèles victimes de débordements émotionnels. En fait, c'est un espace insonorisé pour les bébés hurlants.

Falwell en personne apparaît sur la scène. Le voilà donc : avec sa fameuse chevelure argentée à la raie bien droite. Il a l'air d'avoir pris quelques kilos. Tandis que le chœur de trois cents personnes entonne un hymne, Falwell se penche sur la pointe des talons, les mains jointes devant lui, un sourire béat sur le visage.

Lui aussi a des annonces à faire – que le café est ouvert de huit heures du matin à onze heures du soir, que Rick Stanley, le beau-frère d'Elvis Presley, est des nôtres aujourd'hui. Puis il pose les mains sur son pupitre et commence son sermon. Et alors, ce sermon… Eh bien, je le trouve quelque peu… fade. Pas de flammes, pas de foudres, pas de remarques homophobes, pas d'avertissements quant à l'imminence de l'Apocalypse.

J'ai lu des dizaines de sermons de Falwell en ligne depuis cette visite. Et ça n'a pas été l'aberration totale. Pour une bonne moitié, il n'y a rien là que de très banal : de l'importance de passer le témoin aux jeunes. De l'intérêt de tenir un journal de prière. Une leçon de morale sur les vertus de l'optimisme, une autre sur celles de la patience – deux choses que j'aurais du mal à contester.

J'ai fait le même constat après avoir regardé des heures de l'émission *The 700 Club* de Pat Robertson. De temps à autre, vous tombez sur un commentaire délirant du type "Il faut assassiner Hugo Chavez". Mais une bonne partie ne se distingue en rien des autres programmes télé du matin : interview d'une chanteuse de gospel ou sujet santé dans la rubrique hebdomadaire du club, "Le mercredi minceur" (le truc le plus loufoque que j'aie appris là-dedans, c'est que Robertson arrondissait ses fins de mois en faisant commerce de "galettes de protéines antiâge").

Voilà le grand secret : l'aile radicale de la droite chrétienne est bien plus rasante que ce que ses détracteurs progressistes voudraient nous faire croire.

Aujourd'hui, dans son sermon, Falwell associe le cinquantenaire de son église au jubilé de la Bible, qui se produit une fois tous les cinquante ans. Il nous a encouragés à devenir des "gagneurs d'âmes", à gagner les deux cent mille âmes de la région de Lynchburg.

Ce sermon n'a rien de particulièrement choquant, mais je dois dire que ça n'a rien à voir avec le jubilé dont parle la Bible. Dans la Bible, l'année du jubilé est l'occasion d'effacer les dettes, de restituer tous les biens à leur propriétaire initial, c'est une affaire de justice sociale, de réduction des inégalités entre riches et pauvres. Pour Falwell, le jubilé est l'occasion de développer son église.

Après le service, les curieux peuvent s'entretenir en tête-à-tête avec l'un des pasteurs de Falwell. On me confie à Tom, qui a l'air d'avoir vingt et quelques années, et dont la brosse de *boys band* compense le costume-cravate.

Tom travaille à la Liberty University, la fac voisine, fondée par Falwell. Elle est incroyable, cette fac, tout l'inverse de mon alma mater permissive où les notes étaient facultatives. Dans le règlement intérieur de Liberty, on trouve des choses comme : "Six blâmes et 25 $ d'amende pour participation à une soirée dansante, possession et/ou usage de tabac" et "douze blâmes et 50 $ d'amende pour possession ou visionnage actif ou passif d'un film interdit aux moins de 17 ou 18 ans, ou pour intrusion dans la résidence universitaire du sexe opposé".

Je décide que je dois me racheter. Il faut que j'arrête de mentir, alors je dis à Tom que je suis juif et que j'écris un livre sur ma quête spirituelle. Ça l'intéresse. Je lui demande s'il sert à quelque chose que je suive les enseignements moraux de Jésus sans me convertir.

– Vous pouvez très bien suivre ses préceptes. Ça peut faire de vous quelqu'un de meilleur. Mais ça ne suffit pas. Il vous faut Le reconnaître, et renaître. J'ai été sauvé quand j'étais en troisième, poursuit Tom. J'étais déjà un bon chrétien. J'allais à l'église. J'agissais de façon aussi morale que possible. J'avais accepté Jésus ici.

Il désigne sa tête.

– Mais pas ici.

Il désigne son cœur.

– J'étais trente centimètres trop haut.

Il s'exprime de façon si passionnée, si vive, si dénuée d'ironie que je me sens ébranlé. Peut-être est-ce pour contre-attaquer, pour me défendre contre cela que je soulève la question des homosexuels.

– J'ai beaucoup de mal avec la position de la Bible sur l'homosexualité, dis-je, avant d'ajouter un peu maladroitement : j'ai beaucoup d'amis gay.

– Moi aussi, me répond Tom.

Ça m'en bouche un coin. Lui, un pasteur falwellien, frayer avec la communauté gay de Lynchburg ? En fait, il voulait parler d'anciens gays qui essaient de surmonter leur homosexualité, ce qui paraît plus logique.

– Bien sûr, l'homosexualité est une abomination. Mais moi aussi je suis pécheur. Nous sommes tous pécheurs. On doit simplement les aimer.

C'est une position relativement modérée – cette idée d'haïr le péché et non le pécheur. J'imagine qu'il édulcore sa rhétorique pour son public juif du Nord-Est. N'empêche, je trouve cette position intolérante à sa façon. C'est comme si on disait qu'il faut aimer Jesse Jackson indépendamment du fait qu'il est noir.

Après une demi-heure environ, le rythme de mes questions faiblit, et Tom propose que nous priions ensemble. Nous fermons les yeux, baissons la tête, posons nos coudes sur nos genoux, et il se met à parler au Seigneur.

– Merci, Seigneur, de nous avoir donné le temps de nous parler aujourd'hui, A. J. et moi. Puisses-tu lui fournir davantage de repères pendant son voyage spirituel, Seigneur.

Davantage de repères – ça ce serait bien, c'est sûr. On est au moins d'accord là-dessus.

… Pareillement les hommes, délaissant l'usage naturel de la femme, ont brûlé de désir les uns pour les autres, perpétrant l'infamie d'homme à homme et recevant en leurs personnes l'inévitable salaire de leur égarement.

ROMAINS I,27

256e jour. De retour à New York, je poursuis mes travaux dirigés de christianisme évangélique. C'est vendredi et je passe la soirée avec un groupe d'étude biblique. Ce groupe existe depuis trente ans et se réunit toutes les semaines dans l'Upper East Side. Ce soir, nous nous pencherons sur l'épître aux Hébreux, chapitre III. Sous la houlette du professeur Ralph Blair, un chrétien évangélique tendance dure.

Ah, et je dois encore préciser une chose : Ralph Blair est homosexuel. Ouvertement homosexuel. Et pas un homosexuel du genre autrefois-j'étais-gay-mais-maintenant-je-suis-guéri, hein. Ralph – comme tous les hommes de son groupe biblique – revendique son homosexualité avec autant de zèle que les évangéliques ultraconservateurs en mettent à la condamner. Ce sont les anti-Robertson.

– Entrez, me dit Ralph. Vous êtes le premier.

Ralph a une voix apaisante, veloutée. Ce qui est très approprié – il est psychothérapeute de profession. Le séminaire biblique se tient dans son cabinet, qui ressemble en tout point à l'image qu'on peut se faire d'un cabinet de psy : fauteuils de cuir noir, lumière tamisée, bois sombre partout. Le *Manuel diagnostique et statistique des troubles mentaux* trône sur une étagère, l'*Atlas sexuel* sur une autre. Et Ralph lui-même est psychanalytique à souhait : chauve, n'était une lisière de cheveux gris, veste de velours côtelé vert sombre, pull bleu, cravate rouge et pantalon de toile.

– Je suis content que vous nous ayez trouvés, me dit-il. Ce n'est pas ce que le gay new-yorkais moyen a coutume de faire le vendredi soir.

Je rigole.

– On a eu un bon article dans le *New York Times* dans les années 80, et il commençait comme ça.

Ralph a disposé une douzaine de sièges le long des murs de la pièce avec, sur chacun d'entre eux, une épaisse bible bleue. C'est plus qu'il nous en faut. La plupart des habitués ne sont pas à New York en ce moment, alors seuls trois indéfectibles se présentent : un auteur-compositeur corpulent qui a grandi en Floride ; un architecte à la mâchoire carrée ; et un prof de danse d'une université du New Jersey qui prend quantité de notes.

Ils sont tous membres d'Evangelical Concerned, une organisation que Ralph a fondée en 1975 pour les évangéliques gays ou solidaires des gays. Ce n'est pas un mouvement de masse : la liste de diffusion de Ralph compte deux mille abonnés. Mais sa seule existence est déjà une surprise.

Nous commençons. Ralph charge le professeur de danse de lire à haute voix quelques versets d'Hébreux 3. Puis il l'arrête pour discuter.

– La foi n'est pas un simple assentiment intellectuel, dit-il en enlevant ses lunettes à monture métallique pour ponctuer son propos. Il faut être prêt à la mettre en pratique. En d'autres termes, rien ne sert de parler. Sauf chez le psy.

Ralph repose ses lunettes sur le bout de son nez. Il n'est pas autoritaire, mais nul doute qu'il est aux commandes. C'est lui l'analyste, l'analyseur syntaxique, celui qui connaît les mots grecs de la version originale.

– Continue, dit-il.

Le prof de danse lit un verset qui compare Moïse à une maison et Jésus au bâtisseur de la maison.

C'est un verset important. Il est au cœur de la théologie de Ralph : Jésus n'est pas seulement un grand prophète. Il n'est pas, comme le dit Ralph, "la plus belle fleur de la famille humaine". Il est Dieu, et la Résurrection est à prendre à la lettre. Sur ce point, Ralph cite C. S. Lewis : "Un homme qui n'aurait été qu'un simple homme et aurait dit le genre de choses que Jésus a dites ne serait pas un grand maître de morale. Ce serait soit un fou – au même titre que celui qui prétend être un œuf poché – soit le Diable de l'Enfer. A vous de choisir."

Bref, du point de vue théologique, Ralph est conservateur. C'est en quoi il est évangélique. Le message social et humaniste des Ecritures est important, mais Blair met d'abord l'accent sur la divinité du Christ.

Les quatre-vingt-dix minutes de la séance passent sans que l'homosexualité soit évoquée une seule fois. Si un évangéliste de la Thomas Road Baptist Church passait par là, il ne se rendrait peut-être compte de rien. Quoique, à la réflexion. Ralph et son groupe répondent au moins à un stéréotype sur les gays : ils s'y connaissent drôlement en fringues.

A un moment, la conversation dérive vers les boutons, et le prof de danse commence à sortir des mots comme *patte* – qui désigne apparemment la partie de la chemise qui recouvre les boutons.

L'architecte part sur les vestes à la mode Eisenhower qu'on aurait tronquées pour économiser le tissu pendant la Seconde Guerre mondiale. Elles n'avaient pas de jupe.

– La jupe, m'explique-t-il, est la partie du blazer qui est au-dessous de la ceinture.

Il regarde Ralph :

– Tu portes une jupe quasiment tous les jours.

Ralph sourit.

Après nos études bibliques, nous sortons manger un kebab au poulet dans un restaurant turc et Ralph me fait un résumé de sa biographie. Il a grandi au sein d'une famille presbytérienne moyennement religieuse de l'Ohio. Il a su très tôt qu'il était homosexuel et en a eu la certitude en arrivant au lycée. Il savait aussi qu'il aimait la religion.

Dans la bibliothèque de son lycée, il est tombé sur une brochure de la Bob Jones University, la fac fondamentaliste. Elle a attiré son regard, me dit-il en riant, parce qu'elle était jaune vif. “Toutes les autres brochures étaient de couleur terne, ou bien en noir et blanc.”

L'accent que la Bob Jones University mettait sur le Christ lui a plu, et il s'y est inscrit en 1964. Ça n'a pas été sans heurts. Pour commencer, Ralph s'est fait agonir par un étudiant de troisième année apoplectique qui a brandi un doigt comminatoire parce qu'il défendait le pasteur Billy Graham, jugé trop libéral. “J'ai cru qu'il allait faire une attaque”, conclut Ralph.

Ralph n'a pas fait son *coming out* à Bob Jones. Il l'a fait lentement, de façon maîtrisée, alors qu'il sillonnait le pays pour fréquenter d'autres séminaires et écoles doctorales. Il a fondé Evangelical Concerned en 1975 après que le président d'une université évangélique l'eut invité à dîner, à New York, pour lui confesser qu'il était un homosexuel refoulé et torturé.

Bien sûr, l'organisation de Ralph est controversée. Et à première vue, ça paraît aussi sensé qu'une Association des Gérants de Burger King Végétaliens. C'est à la fois enthousiasmant et déprimant. Enthousiasmant qu'ils se soient trouvés, et déprimant qu'ils fassent partie d'un mouvement dont la majorité considère leur sexualité comme coupable.

Mais Ralph dit qu'il faut faire la distinction entre le christianisme évangélique et la droite religieuse. Cette obsession de l'homosexualité chez les acteurs de la droite religieuse provient de "leur culture, pas de l'Ecriture".

– Mais il semble bien qu'il y ait des passages anti-homosexuels dans la Bible, dis-je.

– Oui, les soi-disant "passages disqualifiants". Moi je les appelle les passages disqualifiés.

L'argumentation de Ralph est la suivante : la Bible ne parle pas de relations d'amour entre personnes du même sexe telles que nous les connaissons aujourd'hui. Jésus ne verrait aucun inconvénient à ce que deux hommes s'engagent l'un envers l'autre. L'un des dépliants de Ralph porte ce titre : "Ce que Jésus a dit sur la question de l'homosexualité." Quand vous l'ouvrez, vous tombez sur une page blanche.

Ralph affirme que si on replace les passages soi-disant anti-homosexuels de la Bible dans leur contexte historique, ils ne sont pas du tout anti-homosexuels. Ils sont en fait anti-abus sexuels, ou anti-paganisme. Prenez le fameux passage du Lévitique : "Tu ne coucheras pas avec un homme comme on couche avec une femme. C'est une abomination."

– A l'époque biblique, hommes et femmes n'étaient pas sur un pied d'égalité. Les femmes et les enfants étaient juste un peu au-dessus des esclaves. Coucher avec un homme comme avec une femme, c'était le déshonorer. C'est ce que les soldats faisaient aux vaincus, ils les violaient.

Ce fameux passage du Lévitique dit donc tout simplement : ne traite pas ton semblable de façon déshonorante.

Ou bien prenez cet autre passage couramment cité du Nouveau Testament, Romains 1,26-27. Là, l'apôtre Paul s'en prend à ceux qui s'adonnent à des "passions avilissantes".

"… Leurs femmes ont échangé les rapports naturels pour des rapports contre nature ; pareillement les hommes, délaissant l'usage naturel de la femme, ont brûlé de désir les uns pour les autres, perpétrant l'infamie d'homme à homme et recevant en leurs personnes l'inévitable salaire de leur égarement."

Ralph dit que Paul prêche ici contre les rites païens – la sexualité sans amour qui avait cours dans les temples idolâtres de l'époque.

J'espère que Ralph a raison. J'espère que la Bible ne cautionne pas les agressions homophobes. Mais même si c'est le cas, les croyants ont une autre tactique à leur disposition. Celle-là, je la tiens d'une relation de Ralph dans le monde juif, un certain Steven Greenberg. Greenberg est le premier rabbin orthodoxe d'Amérique à avoir fait son *coming out*. Comme Ralph, il est ultraminoritaire. La plupart des juifs orthodoxes pensent que le Lévitique bannit toute espèce de relation homosexuelle. Le juif orthodoxe d'extrême droite moyen est tout aussi homophobe que l'évangélique d'extrême droite moyen ; en 2006, les juifs ultra-orthodoxes de Jérusalem ont organisé de violentes manifestations contre la tenue d'une *gay pride* qui a finalement été annulée.

J'appelle Greenberg. Il a plein de choses à dire sur les rapports entre la Bible et les homosexuels. Mais le point que je trouve le plus intéressant est le suivant : Dieu et les hommes mènent ensemble une quête pour mettre au jour de nouvelles significations du Livre. La lettre de la Bible est éternelle, mais pas ses interprétations.

"La Bible entière n'est que le développement de la relation entre Dieu et l'homme, me dit Greenberg. Dieu n'est pas un dictateur qui aboie ses ordres et exige de nous une obéissance silencieuse. Auquel cas il n'y aurait pas de relation du tout. Aucune relation véritable n'est à sens unique. Il y a nécessairement deux interlocuteurs actifs. Nous devons révérer Dieu, le craindre et honorer la tradition. Mais ça n'interdit pas de se servir d'informations nouvelles pour apporter de nouveaux éclairages au texte sacré. Rien ne nous oblige à rester les bras croisés et à admettre que le Lévitique bannit les relations homosexuelles de tout temps et sous toutes les formes, si on peut trouver d'autres interprétations convaincantes."

Ou si vous voulez : Greenberg dit que Dieu est comme un artiste qui sans cesse retouche son chef-d'œuvre. Par moments, Il manque de tout effacer, comme avec le déluge. A d'autres moments, Il écoute ce que les hommes lui disent. Moïse, par exemple, négocie avec Dieu et le convainc d'épargner la vie des Israélites qui récriminent. "Ça peut paraître étrange, me dit le rabbin, mais dans la Bible, Dieu fait tout un apprentissage."

Greenberg conclut : "N'imputez jamais votre comportement à un extrait de la Bible. C'est irresponsable. Quand quelqu'un dit qu'X, Y ou Z est dans la Bible, c'est comme s'il disait : « Ce n'est pas à moi d'en juger. »"

L'idée que nous pouvons travailler avec Dieu pour faire évoluer le sens de la Bible – quelle idée épatante ! Ça me fait repenser à Mr Berkowitz et à ses chaussures, à cette histoire de religion qui nous libère de l'embarras du choix. Les positions de Greenberg sont diamétralement opposées. Il dit que ce n'est pas parce qu'on est croyant qu'on abdique sa responsabilité de choisir. Il faut se colleter avec la Bible.

Rendez grâce en toute circonstance…

1 THESSALONICIENS 5,18 (TOB)

263e jour. J'ai le sentiment de devenir un extrémiste – du moins dans certains domaines. Telle mon obsession de la gratitude. Je ne peux plus m'arrêter.

A l'instant, par exemple, j'appuie sur le bouton de l'ascenseur, et je suis reconnaissant qu'il arrive vite.

Je monte dans l'ascenseur et je suis reconnaissant que le câble n'ait pas cassé, m'épargnant la chute libre jusqu'au sous-sol.

Je vais au 5e et je suis reconnaissant de ne pas avoir à m'arrêter au 2e, 3e et 4e.

Je sors de l'ascenseur et je suis reconnaissant que Julie ait laissé la porte ouverte, m'évitant de chercher partout mon porte-clés King Kong.

Je pénètre dans l'appartement et je suis reconnaissant que Jasper soit là, en bonne santé, en train de s'empiffrer de morceaux d'ananas.

Etc., etc. Je suis vraiment là à marmonner entre mes dents “Merci… Merci… Merci.”

C'est une curieuse façon de vivre. Mais formidable aussi, puissante. Je n'ai jamais été aussi conscient de ces milliers de petits bonheurs, de ces milliers de choses qui vont bien tous les jours.

Parfois mes mercis ne s'adressent à personne en particulier. C'est plus une façon d'apprécier qu'un remerciement. Un rappel que je me fais : “Prête attention, vieux. Savoure cet instant.” Mais d'autres fois, quand je suis dans une phase croyante, mes remerciements ont un destinataire. C'est Dieu ou bien les lois universelles de la nature – je ne sais pas exactement, en tout cas ça donne plus de poids à mon geste.

Et lui, levant les yeux sur ses disciples, disait : “Heureux, vous les pauvres, car le Royaume de Dieu est à vous.”

LUC 6,20

264e jour. Pour ce qui est de briser les clichés, on peut difficilement faire mieux que Ralph Blair et son groupe de chrétiens évangéliques homosexuels. Que rêver de plus iconoclaste ? Des chrétiens évangéliques qui ne croient pas à Jésus ? Des chrétiens évangéliques qui vouent un culte à Poséidon ? Je ne vois pas.

Mais je tiens à m'arrêter sur un autre groupe d'évangéliques qui, à leur façon, préfèrent camper très loin de la tente de Pat Robertson et de la Thomas Road Baptist Church. Ils s'appellent les Red-letter Christians.

Je n'avais jamais entendu parler des Red-letter Christians avant mon année biblique. Pour l'heure, ils pèsent bien moins lourd que le lobby évangélique conservateur. Ils n'ont pas d'émissions regardées par des millions de téléspectateurs, ni de numéro Vert et de standard téléphonique. Ils n'ont pas leurs propres universités pourvues d'équipements comme la LaHaye

Ice Hockey Arena. Et pourtant, depuis le début de mon projet, leur influence n'a cessé de croître au niveau national.

Les Red-letter Christians constituent un réseau souple de prédicateurs de même sensibilité, dont les plus éminents sont un pasteur de Philadelphie du nom de Tony Campolo, et Jim Wallis, le fondateur du magazine *Sojourners* et auteur de *La Politique de Dieu.* Bono en est membre honoraire.

Wallis explique dans *Sojourners* comment ce nom lui est venu. Il donnait une interview à une station de radio de Nashville, et le DJ lui a dit :

> "Je suis chanteur de country juif non pratiquant et disc-jockey. Mais j'adore ce que vous faites et j'ai suivi la promo de votre livre." Il m'a dit qu'il adorait mes "riffs" et aimerait passer une soirée avec moi histoire de trouver de nouvelles idées de chansons. "Pour un parolier, vous êtes pain bénit." Il pensait que nous étions en train lancer un vrai mouvement, mais avait remarqué que nous n'avions pas encore trouvé de nom. "J'ai une idée pour vous. Je pense que vous devriez vous appeler les Red-letter Christians, à cause des passages en rouge dans la Bible qui font ressortir les paroles de Jésus. J'adore tout ce qui est écrit en rouge."

A leur façon, les Red-letter Christians sont littéralistes. Ils se passeraient probablement de cette étiquette, étant donné les connotations négatives du mot. Et il est vrai qu'ils font une plus grande part au langage figuré que, mettons, le camp Robertson. Mais ils sont littéraux au sens où leur but est d'en revenir au sens premier, simple, évident de la parole de Jésus, ce que l'entrée *littéralisme* du dictionnaire *Merriam-Webster's* nomme "le sens ordinaire d'un terme ou d'une expression".

Quand Jésus nous dit d'inviter les pauvres, les estropiés, les boiteux, les aveugles à nos festins, il faut le faire. Quand Jésus parle de non-violence, il faut le prendre au mot. Un des gros problèmes de la religion, dit Campolo, c'est que les gens ont "tellement interprété les Evangiles qu'on s'est mis à croire aux interprétations plutôt qu'à ce qu'a dit Jésus."

De par sa calvitie et ses lunettes passées de mode, Campolo ressemble un peu au lieutenant Kojak. Avec le pasteur Jesse Jackson, il fut l'un des conseillers spirituels de Bill Clinton pendant l'affaire Lewinsky.

J'appelle le professeur Campolo, et il me plaît tout de suite parce qu'il me donne du "frère".

"Nous sommes nombreux au sein de la communauté à penser que le christianisme évangélique a été pris en otage par la droite religieuse, me dit-il d'entrée de jeu. Ces gens-là semblent plus fidèles au programme du Parti républicain qu'aux enseignements radicaux de Jésus."

Campolo et les Red-letter Christians prétendent n'être ni progressistes, ni conservateurs ; ni démocrates, ni républicains. Ce qui est peut-être vrai, mais leurs principes sociaux les rendent indubitablement plus proches de MoveOn.org que de Fox News. Ils sont contre la guerre, contre la consommation à outrance – et, par-dessus tout, contre la pauvreté.

Ils soulignent que la Bible comporte plus de passages sur les pauvres que sur aucun autre sujet, à part l'idolâtrie – soit plusieurs *milliers*. "L'esprit chrétien, c'est le partage, dit Campolo. Il n'y a rien de mal à gagner un million de dollars. Ce qui est mal, c'est de se le garder."

Certains pasteurs d'églises géantes souscrivent à une doctrine intitulée l'Evangile de la Prospérité. L'idée est la suivante : restez fidèle, allez à l'église, payer la dîme, et Dieu vous bénira en faisant de vous un homme riche. Dieu veut que vous réussissiez. Dieu n'a rien contre un jet Gulfstream et un court de tennis privé. Les Red-letter Christians y voient une hérésie. "Le christianisme n'est pas une version édulcorée de la morale bourgeoise", dit Campolo.

Quant à la question de l'homosexualité, Campolo n'est pas Ralph Blair. Il ne défend pas le mariage homosexuel. Mais… en même temps, il pense que ce n'est pas une question centrale du christianisme. Ce n'est pas l'objet des prêches de Jésus. Nous ne devrions pas dilapider notre capital spirituel sur ce genre de questions. L'important, pour Jésus, c'était de faire tomber les barrières et d'accueillir les exclus de la société.

A la fin de la conversation, Campolo m'appelle à nouveau "frère" et j'adore ça. Si j'étais pronostiqueur, je dirais que Campolo et son mouvement vont continuer à élargir leur audience. Ils ne rempliront peut-être jamais le Madison Square Garden grâce à leurs sermons, mais ils deviendront une force importante. Ils ont déjà suffisamment fait parler d'eux pour susciter la réaction violente de ceux qu'on appelle les Black-letter Christians. Ce sont des chrétiens qui disent que les Red-letter Christians passent sous silence les passages gênants qui ne s'accordent pas avec leurs idées. Si Jésus délivre un message de miséricorde, il délivre aussi un message de justice. Ils citent ses paroles dans Matthieu 10,34 : "N'allez pas croire que je sois venu apporter la paix sur la terre ; je ne suis pas venu apporter la paix, mais le glaive."

Quoi qu'il en soit, les Red-letter Christians ne sont pas les seuls à troubler la grande histoire d'amour entre républicains et évangéliques. Certains évangéliques, sans aller jusqu'à embrasser les idées progressistes, disent que les Eglises devraient rester en dehors de la politique. En 2006, le *New York Times* a publié un article sur le pasteur Gregory A. Boyd, qui dirige une église géante dans le Minnesota. Comme l'écrit la journaliste, "l'inquiétude de Boyd est née lorsqu'il a assisté au service religieux du 4 Juillet dans une autre église géante, il y a quelques années. A la fin du service, la chorale a entonné « God Bless America » tandis qu'une vidéo montrait des avions de chasse survolant une colline hérissée de croix. « Je me suis dit : quoi ? Des avions de chasse mélangés avec la croix ? »"

Il a prononcé une série de sermons qui disaient que les chrétiens ne devaient pas viser le pouvoir politique mais "le pouvoir parmi les autres – gagner les cœurs en se sacrifiant pour les gens dans le besoin, comme Jésus l'a fait". Un millier de ses ouailles s'en sont trouvées assez choquées pour quitter l'église. Mais les quatre mille autres sont restées.

Jésus lui déclara : "Si tu veux être parfait, va, vends ce que tu possèdes et donne-le aux pauvres, et tu auras un trésor dans les cieux ; puis viens, suis-moi."

MATTHIEU 19,21

268e jour. Aujourd'hui, j'ai acheté *Les voies de la vie*. C'est le guide pour une vie chrétienne écrit par le pasteur d'église géante à chemises hawaïennes Rick Warren, et cela fait à peu près cinq ans qu'il figure sur la liste de best-sellers du *New York Times*.

La première chose que je remarque quand je commence à le lire, en rentrant à la maison, c'est que Warren a déposé le copyright de l'expression "*voies de la vie*". Elle est assortie d'un petit ®. Ça m'agace. Comme si Jésus avait déposé le copyright de Tends l'autre joue®! Comme si Moïse avait déposé la marque Laisse partir mon peuple™ !

Puis je lis en tout petit que Warren reverse 90 % de ses bénéfices. 90 %. Il inverse la dîme. Et là je me sens tout petit. Ça me rappelle que je dois finir de m'acquitter de ma propre dîme pour l'année. Je me connecte et fais don du restant de mes 10 % à une structure nommée Warm Blankets Orphan Care International, qui construit des orphelinats en Asie. La Bible nous commande de prendre soin des orphelins, et cette organisation obtient la note maximale de quatre étoiles sur le site Charity Navigator.

Comme la première fois, en septembre, j'éprouve le sentiment mêlé du plaisir de Dieu et de ma propre douleur. Mais je pense, ou j'espère, que la douleur est moindre. On en revient à l'idée de s'abandonner. Je suis toujours incapable d'abandonner totalement mon esprit ou mes émotions, mais j'aurai au moins abandonné une partie de mon compte en banque. Il faut que j'acquiesce à l'abandon.

Mais pas un mot de plus. J'ai déjà enfreint le précepte de Jésus : "Quand donc tu fais l'aumône, ne va pas le claironner devant toi ; ainsi font les hypocrites, dans les synagogues et les rues, afin d'être glorifiés par les hommes" (Matthieu 6,2).

L'amour (...) ne tient pas le registre des maux.

1 CORINTHIENS 13,4-5 (NIV)

270e jour. Il y a un passage du Nouveau Testament auquel je ne cesse de revenir. J'y pense tous les jours. Il est loin d'être aussi connu que le Sermon sur la montagne ou la Parabole du bon Samaritain. Il est surtout connu pour être lu lors des mariages.

Dans ce passage, l'apôtre Paul écrit aux Corinthiens et leur dit : "L'amour est patient, l'amour est bienveillant. Il ne jalouse pas, ne se vante pas, n'est pas arrogant. Il n'est pas grossier, ni intéressé, ni prompt à la colère, il ne tient pas le registre des maux" (NIV).

Je pense que ce passage me parle car je l'enfreins vraiment à la lettre, surtout la dernière partie.

Je tiens le registre des maux.

Dans mon Palm Treo, dans un dossier baptisé "Trucs". Je me suis dit que "Trucs" était un nom suffisamment vague et inintéressant pour qu'une personne qui trouverait mon Treo dans le métro ne prenne pas la peine de regarder ce que c'est. Parce qu'il n'y a pas de quoi être fier.

Le problème, c'est que Julie me soutient toujours que je n'ai aucune mémoire. Elle prétend que je me trompe systématiquement. Je lui rétorque que ma mémoire est aussi bonne que la sienne – pas grandiose, mais potable. Et qu'elle aussi se trompe beaucoup. C'est alors qu'elle réclame un exemple, et là, rien ne me vient. Je me suis donc mis à faire une liste.

Bien sûr, je mesure ce qu'il y a d'ironique à devoir consulter un pense-bête pour prouver qu'on a de la mémoire.

Voici un échantillon de ma liste :

- La crème vichyssoise est bien une soupe de pommes de terre comme je l'avais dit, et non une soupe de poisson comme l'affirmait Julie.
- L'androïde animé Max Headroom a bien fait une pub pour Coca-Cola comme je l'avais dit, et non pour Pepsi comme l'affirmait Julie.

- Lors de notre second rendez-vous, nous avons bien vu un film irlandais intitulé *Vieilles Canailles* comme je l'avais dit, et non cet autre film charmant d'excentricité intitulé *Saving Grace.*

Vous saisissez l'esprit. A vrai dire, je n'ai mis ma liste à contribution qu'à une seule occasion. Pour cette bonne raison qu'il est difficile de la consulter en public sans en révéler l'existence. Lors d'une dispute désagréable pour savoir qui avait oublié de fermer la porte du micro-ondes, j'ai filé dans la salle de bains, ai allumé mon Treo, et suis ressorti pour lui rappeler la fois où elle avait oublié les clés dans la voiture de location et où nous avions dû téléphoner à Avis.

Bref, c'est exactement ce contre quoi Paul prêchait. Je décide qu'il me faut non seulement effacer le fichier “Trucs”, mais aussi confesser son existence à Julie. Exécution.

Quand je lui montre ma liste, Julie la regarde dix bonnes secondes sans rien dire.

Puis elle rigole.

– Tu n'es pas fâchée ?

– Comment veux-tu que je le sois ? Ça me fend le cœur que tu aies besoin de ça.

– Oui, bon, j'ai quelques problèmes de mémoire en ce moment.

Je lui reprends le Treo des mains, sélectionne le fichier “Trucs”, et appuie sur “supprimer.” Je me sens bien. J'ai soldé mon compte avec mon Treo, et j'ai soldé mon compte avec Julie. Je sais que ça peut paraître insignifiant, mais l'incident “Trucs” m'a fait comprendre que ma vision du monde était quantitative. Elle est faite de milliers de petits registres. Toute chose – et même les personnes – a droit à sa liste d'actifs et de passifs. Quand je pardonne à quelqu'un, je classe ses torts dans son dossier pour lui ressortir en cas de besoin. C'est le pardon avec un astérisque.

La Bible hébraïque invite à pardonner – le Lévitique nous dit ne pas “garder de rancune” – mais il est juste de dire que ce thème occupe une plus grande place dans le Nouveau

Testament. Repars de zéro. Renais. Deviens une nouvelle créature dans le Christ.

Prenez la parabole du fils prodigue. Voici comment le *New Catholic Dictionary* la résume :

> Histoire du fils qui prit sa part des biens de son père et la dilapida en menant une vie de débauche. Une fois réduit à la misère et contraint de manger les gousses qu'on jetait aux cochons, il se rappela son père et résolut de rentrer pour faire pénitence. Son père, qui le guettait, l'accueillit avec effusion et fit tuer le veau gras pour fêter son retour. L'aîné protesta. Mais son père le fit taire, lui rappelant : "Toi, mon enfant, tu es toujours avec moi, et tout ce qui est à moi est à toi. Mais (...) ton frère que voilà était mort et il est revenu à la vie ; il était perdu et il est retrouvé !"

La première fois que je l'ai lue, cette parabole m'a laissé perplexe. J'avais énormément de compassion pour le frère aîné. Tandis que ce pauvre bougre accumule des années de bons et loyaux services, son frère se fait la malle, mène la grande vie, et lorsqu'il revient, on lui offre un immense festin ? Ça paraît effroyablement injuste.

Mais seulement si on pense en termes quantitatifs. Si on considère la vie comme un bilan. Il y a quelque chose de beau dans le pardon, surtout quand il excède la rationalité. L'idée d'un amour inconditionnel a beau contrarier la logique, elle n'en est pas moins grande et forte.

En tout lieu sont les yeux de Yahvé, ils observent méchants et bons.

PROVERBES 15,3

271e jour. Bilan spirituel : quand j'étais en cinquième, j'étais victime de cette chimère. Je pensais que les filles pour qui j'avais le béguin m'observaient. Pas à l'école, hein. Là-bas, elles m'ignoraient. Mais quand j'étais dans ma chambre, tout seul, elles m'observaient. Je ne savais pas trop par quelle prouesse logistique (pouvoirs paranormaux ? caméras cachées comme dans *The Truman Show* ?), mais ça me mettait une sacrée pression. Je devais veiller à rester cool au cas où Kim Glickman serait en train de me regarder. Je mettais un disque de David Bowie, non parce que j'avais envie d'écouter Bowie mais parce que je voulais que Kim *pense* que j'avais envie d'écouter Bowie. Je me brossais les dents avec nonchalance et désinvolture juste pour qu'elle sache que j'étais cool même quand je veillais à mon hygiène dentaire. Peut-être qu'elle aime les artistes torturés, pensais-je. Alors, parfois, j'imitais Sid Vicious et je faisais un truc dingue, comme balancer mon grand classeur à l'autre bout de la pièce et regarder les feuilles se répandre sur le sol. (Ensuite, je passais un quart d'heure à tout ramasser et à remettre les feuilles dans les anneaux.)

C'est triste, je sais. Heureusement, ça m'a passé quand j'étais en troisième. Mais aujourd'hui, je commence à éprouver le même genre de sentiment. Kim ne peut pas me voir. Mais peut-être que quelque chose le peut. Quelque chose suit le cours de ma vie, de nos vies à tous. Mon existence n'est pas une accumulation d'actions dénuées de sens, j'ai donc intérêt à bien peser chacune de mes décisions. J'ignore quelle sera la récompense, pour peu qu'il y en ait une. Mais quelqu'un est en train d'écrire tout cela sur le Grand Livre de la Vie.

Ils avaient ramé environ vingt-cinq ou trente stades,
quand ils voient Jésus marcher sur la mer et s'approcher du bateau.
JEAN 6,19

272e jour. Mon beau-frère, Eric, n'est pas l'incarnation de la vertu biblique d'humilité. C'est un homme plein d'orgueil.

Il a fait ses études à Harvard, comme il aime à le rappeler, et il est d'une intelligence désespérante, qu'il ne cherche pas non plus à cacher. Il peut disserter sur n'importe quel sujet, des traités SALT II au symbolisme dans l'œuvre de Zola. S'il avait vécu à l'époque biblique, je suis persuadé qu'Eric aurait été architecte en chef de la tour de Babel.

En ce moment, Eric prépare une thèse de psychosociologie à l'université de Columbia, ce qui fait qu'il sort des trucs comme : "L'humanité est vraiment une espèce fascinante." Comme si nos tribulations n'étaient là que pour distraire son intellect.

Quand j'ai participé à *Qui veut gagner des millions ?*, Eric était mon joker téléphoner-à-un-ami. C'était le choix le plus évident. Mais quand je l'ai appelé pour la question à 32 000 $, il a flanché. Ce fut l'un des moments les plus doux-amers de ma vie – amer parce que je perdais 32 000 $, et doux parce que je me suis dit que ça lui servirait de leçon : l'orgueil précède la chute.

La leçon ne lui a pas été franchement profitable. Ce fiasco ne semble pas avoir entamé son ego d'un iota. Il se plaît toujours à me tourmenter avec sa supériorité scientifique. Et ce qui est malheureux, c'est qu'il lit tout, le bougre.

Aujourd'hui, il passe à la maison et me parle avec jubilation du dernier article d'intérêt religieux qu'il a lu :

– Dis donc, t'as entendu parler de cette étude sur Jésus qui a marché sur l'eau ?

– Non.

– Ce chercheur explique qu'à cause des conditions climatiques en Méditerranée à l'époque, il y avait des glaces flottantes à la surface du lac de Tibériade.

– Je vois.

Eric glousse. En fait, il juge que les explications scientifiques des miracles ne méritent pas une discussion sérieuse. Pour lui, c'est plus un truc de savants fous qui essaieraient d'expliquer les phénomènes physiques de Bip Bip et le Coyote.

Mais pour moi, ce genre d'études fait question.

Les rivières d'Egypte virant au rouge sang ? Il pourrait s'agir d'algues rouges ou de cendre volcanique. Les ténèbres qui ont recouvert le pays ? C'était peut-être le *khamsin*, un vent chaud du Sahara, qui charriait du sable. Quand Moïse a adouci l'eau amère du désert, à Mara, avec un morceau de bois ? Il se peut qu'il ait utilisé une résine échangeuse d'ions. Non que je sache ce que ça signifie. Mais ça paraît convaincant.

Je n'ai pas besoin que la science m'explique les miracles. Ils prêtent déjà trop le flanc à mon scepticisme inné, qui est toujours bien enraciné.

Je connais des tas de gens pieux qui considèrent les miracles comme des mythes et non comme des vérités pures. Pour eux, il n'est pas nécessaire de croire que Josué a vraiment arrêté le soleil dans le ciel pour finir sa bataille ; ce n'est pas parce qu'il n'aura pas bénéficié d'une rallonge divine que l'histoire perdra de sa beauté ou de sa puissance d'évocation. Et si je finis l'année croyant, j'imagine que je ferai partie de cette catégorie.

Mais puisqu'il s'agit d'être littéraliste, il faut au moins que j'essaie de croire qu'ils se sont produits et que Dieu a renversé l'ordre naturel. C'est un sacré défi mental et, comme pour le créationnisme, je ne suis pas certain d'y arriver.

Je trouve quelque consolation dans un livre que je viens de finir. C'est *Le CCombat pour Dieu*, de l'ancienne sœur devenue spécialiste de la religion, Karen Armstrong.

Armstrong avance cet argument fascinant que les hommes des temps bibliques ne croyaient pas vraiment aux miracles. En tout cas, pas de la même façon que les fondamentalistes d'aujourd'hui. D'après elle, les anciens considéraient simultanément le monde selon deux modalités : le *logos* et le *mythos*. Le *logos* correspond à leur part rationnelle et pratique, aux connaissances factuelles qui leur servaient à cultiver la terre ou construire des maisons. Et le *mythos* désigne les histoires qui donnaient sens à leur vie. Par exemple, l'Exode n'était pas à prendre comme un récit factuel, mais comme un conte riche de significations sur la conquête de la liberté. Les anciens ne croyaient pas nécessairement que cela s'était produit exactement comme on le racontait – que six cent mille personnes avaient marché dans le désert pendant quarante ans. Mais c'était vrai au sens large, au sens où cela éclairait leurs vies.

Le fondamentalisme, explique Armstrong, est un phénomène moderne. C'est la tentative d'appliquer le *logos* au *mythos*, de transformer la légende en vérité scientifique. Je ne suis pas complètement convaincu par cette thèse. Ça me semble un peu trop beau. Je doute que la distinction ait été si claire dans l'esprit des anciens. Mais s'il faut choisir entre ça et le fondamentalisme, je prends ça.

"Qui frappe son père ou sa mère sera mis à mort."
EXODE 21,15

273e jour. Lorsque Jasper se réveille de sa sieste, je vais le chercher. Il est debout au bord de son petit lit, un épi dressé à l'arrière de la tête, façon Alfalfa. Dans la main, il serre une quille en plastique, son doudou à lui.

Je le soulève. Il fait un grand sourire – un sourire où l'on doit lire qu'il s'apprête à faire quelque chose d'extraordinairement spirituel – et me flanque un coup de quille dans la figure.

– Faut pas faire ça, dis-je.

J'ai pris ma grosse voix de Dark Vador. Il interprète ça comme un "Refais-le, mais en plus fort". Alors il prend de l'élan et me flanque un second coup dans la figure. Et un troisième. Du genre qui laisse des marques rouges sur mon front, cette fois.

– Jasper ! Dis pardon.

Jasper se contente de sourire jusqu'aux oreilles.

– On ne frappe pas les gens sur le visage avec une quille. C'est très dangereux. C'est défendu.

Il me regarde perplexe, puis agacé. Comment pouvais-je ne pas voir l'humour de ce tour d'adresse exécuté à la perfection ?

– Excuse-toi, s'il te plaît.

– Non.

– Allez.

– Non.

Je sens que ça va mal finir.

La Bible hébraïque dit que frapper ses parents est passible de la peine de mort. Au lieu de ça, je tends l'autre joue. J'ignore mon fils.

Il se trouve qu'ignorer son fils rebelle est aussi une stratégie préconisée par un livre de pédagogie que j'ai lu il y a quelques mois. Alors je libère Jasper, lui tourne le dos et croise les bras. On dirait que je pose pour l'étiquette de Mr Propre.

Il commence à gémir.

– Dis pardon, et on va jouer.

– Non.

– On n'a pas le droit de taper les gens, dis-je d'un ton décidé, conforté par la certitude d'avoir des millénaires de traditions pour moi.

Je continue à lui tourner le dos. Il attrape ma jambe.

– A. J. ! dit-il. A. J. !

Qu'un père ne réponde pas aux appels de son enfant de deux ans a quelque chose d'indiciblement déchirant. Or je suis ce père. Ça me fend le cœur. Mais Jasper est toujours trop borné pour s'excuser.

La Bible dit qu'il est important de punir ses enfants quand on les aime. Et je crois qu'il y a du vrai dans ce conseil paradoxal. La meilleure punition serait le sacrifice – vous sacrifiez un après-midi agréable, un moment d'affection immédiate, au profit d'un avenir meilleur.

Jasper trépigne, boude, grommelle. C'est notre plus longue dispute à ce jour. Finalement, quatre heures plus tard, il vient me trouver dans le salon et, les yeux baissés, m'adresse un petit "pardon" tristounet.

– Super ! dis-je. C'est bien que tu t'excuses, je suis fier de toi. A quoi on joue ?

Mais Jasper n'a pas envie de jouer avec moi ce soir. Il préfère jouer tout seul. Il va se coucher tout chagrin, tirant une tête d'enfant martyr. Ça peut paraître une petite escarmouche, mais pour moi la Guerre de la Quille fut un combat épique. Le lendemain matin, j'entends Jasper crier dans le bébéphone : "A. J. ! A. J. !" J'ouvre sa porte, passe la tête dans l'entrebâillement. Quand je le sors de son lit, sans rancune, il serre mon cou entre ses petits bras. Notre relation a donc survécu à ma sanction. Pour moi, c'est une bonne leçon. J'épargne toujours la baguette, mais je tâche de ne pas gâter l'enfant.

Pulpit
HAVE
Serpents
GOD
JESUS CHRIST

DIXIÈME MOIS : JUIN

De même pour les grossièretés, les inepties, les facéties :
tout cela ne convient guère…

Ephésiens, 5,4

277ᵉ jour.

– C'était comment, cet anniversaire ?

Julie et Jasper reviennent tout juste d'une fête dans une crèche de l'East Side.

– Pas mal. Mais ils avaient amené un lapin pour occuper les enfants et il a foutu de la merde partout.

– Oh !

Je suis choqué par son langage. Puis je suis choqué d'être choqué. Quand j'ai rencontré Julie, elle jurait rarement, tandis que je n'avais aucune retenue. J'avais choisi un gros mot particulièrement adolescent comme mot de passe pour mon ordinateur. Et j'adorais regardé la télé avec le sous-titrage pour malentendants, parce qu'on y lisait parfois en toutes lettres les grossièretés qu'on bipait pour les oreilles apparemment plus chastes des entendants.

Mais depuis deux mois, inspiré par les juifs orthodoxes et les chrétiens évangéliques, je n'ai pas employé un seul vilain mot. Et je sursaute quand d'autres le font.

Qu'est-ce qu'un vilain mot pour la Bible ? Eh bien, il y en a deux sortes : le blasphème et le juron. Le blasphème est l'objet du troisième commandement, qui nous demande de ne pas invoquer le nom du Seigneur en vain. Qu'est-ce que ça signifie, invoquer le nom du Seigneur en vain ? Prononcer le mot *Dieu* dans un contexte profane ? Invoquer Dieu lorsqu'on ment sous serment ? Ou prononcer le mot *Yahvé*, qui pourrait être proche du nom sacré de Dieu ? Ces trois hypothèses ont leurs partisans.

Si on ne veut vraiment prendre aucun risque, comme c'est mon cas, mieux vaut n'utiliser le mot Dieu que lorsqu'on prie ou parle de la Bible.

Pour ce qui est des jurons – les mots en M, en C, et autres bonnes vieilles grossièretés sur le thème des fonctions corporelles –, les choses sont encore moins claires. En fait, comme le note la journaliste scientifique Natalie Angier, la Bible elle-même emploie des mots vulgaires. Au verset 18,27 du Deuxième Livre des Rois, les hommes "mangent leur propre crotte et boivent leur propre pisse" (KJV). Au verset 23,20 d'Ezéchiel, on trouve une allusion très salée aux performances sexuelles des Egyptiens.

Certains passages, surtout dans le Nouveau Testament, indiquent néanmoins que ce genre de propos est à éviter. Prenez cette citation de l'épître aux Ephésiens que j'ai mise en exergue à ce chapitre : "Les grossièretés, les inepties, les facéties : tout cela ne convient guère." Ou cette autre, Ephésiens 4,29 : "De votre bouche ne doit sortir aucun mauvais propos."

Donc, en vertu du principe de précaution, j'ai assaini tout mon vocabulaire. Mes nouveaux jurons sont : *purée*, *fichtre*, et *mercredi*. Ce qui ne manque pas de m'attirer les quolibets de ma femme.

Mais elle a beau se moquer, bizarrement, je crois que mon langage tous publics fait de moi quelqu'un de moins irritable. Voilà comment ça marche :

J'arrive sur le quai du métro juste au moment où le train démarre, et je commence à lâcher le mot en M. Mais comme je pense à me censurer, je le transforme in extremis en "mercredi." Quand je m'entends lancer "mercredi", c'est si folklorique, si James Stewartien, si plaisamment ballot que je ne peux m'empêcher de sourire. Mon agacement s'estompe. Là encore, le comportement façonne les émotions.

Alors Jésus leur dit :
"Rendez à César ce qui est à César et à Dieu ce qui est à Dieu."
MARC 12,17

279e jour. Je me suis incrusté dans un autre cours d'études bibliques – hétéro, cette fois. Ils se réunissent le mardi soir dans une salle de l'American Bible Society près de Columbus Circle.

La douzaine de participants s'est montrée très accueillante, en même temps qu'un peu perplexe puisque j'ai l'air encore plus juif qu'un diamantaire de la 47e Rue. Je suis content qu'ils me laissent écouter alors que nous approfondissons chaque semaine un nouveau passage de l'Evangile selon saint Marc. C'est chaque fois une leçon d'humilité. Je peux les suivre sur l'Ancien Testament – citer le Deutéronome ou les Proverbes –, mais pour le Nouveau, je suis encore un poids mouche amateur.

Bref, j'en parle parce que la semaine dernière, en cours d'études bibliques, le coanimateur, Kevin – un homme grand, précis, chenu – racontait comment il s'efforçait d'être un bon chrétien respectueux des lois.

Il nous disait qu'il avait récemment roulé de New York jusque dans l'Ohio pour son travail, et qu'il avait été le théâtre d'une lutte intérieure. Il poussait régulièrement les gaz jusqu'à 105 km/h, puis se sentait coupable d'enfreindre la loi et redescendait à 90.

"Je me disais en moi-même : « Ai-je vraiment besoin d'aller vite ? J'y gagnerai quoi ? Une heure ? Est-ce que ça vaut la peine d'enfreindre la loi pour ça ? »"

On trouve dans l'Ecriture de quoi justifier un strict respect des lois civiles, limitations de vitesse ou autre. L'une des lettres de Pierre à ses disciples, dans le Nouveau Testament, leur prescrit ainsi d'obéir au roi : "Soyez soumis, à cause du Seigneur, à toute institution humaine : soit au roi, comme souverain, soit aux gouverneurs, comme envoyés par lui" (1 Pierre 2,13-14).

Lorsque je demande au pasteur par passe-temps Elton Richards si je dois ou non obéir à toutes les institutions humaines, il me met en garde : le Nouveau Testament présente aussi l'idée inverse. A un moment, Pierre et les apôtres prêchent la parole de Dieu et les autorités leur disent de se taire. Ils refusent d'obtempérer. En effet, ils déclarent obéir à une autorité supérieure.

D'après Marcus Borg, l'auteur de *Relire la Bible pour la première fois*, deux thématiques parcourent le Livre. Appelons-les le motif du statu quo et le motif de l'émancipation. Les passages favorables au statu quo nous disent de soutenir nos leaders terrestres. Dieu les ayant choisis, nous ne devons pas les remettre en question – ni même en dire du mal ("Tu ne maudiras pas un chef de ton peuple", Exode 22,28). Les passages favorables à l'émancipation encouragent le peuple de Dieu à secouer le joug de l'oppresseur et à fuir Pharaon ou ses équivalents contemporains. Ils disent que Dieu est du côté du peuple et non du côté des souverains.

Alors, que choisir ? Eh bien, dans le cas du code de la route, Kevin marque un point. Si je roule à 110 aux abords d'une école, cela n'a rien de noble, rien d'un acte de désobéissance civile à la Gandhi. J'essaie seulement de rentrer plus vite à la maison pour piquer un roupillon. Ce mois-ci, je me suis promis que j'essaierai de respecter la signalisation new-yorkaise. A la lettre. Ce qui a changé ma vie dans des proportions bien plus spectaculaires que je n'aurais cru. C'est presque impossible. J'attends au coin des rues, généralement tout seul, ou, quand j'ai de la chance, en compagnie d'un couple de touristes allemands et d'une classe de C. P. en route pour l'aquarium. Le reste des piétons new-yorkais considère la couleur des feux comme une suggestion utile, rien de plus.

Je ne vais pas vous faire croire que c'est drôle. C'est vraiment casse-bonbons. Ça allonge tous mes trajets d'environ 30 %. Et c'est une nouvelle source de disputes stupides – mais de plus en plus fréquentes – avec ma femme. Hier, un taxi nous a déposés à mi-chemin entre deux carrefours, et j'ai refusé de traverser la rue à cet endroit. J'ai marché jusqu'au coin de la rue, ai attendu que le bonhomme soit vert pour emprunter le passage piétons, puis je suis revenu sur mes pas mais sur l'autre trottoir. Comme par un fait exprès, il pleuvait. Julie m'attendait sous un auvent.

– J'espère que la promenade a été bonne, dit-elle, d'une voix plus lasse que coléreuse.

Conduire est tout aussi pénible. Avant d'y prendre garde, je ne savais même pas qu'il y avait des limitations de vitesse à New York. Je pensais que la règle, c'était : mettez la gomme pour arriver le plus vite possible au prochain feu, puis pilez pour vous arrêter. Et recommencez. Ou, plus probable, restez dans les embouteillages et roulez à 10 km/h. Mais quand on cherche bien, on les trouve. De vrais panneaux de limitation de vitesse – 50 km/h dans la plupart des avenues. Alors chaque fois que nous louons une voiture pour aller voir le frère de Julie dans le New Jersey, je prends soin de descendre Columbus Avenue à la vitesse plaisante, sans à-coups, de 40 km/h.

Quand nous arrivons sur l'autoroute, ça se complique. Je suis souvent le seul qui teuf-teufe à 90 km/h, en tout cas le seul qui n'ait pas d'autocollant "Meilleur Papi du monde" sur son pare-chocs. Je devrais sûrement allumer mes feux de détresse. Les voitures me dépassent en trombe. Klaxonnent. Font des embardées. Leurs chauffeurs me regardent comme si j'étais le seul supporter des Red Sox dans les tribunes des Yankees. La première fois que j'ai conduit sur l'autoroute, je n'ai pas arrêté de rire – j'ignore si c'était par nervosité, à cause de l'absurdité de la situation ou bien les deux.

Donc, en général, l'expérience a été ingrate. Mais elle comporte deux avantages.

1. J'en suis arrivé à considérer le respect du code de la route comme une version citadine du sabbat. C'est une pause forcée. Quand j'attends seul à un carrefour, j'essaie de passer le temps en goûtant les petites choses que New York peut m'offrir. Tiens donc, les panneaux de signalisation sont passés du jaune et noir à un vert et blanc beaucoup plus attrayant. A quand cela remonte-t-il ? Ou bien je regarde passer le camion FedEx et je

remarque la flèche blanche cachée dans leur logo (entre le *F* et le *E*).

2. Je suis libéré de toute inquiétude. Je ne connais personne qui ait été arrêté pour avoir traversé en dehors des clous. Mais chaque fois que je faisais fi du signal "Piétons, arrêtez-vous", j'éprouvais toujours un faible, un infime remords de savoir que je faisais quelque chose de mal. C'est terminé. Je sens que je maîtrise. C'est le même sentiment de soulagement, d'être au net, que je ressens quand je me décide à plier tous les pulls de mon placard ou à trier tous les courriels de ma boîte de réception.

... sans se laisser emporter par la passion
comme font les païens qui ne connaissent pas Dieu.
I THESSALONICIENS 4,5

286e jour. Julie est enceinte de sept mois et follement handicapée. Elle peut à peine bouger. Elle s'essouffle rien qu'à ouvrir la porte du réfrigérateur. Il y a quelques semaines, quand je lui ai demandé si elle désirait avoir des rapports intimes, elle m'a répondu : "Il n'y a rien qui me fasse moins envie."

Ça avait le mérite d'être franc.

En parlant de sexe, je crois que j'ai évacué le problème de la luxure de façon un peu désinvolte. J'ai trouvé un prétexte rationnel. Je me suis dit, bon, puisque la Bible hébraïque contient des passages pro-sexe, inutile de s'embarrasser avec ces histoires de pudeur.

J'ai choisi la facilité. La vérité, c'est que la Bible est pleine de passages qui incitent à réfréner ses pulsions, voire prônent l'abstinence. Jésus demande même de ne pas penser à une autre femme que son épouse : "Vous avez entendu qu'il a été dit : *Tu ne commettras pas l'adultère.* Eh bien ! Moi je vous dis : Quiconque regarde une femme pour la désirer a déjà commis, dans son cœur, l'adultère avec elle" (Matthieu 5,27-28).

Et l'apôtre Paul laisse entendre que le célibat serait l'idéal; le mariage vient seulement en seconde position, comme concession à nos instincts. Comme il le dit au verset 5,24 de l'épître aux Galates : "Or ceux qui appartiennent au Christ Jésus ont crucifié la chair avec ses passions et ses convoitises." Pour mes dernières semaines, je décide donc de tendre à l'ascèse et, comme le dit Paul, de mortifier ma nature terrestre.

Ma précédente tactique de censure a échoué. On se souvient du fiasco CleanFlicks. Cette approche était trop passive. Il faut que j'attaque la luxure bille en tête. Il faut que je change ma façon d'envisager le sexe. Alors, après bien des lectures, j'ai mis sur pied quatre stratégies.

Hier soir, j'ai eu l'occasion de les roder toutes les quatre. Sur invitation de Yossi, je me suis rendu à un défilé de mode. Il m'avait dit que le couturier était un juif orthodoxe qui avait grandi à Brooklyn, alors j'ai pensé : De la mode juive orthodoxe ? Ça m'a l'air plutôt sage. Des tas de robes encombrantes, informes, aux tons terreux. Au pire, un aperçu sur une cheville scandaleusement nue. C'est dans mes cordes.

Je sais que je vais être tenté dès mon arrivée. L'événement se déroule à Chelsea, sur le *Frying Pan*, un bateau rouillé amarré au bout de la 23e Rue. La foule est dense, massée de chaque côté du podium. Il y a bien quelques juifs orthodoxes disséminés çà et là, mais le gros des troupes est constitué de magnifiques fans de mode de moins de trente ans, à tatouages noirs et aux épaules/ventre/cuisses nus. (Il y a aussi un homme à costume rose, chaussures roses et chapeau melon rose, lequel chapeau est équipé d'un minuscule panneau d'affichage électronique en état de marche – environ la taille d'une plaque minéralogique – sur lequel un texte défile. Ça n'a pas éveillé mes instincts, mais il fallait que vous le sachiez.)

Je commence par la stratégie n° 1 : se dire que la femme en question ne joue pas dans la même catégorie que vous. Vous vous rappelez ce conseil d'un rabbin médiéval dont j'ai parlé au mois de septembre ? Considère-toi comme un paysan et elle comme une princesse. Elle est tellement hors de portée que tu peux l'admirer sur le mode esthétique, mais pas sur le mode charnel.

Je m'y essaie dès les cinq premières minutes. Quand Yossi et moi gagnons nos places, nous remarquons une femme avec une petite jupe léopard, un petit bustier et un très grand décolleté.

– On ne voit pas ça souvent à Crown Heights, me fait Yossi.

Je constate avec intérêt que mon apparence actuelle favorise grandement cette stratégie. Il y a un an, je me serai peut-être figuré que j'avais une chance avec une Femme-Bustier-Léopard. Aujourd'hui, il y a moins de risque.

Stratégie n° 2 : imaginez que cette femme est votre mère.

C'est aussi un tuyau du rabbin médiéval. Exécution. Dans ma tête, j'appelle la Femme-Bustier-Léopard "maman", et ça me révulse. Je me sens comme Malcolm McDowell après le traitement Ludovico dans *Orange mécanique*. C'est plus efficace que la stratégie n° 1, mais c'est aussi plus perturbant.

Stratégie n° 3 : récitez-vous des passages de la Bible.

Au bout de quelques minutes, le défilé lui-même commence, et les tentations se multiplient. Les mannequins ne sont pas cachés derrière de pudiques *muumuu**. Elles arpentent la piste avec un déhanchement outré, en claquant des talons, vêtues de tenues anormalement légères qui ressemblent à des kimonos fabriqués en période de pénurie textile. Il y a une brune qui ne porte ni chemise ni corsage d'aucune sorte. Tout ce qu'elle a sur la poitrine, c'est un élastique extralarge.

C'est alors que je recours à la stratégie n° 3. Celle-là, je l'ai trouvée dans un livre intitulé *Quand l'homme bon est tenté*, un guide pour refréner son désir écrit par un chrétien évangélique du nom de Bill Perkins. Il suggère de se réciter des passages de la Bible : "J'ai découvert que mémoriser de longs extraits de la Bible était un moyen sûr d'occuper mon attention quand je suis tenté. Une fois que je me suis récité un ou deux paragraphes, j'ai l'esprit plus ferme, les idées plus claires."

Je fais ça. J'articule en silence l'un des versets suggérés par Perkins. Et d'une certaine façon, ça marche. Mon esprit est

* Robe hawaïenne longue et ample introduite sur l'archipel par les missionnaires.

si bien absorbé par la récitation qu'il n'a pas le temps de se focaliser sur l'élastique. Ça n'a pas grand-chose à voir avec le sens de l'extrait. J'aurais probablement obtenu le même résultat en me récitant un livret d'opérette. Il s'agit surtout de faire diversion.

Le défilé se termine, et je dis à Yossi qu'il vaudrait mieux que je rentre.

– Tu es sûr que tu ne veux pas rester quelques minutes ?

– Bon, alors juste quelques minutes.

Nous tombons sur une amie de Yossi. Elle est blonde, israélienne, mignonne et passablement ivre.

– Elle a une drôle de manie, me murmure Yossi. Elle est fétichiste des *péot*.

Les mèches temporales ? Yossi hoche la tête.

Ouh là ! Yossi fait les présentations.

– Je suis très soûle, dit-elle.

Moi : sourire évasif.

Etait-elle en train de détailler mes mèches ? J'en ai bien l'impression.

Là, j'essaie la stratégie n° 4 : ne pas objectiver. Celle-ci, je l'ai apprise en téléchargeant un excellent sermon sur la luxure par un pasteur unitarien. Le pasteur suggère de combattre son penchant à objectiver les femmes en se concentrant sur leur personnalité dans son entier. Je regarde donc la Fétichiste en pensant à tout sauf à son corps : je m'interroge sur son enfance israélienne, son livre préféré, me demande combien elle a de cousins, si elle est plutôt Mac ou PC.

Mais elle a les yeux rivés sur mes *péot*. Ça ne marche pas. Pris de panique, je me rabats sur cette méthode moins évoluée mais plus efficace : *Dis-toi que c'est maman*. J'en ai la nausée. Victoire.

J'ai également constaté un phénomène étrange. Je pensais qu'il serait de plus en plus difficile de contenir ma sexualité. Que ce serait comme de l'eau s'accumulant derrière une digue. Mais c'est tout le contraire : ma libido s'est comme évaporée. Je suis sûr qu'elle ressurgira, rugissant comme un dragon – pour reprendre une métaphore de Bill Perkins. Mais pour l'instant, elle dort bien gentiment.

Alors je me sens spirituellement immaculé. Je me découvre un penchant secret au puritanisme. Quelque part, je dois bien considérer le sexe comme sale, sinon pourquoi je serais si ravi de le juguler ? Mettre sa libido au placard a quelque chose de merveilleux.

Et ça présente un autre avantage : ces milliers de watts d'énergie sexuelle sont soudain disponibles pour d'autres activités. La sublimation n'est pas une plaisanterie. Je n'ai jamais été aussi productif qu'au cours de ces dernières semaines. Avec ce régime sans sexe, je suis capable de pondre deux mille mots *Esquire*/jour.

"Seigneur, combien de fois devrai-je pardonner
à mon frère s'il se rend coupable envers moi ?"

MATTHIEU 18,21 (BFC)

287e jour. Ce soir, à 21 h 15, Julie laisse la porte de la chambre ouverte. Je passe ma vie à lui dire de la fermer. Je ne peux dormir que s'il fait un froid de Reykjavik dans la chambre, alors je ferme toujours la porte à 19 h et je mets la climatisation à fond. Julie, qui pourrait dormir n'importe où, n'importe quand, oublie systématiquement et laisse mon précieux air frais s'échapper par la porte ouverte.

Je peste. "S'il te plaît, la porte !"

Aïe. Le ton était un peu trop sec. Pour adoucir les choses, je sors une blague de littéraliste biblique. "Je te pardonne pour cette fois. Mais encore quatre cent quatre-vingt-neuf fois comme ça et je ne te pardonne plus."

Julie ferme la porte sans me demander d'explications sur ce trait sibyllin. Permettez que je le fasse ici.

Je faisais référence à un passage de Matthieu 18 : "Alors Pierre s'approcha de Jésus et lui demanda : « Seigneur, combien de fois devrai-je pardonner à mon frère s'il se rend coupable envers moi ? Jusqu'à sept fois ? » « Non, répondit Jésus, je ne te dis pas jusqu'à sept fois, mais jusqu'à soixante-dix fois sept fois »" (BFC).

Soit 490 fois.

Quand j'ai dressé ma liste de règles, au début, ça faisait partie du projet. Je prendrais tout à la lettre, même ce genre de phrases clairement métaphoriques. Je pardonnerais à quelqu'un 490 fois, même si Jésus voulait sûrement dire qu'il faut pardonner indéfiniment.

J'y ai renoncé pour plusieurs raisons. D'abord, ça supposait que j'ampute plusieurs parties de mon corps (voir ci-dessous), et j'étais réticent. Et ensuite, il m'est vite apparu que je pouvais atteindre mon objectif – démontrer que le littéralisme biblique est nécessairement sélectif – sans gauchir intentionnellement le sens de la Bible.

Voici un aperçu de la vie encore plus étrange que j'aurais pu mener :

- J'aurais pu m'arracher l'œil, puisque Jésus dit : "Et si ton œil est pour toi une occasion de péché, arrache-le : mieux vaut pour toi entrer borgne dans le Royaume de Dieu que d'être jeté avec tes deux yeux dans la géhenne" (Marc 9,47). En général, pour les leaders chrétiens, ça signifie qu'il faut se débarrasser de tout ce par quoi nous péchons. "Si vous êtes dépendant de la pornographie sur internet, vous devriez songer à bazarder votre ordinateur", explique ainsi le professeur Campolo. Toutefois, comme la plupart des passages, certains l'ont pris au mot. Un psychologue de la religion du nom de Wayne Oates cite le cas de malades mentaux qui ont tenté de s'arracher un œil pour se conformer à la parole de Jésus.
- Je pourrais haïr mes parents, puisque Jésus dit : "Si quelqu'un vient à moi sans haïr son père, sa mère, sa femme, ses enfants, ses frères, ses sœurs, et jusqu'à sa propre vie, il ne peut être mon disciple" (Luc 14,26). Ici, l'idée, c'est que si on a la difficile tâche de choisir entre

Dieu et sa famille, il faut choisir Dieu – et non que Jésus excuse les enfants ingrats.

- Je pourrais éviter de prononcer le mot *bon* jusqu'à la fin de l'année, par adhésion littérale à Luc 18,18-19 : "Un notable l'interrogea en disant : « Bon maître, que me faut-il faire pour avoir en héritage la vie éternelle ? » Jésus lui dit : « Pourquoi m'appelles-tu bon ? Nul n'est bon que Dieu seul. »"

Cette approche me rappelle l'une des farces loufoques de mon père : servir un verre d'eau à l'un de mes amis en demandant à ce pauvre innocent de lui "dire jusqu'où." Quand l'innocent dit "Merci", mon père continue. Alors l'innocent crie : "Stop!", mais mon père continue. Il continue jusqu'à ce que l'eau déborde du verre et se répande sur la table. Puis il regarde mon ami, faussement confus, et conclut : "Tu ne m'as jamais dit « jusqu'où ! »" Grand classique.

Mais il y a plus épatant : c'est que la Bible elle-même se moque de ceux qui prennent la parole de Dieu un peu trop à la lettre. Je l'ai appris en lisant *Sauver la Bible du fondamentalisme* de l'évêque épiscopalien à la retraite John Shelby Spong. Il cite ce passage de l'Evangile selon saint Jean :

> Jésus lui répondit : "En vérité, en vérité, je te le dis : à moins de naître de nouveau, nul ne peut voir le Royaume de Dieu."
>
> Nicodème lui dit : "Comment un homme pourrait-il naître s'il est vieux ? Pourrait-il entrer une seconde fois dans le sein de sa mère et naître ?" (Jean 3,3-4 - TOB)

Ici, Nicodème (un pharisien) a l'air d'un crétin de sitcom. Naître à nouveau ? Comment est-ce possible ? Comment un homme pourrait-il se faufiler dans l'utérus de sa mère ? Ne voyant pas que les paroles de Jésus sont métaphoriques, il s'expose aux risées.

"La vérité vous libérera."

JEAN 8,32

290e jour. Depuis mon festival de mensonges chez Falwell, je m'astreins à la plus extrême franchise. En réponse, Julie a trouvé un moyen de rendre cette franchise plus piquante. Elle s'est mise à me poser cette question singulièrement terrifiante : A quoi tu penses? Par exemple, nous sommes en route pour l'aire de jeux quand elle me lance sans crier gare :

– Hé. A quoi tu penses?

Je ne peux pas me contenter d'un "Oh, rien de spécial". Il faut que je dise la vérité, toute la vérité.

– Je repense à ce rustre à la boutique Judaica de Broadway, et que j'aurais dû lui balancer : "Vous venez de devenir un méchant dans mon livre."

– Ce serait pas de la vengeance, ça? C'est pas interdit par la Bible?

Julie adore son nouveau truc. C'est comme si elle avait trouvé un judas pour espionner mon âme et pouvait enfin découvrir, sans faux-semblants, qui elle avait vraiment épousé. Ou, comme elle dit : "J'ai l'impression d'avoir tiré une carte chance au Monopoly."

Ou bien nous déballons les courses quand j'entends tout à coup :

– A quoi tu penses?

– Oh, à mon travail.

Je ne m'en tire pas comme ça.

– C'est-à-dire?

– Je rêve de pouvoir voyager dans le temps jusqu'en 1991 pour acheter des centaines de noms de domaine tels que fleurs.com, bière.com et chou.com, que je revendrais ensuite des millions de dollars aux industriels de la fleur, de la bière et du chou, de sorte que je n'aie plus jamais besoin de travailler. (Fantasme aussi récurrent qu'inquiétant.)

– C'est la rêverie la plus triste que j'aie jamais entendue. En plus, c'est de la cupidité.

Elle a raison. Je perds mon temps en pensées cupides et aigries. Pas toujours, remarquez. Parfois, quand Julie déballe sa question, je suis en train de penser à quelque chose de noble, comme l'état de la planète quand notre fils sera grand. En fait, par rapport à ma vie prébiblique, le pourcentage d'espace cérébral dévolu à la gratitude et à la compassion s'est accru. Mais j'ai toujours trop de pensées comme celle-ci :

– A quoi tu penses ?

– A la Bible, si tu veux savoir.

– Quoi dans la Bible ?

– A l'histoire d'Esther.

– Quoi dans l'histoire d'Esther ?

– Eh bien... je me demandais ce que ça ferait d'être le roi dans l'histoire d'Esther et de pouvoir passer une nuit avec toutes les plus belles femmes du royaume pour faire une sorte de test avant de choisir ma préférée.

– C'est fou ce que t'as changé.

Depuis quelques jours, je m'applique à faire le ménage dans mon cerveau. Je ne sais pas si Dieu contrôle mes pensées, mais Julie, elle, c'est certain. C'est pourquoi je m'impose d'avoir des pensées positives. Et aujourd'hui, ça paie.

– A quoi tu penses ?

– Je me dis que j'ai de la chance d'avoir une femme bien portante, un fils bien portant et deux bébés qui s'annoncent bien portants.

Julie fait mine de s'étrangler. Pourtant, c'est vraiment à ça que je pensais.

Faire des livres est un travail sans fin...

ECCLÉSIASTE 12,12

292e jour. Ma bibliothèque biblique commence à être joliment fournie. Elle doit compter une centaine d'ouvrages. Et je les ai rangés en sections : juif modéré ; juif fondamentaliste ; chrétien modéré ; chrétien fondamentaliste ; athée ; agnostique ;

livres de cuisine religieux. J'ai tâché de ranger les conservateurs à droite et les progressistes à gauche. Au début de l'année, je croyais qu'il n'y aurait rien à droite de ma collection Falwell. Evidemment, j'avais tort. Je viens d'acheter un livre intitulé *Manuel de loi biblique* par un certain Charles Weisman.

Je pourrais essayer de le résumer, mais je vais me contenter de recopier le sous-titre, qui est assez explicite : *Nomenclature de plus de 1500 lois, commandements, arrêts, principes, avertissements, exhortations et conseils répartis en 22 catégories.*

Quand j'ai déniché le *Manuel de loi biblique : nomenclature de plus de 1500* (etc., etc.), ça semblait le parfait Routard pour ma randonnée spirituelle. Toutes les lois dans un seul livre ! C'était si bien organisé, je me suis dit qu'il pourrait être intéressant de m'entretenir avec l'auteur. Alors, aujourd'hui, j'ai tapé Charles Weisman sur Google, et j'ai découvert qu'il n'avait probablement aucune envie de me rencontrer. Et réciproquement.

Weisman dirige une petite maison d'édition à Burnsville, Minnesota, qui diffuse des joyaux tels que *Le Juif international*, un recueil de diatribes antisémites publié pour la première fois par Henry Ford. On peut aussi se procurer un volume intitulé *L'Amérique : libre, blanche et chrétienne*, ou d'autres qui expliquent que "la race blanche adamique ont [sic] été les inventeurs et les bâtisseurs de toutes les civilisations avancées de l'histoire". Pour vous donner une idée.

Et quand Weisman publie son *Manuel de loi biblique*, ce n'est pas par intérêt scientifique. Il souhaite que les Etats-Unis deviennent une théocratie.

Weisman n'est pas tout seul. Il y a des milliers de fondamentalistes infréquentables qui souhaitent instaurer un gouvernement biblique s'appuyant sur les deux testaments. Une société où on exécuterait les homosexuels, les adultères et les blasphémateurs. Où on fermerait synagogues, mosquées et églises modérées. Ce sont les talibans américains. Ils ne sont pas tous racistes, comme Weisman – en fait, la plupart prétendent ne pas l'être – mais tous me font peur. Contrairement à la majorité des chrétiens, ils ne pensent pas que la mort du Christ ait rendu la plupart des lois caduques. Et contrairement à la majorité des juifs, ils ne minimisent pas les passages les plus cruels de la Bible hébraïque, les exécutions pour adultère, blasphème et autres.

Donc, certes, ils sont marginaux. Mais peut-être pas autant que je le souhaiterais. Ce mouvement a pour nom reconstructionnisme ou dominionisme (les différences sont subtiles, mais pour autant que j'en puisse juger, le dominionisme s'adresse aux extrémistes légèrement moins extrémistes). Et des auteurs tels que l'historien Gary Wills ou la journaliste de Salon.com Michelle Goldberg soutiennent que le dominionisme exerce une influence disproportionnée sur certains membres plus respectables de la droite chrétienne. Une influence sans commune mesure avec leur représentativité : les dominionistes ont joué un rôle moteur dans le mouvement pour la scolarisation à domicile, et ils ont contribué à façonner la vision du monde de Pat Robertson.

Ils font la même chose que moi, sauf que ce n'est pas dans le cadre d'une quête spirituelle et d'un projet de livre. En comparaison, j'apprécie encore plus l'affabilité des fidèles de Falwell.

Ils saisiront des serpents...

MARC 16,18

297e jour. Quand on veut déboulonner le littéralisme biblique, j'ai remarqué que "manieur de serpents" était l'épithète obligé. Comme dans : "La droite religieuse est pleine d'attardés manieurs de serpents."

En fait, la plupart des chrétiens évangéliques que j'ai rencontrés désapprouvent la présence de serpents dans les églises. Mais il n'est pas difficile de comprendre pourquoi cette petite secte des "manieurs de serpents" a donné son surnom à l'extrémisme religieux en Amérique. Il n'y a qu'à voir la tête des manieurs de serpents des Appalaches sur Discovery Channel :

ils ont tous l'air aussi zarbs que le gars de Coney Island qui s'enfonce des clous de 15 cm dans les narines, ou que Nick Nolte après quelques vodka tonic.

Je connaissais le principe au fondement de ce rite. J'ai un jour commandé un article pour *Esquire* à Dennis Covington, auteur d'une étonnante enquête sur les manieurs de serpents intitulée *L'Eglise aux serpents : mystère et rédemption dans le sud des Etats-Unis.* Comme l'explique Dennis, les manieurs de serpents s'inspirent des versets 16,17-18 de l'Evangile selon saint Marc où Jésus dit : "Et voici les signes qui accompagneront ceux qui auront cru : en mon nom ils chasseront les démons, ils parleront en langues nouvelles, ils saisiront des serpents, et s'ils boivent quelque poison mortel, il ne leur fera pas de mal..."

La plupart des chrétiens prennent les mots "ils saisiront des serpents" comme une image : la foi vous aidera à vaincre les "serpents" de la vie, ses défis, ses méchants, ses tentations. Les manieurs de serpents n'y voient rien de métaphorique. Ils témoignent de leur dévotion à Jésus en exhibant des serpents – venimeux – pendant les services.

On peut leur reprocher de se livrer à une interprétation délirante, mais une chose est sûre : ce n'est pas le genre de littéralistes qui vont piocher quelques extraits des Ecritures pour justifier a posteriori leurs préjugés politiques. Ils sont simplement tombés sur ce passage et l'ont mis à exécution. Ce sont les parangons du littéralisme. Il fallait que je leur rende visite.

J'ai téléphoné à un certain Jimmy Morrow, dont je tenais le numéro d'un professeur de l'Université du Tennessee. Jimmy était content que je l'appelle et m'a dit que je pouvais venir le voir quand je voulais.

– Est-ce que je devrai manier des serpents ?

– Absolument pas, m'a répondu Jimmy. Vous pouvez fréquenter l'église pendant mille ans sans toucher le moindre serpent.

Jimmy me dit que "si tout se passe bien", après le service, il a coutume de pique-niquer, et que je serai le bienvenu. *Si tout se passe bien*. Effrayant, ce rite. Ce sont de vrais serpents. C'est rare, mais il arrive que des gens se fassent mordre et décèdent – plus de soixante au cours du siècle dernier.

Un samedi soir, je prends donc l'avion pour Knoxville, Tennessee, me réveille le lendemain matin et roule pendant une heure et demie jusqu'à Del Rio, une sortie après le Wal-Mart. Je me gare dans l'allée de l'Eglise de Dieu des Signes Accompagnée. C'est un petit édifice en bois qui ne compte qu'une salle. Dehors, un panneau peint en blanc cite les versets 16,17-18 de l'Evangile selon saint Marc.

Jimmy arrive quelques minutes plus tard. Il me donne l'accolade et m'invite à entrer. C'est un grand gaillard de cinquante et un ans aux cheveux gris et au menton saillant à la Bill Clinton. Et il a le plus fort accent que j'aie jamais entendu. Mes oreilles ont besoin d'un temps d'adaptation – pendant la première demi-heure, je dois faire un effort, comme quand des acteurs shakespeariens commencent à débiter leur anglais élisabéthain.

Jimmy est le fondamentaliste le plus humble de la terre. Sa posture légèrement voûtée rayonne déjà d'humilité. "Moi je suis qu'un gars de la montagne", dit-il. Son discours est émaillé d'un tas d'"enfin, je crois" et de "c'est mon interprétation".

"Moi je dis simplement la parole de Dieu, après, les gens, ils la prennent ou ils la prennent pas, dit Jimmy. J'ai eu des mormons – je les ai bien accueillis. Des gens de Finlande – je les ai bien accueillis. Je suis pas là pour dire du mal d'eux. Je suis juste là pour leur dire la parole de Dieu."

Jimmy a été sauvé à l'âge de treize ans. Un jour, sur la route, il a rencontré un serpent qui a essayé de le mordre, mais "Dieu a bloqué les mâchoires du serpent. C'est là que j'ai su que c'était vrai." Depuis lors, il a amassé ce qu'il pense être le plus important fonds d'archives au monde sur la question du maniement de serpents. Il ouvre une grande armoire d'église pour me les montrer. C'est bourré de coupures de journaux jaunies, de photos en noir et blanc et de documentaires de National Geographic en cassette vidéo. On peut y lire comment tout a commencé – quand, en 1908, un prédicateur et ex-bootlegger du Tennessee, George Hensley, a entendu la parole de Dieu. On peut lire que le mouvement s'est, depuis lors, répandu dans neuf Etats américains ainsi qu'au Canada, et qu'il compte environ deux mille fidèles.

Jimmy sort sa Bible. C'est une King James dont presque tous les versets sont surlignés d'une couleur ou d'une autre : rose, jaune, bleu. Il me montre Marc 16,17-18 et les lit tellement vite qu'on dirait un seul long mot.

Je demande à Jimmy quels sont les autres dogmes des manieurs de serpents. Certains praticiens boivent aussi de la strychnine parce que le passage dit : "S'ils boivent quelque poison mortel, il ne leur fera pas de mal." Ils évitent également les bijoux, conformément au verset 2,9 de la première épître à Timothée : "Que les femmes, de même, aient une tenue décente ; que leur parure, modeste et réservée, ne soit pas faite de cheveux tressés, d'or, de pierreries, de somptueuses toilettes." Certains se saluent d'un "saint baiser" – ils s'embrassent sur la joue ou sur la bouche, comme le préconise le verset 16,16 de l'épître aux Romains.

Jimmy a manié des milliers de serpents venimeux. Généralement, il les attrape dans les montagnes, juste en face de chez lui. Il a pris des vipères cuivrées, des mocassins d'eau, des serpents à sonnette, un cobra royal de 2,40 m, et une "vipère deux-pas du Vietnam." Une quoi ? "Si tu te fais mordre, tu tombes au bout de deux pas. Mais Dieu m'a donné la victoire."

N'empêche qu'il s'est déjà fait mordre. Deux fois. La première, c'était en 1988. "C'est comme de se faire brûler au chalumeau. Je n'ai pas dormi pendant cinq nuits. Ça m'élançait comme une rage de dents." La deuxième fois, en 2003, un mocassin à tête cuivrée l'a touché à la poitrine. Mais il n'a rien senti du tout.

Jimmy a construit cette église lui-même. Elle est toute simple : du lino par terre, un orgue électrique, quelques bancs de bois et une douzaine de tambourins, les uns ornés d'une croix, un autre d'une tortue Fisher Price. Comme je lui ai dit que j'étais juif, il me montre une citation de la Bible inscrite en hébreu sur son mur. "Nous pensons que les juifs sont le peuple élu", commente-t-il.

L'Eglise de Dieu des Signes Accompagnée ne rentre pas du tout dans mon schéma simpliste des églises évangéliques, progressistes *versus* conservateurs. Politiquement, Jimmy est fan des démocrates style Lyndon B. Johnson. Théologiquement, il est plus en phase avec Robertson et met l'accent sur la fin des temps.

Les paroissiens arrivent au compte-gouttes. Mais vraiment. Il n'en y a qu'une demi-douzaine environ, ce qui me rend un peu triste. Jimmy n'a pas l'air de s'en faire. "Une fois, personne n'est venu. Je suis quand même monté en chaire et j'ai prêché. Puis un type est passé par là, il a glissé la tête par la porte et il a dit : « Qu'est-ce que vous faites ? Y a personne. Personne ne vous entend. » Alors j'ai répondu : « Ben vous, vous m'avez bien entendu, non ? »"

A onze heures passées de quelques minutes, Jimmy demande à son ami Matthew de faire un sermon pour nous mettre en jambes. Matthew s'avance. Il est jeune – vingt-huit ans – et ressemble un peu à l'acteur Steve Buscemi. Il fait des allées et venues et son porte-clés cliquette à sa ceinture. Il commence à prêcher.

– Les gens me disent : "Je respecte les dix commandements." C'est bien. Mais il n'y a pas que ces dix-là, il y en a plein d'autres. On devrait respecter tout ce que dit le Seigneur.

La voix de Matthew emplit l'église. Il prêche fort, penché en avant, presque parallèle au sol, comme s'il faisait une imitation de Groucho Marx.

– J'entends des gens dire la Bible veut dire ci, la Bible veut dire ça. Mais mes amis, la Bible veut seulement dire ce qu'elle dit. Si Dieu avait voulu la changer, Il aurait demandé aux prophètes de le faire.

– Continue ! fait Jimmy, qui est assis sur une chaise derrière l'autel.

Il lève les bras au ciel.

– Amen !

Matthew a un mouchoir bleu dans la main. A chaque minute ou presque, il se tamponne le front ou essuie la salive au coin de sa bouche. Il n'a que trois heures de sommeil derrière lui – il a prêché tard, hier soir, dans une autre église.

Matthew n'était censé parler que quelques instants, mais ça fait déjà vingt minutes, et il est encore bien en verve. Il saute d'un sujet à l'autre, suivant l'inspiration divine : de la guérison, à la main implacable de Dieu, à la jambe blessée de son fils, à la miséricorde de Jésus, à la guerre en Irak ("Nous n'avons rien à faire en Irak, et Dieu punira le président Bush").

Les services catholiques et luthériens auxquels j'ai assisté étaient des concertos de Bach bien orchestrés. Cette fois, c'est du free-jazz, c'est du Ornette Coleman. Que du spontané.

– Je ne voulais pas m'emballer, dit Matthew, mais je crois qu'il faut obéir à l'Esprit Saint… *fff.*

Matthew ponctue toutes ses phrases d'une expiration prononcée. *Fff.* Au début, ça me déconcentrait, mais maintenant ça me paraît naturel.

– Aujourd'hui, c'est le jour du salut, *fff.* Ici même, dans cette église, *fff.*

Ça va faire une heure à présent. Jimmy tape des pieds. Sa femme, qui est assise derrière moi, pleure et dit "Jésus soit loué." Une autre femme, à quelques rangées de là, parle une langue inconnue. "Shamamamamama", dit-elle. Puis tout son corps tressaille. "Shamamamam."

Je me sens de plus en plus hypnotisé par ces *fffs* à répétition. J'ai l'impression que le haut de ma tête est pris dans un mouvement ascensionnel. L'espace d'un instant, tout s'évanouit dans une lumière blanche sauf Matthew, les manches de sa chemise, son mouchoir bleu et ses riffs divins.

Je me ressaisis. C'en était trop. Je ne pouvais tout de même pas rentrer à New York pour annoncer à Julie que j'avais été sauvé dans une église du Tennessee où on manie le serpent. Je me force à redescendre sur terre. Je ne suis pas encore prêt à m'abandonner.

Matthew prêche pendant une heure et demie avant que l'Esprit ne se décide à l'arrêter. La mise en jambes a duré si longtemps que Jimmy peut se dispenser d'en venir au fait. Il conclut le service en oignant ses fidèles d'huile d'olive. Jimmy s'en veut que j'aie fait tout ce chemin pour rater le grand show. On n'a pas exhibé un seul serpent, pas bu une seule goutte de strychnine.

– Voyons si l'Esprit Saint s'empare de moi, dit-il.

De sous l'autel, Jimmy sort une caisse en bois avec un couvercle en plastique. A l'intérieur, une vipère cuivrée d'un mètre environ s'enroule sur elle-même, sort la langue.

Jimmy me dit qu'il prend bien soin des serpents. "Je les nettoie, je les soigne, je leur donne à boire, je leur donne des souris à manger." Et plus tard, il les relâche dans les montagnes. (Ma tante militante des droits des animaux Marti a malgré tout été furieuse d'apprendre que j'étais venu ici.)

Jimmy s'assoit sur un banc et ferme les yeux. "*Ha-ta-ta-ta-ta-ta*", dit-il. Une glossolalie en gamme descendante. "*Ha-ta-ta-ta-ta-ta*. Oh, merci Jésus *Ha-ta-ta-ta*."

Jimmy ouvre les yeux, se baisse pour prendre la vipère. Il la sort en plaçant une main près de la tête, l'autre près de la queue, et en effectuant de petits mouvements circulaires. "*Ha-ta-ta-ta*." Le serpent se contente de tirer la langue. Jimmy fait ça pendant une minute, tenant l'animal à hauteur des yeux. Puis, lentement, avec précaution, il le repose dans sa boîte. Et sort de sa transe. Le plus étrange, c'est qu'il a complètement changé d'aspect. Il a l'air plus heureux, plus comblé, n'est plus le même qu'il y a deux minutes. Peut-être que Moïse rayonnait comme ça lorsqu'il est redescendu de la montagne.

– Comment était le serpent ? dis-je.

– Pas froid ni visqueux. Plutôt comme du velours.

– Et qu'avez-vous ressenti ?

– Ça réjouit. Comme un seau d'eau chaude qui se déverse sur votre tête.

Quant à moi, je ne touche pas la vipère. Je l'ai promis à Julie. Elle m'a fait remarquer que si j'avais vraiment besoin de respecter ce passage à la lettre, je n'avais qu'à prendre une couleuvre – après tout, les Ecritures ne disent pas qu'il doit s'agir d'un serpent *venimeux*.

Après ça, Jimmy m'emmène pique-niquer chez un ami. Nous mangeons du cake et du poulet, regardons l'oiseau chinois chamarré de son ami. Nous parlons famille, ours noirs, et de l'époque apocalyptique dans laquelle nous vivons. A la fin, Jimmy me donne l'accolade et me dit que la prochaine fois, il faudra que je reste plus longtemps.

Sur la route du retour à l'aéroport, alors que j'écoute une chanson de country sur le bras de fer entre Moïse et le pharaon sur une radio AM, deux choses me frappent : d'abord, quand on est là-bas, dans cette petite église d'un seul tenant, le maniement de serpents ne semble pas aussi bizarre que j'aurais pensé. Ça me rappelle cette citation fameuse que j'ai lue un jour : la religion rend "l'étrange familier et le familier étrange". Dans mon cas, l'étrange est devenu familier.

Ma seconde pensée est celle-ci : j'aimerais vraiment que Jimmy arrête de manier les serpents. Mes profs d'anthropologie de la fac seraient consternés. Tout comme Ralph Hood, le prof de religion qui m'a mis en contact avec Jimmy. Il a écrit un essai relativiste qui affirme que manier les serpents est un mode de culte valable qui permet d'embrasser la vie en surmontant la mort. Ne jugez point, et vous ne serez point jugés.

Mais j'ai toujours ma mentalité risque-bénéfice, et dans le cas présent, le bénéfice de la transcendance ne vaut pas le coup que Jimmy risque sa vie. C'est l'une de mes rencontres préférées de cette année, et presque tous les dimanches, il tente la mort. Tout ça pour quoi ? Parce qu'il interprète de façon littérale Marc 16,18 – un passage dont certains exégètes affirment qu'à l'origine, il ne faisait pas partie des Ecritures. J'aimerais que Jimmy accède à la transcendance en dansant, en chantant des cantiques, ou en se faisant derviche tourneur. N'importe quoi.

Enfin, reste ce vieux dicton des montagnes que cite Ralph Hood : "Si vous ne croyez pas aux manieurs de serpents, priez pour eux." Je peux toujours faire ça.

ONZIÈME MOIS : JUILLET

Si quelqu'un a soif, qu'il vienne à moi, et qu'il boive...
JEAN 7,37

306e jour. Je passe à nouveau la matinée à la soupe populaire Holy Apostles. J'en profite pour étudier qui est affecté à quelle tâche et pourquoi. J'ai remarqué une chose : le stand boisson – qui est le premier arrêt dans la salle principale, juste à côté de la porte d'entrée – est toujours attribué à... une bénévole sexy. S'agit-il d'une coïncidence ? Ou s'efforcent-ils de rendre l'endroit un peu plus attrayant ?

Je penche pour cette seconde hypothèse. Ce qui ne serait pas très biblique. Ne sommes-nous pas censés nous préoccuper de l'esprit, et non de la chair ? Je suis posté juste à côté de la jolie dame du jour. Je remplis les verres de limonade rose et elle les tend. C'est une petite blonde en tee-shirt jaune qui dirige une association de jeunesse chrétienne d'Abilene, Texas. Elle agrémente les limonades d'un "Très bonne journée" et d'un sourire tout droit sorti d'une pub pour une croisière. Je trouve qu'elle s'en sort plutôt bien, mais les anciens de la soupe populaire ont la dent dure. "T'avance pas quand tu donnes la limonade, aboie un vétéran de l'association. Ça ralentit la queue. Contente-toi de tendre le bras."

La blonde hoche la tête, refroidie.

S'il y a presque toujours une association de jeunesse chrétienne à la soupe populaire, je n'y ai encore jamais vu d'association de jeunesse athée. Oui, je sais, les religieux n'ont pas le monopole du cœur. Je ne doute pas qu'à l'heure où je vous parle, des tas d'athées et d'agnostiques soient en train de remplir des assiettes de purée dans d'autres lieux d'accueil. Je sais que le monde est plein d'organisations altruistes comme Médecins sans frontières.

Mais je dois l'avouer : il est beaucoup plus facile de faire le bien quand on place sa foi dans un livre qui nous commande de faire le bien. Quand j'étais au lycée, notre proviseur – un homme sévère arborant des lunettes roses d'une gaieté déconcertante – avait mis en place ce qu'il avait baptisé le “bénévolat obligatoire.” Chaque semaine, les élèves devaient passer deux heures à faire le bien s'ils voulaient décrocher leur diplôme.

Nous étions outrés. Le bénévolat obligatoire, mais c'était un oxymore ! La moralité ne se décrète pas ! Elle doit se cultiver naturellement. Et puis, cette règle émanait de l'administration, donc elle était forcément mauvaise.

Mais comme je voulais avoir mon diplôme, je suis allé à la soupe populaire nettoyer des plateaux. Et ce n'était pas si mal. Avec le recul, je m'aperçois que la moralité obligatoire n'est pas une si mauvaise idée. Sans ce cadre, je serais resté à la maison jouer à *Star Raiders* sur mon Atari 800, ou à fouiller les tiroirs en quête des *Playboy* censurés de papa. Le Congrès devrait peut-être s'inspirer de mon lycée – ou des missionnaires mormons, ou de l'armée israélienne – et imposer un peu de civisme aux Américains. Après le lycée, on vous ferait faire un an de service civil – en vertu de la loi.

Tu en feras un parfum à brûler comme en opère le parfumeur…
EXODE 30,35

309e jour. Plus que deux mois, c'est effrayant. Il me reste bien trop à faire. J'ai encore des dizaines de commandements à suivre. Et bien que j'aie gardé des moutons et mangé des sauterelles, je ne me suis pas encore suffisamment immergé dans un mode de vie primitif. C'est ce que je me jure de faire ce mois-ci. Je sors donc mon fin volume à couverture brune de *La Vie quotidienne dans les temps bibliques*, et m'attelle à la tâche.

- L'encens. Je me suis mis à brûler de la myrrhe tous les matins. Comme vous le savez sûrement, la myrrhe est l'un des trois cadeaux que les Rois mages apportèrent à Jésus. Elle est également mentionnée à plusieurs reprises dans l'Ancien Testament – Dieu demande à Moïse de concocter une huile d'onction sainte à partir de myrrhe, de cinnamome, de roseau odoriférant, de casse et d'huile d'olive (la recette était tellement sacrée que quiconque l'utilisait à mauvais escient était puni d'exil).

  J'ai acheté ma myrrhe dans une boutique de Broadway encombrée de tapis d'Orient et de bijoux de cuivre, et tenue par un homme revêche, fâché que j'aie le culot de venir lui acheter quelque chose alors qu'il était requis par une importante partie de sudoku. La myrrhe se présente sous la forme de cônes séchés de la taille d'une truffe en chocolat, et j'en allume un sur la table de la cuisine quand je me lève.

  Julie se défripe les traits et dit : “Ça sent comme dans une cathédrale, ici.”

  Oui. C'est exactement ça : ça sent comme dans la nef de Notre-Dame ou de Saint-Paul. Ce n'est pas une odeur frivole. C'est une odeur ancienne, sérieuse, sacrée.

- L'hospitalité. On savait recevoir, dans les temps bibliques. Si vous cherchez le meilleur hôte de l'histoire, Abraham figure nécessairement parmi les finalistes. Quand trois visiteurs sont apparus à l'entrée de sa tente, il a couru leur chercher du veau, des galettes et du lait. Il les a fait asseoir à l'ombre d'un arbre. Et il est resté debout à côté d'eux pendant qu'ils mangeaient, des fois que le veau ne serait pas assez cuit ou qu'ils se retrouvent à court de galettes.

  C'était bien vu. Les étrangers s'avérèrent de condition divine, il ne les avait donc pas accueillis pour rien.

  Cet empressement à offrir l'hospitalité perdure aujourd'hui encore au Moyen-Orient. A vrai dire, quand j'étais en Israël, c'en était même devenu oppressant. Un jour, j'ai voulu jeter un coup d'œil à une boutique de la vieille ville, et le commerçant a insisté pour que j'entre, m'assoie et prenne le thé en sa compagnie.

– Ç'aurait été avec plaisir, mais il faut que je file.

Il m'a regardé comme si je venais de saisir un club de golf pour fracasser le pare-brise de sa voiture.

– Asseyez-vous, nous allons prendre le thé.

Ce n'était pas une prière. Je me suis assis et nous avons pris le thé.

Outre le boire et le manger, l'hôte biblique digne de ce nom offrait encore autre chose : de l'eau afin que l'invité se lave les pieds. C'était le désert, tout le monde portait des sandales – c'est un geste sympathique. Au cours des deux dernières semaines, j'ai essayé de le faire.

– Entre ! ai-je dit à Margie, une amie de Julie. Je peux t'offrir quelque chose à manger ? A boire ? Tu veux te laver les pieds dans un bol d'eau ?

De nos jours, cette proposition paraît toujours scabreuse, quel que soit le sexe de l'invité. Je me suis aperçu que se laver les pieds était une activité étonnamment intime, comme faire un gargarisme. Autrement dit, tout le monde a décliné mon offre. C'est Margie qui est allée le plus loin, en acceptant que je lui apporte un bol d'eau. Mais il est resté esseulé sur un coin de table.

- La lampe à huile d'olive. Vous serez heureux d'apprendre que la lampe à huile d'olive n'est pas seulement biblique. Elle est également bonne pour l'environnement. Comme on peut le lire dans le bien nommé magazine *TreeHugger**, "les lampes à huile d'olive sont un moyen agréable d'éclairer votre foyer. L'huile d'olive est un combustible renouvelable, non pétrolier, qui brûle sans fumée ni odeur. Vous pouvez également utiliser n'importe quelle autre huile végétale ou graisse liquide".

* "Embrasseur d'arbres."

J'ai commandé une copie d'une antique lampe "de Samarie" made in Israël ; elle est en terre cuite, à peu près grosse comme un pamplemousse, pourvue d'une épaisse mèche blanche, et on croirait qu'un génie s'apprête à en sortir.

Je l'utilise le soir. D'ailleurs, je tape ces mots à la lumière de ma lampe à huile d'olive. La flamme est stable et continue, elle jette sur la table un halo de lumière généreuse, mais elle atteint aussi une hauteur inquiétante. Je ne parviens pas à régler la mèche, du coup j'obtiens ce flambeau qui pourrait servir à la cérémonie d'ouverture des Jeux olympiques. Je brûle un plein d'huile d'olive en une demi-heure. Ce n'est peut-être pas si économique que ça, tout compte fait.

- La robe. Cela fait quelques mois que je m'habille en blanc – enfin, en blanc cassé désormais – mais je commençais à trouver ça insuffisant. Avant la fin de l'année, je voulais essayer de vrais atours bibliques. J'ai acheté une robe blanche sur eBay, mais quand je l'ai mise, on aurait dit que j'étais sur le point de chanter dans une chorale de gospel. Ça n'allait pas du tout.

  La seule robe biblique qui ait l'air vaguement authentique et ne coûte pas plusieurs centaines de dollars, je l'ai trouvée dans une boutique de costumes d'Halloween. Elle était là, à côté des toges d'empereur romain : une robe de berger. Elle est blanche, avec un col en V et une ceinture de corde. Et étonnamment confortable. Il est rare qu'un homme se promène en public sans avoir les jambes entravées par un pantalon. J'apprécie ce changement.

  Lorsque je l'ai sortie en balade, cette semaine, j'ai découvert que la robe était un facteur de clivage. Par moments, j'étais traité comme une star de seconde zone – deux ados australiens m'ont demandé si je voulais bien me faire prendre en photo avec eux. Et par moments, j'inspirais non pas l'habituelle suspicion, mais une franche hostilité. J'ai croisé un homme, dans la rue, qui m'a regardé, a grogné et m'a fait un doigt d'honneur. Qu'est-ce qui a bien pu lui passer par la tête ? Haïssait-il les bergers ? La religion ? Venait-il de finir le livre de Richard Dawkins* ?

Je me suis senti bien souvent absurde au cours des dix derniers mois, mais porter une robe blanche pour homme fut l'un des moments les plus embarrassants de mon expérience. Ma barbe a attiré l'attention, mais, paradoxalement, elle est aussi une protection, un bouclier pour mon visage. Pas la robe. La robe me rend vulnérable.

Mon ami Nathaniel m'a parlé d'un rabbin lituanien du XIXe siècle qui exigeait de ses étudiants qu'ils fassent des choses ridicules. Il les envoyait à la boulangerie demander une boîte de clous. Ou chez le tailleur, demander une miche de pain. Il essayait de briser leur ego, qu'il considérait comme un obstacle à la vraie spiritualité. C'est ce que je tâche de garder en tête quand je me promène dans ma robe de berger, qui se soulève parfois comme celle de Marilyn Monroe : je suis en train de briser mon ego.

- L'esclave/stagiaire. Mon esclave-slash-stagiaire est à mon service depuis quelques semaines. Et cela pourrait bien figurer au classement des dix meilleures choses qui me soient jamais arrivées.

  J'ai déjà eu des assistants, mais c'est sans aucune comparaison. Kevin est un brave garçon de l'Ohio. Il présente bien, a des cheveux blond foncé, et semble sorti d'une pub pour les traitements contre l'herpès (j'entends ça comme un compliment ; ils choisissent toujours le type de l'Américain robuste, vous avez remarqué ?). Kevin fait aussi partie d'un groupe *a cappella* qui fait des reprises de Jay-Z. Je les ai écoutés sur son iPod, ils se défendent vraiment bien.

* *Pour en finir avec Dieu,* Paris, Robert Laffont, 2008.

Et Dieu sait s'il s'est jeté dans son rôle d'esclave biblique ! Bien sûr, il fait ce que font tous les stagiaires : recherches, coups de téléphone, saisie (il m'a ouvert un compte sur eBay pour que je puisse revendre certains de mes effets – essentiellement des DVD et des chemises de flanelle – et faire don des recettes à une association). Mais il m'envoie aussi des courriels du style :

"Vous avez besoin que je vous ramène quelque chose ? Des vêtements de bébé ou un truc de ce genre ?"

Ou bien :

"Je suis prêt à travailler huit comme quatre-vingts heures par semaine."

Je me sentais un peu coupable au début, mais c'est vite passé. Difficile de se plaindre qu'un type file pour vous au magasin dès qu'une ampoule est grillée.

Il m'a aussi envoyé ce mail, hier : "Si je pouvais utiliser votre cuisine – la mienne est trop petite pour ça – j'aimerais vous préparer un ou deux pains d'Ezéchiel demain, le matin ou l'après-midi, comme ça vous pourrez les manger pendant le week-end et pour Shabbat. Ça vous dit ?"

Aujourd'hui, lorsque je rentre de rendez-vous, Kevin est dans ma cuisine, les mains pleines de farine, broyant un mélange de graines au pilon. Le pain d'Ezéchiel est l'une des rares recettes que donne la Bible. Dieu dit à Ezéchiel de fabriquer un pain de froment, d'orge, de fèves, de lentilles, de millet et d'épeautre. Le pain d'Ezéchiel de Kevin n'était pas mauvais du tout. C'était comme un biscuit de farine complète en un peu moins croquant. Kevin m'a confessé plus tard qu'il avait légèrement amélioré la recette en ajoutant du miel, mais il aurait été mesquin de le lui reprocher.

– On devrait peut-être en offrir un peu à vos voisins, suggère-t-il. Ce serait très biblique.

Nous frappons à quelques portes, mais personne n'est là. Enfin, à vrai dire, ma voisine Nancy est chez elle, mais elle nous crie de l'intérieur : "Ça m'aurait fait très plaisir, mais j'ai une côte fêlée, je ne peux pas me lever." Rappel à moi-même : penser à m'occuper de ce projet Hendrix quand elle ira mieux.

Kevin me dit qu'il aimerait prendre un morceau de pain et le donner à quelqu'un en rentrant chez lui. Il me rappelle le bon serviteur dans la parabole de Jésus. C'est l'histoire d'un maître qui part en voyage, et qui donne cinq sacs d'argent à son bon serviteur et cinq sacs d'argent à son mauvais serviteur. Le bon serviteur fait fructifier l'argent et finit avec dix sacs. Au contraire, le mauvais serviteur a enterré le sien, si bien qu'il n'a fait aucun gain. Un bon serviteur fait preuve d'initiative. Kevin aurait doublé, peut-être même triplé la mise.

Soit un homme qui a eu cent enfants...

ECCLÉSIASTE 6,3

314e jour. Nous allons au restaurant avec le père et la belle-mère de Julie. Le ventre de Julie est si gros, à présent, qu'il fait saillie à quatre-vingt-dix degrés ; il est pratiquement parallèle à la table. Elle se glisse dans le box avec une grâce impressionnante.

Le serveur prend nos commandes. Pour moi, ce sera légumes vapeur – fade, mais bibliquement sûr. Il y a quelques semaines, j'ai décidé de faire la fierté de ma tante Marti de Berkeley en devenant végétarien. Une décision plus pragmatique que morale. Il est tellement plus simple de respecter les lois alimentaires de la Bible quand on se tient à l'écart des animaux. De plus, d'après la Bible, la race humaine a d'abord été végétarienne – Adam, Ève, Caïn, Abel, et jusqu'à Noé, qui fut le premier à manger de la chair. Je bénéficie donc d'une caution biblique.

J'essaie également d'arrêter les œufs. A cause d'un truc que j'ai appris en interviewant un karaïte, un membre de cette secte juive qui se conforme à la Bible aussi rigoureusement que possible. “Permettez que je vous balance une bombe nucléaire”, m’a dit cet homme ; il s’appelle Nehemiah Gordon et il est responsable du site internet des karaïtes, Karaite Korner. “On ne peut pas suivre toute la Bible à la lettre parce qu’on ignore le sens de certains mots.”

Dans le chapitre XI du Lévitique, on trouve la liste des oiseaux immondes : le vautour-griffon, le gypaète, l’orfraie, le pélican, etc. Le problème, c’est que ce ne sont là que nos meilleures déductions. La véritable identité de ces oiseaux s’est égarée dans le dédale du temps. Alors, par précaution, les karaïtes ne mangent ni œufs ni volaille. C’est une analyse tout à fait perspicace – et elle a rendu mon régime encore plus draconien.

Bref, voilà ce que j’ai eu à dîner : des légumes bouillis à la fadeur. La conversation a en bonne partie consisté dans les efforts de la belle-mère pour consoler Julie du surnombre de chromosomes Y dans la famille.

“Si tu as un autre bébé, je parie que ce sera une fille.”

En rentrant à la maison, je sonde Julie au sujet de cette utile suggestion.

– Tu crois qu’on devrait ?

– Non. Absolument pas, dit-elle. Mes ovaires sont au bout du rouleau.

– C’est exactement ce que je pense.

– Quoique nous ayons un embryon congelé à la clinique, pas vrai ?

Je ne sais pas. Est-ce qu’il nous reste un embryon congelé ? Je n’arrive pas à croire que je l’ignore. Je devrais maîtriser ce dossier à fond. Le lendemain, j’appelle la clinique et j’ai une infirmière au bout du fil. Non, il ne nous reste pas d’embryon. Les deux seuls survivants se trouvent dans le ventre enflé de Julie. C’est un soulagement. Je n’ai pas à m’interroger sur le sort de l’embryon restant. Ça fait une décision morale en moins.

Les questions éthiques autour des embryons – des cellules souches et de l’avortement – sont, bien sûr, éminemment complexes. Des gens raisonnables ont des opinions divergentes. Et, pour tout dire, ce débat excède le champ de ce livre. Je ne vais donc pas essayer d'argumenter en faveur d'un parti ou de l'autre. Vous êtes probablement à même de deviner ma position – elle est typiquement progressiste. Mais je dirai une chose : quand je lis la Bible, je n'ai pas l'impression qu'elle penche d'un côté ou de l'autre. La tradition religieuse, la doctrine des Eglises, l'interprétation rabbinique – tout cela pèse dans le débat sur les cellules souches et l'avortement, et très lourd. Mais la lettre de la Bible n'est, je crois, ni pro-vie ni pro-choix.

Certains acteurs du mouvement pro-vie ne sont pas d'accord. Ils s'appuient sur plusieurs passages pour prouver que la vie commence dès la conception. Notamment :

> C'est toi qui as formé mes reins, qui m'as tissé dans le sein de ma mère (Psaumes 139,13 [LSG]). (Ce passage est cité pour prouver que Dieu œuvre déjà sur le fœtus *in utero*, et que l'enfant à naître est donc sacré.)

> Yhwh m'a appelé dans le giron / dans le ventre de ma mère il s'est rappelé mon nom (Isaïe 49,1 [NT]). (Ici, le prophète Isaïe dit que Dieu l'a rendu sacré avant même sa naissance. Là encore, Dieu est à l'œuvre dans l'utérus.)

> Dès qu'Elisabeth entendit la salutation de Marie, son enfant tressaillit dans son sein, et elle fut remplie du Saint-Esprit (Luc 1,41 [LSG]). (Ici, la mère de Jean-Baptiste, enceinte, rencontre la Vierge Marie, également enceinte. Jean-Baptiste saute de joie – on veut y voir une preuve que le fœtus a des émotions.)

Fonder une décision morale majeure sur des passages comme ceux-là paraît excessif. Ils sont tellement vagues. On peut les interpréter de mille façons – et, naturellement, chrétiens et juifs pro-choix ne s'en privent pas. Ils vont même plus loin, ce que je n'aurais pas pensé. Ils citent la Bible à leur tour. J'ai lu un article intitulé “La Bible est pro-choix” dans une revue du nom de *Humanist Perpectives.* Il cite notamment le verset 6,3 de l'Ecclésiaste :

> Soit un homme qui a eu cent enfants et a vécu de nombreuses années, et alors que ses années ont été nombreuses, il ne s'est pas rassasié de bonheur et il n'a même pas de tombeau : je vois que l'avorton est plus heureux que lui.

Ici, avorton est interprété dans le sens "d'enfant mort-né". C'est censé montrer qu'il y a des vies qui ne valent pas d'être vécues.

Le verset 21,22 de l'Exode est également controversé. Il dit que si un homme heurte une femme enceinte et qu'elle perd sa progéniture, l'homme doit en répondre. Et pour sa peine : payer une indemnité. Cela montre, disent certains, que le fœtus n'est pas considéré comme une personne. Si c'était une personne, l'homme serait puni bien plus sévèrement. Il serait mis à mort.

Naturellement, les pro-vie réfutent cet argument. Et les pro-choix réfutent leurs réfutations. (Si vous voulez connaître le détail de cette controverse, je vous recommande le site ReligiousTolerance.org.) Les débats sur l'avortement et les cellules souches me rappellent toujours une citation de William Blake. J'aimerais pouvoir dire que je suis tombé dessus en lisant Blake. Purée, j'aimerais pouvoir dire que je suis tombé dessus en lisant un ouvrage d'un professeur de la Yale Divinity School. Mais la triste vérité, c'est que je l'ai lue dans *Je ne sais rien sur la Bible.* Ce qui n'ôte rien à sa force :

> Tous deux lisons la Bible jour et nuit,
> Mais tu lis noir où blanc je lis.

Qui rit d'un malheureux ne restera pas impuni.

PROVERBES 17,5

324e jour. Je ne sais pas ce qui m'arrive. Mon ami Paul m'a envoyé un lien vers une vidéo de YouTube. J'ai cliqué. On y voit une présentatrice de JT donner les cours de la bourse quand, tout à coup, un énorme projecteur s'abat et lui cogne la tête. Elle s'écroule de sa chaise et disparaît de l'image.

Tous les commentaires d'internautes disaient "LOL" ou "pété de rire." Mais je ne voyais pas ce que ça avait de drôle. Je trouvais seulement ça navrant. J'ai passé vingt minutes sur Google à essayer de trouver le nom de cette malheureuse présentatrice pour lui envoyer un mail de prompt rétablissement ou de bonne-chance-pour-le-procès. Pas moyen de mettre la main dessus.

Qu'est-ce qui m'arrive? En quelle espèce d'andouille bouffie de vertu suis-je donc en train de me transformer? Si ça continue, je vais finir par louer le DVD d'*Un monde meilleur.*

J'ai été dévoré par la chaleur pendant le jour...

GENÈSE 31,40

332e jour. C'est un week-end d'été chaud, très chaud à New York. Je sue abondamment dans ma barbe et mon *tsitsit.* Jasper est rouge comme une écrevisse. Alors quand des amis – qui ont une piscine d'enfants gonflable dans leur cour – nous invitent à venir les voir, ça nous paraît une bonne idée.

En ce moment, Jasper est en train de barboter dans la piscine avec leur fille Lily, et il vit le plus grand moment de ses deux années d'existence. Il rigole comme Ray Liotta dans *Les Affranchis.* Il nous montre qu'il est cap de sauter d'un côté à l'autre de la piscine. Moi, en revanche, je ne suis pas en train de vivre le plus grand moment de mon existence. Ces sauts-là ne me disent rien qui vaille. Il va finir par se casser la rotule, se fracasser le crâne – ou allez savoir. J'ai envie de composer le 9-1 et de garder le pouce prêt pour le deuxième 1 en prévision de la catastrophe inévitable.

Après trois minutes de ce spectacle, je n'y tiens plus. J'ôte mes chaussures, retrousse le bas de mon pantalon blanc, me lève de table et entre dans la piscine d'enfants.

– Qu'est-ce que tu fabriques ? me crie Julie.

– Je surveille notre fils, dis-je en pataugeant vers Jasper.

– Casque, dit Julie.

– Tu crois ?

– Oui, casque.

Mercredi ! Peut-être qu'elle a raison. Pense à l'exemple de Dieu, me dis-je. Souviens-toi qu'Il a doté les hommes du libre arbitre. Un geste follement généreux. Mais Dieu savait que les hommes étaient en partie divins, alors Il a voulu leur donner cette possibilité divine de choisir. Et – ce qui compte tout autant – de se tromper.

Il faut que je fasse pareil avec Jasper. Lentement, à contrecœur, je sors de la piscine. Je prends place dans une chaise en plastique blanche poisseuse et observe Jasper. Qui se cogne finalement le derrière au fond de la piscine, semble hébété pendant dix petites secondes, puis se remet à sauter comme un singe fou.

DOUZIÈME MOIS : AOÛT
(ET UN PEU DE SEPTEMBRE)

Honore les veuves – j'entends les vraies veuves.

I TIMOTHÉE 5,3

336e jour. Aujourd'hui, j'ai retrouvé ma grand-tante Joelle pour déjeuner. Avec ma tante orthodoxe Kate, Joelle est la seule autre dévote de la famille. C'est une catholique pratiquante qui rend facilement grâce à Dieu, même quand elle est entourée d'agnostiques comme nous autres. C'est aussi une ancienne actrice et chanteuse (quand la famille entonne "Joyeux anniversaire", son vibrato vient ajouter une touche professionnelle), et la personne la plus bavarde que j'aie jamais connue. Son mari – un doux vétéran de la marine – est mort il y a quelques mois dans leur maison de Miami.

La Bible demande de consoler les veuves, et c'est l'une des raisons pour lesquelles je l'ai invitée à déjeuner. Mais, comme souvent, je crois que j'ai davantage reçu que je n'ai donné. Joelle a évoqué l'amour de Dieu, Son amour inconditionnel. "Parfois je n'en reviens pas que Dieu m'aime tant. Je me dis : « Comment peut-il m'aimer à ce point ? Je suis loin de m'aimer autant qu'il m'aime. »" Si jamais la vie tourne à l'aigre, ou que Joelle fait quelque chose de travers, elle peut toujours compter sur l'amour inconditionnel de Dieu.

En sortant de ce déjeuner, je me suis senti en paix pour la première fois cette semaine. La semaine dernière, voyez-vous, mon projet Bible me déprimait un peu. Dans cette dernière ligne droite, j'ai essayé frénétiquement de lire tous les livres sur la religion, d'interviewer tous les leaders religieux, de suivre toutes les règles. Et si j'oubliais une analyse ? Si je passais à côté d'une traduction possible ? Je n'ai pas donné cinq sicles à Dieu pour racheter mon premier-né. Je n'ai pas encore parlé à un adventiste du septième jour. Et s'ils détenaient le secret ? J'ai à peine entamé la Bible.

Mais Dieu me pardonnera peut-être mon défaut d'omniscience. Si Joelle dit vrai, Il m'aimera toujours. Je ne saurai jamais tout. Je ne peux pas rivaliser avec Lui. D'ailleurs, il suffit de regarder les supermen de la tour de Babel pour savoir ce qui arrive à ceux qui s'y essaient.

Elle conçut encore et elle enfanta un fils...

GENÈSE 29,34

359e jour. Aujourd'hui, c'est la naissance de nos jumeaux. C'est nous qui avons choisi la date. Nous avons fixé la date de leur irruption sur cette terre bénie ce 24 août, neuf heures du matin. C'est écrit là, dans l'agenda informatique de Julie, comme le serait un examen de routine chez l'ophtalmologiste.

Ça paraît très anti-biblique. On voit mal Rachel programmer la naissance de Joseph le troisième jour après la récolte de l'orge. Mais nos enfants se présentent par le siège dans le ventre de Julie, alors le docteur dit que la césarienne est inévitable.

Très civilisée, cette naissance. Rien à voir avec celle de Jasper. Cette fois, Julie n'a pas de contractions et elle ne hurle pas comme un loup. On la conduit au bloc sur un lit à roulettes, une petite charlotte sur la tête. L'anesthésiste l'endort jusqu'à la taille, et voilà, elle est prête à donner la vie.

Je passe un masque qui me couvre le nez et la bouche, puis rejoins Julie dans la salle d'opération.

– Hep ! me fait l'infirmière. Il faut aussi vous couvrir la barbe.

Elle me fait ressortir et me procure un second masque. Je reviens.

– Maintenant nous allons enlever la blouse de votre femme, me prévient l'infirmière. Alors si vous voulez partir, c'est le moment…

– Non, merci, dis-je.

Drôle de proposition. Attendez voir. Elle doit me prendre pour un juif orthodoxe qui ne souhaite pas voir la nudité de sa femme.

L'atmosphère qui règne dans la salle est un curieux mélange. D'un côté, c'est sanglant à faire peur. Je me tiens près de la tête de Julie et, bien que le docteur ait tendu un petit rideau à mi-ventre pour masquer le plus gore, j'en vois quand même assez pour manquer de m'évanouir. Et d'un autre côté, l'ambiance est plutôt détendue. Les médecins discutent de leurs projets de week-end comme s'ils étaient à la cantine devant leur salade au poulet.

– Tiens-moi la main, dit Julie.

– C'est-à-dire que, tu seras impure pendant une semaine après la naissance, alors je peux seulement la tenir avant la naissance.

– Ah non, tu vas pas…

A 9 h 50, le docteur plonge ses mains et extrait un premier petit bonhomme. A 9 h 52, il récidive et en sort un second. Je suis officiellement père d'une tripotée de fistons.

Je regarde mes garçons se tortiller sous une énorme lampe chauffante. Eux aussi forment un drôle de mélange. D'un côté, ce sont de tous petits animaux – minuscules, nus, gluants. Même leurs bruits sont animaux. Leurs pleurs ne sont pas humains, on dirait plutôt des coin-coin de canard. Mais d'un autre côté, je discerne déjà en eux quelque chose de transcendant. Lorsqu'ils défroissent leurs petites paupières – tous les deux les yeux bleus ? Où sont-ils allés pêcher ça ? – je décèle ce qu'une religieuse de ma connaissance nomme “l'ADN de Dieu”. Ces yeux-là sont en vie.

Quand le docteur a extirpé chacun de nos fils, j'ai repensé à l'accouchement peut-être le plus mémorable de la Bible. Oui, même dans la salle d'opérations, la Bible continue à teinter mes pensées. Je veux parler de la naissance de Péreç et Zérah. Voici l'histoire : les deux garçons se battaient pour savoir lequel allait naître en premier. L'un d'eux – Zérah – sortit sa main du ventre de sa mère, et la sage-femme lui attacha un fil écarlate au poignet. Puis il rentra sa main. Le second fils, Péreç, s'arrangea alors pour le contourner et sortir le premier. La Bible ne dit pas lequel des deux fut considéré comme l'aîné dans ce scénario peu commun. J'aime à penser que c'est Zérah, puisqu'il a ouvert la brèche avec sa main, tout comme un joueur de la NFL marque un essai s'il franchit la ligne avec le ballon.

Je suis content que cette histoire me soit revenue. Pas à cause de la péripétie du ruban rouge. Mais parce que, si vous vous souvenez, leur conception est une bonne métaphore de celle de mes fils. Ces jumeaux antiques étaient nés dans des circonstances compliquées – fruits des amours de Juda et de sa belle-fille Tamar, qui s'était déguisée en prostituée. Les miens aussi ont des origines compliquées. Mais, je l'espère, ils n'en sont pas maudits pour autant.

Et maintenant que je tape ces mots, je me demande si l'histoire de Péreç et Zérah ne pourrait pas servir de Grande Métaphore pour mon année. Peut-être qu'on peut l'appliquer à la Bible elle-même. Qui sait, la Bible n'a peut-être pas été dictée par Dieu, peut-être qu'elle est née de complications et d'embrouilles, d'un fatras de programmes politiques et d'idées dépassées – ce qui n'empêche pas qu'elle soit belle et sacrée.

Vous, petits enfants, vous êtes de Dieu…

I JEAN 4,4

361e jour. L'hôpital a autorisé Julie et les jumeaux à sortir à onze heures, le troisième jour. Ça aurait pu aller plus vite si nous n'avions pas perdu trois quarts d'heure environ avec les gardes de l'hôpital, qui ont vérifié, revérifié et rerevérifié nos bracelets d'identifications et nos numéros de sécurité sociale, pour s'assurer que nous n'étions pas en train d'embarquer les mauvais bébés.

Nous sommes à la maison depuis deux jours maintenant, et j'ai passé le plus clair de mon temps à boutonner leurs petites combinaisons. Dingue ce qu'il y a comme pressions sur ces trucs-là. Qu'ont-ils donc fait de ces bonnes vieilles fermetures Eclair ?

Jasper a développé à l'endroit de ses frères une stratégie intéressante : le déni total. Il refuse d'entériner leur existence. Il ne daigne même pas les regarder. Ils ont beau hurler sous son nez, il se branche en mode rayons X et son regard file droit à travers leurs crânes.

Quant à moi, je sais que je vais vous surprendre : je suis dans un état de fatigue délirant. Hier, Julie préparait des sandwichs dans la cuisine et je lui ai joyeusement tapoté les fesses en passant. Le problème, c'est que ce n'était pas Julie. C'était maman. Maman venait voir les jumeaux. Et dans l'état brumeux où j'étais, j'ai confondu Julie avec ma mère. Chose que le Lévitique interdit catégoriquement.

Je n'ai presque rien fait de biblique depuis la naissance. Je perds un temps précieux. J'ai décidé de me donner un mois supplémentaire, mais Julie a marchandé et j'ai ramené ça à deux semaines.

Comme si ça ne suffisait pas, les garçons – Zane et Lucas – ont des rythmes totalement différents et refusent de coopérer. Leur rivalité est, oui, biblique. Le cadet est minuscule – même pas 2,3 kg – et l'aîné un gros patapouf – 3,2 kg. Et ils sont toujours en train de se battre pour accéder au contingent de lait de Julie. Le cadet est sournois. Je crois qu'il sent quand son frère remue, alors il se met à pleurer pour être sûr d'être servi le premier. Il est ce que Jacob était à Esaü – le faible qui sait y faire. Ai-je tort de pencher de son côté ? Toute ma vie j'ai penché pour les faibles, alors c'est presque irrépressible. Je suis sûr que c'est temporaire. Il vaudrait mieux. Je sais où mène le favoritisme – Jacob a favorisé Joseph, et Joseph a fini dans une citerne, où l'avaient jeté ses frères jaloux.

Pardonnez, et vous serez pardonnés.

LUC 6,37 (RSV)

363e jour. J'ai enfin dit à mes parents que j'avais rencontré mon ex-oncle Gil et qu'il figurerait dans mon livre. Je leur ai envoyé les passages incriminés pour qu'ils aient le temps de se préparer.

Ça ne leur a pas beaucoup plu. Ils m'ont dit que je ne faisais pas assez ressortir la part sombre de Gil. M'ont demandé si j'avais vraiment besoin de lui ménager une si grande place. Tenaient à ce que je stipule clairement qu'il était mon *ex*-oncle. Ont critiqué le passage où je dis que Gil est la créature la plus exotique de la famille. Mais, au final, ils se sont montrés indulgents. Ils ne m'ont pas fait changé un mot. "Nous ferons avec, m'a écrit ma mère. Nous t'aimons." Leur fils a mangé les gousses jetées aux cochons, et quand il est revenu, ils l'ont accueilli à bras ouverts.

Quand ils auront huit jours, tous vos mâles seront circoncis…

GENÈSE 17,12

366e jour. Mes jumeaux sont au monde depuis huit jours, ce qui signifie que le moment est venu de suivre l'un des tout premiers commandements de la Bible : la circoncision.

En fait, je m'y connaissais déjà un peu en circoncision avant mon aventure biblique. Trop, peut-être. Pendant un an environ, au début de ma carrière de journaliste, j'ai écrit un nombre étonnant d'articles sur le sujet. Ce fut mon premier vrai scoop. A l'époque, je vivais à San Francisco et Marti, mon excentrique de tante, m'avait présenté à des militants anti-circoncision qui considéraient l'ablation du prépuce comme un acte cruel et inutile. Comme le disait Marti : "C'est le seul problème d'homme qui m'intéresse."

Les plus radicaux d'entre eux ne voulaient pas seulement rendre cette pratique illégale, mais aussi revenir sur leur propre circoncision. Je me souviens d'être allé assister à la réunion d'un groupe d'entraide qui, même selon les critères de San Francisco, paraissait étrange. Ils s'appelaient RECAP, acronyme de REcover A Penis (un groupe rival s'appelait BUFF – Brothers United for Future Foreskins*).

La réunion se déroulait au sous-sol d'une église – soit une église extrêmement libérale, soit une église qui ne savait pas à qui elle louait ses locaux. Une douzaine d'hommes avaient pris place sur des chaises pliables disposées en cercle. Il y avait des hippies à queue de cheval, des types qui ressemblaient au fana de cuir des Village People, et une poignée de simples quidams qui auraient très bien pu travailler au service des emprunts de la Citibank.

"Je ne me sens pas entier, avait dit l'un d'entre eux. Je veux me sentir entier à nouveau."

Un autre avait demandé : "Vous vous imaginez ce qu'on doit ressentir quand on fait l'amour avec un prépuce ? Ça doit être comme d'avoir la télé en couleur." (Je n'ai jamais été en mesure de le confirmer, mais on prétend que la circoncision émousse la sensation.)

L'essentiel de la conversation a porté sur des méthodes maison pour faire repousser son prépuce. Je vous épargne les détails. Je suis sûr qu'internet regorge d'informations pour ceux que ça intéresse.

Sensibilité sexuelle mise à part, l'aspect médical de la circoncision est encore en débat. L'American Academy of Pediatrics ne fait aucune recommandation pour ou contre. La circoncision pourrait réduire les risques de cancer du pénis, et on n'a pas la preuve irréfutable qu'il en va de même pour le sida. (Après la fin de mon année biblique, l'Organisation mondiale de la santé a recommandé qu'on pratique la circoncision médicale dans les zones à haut risque.)

Donc, quand Jasper est né, j'avais des sentiments mêlés sur la question. Je ne craignais pas vraiment qu'il finisse dans un

* Autrement dit RECUP, REcouvrer Un Pénis, et, mettons, FLAP, Frères en Lutte pour l'Avenir des Prépuces.

sous-sol de San Francisco à décharger sa bile, mais à quoi bon lui infliger cette douleur ? Il n'y a pas de justification rationnelle. Du moins, il n'y en avait pas jusqu'à cette dernière série d'études sur le sida. Et même si c'était médicalement fondé, y aurait-il vraiment lieu de transformer l'opération en fête avec des bagels au sésame et du fromage à tartiner végétarien ?

Mes tantes n'ont fait qu'alimenter ma confusion. J'ai été la cible de deux campagnes contradictoires. D'un côté, ma tante orthodoxe Kate nous laissait des messages sur le répondeur pour nous encourager à sauter le pas. De l'autre, Marti nous postait des brochures à vomir sur des circoncisions qui avaient mal tourné.

Finalement, Julie a coupé court à la discussion. Jasper serait circoncis, la cérémonie aurait lieu dans notre appartement, et l'opération serait pratiquée par un ami de la famille, Lew Sank, un pédiatre du New Jersey qui a aussi des titres de *mohel*.

Quand le jour est arrivé et que la famille s'est trouvée rassemblée, j'ai fait tout mon possible pour ignorer la véritable nature de l'événement. Je me suis bercé de l'illusion que ce n'était qu'un brunch avec un détour par une procédure médicale mineure.

J'ai usé de blagues pour me maintenir à distance. D'ailleurs, comme tout *mohel*, Lew en connaissait un paquet.

"Tu connais celle du type qui se convertit au judaïsme à l'âge adulte ? Il doit se faire circoncire, mais il appréhende. Alors il demande à son ami juif Abe : « Ça fait mal ? » Et Abe lui répond : « *Oy*. Quand j'ai eu la mienne, je suis resté un an sans pouvoir ni marcher ni parler. »"

Le seul moment terrifiant fut d'apercevoir un couteau de la taille d'une petite machette sur la table. En fait, c'était pour couper le pain cérémoniel. Du coup, ça a plus ou moins tourné à la blague, ça aussi.

Au moment de la circoncision proprement dite, Julie et moi avons refusé de regarder. Nous nous sommes enfermés dans la chambre, nous sommes tenu les mains et, pour couvrir les pleurs, nous sommes mis à parler très fort du modèle de piles

– LR6 ou LR14 ? – requis pour le mobile à dauphins. Deux ans et demi plus tard, le moment est venu des circoncisions 2 et 3. Et malgré la présence des bagels et du *mohel* Lew, la situation est différente : cette fois, j'ai bien l'intention de regarder. Si je choisis de faire ça à mes fils – ça, la cinquième et dernière de mes Règles les Plus Problématiques de la Bible – la moindre des choses est de faire face.

La circoncision occupe une très grande place dans la Bible ; elle est mentionnée à quatre-vingt-sept reprises. Elle était considérée comme le moyen de sceller l'alliance entre Dieu et les hommes. Une signature en lettres de sang. Abraham fut le pionnier. Dieu lui apparut et lui demanda de circoncire tous les hommes de sa maison, et tous les nouveau-nés âgés de huit jours. Abraham n'avait pas de nouveau-né à l'époque, alors les premiers initiés furent son fils aîné, Ismaël (qui avait treize ans), et Abraham lui-même, qui n'avait pas moins de quatre-vingt-dix-neuf ans.

Dans le Nouveau Testament, la circoncision devient, au mieux, facultative. L'apôtre Paul – qui avait pour mission de propager la foi chrétienne au-delà du peuple juif – déclare qu'elle n'est pas nécessaire. Il n'est nul besoin de preuve physique dès lors qu'on a changé dans son cœur. Il utilisait l'expression de "circoncision dans le cœur". Certains passages indiquent clairement que Paul n'a rien contre la circoncision pour les descendants directs des Israélites.

– Alors comme ça, c'est toi qui fais la circoncision ? demande Eric, le frère de Julie.

– J'ai entendu dire qu'on trouvait de bons silex à Central Park, ajoute Doug, son autre frère.

– Très drôle.

Je ne suis pas d'humeur à plaisanter ; je suis trop anxieux. J'ai le front moite.

Je marmonne que la Bible n'oblige pas le père à célébrer la cérémonie.

En fait, on ne pourrait pas être plus loin du silex. Lew a apporté une pleine trousse d'ustensiles en métal étincelants qu'il a étalés sur la table du salon. Il enfile ses gants blancs de chirurgien, passe un tablier jaune et sort une boîte de lingettes désinfectantes.

– Qui passe en premier ? demande-t-il.

– Zane ? dis-je.

– Bien, amène-le-moi.

Zane paraît minuscule sur la table, aussi petit qu'un bol de soupe sur une table dressée.

Je jette un coup d'œil à la ronde. Ma belle-sœur est scotchée à la fenêtre. Ma mère feuillette un catalogue de *Bob le bricoleur*. Julie tourne le dos à la table. Personne ne regarde Zane.

Mes yeux reviennent vers mon fils, qui s'est mis à pleurer. Dehors, un bus passe en vrombissant. Je serre les dents. Je plisse les yeux, sorte de compromis entre les garder ouverts ou les fermer.

Lew pose des pinces. Les pleurs redoublent. Il sort une lanière de cuir brune. Et des scalpels. Des gouttes de sang tachent la serviette. Zane hurle à présent, à gorge déployée.

Dans un sens, tout cela est très hygiénique, médical, aseptisé. Et pourtant… rien ne peut occulter le fait que ce qui est en train de se produire sur cette table est profondément primitif. C'est la chose la plus primitive que j'ai vue pendant toute mon année biblique.

Là, sur un carré de gaze blanche, se trouve un morceau de mon fils. Il a sacrifié une partie de son corps pour rejoindre une communauté ancestrale. Lew lit une prière photocopiée. "Puisse Celui qui a béni nos pères, Abraham, Isaac et Jacob, Moïse et Aaron, David et Salomon, bénir ce tendre enfant…"

Ce ne sont plus de simples noms dénués de sens. Ce sont les hommes avec qui j'ai passé l'année. Abraham, Isaac, Jacob. Une chaîne qui, si Lew avait continué à débiter des noms pendant des heures, serait probablement arrivée jusqu'à Charles Jacobowitz, Arnold Jacobs et A. J. Jacobs. Qui suis-je pour interrompre une tradition plus que millénaire ? La circoncision est un rite fou, irrationnel. Seulement voilà : c'est le rite fou, irrationnel que j'ai reçu en héritage. Alors mieux vaut peut-être ne pas le rejeter.

Ainsi, tout ce que vous voulez que les hommes fassent pour vous, faites-le vous-mêmes pour eux…

MATTHIEU 7,12

372e jour. Il y a quelques jours, juste avant la fête du Travail, une odeur a commencé à envahir notre couloir.

– C'est comme des navets pourris, m'a dit Julie. Tu sens, n'est-ce pas ?

Je sentais, mais j'ai dit à Julie que ce n'était sûrement rien. Notre mystérieuse voisine du 5R – que je n'ai jamais rencontrée – adore cuisiner des plats exotiques à base d'animaux inconnus. Elle avait dû rater une recette. Mais le lendemain matin, l'odeur était toujours là. Julie a téléphoné à la loge ; ils sont "montés voir" et n'ont rien trouvé. Pendant le week-end de la fête du Travail, tous nos voisins avaient quitté Manhattan. Dans tout l'immeuble, il ne restait que moi, Julie, nos enfants, et cette odeur. Forte. De plus en plus forte. Pas moyen de sentir d'où ça venait – tout le couloir semblait macérer.

Quand Julie et moi sortions nous promener, nous courions de la porte de l'appartement à l'ascenseur en nous couvrant le nez et la bouche sous le col de notre chemise. Julie a retéléphoné à la loge. Ils ont promis de s'en occuper.

Mardi matin, j'ai été réveillé par un tapage dans le couloir. J'ai entrouvert la porte et jeté un œil. Armé d'un marteau, Victor, l'homme à tout faire de l'immeuble, essayait de forcer l'entrée de l'appartement 5I – celui de notre douce voisine hippie, Nancy. Le chien de Nancy aboyait. Quatre pompiers attendaient un peu plus loin, prononçant de temps à autre quelques mots à voix basse dans leurs talkies-walkies.

J'ai compris avant même que l'un des pompiers me demande : "Vous avez croisé votre voisine ces derniers jours ?"

Victor a dû marteler une demi-heure avant de réussir à ouvrir la porte. Il est entré, a ressurgi au bout de quelques instants.

– Vivante ? ai-je demandé.

Il a secoué la tête.

Ils ont évacué le corps de Nancy sur une civière, recouvert d'un drap. Ont mis un cadenas sur la porte, ainsi qu'un ruban jaune de la police et un autocollant réfléchissant prévenant qu'il ne fallait même pas songer à essayer d'entrer. Ils ont installé un ventilateur industriel au bout du couloir pour faire partir l'odeur.

Je l'ai annoncé à Julie lorsqu'elle s'est réveillée. Elle s'est assise sur le canapé, a caché son visage dans ses mains et n'a rien dit pendant deux bonnes minutes. Puis elle a relevé la tête, les yeux rougis.

– Quand je l'ai vue il y a une semaine, elle s'inquiétait pour moi, de savoir si *moi* je tenais le coup.

Je n'ai fait que secouer la tête.

– De quoi est-elle morte ?

– On ne sait pas encore.

– Je leur ai dit que ça sentait. Je le leur ai dit. C'est bien ce que je craignais.

Chaque fois qu'il arrive quelque chose, j'essaie de trouver un précédent biblique, une histoire qui m'aidera à prendre du recul. Mais pour la mort de Nancy, vraiment, je ne vois rien. La Bible ne parle guère de gens qui vivent et meurent dans la solitude. Adam est tout seul au début, mais Dieu a tôt fait de remédier à la situation : "Il n'est pas bon que l'homme soit seul." A l'époque biblique, la cellule de base de la société n'était pas l'individu. C'était la famille. Nancy n'avait ni famille, ni mari, ni enfants, juste une poignée d'amis qu'elle ne voyait pas si souvent.

Au lit, ce soir-là, Julie et moi sommes vite trop épuisés pour lire.

– Peut-être que nous pourrions… dire une prière.

Julie me regarde comme si je venais de proposer un plan à trois avec la serveuse de la Columbus Bakery.

– T'es sérieux ?

– Une prière d'action de grâces. Ça aide, je trouve. On n'est pas obligés d'appeler ça une prière. On ne fait qu'exprimer notre reconnaissance.

Julie réfléchit un instant.

– O.K.

– On n'a qu'à commencer simplement.

– Je suis reconnaissante pour notre santé et pour nos enfants, dit Julie.

– Je suis reconnaissant que nous ayons pu connaître Nancy.

– Je suis reconnaissante que ton projet se termine.

Le service funèbre a lieu quelques jours plus tard. Il se tient chez une femme qui ne connaissait Nancy qu'un tout petit peu – toutes deux étaient membres de la clique informelle des propriétaires de chien de notre immeuble. Comme Nancy n'avait pas de famille, Julie a presque tout organisé – retrouver les amis, afficher une annonce dans le hall d'entrée.

Une dizaine de personnes se présentent. Dan, un ami de lycée, lit des lettres que Nancy a écrites au fil des ans et qui parlent, avec une sincérité poignante, de sa solitude, et de ce qu'elle souffre encore d'un mal "de décompression" après la remontée des sixties. On fait passer la couverture d'album qu'elle a dessinée pour Jimi Hendrix. Plusieurs personnes disent quelques mots du genre : "Elle a connu bien des tourments, mais elle aura au moins trouvé un peu de repos avec son chien Memphis."

Et on évoque cette ironie cruelle, ce dernier coup du sort qui semble tout droit sorti d'une pièce de Tchekhov, mais n'est que la triste vérité : elle est morte d'insuffisance cardiaque et d'asthme. Or cet asthme était provoqué par son chien.

Si on essaie de suivre littéralement le verset 19,18 du Lévitique – "Tu aimeras ton prochain comme toi-même" – eh bien, on ne peut pas. Cela reviendrait à placer les rêves, la carrière, les enfants, les animaux domestiques et les finances de son prochain sur le même plan que les siens. C'est pourquoi on préfère généralement cette interprétation moins extrême, mais infiniment plus sage, qui a nom "règle d'or" : "Traite les autres comme tu aimerais qu'ils te traitent."

Quand Nancy était en vie, on ne peut pas dire que j'aie très bien appliqué cette règle. Elle était là, littéralement prochaine. A deux portes de chez moi. Et je n'ai fourni qu'un piètre effort.

Je ne l'ai jamais invitée à dîner. Je ne me suis jamais retroussé les manches pour l'aider à faire publier son livre sur Jimi Hendrix. Je ne lui ai jamais acheté de cadeau pour la remercier de ceux qu'elle offrait à Jasper. Je n'ai jamais rempli ma mission d'accomplir pour elle une *mitsvah*.

Mais j'avais l'occasion de me racheter un peu. Memphis, le beagle de Nancy, n'avait toujours pas été adopté. Il séjournait temporairement chez d'autres voisins, qui ne pouvaient pas le garder longtemps. Le lendemain, je me suis donc lancé dans une quête frénétique : trouver un nouveau foyer à Memphis et, ce faisant, me sentir un peu moins impuissant.

Je me suis connecté à un site pour y poster une petite annonce. Mais là, je suis tombé sur un message de la SPA. Elle mettait en garde contre des psychopathes qui adoptent des chiens puis, pour s'amuser, les abattent ou les jettent à la rivière. Je ne peux pas dire que ça m'ait remonté le moral. A la place, j'ai envoyé un mail collectif à toutes les personnes qui me sont passées par la tête, en y joignant une photo de Memphis. Je l'avais prise un peu plus tôt dans la journée – ce chien est né avec la gueule pendante, mais maintenant elle traîne carrément par terre. Quelqu'un allait-il adopter un clebs à l'air si misérable ?

L'ami d'un ami a répondu. Il voulait rencontrer le chien misérable. Il est venu à la maison, en costume-cravate, femme et enfants dans son sillage.

– Prenons le temps d'y réfléchir, a dit sa femme tandis que les gosses grattaient la tête du chien.

C'eût peut-être été plus prudent. Mais les enfants ne l'entendaient pas de cette oreille, alors, sans autre forme de procès, Memphis est parti vivre dans une maison de banlieue avec cour et véranda.

Le lendemain, j'ai eu le sentiment d'avoir fait au moins une chose qui aurait plu à Nancy. Mais je me suis aussi souvenu d'une question qu'elle m'a posée il y a quelques mois :

Est-ce que je l'avais fait parce que la Bible me le demandait, ou parce que j'avais vraiment envie de le faire ?

Trouvé un nouveau foyer à Memphis était-il un moyen simple et commode de créditer mon compte moral ? C'est bien possible.

J'ai consulté l'un de mes conseillers spirituels sur la question – Greg Fryer, un pasteur luthérien qui vit dans le même immeuble que mes parents. Il m'a répondu la chose suivante :

"C. S. Lewis a dit que la frontière entre faire semblant d'être meilleur et commencer à l'être réellement est plus ténue que les limiers moraux ne l'imaginent." Bref, faire semblant d'être meilleur, c'est déjà mieux que rien. Non seulement c'était une super citation, mais en plus elle contenait une métaphore canine, alors je me suis dit que c'était un signe. J'ai été reconnaissant au pasteur Fryer et à C. S. Lewis d'avoir soulagé ma conscience.

Quelques jours plus tard, trois hommes revêtus de combinaisons de sécurité sont venus vider l'appartement de Nancy. Ils mettaient tout – ses vêtements, ses poêles, ses papiers – dans de grands sacs en plastique noirs, dont une douzaine étaient alignés dans le couloir. Et ce n'était que le début.

Je me suis noué un bandana rouge sur le visage, ai enfilé des gants à vaisselle jaunes, et je me suis invité dans l'appartement.

– J'en ai pour une minute, ai-je dit sans leur laisser le temps de réclamer laissez-passer ou explications. Juste un truc à chercher.

Je me suis frayé un chemin à travers le bazar qui jonchait le sol, et là, dans le coin, sur une table, j'ai trouvé une liasse de papiers. Je l'ai feuilletée. C'était une version encore très brute de ses mémoires. Je l'ai embarquée.

– Merci ! ai-je lancé en sortant.

De retour dans mon appartement, je me suis assis sur le canapé et j'ai lu les pages manuscrites. Ce livre est dur mais très beau. Il est aussi très inachevé – on ne trouve parfois qu'une bribe de phrase en haut d'une page. Je ne sais pas s'il sera publié un jour. Je l'espère. Mais au cas où il ne le serait pas, voici un extrait du haut de la page 41 qui m'a arrêté net. Il y est question du croquis de Jimi Hendrix, celui qui a fini en couverture d'un des albums du guitariste.

"Finalement, j'ai vendu l'original au Hard Rock Cafe, non seulement parce que j'avais besoin d'un peu d'argent, mais aussi parce que j'avais peur, si je venais à mourir, qu'il finisse sur le trottoir, comme tout finit sur le trottoir quand les gens meurent, dans un sac plastique noir. A présent, il était en sécurité."

...et, dans ma bouche, il fut doux comme du miel.

EZÉCHIEL, 3,3

374e jour. Aujourd'hui, ma nièce Natalia fête sa bat-mitsvah dans le New Jersey. Comme vous le savez peut-être, la partie la plus importante d'une bar- ou bat-mitsvah moderne n'est pas l'extrait de la Torah ou l'allumage des bougies, mais le thème. Il doit y avoir un thème : le sport, les chevaliers de la Table ronde, que sais-je ? Je suis récemment allé à une bar-mitsvah intitulée "Zach Wars : la revanche de la Torah", ce qui semblait en contradiction avec la proscription de la vengeance énoncée dans le Lévitique. Le thème de Natalia est "Charlie et la chocolaterie".

Elle et sa mère se sont mises en quatre. Les invitations servaient à emballer une barre de chocolat. Sa mère a passé des semaines à fabriquer vingt-deux Oompa Loompas en papier mâché. Les tables sont couvertes de bols de Skittles et de M&M's.

Jasper commence à s'agiter, alors je l'emmène sur la piste de danse, où nous nous joignons aux camarades de classe de treize ans et aux cousins au troisième degré de soixante-dix. Nous dansons sur une chanson de Beyoncé, et je sens quelque chose se passer. Je sens quelque chose m'envelopper, puis envelopper Jasper. Puis je sens cette chose s'étendre. Je la sens se propager comme une goutte de jus de canneberge dans un verre d'eau, balayer la salle, engloutir mes nièces, Julie et mes parents. Je suis là, à cette cérémonie merveilleusement idiote, entouré de cannes à sucre et de Kit Kat géants, sans défense, et ce sentiment a suinté de mon cerveau, fui de mon crâne et empli toute la salle. Avant de continuer. Autant que je sache, il a filé par les portes et les fenêtres pour traverser le parking et gagner la sortie.

J'étais déjà passé tout près cette année. Il y a eu cette transe hypnotique pendant le prêche du manieur de serpents. Mais je ne m'étais jamais entièrement laissé aller, j'étais toujours resté en suspension à quelques mètres du sol comme une montgolfière retenue par son amarre.

Alors dans ce club de loisirs d'une banlieue du New Jersey, alors que mon fils a les bras serrés autour de mon cou et la tête posée contre mon épaule, j'ai choisi d'accepter ce sentiment, de l'éprouver jusqu'au bout. De m'abandonner. Si je devais l'étiqueter, je dirais qu'il participe à la fois de l'amour, de la gratitude, de la communication et de la joie. Mais une joie comme concentrée, bien plus intense et vive que celle que j'ai éprouvée la nuit où j'ai dansé avec les hassidim. Peut-être ai-je enfin ressenti, aujourd'hui, ce que le roi David a ressenti lorsqu'il a dansé devant le Seigneur. Pendant un tel moment, rien ne pouvait m'atteindre. Si mes vêtements avaient volé comme ceux du roi David, cela n'aurait eu aucune importance. Du moins pour moi. La joie aurait tout balayé.

Cette altération de mon état a duré dix secondes maximum. Peut-être moins. Puis ça s'est dissipé. Mais pas totalement. Il subsiste comme un rayonnement latent – dieu fasse qu'il reste encore des semaines, des mois.

Sur la route du retour à New York, je m'interroge : pourquoi maintenant ? Est-ce lié à mon état d'abattement après la mort de Nancy ? Peut-être. Est-ce que je me suis délibérément mis dans cet état parce que mon projet touche à sa fin ? Oui, c'est probable. Mais même si c'était fabriqué, ça n'en était pas moins réel. Mieux vaut du saumon d'élevage que pas de saumon du tout. Ou, pour le dire autrement : mon année était une expérience contrôlée, mais parfois, c'est précisément parce qu'elles créent des circonstances extrêmes que les expériences donnent des résultats. Si Gregor Mendel (qui, soit dit en passant, était moine), avait laissé pousser ses cosses de pois n'importe comment, il n'aurait jamais compris la génétique.

Sans mon année, je n'aurais jamais été ouvert à ce sentiment qui m'a saisi sur la piste de danse. Et rien que pour ça, toute cette folie de Siège Portatif, de sauterelles et de serpents valait peut-être la peine.

La fin de toutes choses est proche.

1 PIERRE 4,7

378e jour. Plus qu'une journée. J'ai décidé de ne pas me lancer dans une orgie biblique aujourd'hui. Je ne veux pas gâcher ce dernier jour en courant en tout sens comme un poulet des *kapparot*. J'essaie d'en faire une journée tranquille, une journée de méditation. J'aimerais essayer de tirer quelques leçons. Par exemple :

La Bible m'a-t-elle rendu meilleur ? Je ne peux pas l'affirmer avec certitude, mais j'espère que oui. Au moins un peu. L'autre jour, je distribuais des tracts lors d'un rassemblement pour le Darfour, et, au bout d'un moment, les gens qui passaient en m'ignorant ont commencé à m'énerver. J'en ai conçu des fantasmes de vengeance élaborés – ces gens lisaient un article sur le rassemblement dans le *New York Times*, s'en voulaient de ne pas avoir pris mon tract et cherchaient même à me retrouver pour s'excuser. En d'autres termes, je fais semblant d'être quelqu'un de meilleur, or, à en croire C. S. Lewis, c'est déjà un début.

Si ça peut plaider en ma faveur, je suis devenu plus tolérant, surtout envers les religions. Voici comment je le sais : quand Jasper est né, ma tante Kate lui a offert une boîte de cubes ornés de caractères hébreux et de peintures de scènes bibliques. Je ne voulais pas que Jasper s'en serve car je craignais, en quelque sorte, que ça s'imprime dans son cerveau et le pousse à se convertir un jour au hassidisme. A présent je n'ai plus rien contre ses cubes bibliques, ils me plaisent bien. Je veux qu'il connaisse sa religion.

Et la Bible elle-même ? Qu'est-ce que j'en pense, au terme de cette année d'immersion ?

Quand j'ai démarré mon projet, Elton Richards a employé une métaphore alimentaire grandiose : il a comparé ma quête à la table d'un banquet ; tout le monde ne voudrait pas y prendre place à mes côtés, mais j'avais faim et soif, et je méritais de me sustenter. J'avais adoré sa façon de parler. Et j'avais décidé qu'avant la fin de l'année, je développerais ma propre métaphore alimentaire. Je crois que j'en ai trouvé une. Elle n'est peut-être pas grandiose, mais la voici :

On entend parfois parler de "christianisme de cafétéria". C'est une expression péjorative qu'emploient les fondamentalistes chrétiens pour critiquer les modérés. L'idée, c'est que les modérés ne suivent que les passages de la Bible qui leur plaisent. Ils prennent une bonne louche de miséricorde et de compassion. Mais la proscription de l'homosexualité ? Ils la laissent sur le présentoir.

Les fondamentalistes juifs ne parlent pas de "judaïsme de cafétéria", mais ils formulent la même critique. Il faut suivre toute la Torah, pas seulement les passages qui flattent le palais.

Leur argument, c'est que les religieux modérés sont inconséquents. Ils ne font qu'adapter la Bible à leurs propres valeurs.

Cette année m'a prouvé, sans aucun doute possible, que tout le monde pratiquait une religion de cafétéria. Et pas seulement les modérés. Les fondamentalistes aussi. Tout ne tient pas sur leur plateau. Autrement, ils excluraient les femmes qui disent bonjour à l'église ("Que les femmes qui sont parmi vous se taisent dans les Eglises ; car il ne leur est point permis de parler…" 1 Corinthiens 14,34 [DM]) et flanqueraient à la porte les hommes qui parlent des "Tennessee Titans" ("Vous ne ferez pas mention du nom d'autres dieux…" Exode 23,13).

Mais la leçon la plus importante est celle-ci : il n'y a pas de mal à choisir. Les cafétérias ne sont pas mauvaises en soi. J'ai déjà fait d'excellents repas dans des cafétérias. Bien sûr, il m'est aussi arrivé d'avoir des remontées de bile pendant seize heures après avoir mangé de la dinde *tetrazzini*. Mais la clé, c'est de bien choisir ses plats. Il faut prendre les plus nourrissants (la compassion), les plus sains (aimer son prochain), et non les plus amers. Les leaders religieux ne savent pas tout sur toutes les cuisines, mais les meilleurs d'entre eux peuvent nous orienter vers ce qu'il y a de plus frais. Ils peuvent s'avérer d'utiles employées de cantine qui – O.K., j'ai poussé la métaphore un peu loin.

Se pose alors le problème de l'autorité. Si l'on admet que chacun fait son choix dans la Bible, cela ne lui ôte-t-il pas toute crédibilité ? N'est-ce pas la saper à la base ? Peut-on encore faire cas d'une seule ligne de la Bible ?

"C'est la grande question", concède l'un de mes rabbins, Robbie Harris. Une question que je lui soumets comme à tous les membres de mon comité d'experts. Il n'y a pas de réponse simple ni entièrement satisfaisante. Mais permettez-moi de retenir deux idées intéressantes.

La première me vient du pasteur par passe-temps, Elton Richards. Voici sa métaphore : essaie de prendre la Bible comme une photo du divin. L'image n'est peut-être pas parfaite. Elle a peut-être des défauts : un pouce devant l'objectif, des couleurs passées dans les coins. Mais ça aide tout de même à visualiser.

"J'ai besoin de concret, me dit Elton. La beauté est quelque chose de général. Une abstraction. J'ai besoin de voir une rose. Quand je vois que Jésus embrasse les lépreux, ça me donne une raison d'embrasser les malades du sida. Qu'il embrasse les Samaritains m'encourage à combattre le racisme."

La deuxième idée vient de Robbie lui-même. Pour lui, il est vain d'affirmer que la Bible est le terme de notre relation à Dieu. Qui sommes-nous pour dire que la Bible renferme toute la sagesse ? "Soutenir que Dieu ne s'est révélé qu'une fois, en tel lieu, avec tels mots, et jamais plus ailleurs ni autrement, c'est en soi une forme d'idôlatrie." Son idée, c'est qu'on peut idolâtrer la Bible elle-même. Vouer un culte à la lettre et non à l'esprit. "Chacun de nous doit faire la moitié du chemin vers Dieu."

Ce qui soulève une autre question : est-ce que je crois en un Dieu comme celui de la Bible ? En tout cas, pas au sens où les anciens Israélites y croyaient. Je ne pourrai jamais sauter le pas et admettre l'existence d'un Dieu qui se retrousse les manches et manipule nos vies comme un romancier celles de ses personnages. Je suis toujours agnostique. Mais désormais, pour reprendre une expression d'Elton Richards, je suis un agnostique fervent. Ce qui n'est pas un oxymore, je vous assure. Désormais, je crois que, Dieu ou pas Dieu, il y a du sacré. La prière peut être un rite sacré. Par-delà le quotidien, il y a du transcendant. Ce sacré est peut-être une invention des hommes, mais il n'en est pas moins fort, pas moins important.

Je sors de cette année avec ma propre religion de cafétéria. Certaines choses de ma vie ne seront plus jamais les mêmes qu'il y a treize mois, qu'il s'agisse de grandes choses (se reposer le jour du sabbat) ou de petites (porter davantage de blanc). Et je continuerai à dire des prières d'action de grâces. Je ne sais pas exactement à qui je dis merci, mais je suis devenu accro aux remerciements (voir la trop longue page sur ce thème en fin de volume).

Il y a un temps pour toute affaire sous les cieux.

ECCLÉSIASTE 3,1 (DAR)

381e jour. Mon livre préféré, l'Ecclésiaste, contient ces lignes célèbres :

> Il y a une saison pour tout, et il y a un temps pour toute affaire sous les cieux. Il y a un temps de naître, et un temps de mourir ; un temps de planter, et un temps d'arracher ce qui est planté. (DAR)

Il est temps pour moi d'arracher mon massif.

Cela m'inquiète depuis des semaines. D'abord, j'ai eu vent d'histoires cauchemardesques d'enfants qui ne reconnaissaient plus leur père après rasage. Certains de ces enfants ont piqué des crises de larmes prolongées. Ils ont hurlé, demandant ce que faisait cet étranger dans la maison. Il a fallu des semaines pour retisser les liens.

Ça m'a rendu tellement paranoïaque que j'ai inventé un truc pour préparer Jasper au jour de la défoliation. Ça nécessitait d'enfreindre le second commandement – tu ne feras aucune image – mais tant pis. Il y a quelques semaines, je suis allé à la boutique de reprographie imprimer une grande photo couleur de mon visage vers 2005, lointaine époque où j'avais les joues glabres. J'ai fixé la photo à un bâtonnet de glace. Et chaque matin, pendant une heure, en faisant petit-déjeuner Jasper, j'ai tenu la photo devant mon visage, comme un masque. J'avais fait des trous pour les yeux et la bouche. Jasper avait l'air un peu affolé.

Maintenant le jour J est arrivé. Je passe la matinée à examiner ma barbe. Je vais dans le salon expédier une dernière prière. Julie est dans la pièce.

– Ça va ? demande-t-elle.

– Pas vraiment.

– Eh bien, songe que ça me rend vraiment heureuse. Concentre-toi là-dessus.

Le rasage lui-même est programmé pour quatorze heures ce 18 septembre. L'éditeur envoie un photographe à la maison pour faire des photos d'avant/après, je passe donc quelques minutes à fixer l'objectif en essayant de ne pas avoir l'air trop terroriste. Je n'aimerais pas effrayer mes lecteurs potentiels.

Par chance, le photographe ne me demande pas de sourire. J'aurais eu du mal. Je suis d'humeur sombre pour plusieurs raisons. Primo, il y a toujours une dépression post-partum quand on achève un gros projet. Je l'ai ressentie quand j'ai lu l'entrée Żywiec de l'encyclopédie. J'ai l'impression de quitter la terre ferme et ça me fait un peu peur. Que faire maintenant ? Je n'ai plus de cadre. Secundo, ma barbe partage ma vie depuis si longtemps qu'elle a presque acquis une personnalité propre, s'est presque transformée en organisme vivant. J'ai l'impression de perdre un animal de compagnie.

Et tertio, je ne fais pas que me raser la barbe, j'ampute une grande part de mon identité. Dans quelques heures, je ne serai plus Jacob. Je serai redevenu un bon vieux New-Yorkais ordinaire, anodin, perdu parmi des millions d'autres.

Il est deux heures quand tombe la première touffe de poils. Ça n'est pas rien de se débarrasser de cette affaire. Il ne suffit pas de mettre un peu de mousse et de dégainer le rasoir. D'abord, je passe quarante-cinq minutes à tailler dans la masse avec une grande paire de ciseaux argentés. Les touffes de poils dégringolent et vont noircir le lavabo, joncher le sol comme chez le coiffeur du coin. Ma barbe diminue finalement jusqu'à atteindre la taille d'un green de golf. Je balaie tous les poils et les fourre dans un gigantesque sac hermétique. Je ne sais pas encore ce que j'en ferai. Peut-être que j'en offrirai un échantillon aux cent premiers acheteurs du livre.

Et maintenant, le rasoir. En fait, j'ai acheté un nouveau rasoir pour l'occasion. Cette année, l'industrie du rasoir a connu de sacrées évolutions. A l'époque où je pratiquais, ils faisaient de simples rasoirs trois lames. Depuis, ils ont sorti ces cinq lames dernier cri. Je m'enduis de mousse, lève le menton, et pose mon cinq lames sur mon cou. Je retrouve ce grattement caractéristique. Un coin de peau apparaît. Puis un autre. Au bout de dix minutes, je rince le restant de mousse, et voilà. Mon visage.

Ouah, j'ai l'air bizarre. Je me sens nu, vulnérable. Mes joues me picotent, comme si elles émergeaient d'une année de bain turc.

Julie a assisté aux cinq dernières minutes. "On dirait que t'as quatorze ans !"

Et c'est vrai. C'est peut-être une illusion d'optique – de même qu'un petit cercle a l'air encore plus petit quand on le place à côté d'un grand cercle – mais je pourrais passer pour un élève de quatrième.

Julie m'attrape par les joues et me tire vers elle. Je l'embrasse pour la première fois depuis deux mois. C'est merveilleux. J'avais oublié le goût de ses lèvres.

Le photographe a eu la gentillesse d'apporter du champagne. Il l'ouvre au-dessus du lavabo et nous remplit trois verres. Je vais pour boire, mais je m'arrête. En moi-même, je dis une prière de remerciement pour le champagne. C'est bon, c'est différent, plus rien ne m'y oblige. Le délai a expiré.

Il restituera la chose qu'il a volée...

LÉVITIQUE 6,4 (LSG)

387e jour. Une semaine est passée depuis mon rasage. Le premier jour fut le plus difficile. J'avais perdu mes repères. Trop de possibilités. Ça m'a rappelé le sentiment de liberté que j'avais éprouvé lors de mon premier jour à l'université, mais sans l'euphorie et avec le double de peur.

Ah, et avec une sacrée dose de culpabilité. J'avais le sentiment de pouvoir m'autoriser n'importe quelle transgression. Je me suis rendu chez le coiffeur et me suis fait laver les cheveux par une femme. Tout du long, je me suis dit : "Est-ce que je peux vraiment faire ça? Est-ce que je peux vraiment feuilleter *People* pendant qu'elle me rafraîchit les tempes? Est-ce que je peux vraiment acheter une banane sur le chemin du retour sans me demander si elle provient bien d'un arbre âgé de plus de quatre ans?" Il me semblait encore que c'était mal.

Chaque jour, la culpabilité s'estompe davantage. Chaque jour, je m'habitue un peu plus à avoir le choix. Choisir n'est pas nécessairement mauvais, me dis-je. Et mon année m'aura au moins aidé à limiter mes choix.

Jamais plus je ne serai Jacob. Jamais plus je ne serai soumis à tant de restrictions. Mais une part de mon alter ego biblique demeure. De ma barbe de trente centimètres, il ne me reste plus qu'une barbe d'un jour, mais elle est là. Et je crois qu'elle sera toujours là.

En ce moment je suis à la poste, avec Jasper en remorque. Je lui ai dit que j'avais une course à faire et il a insisté pour venir – il semble s'être mis dans la tête que faire une course était aussi excitant que faire un tour de manège à Central Park. Nous attendons quinze minutes que notre tour arrive. Sur la balance, je glisse un paquet brun dans une enveloppe à bulles. Six dollars pour rallier Monte Sereno, Californie. Je règle mon dû. Dans trois jours, quand elle ouvrira sa boîte aux lettres, mon ex-petite amie trouvera sa Bible reliée de cuir noir, aux lettres d'or défraîchies et aux pages fines comme du papier-toilette, ces 1536 pages qui ont façonné mon année.

Jasper et moi quittons le bureau de poste, tournons à gauche, et prenons le chemin de la maison pour un tranquille vendredi soir.

NOTE DE L'AUTEUR

Tous les événements relatés dans ce livre son vrais. Toutefois, certaines séquences ont été réagencées, et, parfois, les noms et autres informations personnelles ont été modifiés.

NOTES

INTRODUCTION

Désolé. Je sais que je vous ai déjà fait le coup du je-suis-aussi-juif-que-le-Bistro-Romain-est-italien dans mon dernier livre. Simplement, c'est la meilleure façon de décrire mon appartenance.

LES PRÉPARATIFS

Il est presque impossible de connaître le nombre exact d'éditions différentes de la Bible. "En anglais, il existe plus de 3 000 versions intégrales ou partielles de la Bible", écrit Kenneth C. Davis dans *Don't Know Much about the Bible.* Dans *American Theocracy (Théocratie américaine)*, Kevin Phillips donne un chiffre beaucoup plus élevé : 7 000.

Merci au professeur Julie Galambush de m'avoir parlé de la levée de boucliers contre l'anesthésie.

Pour être précis : l'Ancien Testament protestant compte 39 livres, mais le chiffre n'est pas le même pour les versions juive et catholique. La Bible hébraïque en compte 35, parce que plusieurs livres – comme les livres des Rois et des Chroniques – ne sont pas scindés en deux parties. L'Ancien Testament catholique totalise 46 livres car il inclut des parties qu'on ne trouve pas dans la version protestante, tels que Tobie, Judith et les Maccabées.

Le terme *midrach* a divers sens. On l'utilise pour décrire des histoires du folklore juif comme celle de Nahshôn. Mais il a aussi un sens plus large, à savoir l'ensemble des sermons et des commentaires des rabbins. Pour plus d'informations, je vous renvoie à l'entrée *midrash* de l'*Encyclopedia Judaica*, qui vient juste après celle sur Bette Midler.

2e JOUR

Autres fruits soupçonnés d'être le véritable fruit défendu : la figue, la grenade, les raisins et le blé.

Pour en savoir plus sur le thème de la fertilité dans la Genèse, voir *Qui a écrit la Bible ?* de Richard Elliott Friedman.

J'ai eu peur que ma mémoire ne déforme le sens du concept de dissonance cognitive. De nos jours, il existe une poignée de définitions. Mais j'ai retrouvé l'article de 1959 qui le premier a exposé cette théorie, et il dit que lorsqu'il y a conflit entre les pensées d'une personne et ses actions, "l'intime conviction se modifie pour mieux correspondre au comportement extérieur". Voir http://psychclassics.yorku.ca/Festinger.

6e JOUR

L'invention de l'ex-petit ami de ma femme s'appelle une LightWedge, au cas où vous voudriez vous la procurer.

Oui, je sais que cette histoire d'Esquimaux qui ont des tas de mots pour dire "neige" relève un peu de la légende urbaine. Je vous renvoie à *Word Myths (Mythes terminologiques)* de David Wilton qui, à la p. 53, écrit : "Alors, combien y a-t-il de mots eskimo pour dire neige ? La réponse est soit très peu, soit beaucoup : tout dépend comment vous comptez." Vous y voyez plus clair, maintenant ?

Le rabbin qui parle de convoiter des Jaguar est Joseph Telushkin, auteur de *Biblical Literacy (Culture biblique)*, cité dans *Don't Know Much About the Bible.*

23e JOUR

Vous trouverez un excellent article sur les Proverbes et la fessée à cette adresse : www.religioustolerance.org/spankin13.htm.

31e JOUR

A propos de calendriers, je n'ai pas prêté suffisamment d'attention, cette année, aux complexités du calendrier biblique. Pardonnez-moi. J'aurais pu passer l'année à essayer de démêler les controverses sur cette seule question. On connaît le calendrier hébreu, mais il y a aussi le calendrier karaïte et le calendrier samaritain.

40e JOUR

Je ne sais toujours pas ce que signifiait ce panneau "Ne vous retournez pas" à l'aéroport. Si vous en avez une idée, prévenez-moi.

Les sondages en question ont notamment été publiés par Gallup et CBS News. Un bon article sur le sujet : www.straightdope.com/columns/061110.html.

42e JOUR

L'année du jubilé n'a pas été observée depuis l'époque du Temple. On observe encore une forme d'année sabbatique, mais seulement en Israël (voir *Le Livre juif du pourquoi*, tome 2).

44e JOUR

J'emprunte l'allusion à la théorie des dominos au livre *Serving the Word : Literalism in America from the Pulpit to the Bench (Servir le mot : le littéralisme en Amérique de la chaire au prétoire)*, qui propose un regard très intéressant sur le fondamentalisme.

L'histoire du littéralisme est en fait bien plus subtile et compliquée que ce qu'en dit mon résumé de trente secondes. (C'est un scandale, je sais !) Le degré de littéralisme des anciens fait beaucoup débat. Certains spécialistes de la religion – notamment Karen Armstrong et Marcus Borg – affirment que les anciens ne prenaient pas du tout la Bible à la lettre (voir la discussion sur la distinction *mythos/logos*, le 272e jour). Ces chercheurs disent que les anciens considéraient les histoires bibliques comme des mythes – vrais sur le plan métaphorique profond, mais pas sur le plan factuel. Elles n'étaient pas censées relever du reportage du type *Wall Street Journal*. Borg cite un aphorisme géorgien : "C'est vrai, et ce n'est pas vrai."

La plupart des spécialistes s'accordent à dire qu'à un moment donné – après la diffusion de la Bible imprimée par Gutenberg ? après la Renaissance ? – les croyants se sont mis à prendre la Bible comme un récit factuel, littéralement vrai. Et c'est cette interprétation littérale qui a engendré l'affrontement de deux visions du monde, le modernisme et le fondamentalisme. Pour compliquer encore un peu les choses, il y a beaucoup d'autres conceptions que ces deux-là. Le généticien Francis Collins explique ainsi dans *The Language of God (La Langue de Dieu)*, qu'il est possible de réconcilier science et religion.

Dans l'exégèse juive, le sens littéral d'un passage est parfois nommé *pechat*, et son interprétation *derach*. Et si on veut vraiment rentrer dans la technique, le judaïsme traditionnel distingue quatre niveaux d'interprétation biblique : "le *pechat* (sens littéral du texte), le *rèmez* (sens allusif), le *derach* (les homélie qu'on peut en tirer), et le *sod* (ses secrets mystiques)." Ils forment l'acronyme *"pardès"*, qui signifie verger (extrait du site des Loubavitchs, sichosinenglish.org).

En fait, j'ai bien détruit une idole. J'ai donné du marteau sur une fausse statuette des Oscars que ma femme avait un jour rapportée d'une réception. J'ai un instant laissé libre cours à mon hostilité envers le culte de la célébrité. Mais franchement, je trouvais qu'il n'y avait pas de quoi en faire un chapitre.

45e JOUR

Désolé. J'ai déjà utilisé la blague sur mon père qui serait capable de travailler pendant l'Apocalypse dans mon précédent opus. C'est la dernière fois dans ce livre que je recycle une blague de *The Know-It-All (Monsieur Je-sais-tout).*

46e JOUR

En fait, dans le judaïsme, la vie passe avant tout sauf en cas d'adultère, de meurtre ou d'idolâtrie. Selon la tradition, celui qui commet l'une des ces transgressions fait le choix de mourir. Par ailleurs, je ne devrais probablement pas dire que tous les rabbins autoriseraient les valves de cochon, puisque la religion a l'art de tourner en dérision toute assertion catégorique. Mais à ce jour, je n'ai encore jamais entendu un rabbin les bannir.

64e JOUR

Je devrais préciser que les juifs orthodoxes prient à la fois avant et après le repas, tout comme certains chrétiens.

70e JOUR

La définition extensive de la langue pernicieuse est extraite de *The 613 Mitzvot* de Ronald L. Eisenberg.

82e JOUR

La traduction "fumée de fumées" provient de *Reading the Bible Again for the First Time (Lire à nouveau la Bible pour la première fois)* de Marcus J. Borg. En fait, je me suis énormément aidé de l'excellent chapitre de Borg sur le conflit entre la sagesse conventionnelle des Proverbes et celle, plus nuancée, de Job et de l'Ecclésiaste.

87e JOUR

Parmi les autres objections des catholiques à la F.I.V., il y a : 1) que cela implique généralement la masturbation; et 2) que cela entraîne parfois la destruction d'ovules fécondés. A ce sujet, je renvoie au 314e jour.

93e JOUR

Parmi les Apocryphes figurent des textes comme Tobit, Judith, les Maccabées et Ben Sira. Pour les juifs et les protestants, ils ne font pas partie du canon. Mais c'est le cas pour les catholiques qui les appellent "livres deutérocanoniques".

110e JOUR

Les deux pages juives qui militent le plus pour la polygamie sur internet sont : www.polygamy.com/articles/templates/?a=28 et www.come-and-hear.com/editor/america_4.html.

117e JOUR

Des passages postérieurs de la Bible semblent rejeter l'idée d'une punition reportée sur les générations suivantes. En particulier Ezéchiel 18,20 : "Un fils ne portera pas la faute de son père ni un père la faute de son fils."

120e JOUR

A propos, le second époux de Tamar, Onân, est surtout connu pour être à l'origine du "péché d'Onân". J'ai toujours cru que le péché d'Onân était la masturbation. Mais d'un point de vue technique, il n'en est rien. Onân s'attira les foudres de Dieu en s'interrompant au milieu de ses rapports avec Tamar pour répandre sa semence sur le sol. Il ne voulait pas que Tamar tombe enceinte car, selon la coutume du lévirat, l'enfant aurait été considéré comme le descendant de son frère aîné et non pas comme le sien.

En gaspillant sa semence, Onân fit preuve d'irrespect envers son frère défunt et envers Dieu. Tel est donc, à proprement parler, le péché d'Onân.

128e JOUR

Sur la question du dénombrement des commandements, je recommande la lecture de *How to Read the Bible (Comment lire la Bible ?)*, le livre passionnant de Marc Brettler.

131e JOUR

L'agence qui organise des rallyes culturels s'appelle Watson Adventures. Leurs rallyes sont géniaux. Et je ne dis pas ça uniquement parce que je partage le lit de leur vice-présidente.

140e jour

Le plus grand expert mondial sur les grillons casher est Natan "le Rabbin des Zoos" Slifkin, dont le site est zootorah.com. Selon lui, seule une espèce de grillons est casher, une espèce prisée par les juifs du Yémen.

143e jour

La citation sur la posture insolente est extraite du *Livre juif du pourquoi* d'Alfred J. Kolatch.

153e jour

La Bible dit d'attacher des pompons (ou des franges) aux quatre coins de son habit. Où sont les coins de mon habit ? Durant ma phase "fait maison", j'optais en général pour les deux coins situés au bout des manches de ma chemise, et pour les deux coins situés au bas de chaque pan de ma chemise, à l'avant. Quand j'étais d'humeur audacieuse, j'optais pour les deux coins de mon col.

168e jour

Sur la question des vaches rousses et de l'Apocalypse, je recommande la lecture d'un formidable article du *New Yorker*, "Letter from Jerusalem : Forcing the End", par Lawrence Wright, 20 juillet 1998.

Je n'ai fait qu'effleurer le débat sur l'Apocalypse. On trouvera un excellent résumé des deux façons de lire l'Apocalypse dans *Reading the Bible Again for the First Time*. Marcus Borg y défend avec force la thèse que l'Apocalypse n'était pas la prédiction d'événements à venir (vision futuriste), mais une prophétie à court terme sur l'Empire romain (vision historique). Il y a aussi beaucoup de gens qui croient en une combinaison des deux.

181e jour

Pour être précis, l'hypothèse documentaire ne porte que sur les cinq premiers livres de la Bible, les Livres de Moïse. Mais l'idée d'auteurs et d'éditeurs multiples s'applique aussi à d'autres parties des Ecritures.

Vous trouverez une analyse remarquablement fouillée de la lettre au docteur Laura – y compris des développements sur la surinterprétation du mot *pigskin* – dans l'article de Hank Hanegraaff intitulé "President Bartlet's Fallacious Diatribe", *Christian Research Journal*, vol. 23, n° 3, 2001.

202e JOUR

Il y a d'autres différences entre la Bible samaritaine et la Bible hébraïque. Elles sont assez techniques, mais si la question vous intéresse, voici deux adresses : www.lulu.com/content/186110 ; et www.meson.org/religion/torahcompare.php.

205e JOUR

A propos du Naked Cowboy, j'ai fait une séance photos à Times Square pour ce livre. L'éditeur a loué un mouton et m'a fait porter la robe blanche et la houlette. Pendant quarante-cinq minutes absurdes, j'ai attroupé plus de badauds que le Naked Cowboy lui-même. Je pense que cela restera à jamais l'apogée de ma gloire.

Je pense que Gil a commis un lapsus quand il a dit que "Jacob avait été enterré avec Rachel", car Jacob a été enterré avec Léa. A mon avis, il voulait dire qu'Abraham avait été enterré avec Sara.

223e JOUR

En fait, l'idée que les puritains honnissaient la boisson est un peu exagérée. C'est le cas de certains, mais d'autres pensaient qu'on pouvait très bien boire avec modération. Increase Mather écrit ainsi que "la boisson en elle-même est une bonne créature de Dieu, qu'il faut accueillir avec gratitude."

229e JOUR

Pour ce qui est du jus d'agneau : un agneau casher est vidé de son sang, conformément au tabou biblique entourant la consommation de sang. Mais je me refuse à croire qu'il n'y ait pas des traces de sang dans ce jus, même infimes.

233e JOUR

Pour en savoir plus sur ces lois trop méconnues sur l'impureté des hommes, lisez donc l'article sur la *taharat ha-michpaḇah* à l'adresse suivante : www2.kenyon.edu/Depts/Religion/Projects/Reln91/Blood/Judaism/new%20family/purity.htm. Par ailleurs, si vraiment, vraiment, vous tenez à le savoir : j'ai essayé de me conformer au verset 15,16 du Lévitique qui dit : "Lorsqu'un homme aura un épanchement séminal, il devra se laver à l'eau tout le corps et il sera impur jusqu'au soir." Ce n'était pas si mal. Je n'ai rien contre un bain supplémentaire à l'occasion, et Julie n'a pas pris ça comme un affront.

234e JOUR

Une confession : j'ai drastiquement réduit ma consommation de films, cette année, mais je ne suis jamais parvenu à les éliminer complètement de ma vie. Par ailleurs, vous trouverez un bon exposé de base sur le cinquième commandement (Honore ton père et ta mère) dans *Don't Know Much About the Bible*, p. 120.

237e JOUR

Merci au rabbin rock and roll Robbie Harris pour l'idée que la Bible est un "programme minoritaire".

243e JOUR

Comme il est de rigueur pour tout ce qui a trait au *Da Vinci Code*, l'idée qu'un Jésus marié est un Jésus plus humain fait débat. L'un de mes conseillers spirituels (qui souhaite garder l'anonymat) m'a écrit : "Il n'est pas scandaleux d'imaginer que Jésus ait pu être marié et avoir des enfants. C'est une lecture stupide des Ecritures, c'est très improbable sur le plan historique, mais sur le plan théologique, ça n'a rien de gênant. Que Dan Brown le suppose prouve simplement qu'il ne connaît absolument rien au christianisme et qu'il a une bien piètre opinion aussi bien de l'humanité que du sacrement du mariage. Jésus est un homme – c'est le sens de l'incarnation sacrée de la seconde personne de la Trinité."

264e JOUR

L'article du *New York Times* sur le révérend Boyd s'appelle "Disowning Conservative Politics, Evangelical Pastor Rattles Flock" par Laurie Goodstein, 30 juillet 2006.

287e JOUR

Pour en savoir plus sur les malades mentaux qui essaient de s'arracher les yeux, voir Wayne E. Oates, *A Practical Handbook for Ministry (Manuel pratique du pasteur)*, Louisville (Kentucky), Westminster/John Knox Press, 1992.

297e JOUR

Merci à *Roadside Religion (La Route de la religion)* de Timothy K. Beal de m'avoir fait découvrir cette citation selon laquelle l'étude de la religion rend "l'étrange familier et le familier étrange" (p. 299). C'est un livre intéressant sur les curiosités touristiques à caractère religieux.

De nombreux spécialistes – notamment Bart Ehrman, dans *Misquoting Jesus (Travestir la parole de Jésus)* – soutiennent que l'Evangile selon saint Marc se terminait originellement au verset 16,8. Ou qu'il continuait, mais que la vraie fin a été perdue.

314e JOUR

A propos des karaïtes, un petit conseil d'étiquette : ne dites jamais "*mazzal tov*" à un karaïte. L'expression de félicitation *mazzal tov* signifie littéralement "bonnes étoiles" ou "bonnes constellations", ce qu'ils considèrent comme une violation de l'interdit biblique frappant l'astrologie.

La traduction du verset 21,22 de l'Exode est d'une difficulté notoire. Si vous traduisez le mot hébreu qui signifie "évacuation de sa progéniture" par "fausse couche", le passage semble abonder dans le sens des pro-choix. Si vous le traduisez par "naissance prématurée", il penche pour les pro-vie. Pour en savoir plus, voir www.religioustolerance.org/abo_biblh.htm.

Et voici d'autres sites qui traitent de l'avortement dans la Bible, que ce soit pour ou contre :
www.prochoiceactionnetwork-canada.org/articles/bible.shtml
www.priestsforlife.org/brochures/thebible.html
www.elroy.net/ehr/abortion.html
www.jimfeeney.org/pro-life.html.

372e JOUR

La citation de C. S. Lewis est extraite de *Surpris par la joie* (trad. de l'anglais par Denis Ducatel, Le Mont-Pèlerin, Suisse, Editions Raphaël, 2006).

378e JOUR

Pour en savoir plus sur l'interdiction faite aux femmes de parler dans les églises, voir *Rescuing the Bible from Fundamentalism (Sauver la Bible du fondamentalisme)* de John Shelby Spong.

TRADUCTIONS DE LA BIBLE

Sauf mention contraire, le texte biblique cité est celui de *La Bible de Jérusalem* (Paris, Cerf, 1973). Toutefois, par souci de fidélité au propos de l'auteur, et suivant son exemple, nous avons parfois recouru à d'autres traductions, ou, si nécessaire, traduit la version anglaise utilisée. Dans ce cas, la référence est signalée par ses initiales entre parenthèses. *(N.D.T.)*

TRADUCTIONS FRANÇAISES

Alliance biblique universelle, *La Bible en français courant*, Villiers-le-Bel, Société biblique française, 1997 (BFC).

Alliance biblique universelle, *Traduction œcuménique de la Bible*, Paris/Villiers-le-Bel, Cerf/Société biblique française, 1998 (TOB).

Boyer Frédéric (dir.), *La Bible. Nouvelle traduction*, Paris/Montréal, Bayard/Médiaspaul, 2001 (NT).

Darby John Nelson, *La Sainte Bible qui comprend l'Ancien et le Nouveau Testament traduits sur les textes originaux*, La Haye, C. Blommendaal, 1885-88 (DAR).

Martin David, *La Sainte Bible, qui contient le Vieux et le Nouveau Testament. Revue sur les originaux, et retouchée dans le langage, avec des parallèles et des sommaires*, revue par Pierre Roques, Bâle, 1744 (DM).

Société biblique internationale, *La Bible du Semeur*, 1992 (BDS).

TRADUCTIONS ANGLAISES

Holy Bible: New International Version, Grand Rapids (Michigan), Zondervan, 1989 (NIV).

The Holy Bible: King James Version, World Publishing, 1928 (KJV).
The Holy Bible: Revised Standard Version, New York, Thomas Nelson, 1972 (RSV).
The Living Bible, Wheaton, Tyndale House, 1976 (TLB).

BIBLIOGRAPHIE SÉLECTIVE

Armstrong Karen, *Histoire de Dieu. D'Abraham à nos jours*, trad. de l'anglais par Jean-Baptiste Médina, Paris, Seuil, 1997.

—, *Le Combat pour Dieu. Une histoire du fondamentalisme juif, chrétien et musulman, (1492-2001)*, trad. de l'anglais par Denis Trierweiler, Paris, Seuil, 2005.

—, *The Great Transformation*, New York, Knopf, 2006.

Balmer Randall, *Thy Kingdom Come*, New York, Basic Books, 2006.

Beal Timothy K., *Roadside Religion*, Boston, Beacon Press, 2005.

Bell James Stuart et Stan Campbell, *The Complete Idiot's Guide to the Bible*, New York, Penguin Group, 2005.

Blackhouse Robert, *The Kregel Pictorial Guide to the Temple*, Grand Rapids (Michigan), Kregel Publications, 1996.

Blanton Brad, *Radical Honesty*, Stanley (Virginie), Sparrowhawk Publications, 2005.

Bloom Harold, *Jesus and Yahweh: The Names Divine*, New York, Riverhead Books, 2005.

Le livre de J : et si une femme avait écrit la Bible ?, trad. de l'anglais et de l'hébreu par P.-E. Dauzat, Paris, Denoël, 2007.

Bock Darrell, *The Missing Gospels: Unearthing the Truth Behind Alternative Christianities*, Nashville, Thomas Nelson, 2006.

Borg Marcus J., *Reading the Bible Again for the First Time*, New York, Harper-Collins, 2001.

Borowski Oded, *Daily Life in Biblical Times*, Leiden, Society of Biblical Literature, 2003.

Boyd Gregory, *The Myth of a Christian Nation*, Grand Rapids (Michigan), Zondervan, 2005.

Boyer Pascal, *Et l'homme créa les dieux : comment expliquer la religion*, Paris, Gallimard, coll. Folio essais, 2003.

Brettler Marc Zvi, *How to Read the Bible*, Philadelphie, Jewish Publication Society, 2005.

Butler Trent, Chad Brand et Archie England éd., *Holman's Illustrated Bible Dictionary*, Nashville, B&H Publishing Group, 2003.
Carmichael Calum, *Ideas and the Man : Remembering David Daube*, Frankfurt, Germany, Vittorio Klostermann, 2004.
Carter Jimmy, *Our Endangered Values*, New York, Simon & Schuster, 2005.
—, *Sources of Strength*, New York, Three Rivers Press, 1997.
Chilton Bruce, *Rabbi Jesus : An Intimate Biography*, New York, Image, 2002.
Coffin William Sloane, *Letters to a Young Doubter*, Louisville (Kentucky), Westminster John Knox Press, 2005.
Colbert Don, *What would Jesus eat?*, Nashville, Thomas Nelson, 1982.
Collins Francis, *The Language of God*, New York, Free Press, 2006.
Crabb Larry, *Finding God*, Grand Rapids (Michigan), Zondervan, 1993.
Crapanzano Vincent, *Serving the Word : Literalism in America from the Pulpit to the Bench*, New York, New Press, 2000.
Cross Carlene, *Fleeing Fundamentalism : A Minister's Wife Examines Faith*, New York, Algonquin Books, 2006.
Davis Kenneth C., *Don't Know Much about the Bible*, New York, William Morrow, 1998.
Dawkins Richard, *Pour en finir avec Dieu*, trad. de l'anglais par M.-F. Desjeux-Lefort, Paris, Robert Laffont, 2008.
Denimal Eric, *La Bible pour les nuls*, Paris, First Editions, 2006.
Dossick Wayne, *Living Judaism*, San Francisco, HarperSanFrancisco, 1995.
Dowley Tim, *Everyday Life in Bible Times*, Grand Rapids (Michigan), Kregel Publications, 1998.
Ehrman Bart D., *Misquoting Jesus*, New York, HarperCollins, 2005.
Eisenberg Ronald L., *The JPS Guide to Jewish Traditions*, Philadelphie, Jewish Publication Society of America, 2004.
—, *The 613 Mitzvot*, Rockville (Maryland), Schreiber Publishing, 2005.
Englert Jonathan, *The Collar*, New York, Houghton Mifflin, 2006.
Finkelstein Israel et Neil Asher Silberman, *La Bible dévoilée*, trad. de l'anglais par Patrice Ghirardi, Paris, Gallimard, coll. Folio histoire, 2007.
Fox Everett, *The Five Books of Moses*, New York, Schocken Books, 1995.
Fox Robin Lane, *The Unauthorized Version*, New York, Knopf, 1991.

Freedman David Noel, ed., *The Anchor Bible Dictionary*, New York, Doubleday, 1992.
Friedman Richard Elliott, *Commentary on the Torah*, San Francisco, HarperSanFrancisco, 2003.
—, *Qui a écrit la Bible ?*, trad. de l'américain par Raoul Claunet, Chambéry, Exergue, 1997.
Galambush Julie, *The Reluctant Parting : How the New Testament's Jewish Writers Created a Christian Book*, New York, HarperCollins, 2006.
Girzone Joseph, *My Struggle with Faith*, New York, Doubleday, 2006.
Goldberg Michelle, *Kingdom Coming*, New York, Norton, 2006.
Greenberg Steven, *Wrestling with God & Men*, Madison (Wisconsin), University of Wisconsin Press, 2004.
Hahn Scott, *Letter and Spirit : From Written Text to Living Word in the Liturgy*, New York, Doubleday, 2005.
Harris Roberta, *The World of the Bible*, London, Thames & Hudson, 1995.
Harris Sam, *The End of Faith*, New York, Norton, 2004.
—, *Letter to a Christian Nation*, New York, Knopf, 2006.
Hedges Chris, *American Fascists*, New York, Simon & Schuster, 2006.
Hendricks Howard G. et William D. Hendricks, *Living by the Book*, Chicago, Moody Press, 1991.
James William, *Les Formes multiples de l'expérience religieuse*, trad. de l'américain par Frank Abauzit, Chambéry, Exergue, 2001.
Kelemen Lawrence, *Permission to Receive*, Southfield (Michigan), Targum Press, 1996.
Kelly Stuart, *The Book of Lost Books*, New York, Random House, 2006.
Kennedy D. James, *Why the Ten Commandments Matter*, New York, Time Faith, 2005.
Kierkegaard Søren, *Crainte et tremblement*, trad. du danois par Charles Le Blanc, Paris, Payot & Rivages, 2000.
Kolatch Alfred, *Le Livre juif du pourquoi*, trad. par le docteur Avi Kokos, Genève, MJR, 2 tomes, 1993 et 1996.
Kornbluth Doron, *Jewish Matters*, Southfield (Michigan), Targum Press, 1999.
Kozodoy Ruth Lurie, *The Book of Jewish Holidays*, Springfield (New Jersey), Behrman House, 1981.
Kugel James L., *The Bible as It Was*, Cambridge (Massachusetts), Belknap Press of Harvard University Press, 1997.
LaHaye Tim et Jerry B. Jenkins, *Left Behind*, Wheaton (Illinois), Tyndale House, 1995.

Levine Baruch A., *Leviticus : The Traditional Hebrew Text with the New JPS Translation*, Philadelphie, Jewish Publication Society of America, 1989.

Lewis C. S., *Voilà pourquoi je suis chrétien*, trad. de l'anglais par Aimé Viala, Guebwiller/Bruxelles/Lausanne, Ligue pour la lecture de la Bible, 1979.

—, *The Screwtape Letters*, San Francisco, HarperSanFrancisco, 2001.

Lightfoot Neil R., *How We Got the Bible*, Grand Rapids (Michigan), Baker Books, 2003.

Locks Gil, *Coming Back to Earth*, New York, L'Chaim Publications, 2004.

MacArthur John, *What the Bible Says About Parenting*, Nashville, Thomas Nelson, 2000.

Matthews Victor H., *Manners and Customs in the Bible*, Peabody (Massachusetts), Hendrickson Publishers, 1991.

McBrien Richard P., *Être catholique*, trad. de l'américain par Joseph Feisthauer, Paris/Ottawa, Le Centurion/Novalis, 1984.

—, *Lives of the Saints : From Mary and Francis of Assisi to John XXIII and Mother Teresa*, San Francisco, HarperSanFrancisco, 2001.

McClellan Ruth, *An Incredible Journey*, Lynchburg (Virginia), Liberty University, 2006.

McDowell Josh, *Evidence for Christianity*, Nashville, Thomas Nelson, 2006.

McManis Cliff, *Christian Living*, The Woodlands (Texas), Kress Christian Publications, 2006.

Mennonite Confession of Faith, Crockett (Kentucky), Rod and Staff Publishers, 1963.

Metzger Bruce et Michael D. Coogan, éd., *The Oxford Companion to the Bible*, New York, Oxford University Press, 1993.

Miles Jack, *Dieu : une biographie*, trad. de l'américain par Pierre-Emmanuel Dauzat, Paris, Robert Laffont, 1996.

Morrow Jimmy et Ralph W. Hood, *Handling Serpents*, Macon (Georgia), Mercer University Press, 2005.

Nicholi Armand M., *The Question of God : C. S. Lewis and Sigmund Freud Debate God, Love, Sex, and the Meaning of Life*, New York, Free Press, 2003.

Nicolson Adam, *God's Secretaries*, New York, HarperCollins, 2003.

Omartian Stormie, *A Book of Prayer*, Eugene (Oregon), Harvest House Publishers, 2006.

Oppenheimer Mark, *Thirteen and a Day*, New York, Farrar, Straus and Giroux, 2005.

Pagels Elaine, *Adam, Ève et le serpent*, trad. de l'américain par Michèle Miech Chatenay, Paris, Flammarion, 1989.
Pakkala Lorraine, *Yea God!*, Trumansburg (New York), Crossing Press, 1980.
Perkins Bill, *When Good Men Are Tempted*, Grand Rapids (Michigan), Zondervan, 1997.
Phillips Kevin, *American Theocracy*, New York, Viking Penguin, 2006.
Priolo Lou, *Teach Them Diligently*, Woodruff (Caroline du Sud), Timeless Texts, 1977.
Rousas John Rushdoony, *The Institutes of Biblical Law*, Nutley (New Jersey), Craig Press, 1973.
Rubin Jordan S., *The Maker's Diet*, New York, Penguin Group, 2004.
Russell Bertrand, *Pourquoi je ne suis pas chrétien*, trad. de l'anglais par Guy Le Clech, Paris, J.-J. Pauvert, 1972.
Ruthven Malise, *Fundamentalism : The Search for Meaning*, Oxford, Oxford University Press, 2004.
Sarna Jonathan D., *American Judaism*, New Haven (Connecticut), Yale University Press, 2004.
Sarna Nahum M., éd., *The JPS Torah Commentary : Genesis*, Philadelphie, Jewish Publication Society, 1989.
Shulevitz Judith, "Bring Back the Sabbath", *New York Times*, 2 mars 2003.
—, "What Do Orthodox Jews Think of Abortion, and Why?" *Slate*, 25 août 2000.
Simon Ethelyn et Joseph Anderson, *Teach Yourself to Read Hebrew*, Albany (Californie), EKS Publishing, 2002.
Skolnik Fred, éd., *Encyclopedia Judaica*, New York, Macmillan, 2006.
Smith Huston, *The World's Religions*, San Francisco, HarperSanFrancisco, 1991.
Spong John Shelby, *Rescuing the Bible from Fundamentalism*, San Francisco, HarperSanFrancisco, 1991.
—, *The Sins of Scripture*, San Francisco, HarperSanFrancisco, 2005.
Steinberg Milton, *As a Driven Leaf*, Springfield (New Jersey), Behrman House, 1939.
Steinsaltz Adin, *Introduction au Talmud*, trad. de l'anglais par Nelly Hansson, Paris, Albin Michel, 1987.
Stewart Matthew, *The Courtier and the Heretic*, New York, Norton, 2006.
Strobel Lee, *The Case for Faith*, Grand Rapids (Michigan), Zondervan, 2000.

Strong James, *The New Strong's Concordance of the Bible*, Nashville, Thomas Nelson, 1996.
Telushkin Joseph, *The Book of Jewish Values : A Day-by-Day Guide to Ethical Living*, New York, Harmony/Bell Tower, 2000.
Tigay Jeffrey H., *The JPS Torah Commentary : Deuteronomy*, Philadelphie, Jewish Publication Society, 1989.
Tillich Paul, *Histoire de la pensée chrétienne*, trad. de l'anglais par Laurent Jospin, Paris, Payot, 1970.
Turner Denys, *Faith, Reason and the Existence of God*, Cambridge, Cambridge University Press, 2004.
Twain Mark, *Lettres de la terre*, trad. de l'américain par Freddy Michalski, Paris, L'œil d'or, 2005.
Unger Merrill F., *The New Unger's Bible Handbook*, Chicago, Moody Press, 2005.
United States Catholic Catechism for Adults, Washington, D.C., USCCB, 2006.
Wallis Jim, *God's Politics*, New York, HarperCollins, 2005.
Warren Rick, *The Purpose-Driven Life*, Grand Rapids (Michigan), Zondervan, 2002.
Weisman Charles A., *A Handbook of Bible Law*, Burnsville (Minnesota), Weisman Publications, 1991.
Wills Garry, *What Jesus Meant*, New York, Viking Penguin, 2006.
Woodmorappe John, *Noah's Ark : A Feasibility Study*, Santee (Californie), Institute for Creation Research, 1996.
Zacharias Ravi, *L'homme peut-il vivre sans Dieu ?*, Marne-la-Vallée, Farel, 2005.

REMERCIEMENTS

La Bible commande de rendre grâce, alors j'espère que vous me pardonnerez si je me laisse un peu emporter.

Merci à mon éditrice – passionnée, généreuse, avisée – Marysue Rucci de Simon & Schuster, avec qui travailler est une joie.

Toute ma gratitude à mon agent Sloan Harris d'ICM, qui s'ingénie à briser les clichés de sa profession en faisant carrière d'homme de bien.

Je suis redevable à Rob Weisbach, éditeur génial et grand ami sans qui je n'exercerais pas ce métier.

J'ai un nombre ahurissant de personnes à remercier chez Simon & Schuster pour leur incomparable soutien : David Rosenthal, le *capo di tutti capi*, ainsi que Victoria Meyer, Aileen Boyle, Tracey Guest, Julia Prosser, Leah Wasielewski, Jackie Seow, Marcella Berger, Marie Florio, Lisa Healy, et mon aimable bourreau Ginny Smith.

Si c'était une cérémonie de remise de prix, j'imagine qu'à ce stade je serais moi-même gentiment remercié. Mais j'ai encore plein de noms sur ma liste. Mon comité d'experts spirituels était composé des personnes aussi bienveillantes qu'éclairées suivantes : Elton Richards, Andy Cohen, Marsha Marks (la tante chrétienne que je n'ai jamais eue), Julie Galambush, David Bossman, David Cohen, Nathaniel Deutsch (qui a mieux compris mon projet que moi-même), Roger Bennett, Fay Landis, le révérend Stan Duncan, Robbie Harris, Azriel Hirsch, Oded Borowski, le père Michel Lavoie, Darrell Bock, Dean Hubbard, Bill Berkowitz, Calum Carmichael, Michael Berenbaum, Glen Hoptman, Benyamin Cohen, Joseph Ginzberg, Greg Frier, Eddy Portnoy et Vincent Crapanzano.

Merci à tous ceux qui ont lu le manuscrit et m'ont fait profiter de leur sagacité éditoriale, j'ai nommé : Lizzie Berne DeGear, Peter Griffin, Andrew Lund (qui l'a lu deux fois !), Chad Millman, Brian Frazer, Neely Harris (qui a utilisé un surligneur), Carolyn Bernstein, Rob

Kurson, Albert Kim, Ken Jennings (oui, comme le superchampion de *Jeopardy!*), Shannon Barr, Mark Warren, Elicia Pomeroy (qui m'a gentiment fait don d'une métaphore), Stephen Friedman, Sam Davidoff, Laura Bittner, Martin Zuckerman, Mark Warren, Uri Grezemkovsky, Paul Mandell, Jennifer Landis, Burt Cohen et Melanie Davis.

Je suis reconnaissant à David Granger d'*Esquire*, rédac' chef visionnaire (qui ne s'est pas emporté quand j'ai négligé mes obligations envers le magazine pendant trois – voire quatre mois). Et à Josie Freedman d'ICM, version féminine de l'homme de bien – la femme de bien ? – ainsi qu'à Liz Farrell, Michael McCarthy et Kristyn Keene.

Merci à Victor Ozols, chargé de documentation/conseiller dont le souci du détail n'a d'égal que sa hauteur de vue.

Merci à l'ex de Simon & Schuster Geoff Kloske, qui a acheté le livre et m'a prodigué de judicieux conseils en sandales.

Merci à Ivan Hrazdira, qui m'a fourni d'excellentes indications sur le système bancaire biblique. A l'inestimable Laurie Davis qui m'a aidé à effacer la dette. A Kevin Roose, mon esclave/stagiaire (il ira loin, ce petit). A Justin Balding et Jamie Novogrod pour les photos. A Thomas Wheatley et Buddy Kite pour leurs recherches. A Ruth Feinberg pour ses remarques sur la tentation et l'impureté. Et aux esprits débridés de Jay Reiss et Jeremy Kleiner.

Je suis particulièrement reconnaissant envers ma famille, qui m'a inculqué les valeurs judéo-chrétiennes (sans les parties explicitement judéo-chrétiennes) : mes parents, ma sœur, son mari, Willy, et mon grand-père. Merci également à mes tantes Kate et Marti qui, bien que théologiquement aux antipodes, sont l'une comme l'autre des personnes formidables.

Et, bien sûr, merci à Julie, ma *bashertè*. Et à mes fils, Jasper, Zane et Lucas.

TABLE DES MATIERES

Ouvrage réalisé
par les Editions Jacqueline Chambon
Achevé d'imprimer
en octobre 2008
par l'Imprimerie France Quercy
à Mercuès
pour le compte des Editions Actes Sud
Le Méjan, place Nina-Berberova
13200 Arles

Dépôt légal
1re édition : septembre 2008
N° d'impression : 82217/